高等院校物流管理专业系列教材·物流企业岗位培训系列教材

采购管理
（第2版）

孙　旭　贾强法 ◎ 主　编
刘子玉　温卫娟 ◎ 副主编

清华大学出版社
北京

内 容 简 介

本书根据国内外现代物流采购管理的创新与发展，结合我国物流采购管理实践，具体介绍：采购组织与管理制度、采购战略规划、采购决策、采购计划与预算管理、采购方式管理、采购谈判与采购合同、采购流程管理、供应商管理、采购绩效考核与评价、采购风险与控制等。

本书既可以作为应用型大学、高职高专的教材，也可用于物流和工商企业从业人员的在职岗位培训，并可为广大社会从业、创业者提供有益的学习指导。

本书封面贴有清华大学出版社防伪标签，无标签者不得销售。
版权所有，侵权必究。举报：010-62782989，beiqinquan@tup.tsinghua.edu.cn。

图书在版编目(CIP)数据

采购管理/孙旭，贾强法主编. —2 版. —北京：清华大学出版社，2021.6(2025.2重印)
高等院校物流管理专业系列教材·物流企业岗位培训系列教材
ISBN 978-7-302-57887-1

Ⅰ. ①采… Ⅱ. ①孙… ②贾… Ⅲ. ①采购管理－高等学校－教材 Ⅳ. ①F253

中国版本图书馆 CIP 数据核字(2021)第 057318 号

责任编辑：贺　岩
封面设计：汉风唐韵
责任校对：王荣静
责任印制：宋　林

出版发行：清华大学出版社
网　　址：https://www.tup.com.cn, https://www.wqxuetang.com
地　　址：北京清华大学学研大厦 A 座　　邮　编：100084
社 总 机：010-83470000　　邮　购：010-62786544
投稿与读者服务：010-62776969，c-service@tup.tsinghua.edu.cn
质量反馈：010-62772015，zhiliang@tup.tsinghua.edu.cn

印 装 者：三河市君旺印务有限公司
经　　销：全国新华书店
开　　本：185mm×230mm　　印 张：22.5　　字　数：459 千字
版　　次：2013 年 1 月第 1 版　　2021 年 6 月第 2 版　　印 次：2025 年 2 月第 4 次印刷
定　　价：58.00 元

产品编号：086446-01

高等院校物流管理专业系列教材·物流企业岗位培训系列教材

编审委员会

主　任

　　牟惟仲　　中国物流技术协会理事长、教授级高级工程师

副主任

　　翁心刚　　北京物资学院副院长、教授
　　冀俊杰　　中国物资信息中心原副主任、总工程师
　　张昌连　　中国商业信息中心原主任、总工程师
　　吴　明　　中国物流技术协会副理事长兼秘书长、高级工程师
　　李大军　　中国物流技术协会副秘书长、中国计算机协会理事

委　员

　　张建国　　王海文　　刘　华　　孙　旭　　刘徐方　　贾强法
　　孙　军　　田振中　　李耀华　　李爱华　　郑强国　　刘子玉
　　刘丽艳　　宋鹏云　　王　艳　　林玲玲　　赵立群　　尚　珂
　　张劲珊　　董　铁　　罗佩华　　吴青梅　　于汶艳　　郑秀恋
　　温卫娟　　刘文歌　　李　青　　刘阳威　　李秀华　　罗松涛

总　编

　　李大军

副总编

　　王海文　　刘徐方　　刘　华　　田振中　　孙　旭

序言 Xuyan

物流是国民经济的重要组成部分,也是我国经济发展新的增长点。加快我国现代物流发展,对于调整经济结构、促进产业升级、优化资源配置、改善投资环境、增强综合国力和企业竞争能力、提高经济运行质量与效益、实现可持续发展战略、推进我国经济体制与经济增长方式的根本性转变,具有重要而深远的意义。

为推动我国现代物流业的健康快速发展,国务院连续下发《物流业调整和振兴规划的通知》(国发〔2009〕8号)、《关于促进物流业健康发展政策措施的意见》(国办发〔2011〕38号)、《关于促进内贸流通健康发展的若干意见》(国办发〔2014〕51号)等多个文件,制定和完善相关配套政策措施,以有序实施和促进物流企业加大整合、改造、提升、转型的力度,并逐步实现转型发展、集约发展、联动发展、融合发展,通过物流的组织创新、技术创新、服务创新,在保证我国物流总量平稳较快增长的同时,加快供需结构、地区结构、行业结构、人力资源结构、企业组织结构的调整步伐,创新服务模式,提高服务能力,努力满足经济建设与社会发展的需要。

当前随着国家"一带一路"的快速推进和全球电子商务的迅猛发展,不仅有力地促进了我国物流产业的国际化发展,而且使我国迅速融入全球经济一体化的进程,中国市场国际化的特征越发凸显。

物流既涉及国际贸易、国际商务活动等外向型经济领域,也涉及交通运输、仓储配送、通关报检等多个业务环节。当前面对世界经济的迅猛发展和国际市场激烈竞争的压力,加强物流科技知识的推广应用、加速物流专业技能型应用人才的培养,已成为我国经济转型发展亟待解决的问题。

需求促进专业建设,市场驱动人才培养。针对我国高等职业教育院校物流教材陈旧和知识老化的问题,为了适应国家经济发展和社会就业急需，满足物流行业规模发展对操作技能型人才的需求，在中国物流技术协会的支持下，我们组织北京物资学院、大连工业大学、北京城市学院、吉林工程技术师范学院、北京财贸职业学院、郑州大学、哈尔滨理工大学、燕山大学、浙江工业大学、河北理工大学、华北水利水电学院、江西财经大学、山东外贸职业学院、吉林财经大学、广东理工大学等全国20多个省市高职高专院校及应用类大学物流管理专业的主讲教师和物流企业经理，共同精心编写了此套教材，旨在迅速提高高等院校物流管理专业学生和物流行业从业者的专业技术素质，更好地服务于我国物流产业和物流经济。

本套教材作为普通高等院校物流管理专业的特色教材，融入了物流运营管理的最新实践教学理念，坚持以科学发展观为统领，力求严谨、注重与时俱进，根据物流业发展的新形势和新特点，依照物流活动的基本过程和规律，结合党的十九大报告为物流行业发展指明的方向，以物流效益质量提升为核心，全面贯彻国家"十三五"教育发展规划，按照物流企业对用人的需求模式，结合解决学生就业加强实践能力训练，注重校企结合、贴近物流行业企业业务实际，注重新设施设备操作技术的掌握，强化实践技能与岗位应用培养训练，并注重教学内容和教材结构的创新。

本套教材根据高等教育院校"物流管理"专业教学大纲和课程设置，各教材的出版对强化物流从业人员教育培训、提高经营管理能力，帮助学生尽快熟悉物流操作规程与业务管理、毕业后能够顺利走上社会就业具有特殊意义；既可作为本科高职院校物流管理专业教学的教材，也可以用于物流、商务贸易等企业的在职员工培训。

中国物流技术协会理事长　牟惟仲

2020年10月于北京

Mulu

第一章　采购管理概述 ·········· 1
 第一节　采购的内涵 ·········· 3
 第二节　采购的分类与任务 ·········· 11
 第三节　采购作业的一般流程 ·········· 18
 第四节　采购管理的内涵 ·········· 23
 本章小结 ·········· 31
 基础能力测试 ·········· 31
 阅读与思考 ·········· 32

第二章　采购组织与管理制度 ·········· 35
 第一节　采购组织的内涵 ·········· 37
 第二节　采购部门的建立 ·········· 45
 第三节　采购部门职责与人员素质 ·········· 49
 第四节　采购管理制度 ·········· 57
 本章小结 ·········· 63
 基础能力测试 ·········· 63
 阅读与思考 ·········· 64

第三章　采购战略规划 ·········· 69
 第一节　供应环境分析 ·········· 71
 第二节　采购战略规划的制定 ·········· 77
 第三节　战略采购管理策略 ·········· 82
 本章小结 ·········· 90
 基础能力测试 ·········· 90

阅读与思考 …………………………………………………………………… 91

第四章　采购决策

第一节　采购决策概述 …………………………………………………… 96
第二节　采购批量和时间决策 …………………………………………… 103
第三节　采购数量和价格决策 …………………………………………… 109
本章小结 …………………………………………………………………… 118
基础能力测试 ……………………………………………………………… 118
阅读与思考 ………………………………………………………………… 119

第五章　采购计划和预算管理

第一节　采购计划和预算概述 …………………………………………… 125
第二节　采购计划的制订 ………………………………………………… 131
第三节　采购预算的制订 ………………………………………………… 139
本章小结 …………………………………………………………………… 145
基础能力测试 ……………………………………………………………… 145
阅读与思考 ………………………………………………………………… 146

第六章　采购方式管理

第一节　谈判采购 ………………………………………………………… 151
第二节　招标采购 ………………………………………………………… 155
第三节　JIT 采购 ………………………………………………………… 162
第四节　电子商务采购 …………………………………………………… 174
第五节　供应链采购 ……………………………………………………… 183
本章小结 …………………………………………………………………… 193
基础能力测试 ……………………………………………………………… 193
阅读与思考 ………………………………………………………………… 194

第七章　采购谈判与采购合同

第一节　采购谈判的内涵与程序 ………………………………………… 198
第二节　采购谈判的策略、技巧及其应用 ……………………………… 206
第三节　采购合同的内容 ………………………………………………… 213
第四节　采购合同管理 …………………………………………………… 217
本章小结 …………………………………………………………………… 228

基础能力测试 ································· 229
　　阅读与思考 ··································· 229

第八章　采购流程管理 ································· 232

　　第一节　采购质量管理 ······················· 234
　　第二节　采购的程序 ··························· 241
　　第三节　采购核心业务管理 ················ 249
　　本章小结 ··· 262
　　基础能力测试 ································· 262
　　阅读与思考 ··································· 263

第九章　供应商管理 ······································ 266

　　第一节　供应商管理概述 ··················· 268
　　第二节　供应商选择 ··························· 272
　　第三节　供应商审核与考评 ················ 280
　　第四节　供应商关系的分类和管理 ····· 286
　　本章小结 ··· 293
　　基础能力测试 ································· 293
　　阅读与思考 ··································· 293

第十章　采购绩效考核与评价 ······················ 296

　　第一节　采购绩效考评概述 ················ 298
　　第二节　采购绩效考评体系 ················ 302
　　第三节　采购绩效评估与改进 ············ 308
　　本章小结 ··· 318
　　基础能力测试 ································· 318
　　阅读与思考 ··································· 319

第十一章　采购风险与控制 ························· 321

　　第一节　采购风险管理 ······················· 323
　　第二节　采购控制 ······························· 330
　　本章小结 ··· 340
　　基础能力测试 ································· 340
　　阅读与思考 ··································· 341

参考文献 ··· 343

采购管理概述

> **知识目标**
>
> 1. 了解采购的含义、分类、特点,明确采购的原则和作用;
> 2. 理解采购管理的内涵及不同采购管理模式的比较分析;
> 3. 熟悉采购管理的内容,掌握采购作业的一般流程。

> **技能要求**
>
> 1. 能够根据不同的采购类型,完成合理的采购流程设计;
> 2. 能够掌握采购作业的一般流程并能在实践中加以运用;
> 3. 能根据采购管理原则,提高采购作业绩效。

导航索引

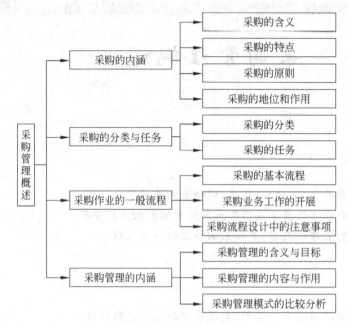

引导案例

通用集团的采购管理

世界上最大的汽车集团——通用汽车,自诞生之日起,就自然而然地融入全球采购联盟系统和市场竞标体系。相对于尚在理论层次彷徨的众多企业而言,通用的采购已经完全上升到企业经营战略的高度,并与企业的供应链管理密切结合在一起。

据统计,通用在美国的采购量每年为580亿美元,全球采购金额总共达到1400亿~1500亿美元。通用汽车20年前就提出了全球化采购的思想,并逐步将各分部的采购权集中到总部统一管理。目前,通用集团下设四个地区的采购部门:北美采购委员会、亚太采购委员会、非洲采购委员会、欧洲采购委员会。四个区域的采购部门定时召开电视会议,把采购信息放到全球化的平台上来共享,在采购中充分利用联合采购组织的优势,协同杀价,并及时通报各地供应商的情况,把某些供应商的不良行为在全球采购系统中备案。

在资源得到合理配置的基础上,通用集团开发了一整套供应商关系管理程序,对供应商进行评估。对好的供应商,采取持续发展的合作策略,并针对采购中出现的技术问题与供应商一起协商,寻找解决问题的最佳方案;而在评估中表现糟糕的供应商,则请其离开通用的业务体系。同时,通过对全球物流路线的整合,通用将各个公司原来自行拟定的繁杂的海运线路集成为简单的洲际物流线路。采购和海运路线经过整合后,不仅使总体采购成本大大降低,而且使各个公司与供应商的谈判能力也得到了质的提升。

通用集团的"采购理念"在中国发展遇到的现实问题,不仅在于企业对先进思维方式的消化能力,更重要的是,在不同体制和文化背景下的执行是否通畅。而在落实理念的过程中,必须革新中国的企业文化,要求高层决策人员和中层管理人员应当具备解决系统设计问题的能力,底层的运作人员应能解决系统操作的问题,同时必须有发现问题的能力和正确理解问题的能力。

资料来源:中国物流与采购联合会资料汇编

 引例分析

通用集团先进的采购思想与采购管理模式,直接反映出在不同的市场机制和管理模式下,任何企业都需要进行创新性的采购变革。而从另一个角度看,我们会发现采购在整个企业物流管理中的重要地位已经被绝大多数的企业所认可。更多的生产企业专注于自己的核心业务,把采购物流业务外包,建立在合作基础上的现代供应链管理,无疑是对传统的采购管理模式的一次革命性挑战。

第一节 采购的内涵

一、采购的含义

在现代企业物流管理、供应链管理中的一个至关重要的环节是采购活动。一般认为,采购是指单位或个人基于生产、销售、消费等目的,购买商品或劳务的交易行为。根据人们取得商品的方式不同,采购可以从狭义和广义两方面来进行区分。

(一)狭义的采购

狭义的采购是指以购买的方式,由买方支付对等的代价,向卖方换取物品的行为过程。即所谓的"一手交钱,一手交货"或"银货两讫"。

在此概念中,货币成为交易的中介,买方若没有货币则采购行为将难以实现,这种以货币换取商品的方式是最普遍的采购途径。

(二)广义的采购

广义的采购是指除了以购买的方式获取商品以外,还可以通过下列途径取得商品的使用权,以达到满足需求的目的。

1. 租赁

租赁即一方以支付租金的方式取得他人物品的使用权。如租房、租车、租厂房、租设备等。

2. 借贷

借贷即一方以无须支付任何代价的方式取得他人物品的使用权，使用完毕后返还原物品。这种无偿借用他人物品的方式，通常是基于借贷双方的情谊与密切关系，特别是借方的信用。

3. 交换

交换即以物易物的方式，取得物品的所有权及使用权，不须支付货款。其实，交换是最古老的采购途径，但在现代社会也不乏其例。

综上所述，广义的采购是指以各种不同的途径，包括购买、租赁、借贷、交换等方式，取得物品或劳务的使用权或所有权，以满足使用的需求。对于企业而言，采购是从组织外部获取资源的活动过程。所谓组织外部就是指涉及市场、供应商及其他企业、组织等主体，所获取的资源是有偿的，包括物料、产品、工程和服务等。

（三）购买与采购的区别

一般习惯上，人们将消费者购买简称为购买，将商业采购简称为采购，因此从学术上的角度看，采购是比购买更广泛、更复杂的概念，不能把商业采购简单地看成是消费者购买，也不应把简单的消费者购买活动理解成商业采购。

消费者购买是零买型的，即一般的商品都有很多供应商，每个客户都是在当前需求的基础上购买，并同时是所购产品或服务的最终消费者。产品价格可能会随供应商的不同而变动，这主要取决于供应商选择的营销策略，消费者可以自由选择产品质量和类型以及合适的供应商。除非是例外，否则单个顾客没有能力影响产品价格和营销方式，也无法改变由供应商所选定的生产企业，每个顾客的交易量占供应商销售总量的比例也非常小。因此，购买具有以下几个特点：

(1) 购买的主体通常是家庭或个人；

(2) 购买的物品就独立的购买个体而言，数量不多，品种有限；

(3) 物品供应商到用户的距离一般不是很远；

(4) 购买从筹划开始至实施到完成，相对比较简单易行；

(5) 购买的风险，无论是自然风险还是社会风险都不是很大。

商业采购则通常是专业化的，并且采购规模一般都非常大，潜在的货源也很少，甚至可能在整个市场中也只有几个供应商能提供。很多采购企业的规模比它们的供应商大得多，因此在与供应商打交道的过程中可能会扮演多重角色。一方面，它们需要专门的技能来保证准确地满足需求;另一方面,为了达到连续而有效的运行效果,还需要有合适的体系和程序作保证。供应商每年都投入大量的人力和物力来寻找各种途径说服采购人员购买其产品,所以采购部门必须花费足够的精力来抵御这种营销攻势,以确保企业现在和未来的需求能够被充分满足。

在这种情况下,仅对来自供应商的外部压力作出反应是不够的,长期的、有远见的计划更加重要。只有这样,才能在计划的基础上,发现和满足企业未来的需求。因此,采购区别于购买表现出以下几个特点:

(1)采购的主体通常是企业、事业单位、政府部门、军队和其他社会团体;
(2)采购的客体不仅仅是生活资料,更多的是生产资料;
(3)采购的品种、规格繁多,金额巨大;
(4)采购从策划至实施到任务的完成,整个过程十分复杂;
(5)采购的过程实际是商流、物流、信息流、资金流综合运行的过程;
(6)采购存在一定的社会风险和自然风险,尤其是国际采购风险相对更大。

采购不是单纯的购买行为,而是指从市场预测开始,经过有选择的商品交易,直到采购的商品进入需求企业仓库的全部过程。其中包括了解需求、市场调查、市场预测、参与设计规划、制订计划、确定采购方式、选择供应商、确定质量、价格、交货期、交货方式、包装运输方式、协商洽谈、签订协议、催交订货、质量检验、控制成本等一系列环节。

二、采购的特点

采购的特点主要指企业对生产资料的采购区别于其他采购行为的特殊性。具体来说,采购具有以下特点。

1. 物资采购数量大

物资采购数量大,主要是指生产资料采购数量与生活资料采购数量相比较而言。采购物资的数量大,是由于产品生产过程中物资消耗量大。

鉴于采购物资数量大的特点,在采购过程中必须注意以下三点:

(1)必须掌握各种物资的储备定额,把采购批量限制在储备定额之内,防止超储积压。
(2)组织好运输工作,提前做运输计划、合理选择运输路线、运输工具和方式等。
(3)处理好采购批量、采购次数、采购费用和储存费用之间的关系,在一般情况下,求得费用最低的效果。

2. 采购技术性高

采购工作的技术性要求较高而且严格，具体可以分为以下四个方面：

（1）采购属于劳动对象的商品，要严格按照工艺技术要求进行采购，切忌片面追求采购价格的低廉。

（2）采购属于劳动手段的商品，要按照工装设备的技术要求采购，切忌采购粗制滥造的甚至是淘汰的工装设备。

（3）采购工作人员必须具备识别、鉴别能力，识别的职能着重在商品使用功能上能否满足消费要求，鉴别的职能着重在商品的真伪、质量的好坏、效能的高低和性能的强弱。

（4）必须完善采购商品检验、测试手段，加强验收工作，提高采购商品质量和采购工作水平。

3. 采购筛选性强

采购筛选性强，即对专用、通用的大型设备的购买进行技术经济评价。这是由大型专用和通用设备的使用周期长、投资额大和在生产中的关键作用等因素决定的。在技术上论证、评价、筛选的依据是采购设备的高效性、可靠性、节能性、简易性等，这些都是在采购工作中必须把握的。

4. 采购选择性强

社会产品生产过程中的物资消耗和设备使用，具有很强的专用性。这种专用性反映了某些方面需要物资的替代性差。物资的专用性和替代性差的特点，体现在采购上就是选择性较强的特点。工艺技术的具体要求是选择的依据；物资本身的外在、内在质量特征是选择的标准；适用性是选择的目的。

5. 采购具有齐备性

采购的齐备性是指根据生产过程消耗和使用的各种物资的配备关系，组织批量生产或工程项目需要的各种物资数量配套采购的过程。采购的齐备性对组织连续生产建设是非常重要的。要搞好配套采购，达到供应齐全的要求具体应注意以下几点：

（1）必须掌握生产建设过程中的各种物资消耗和使用的数量配比关系，作为进行配套采购的依据。

（2）生产建设活动是一个批量连续过程，这就要求确定一个合理的配套采购量。

（3）经常检查采购的齐备性。

6. 采购具有连续性和均衡性

在一般情况下，企业的生产和经营活动具有连续性和均衡性。采购活动的连续性是指每日平均消耗的商品数量和储备总量，按事先确定的采购间隔日期，不间断地采购商品的行为。采购活动的均衡性是指要均衡地确定每次采购批量和采购间隔期。

鉴于此,要实现采购的连续性和均衡性,企业必须做到四点:
(1) 掌握平均每月物资消耗量和储备定额。
(2) 掌握资源的供求状况。
(3) 必须做好运输的事先安排,加强运输的计划性。
(4) 供货渠道的可靠性和稳定性是保证采购连续性和均衡性的关键因素。

7. 采购的计划性强

采购具有较强的针对性、协作性、系统性以及定质、定量、定时、定点等诸多特性,这就要求采购活动必须在采购计划的指导和控制下进行。

三、采购的原则

采购和其他经济活动一样,有自己的活动目标。要实现采购目标,必须遵循一定的行为准则,用以约束采购活动。

1. 坚持规范化的原则

采购活动既是一种经济行为,也是一种法律行为。所以,它必须在一定的约束机制制约下进行。从行为规范化的角度,必须遵循有关的规章制度。如采购木材、水泥等,必须符合运输流向,否则采购将成为一种不合理行为,造成实物流通阻滞,带来经济损失。从行为合法化角度说,必须按照有关经济法规,约束采购行为。

2. 坚持效益的原则

采购和其他经济活动一样,也是讲求效益的。不过采购效益具有不同的经济内容。从宏观的角度,它是商品流通整体效益中的一个环节效益;从微观角度,它是企业效益的一个组成部分。

3. 坚持核算的原则

采购核算是指运用价值或实物形式,对采购成本、采购效益和采购数量进行核算、分析检查的过程。采购经济效益不是唾手可得的,从某种意义上说,是采购核算的必然结构。

4. 坚持技术先进性的原则

采购在讲求采购效益的同时,还要坚持采购商品的技术先进性。技术的先进性,从时代性来说,是现代水平或接近现代水平;从范围性来说,是指国际或国内范围。所以,我们应按照下列要求进行采购:
(1) 坚持标准采购,杜绝被淘汰商品进入流通领域或生产领域,还要防止采购回"娘家"产品。
(2) 坚持技术政策采购,在注重实用性和先进性原则下,对引进的设备,一定要贯彻消化、改革、提高的方针,转化为自己的技术,防止盲目重复引进。

(3) 在国际采购活动中,要坚持先进性、适用性和配套性相结合的原则。

5. 坚持经济合理性的原则

采购必须从企业经济条件和经济能力出发,追求最大的采购效益。具体来说就是:

(1) 考虑采购成本能否收回。

(2) 在设备采购上,成套设备采购要考虑投产的规模效益能否达标,单位设备采购也要考虑投产后的单位效益能否达标。

(3) 在引进设备的采购上,一定要考虑市场需求,否则会出现产值增加了,生产效率提高了,可企业的效益却下降了,甚至亏损。

6. 坚持质量适合需要的原则

采购商品质量的着眼点是以是否适合需要为标准,因此在采购中要注意下列几点:

(1) 采购的商品质量必须符合需要,防止两种倾向:一是超过需要,片面追求高质量;二是降低要求,片面追求低价格。

(2) 坚持质量标准采购,按国家或地方颁布的产品质量标准组织采购。

(3) 坚持按质论价的原则,防止以次充好。

(4) 生产企业的采购要处理好因采购原材料质量提高、加大的采购成本和生产成本与产品质量提高的销售收益之间的关系。如果加大的采购成本和生产成本超过增加的销售受益,是不合算的。

7. 坚持功能与价值相匹配的原则

生产企业物资消耗的合理性,就其本质来说,是功能转换为价值的匹配问题,要求在采购活动中运用价值工程分析,选择适用商品,同时也要在保证产品质量的前提下,通过采购开辟代用资源。

8. 坚持发展长期稳定的采购关系

建立固定的采购关系的条件是:采购双方生产和消耗稳定,有共同开发的产品和技术项目。尽量固定采购关系是采购的主要渠道和方式。它有利于巩固采购关系,保证采购商品的质量和供应,也有利于采购双方的生产经营。

9. 坚持比较与选择的原则

采购的一个最显著的特点就是从优选择。要做到从优选择,就要在比较的基础上进行选择。采购选择和比较的内容主要在采购质量、采购渠道、采购价格和采购方式等诸方面进行。

采购的上述原则,是一个相互联系的原则体系。在采购活动中,要综合权衡利弊得失,不能顾此失彼。否则会造成采购的失误,给企业的生产经营活动带来不利影响,甚至导致整个生产经营活动的失败。

四、采购的地位和作用

采购是一门专业,是一种技术性、实用性、操作性很强的工作,是商品生产及交换整体供应链中的重要组成部分,是企业经营管理的一个核心过程,更是公司获取经营利润的重要来源之一。

(一)采购的地位

1. 采购的价值地位

在全球范围内企业的产品成本构成中,采购的原材料及零部件成本占企业总成本的比例因行业不同而异,大约在30%~90%,平均水平在60%以上。从世界范围看,一个典型企业的采购成本(包括原材料和零部件)要占60%,工资和福利占20%,管理费用占15%,利润占5%。而在中国的企业中,各种物资的采购成本要占到企业销售成本的70%以上。显然,采购成本是企业成本管理中的主体和核心部分,采购是企业管理中最有价值的部分。

许多企业在控制成本时将最大时间和精力放在不到总成本40%的企业管理费用以及工资和福利上,而忽视其主体部分——采购成本。事实上,产品成本中的材料部分每年都存在着5%~20%的潜在降价空间,而材料价格每降低2%,在其他条件不变的前提下,经营资产回报率可增加15%。

2. 采购的供应地位

在商品生产和交换的整体供应链中,每个企业既是顾客,又是供应商。为了满足最终顾客的需求,企业都力求以最低的成本将高质量的产品以最快的速度供应到市场,以获取最大利润。

从整体供应链的角度看,企业为了获取尽可能多的利润,都会想方设法加快物料和信息的流动。这就必须依靠采购的力量,充分发挥供应商的作用,因为占成本60%的物料以及相关的信息都发生或来自供应商。供应商提高其供应可靠性及灵活性、缩短交货周期、增加送货频率可以极大地改进企业的工作,如缩短生产总周期、提高生产效率、减少库存、增强对市场的应变能力等。

3. 采购的质量地位

供应商上游质量控制得好,不仅可以为下游质量控制打好基础,而且可以降低质量成本,减少企业对来货的检验工作。采购物资不只是价格问题(而且大部分不是价格因素),更多的是质量水平、质量保证能力、售后服务、产品服务水平、综合实力等。有些物资看起来买得很便宜,但不能正常工作,需要经常维修,这就大大增加了使用的总成本。如果买的是假冒伪劣品,则会蒙受更大的损失。

质量是产品的生命。一般企业都以质量控制的程序将其划分为来货质量控制、过程质量控制及出货质量控制。由于产品中价值60%的部分是经采购由供应商提供的,因此企业产品质量不仅要在企业内部限制,更多的应控制在供应商的质量过程中,这也是上游质量控制的体现。供应商上游质量控制得好,不仅可以为下游质量控制打好基础,而且可以降低质量成本,减少企业来货检验费(降低检验频次,甚至免检)等。

经验表明,一个企业要是能将1/3的质量管理精力用在供应商的质量管理上,那么企业自身的质量(过程质量及产品质量)水平至少可以提高50%。可见,通过采购将质量管理延伸到供应商,是提高企业自身质量水平的基本保证。

采购能对质量成本的削减做出贡献。当供应商交付产品时,许多公司都会做进料检查和质量检查。采购任务的一部分是使企业的质量成本最小化,减少所采购物资的来料检查和质量检查成本,可以通过选择将生产置于完善的控制之下并拥有健全的质量组织的供应商来实现。

4. 采购管理的战略地位

与供应商建立伙伴关系,不但能够减少所采购的物资或服务的价格,而且能够通过多种方式增加企业的价值,这些方式主要有:支持企业的战略、改善库存管理、稳步推进与主要供应商的关系、密切了解供应市场的趋势。在不用直接投资的前提下,充分利用供应商的能力为自己开发生产专用产品,既节约资金、降低风险,又能以最快的速度形成生产能力。因此,加强采购管理对企业提升核心竞争力也具有十分重要的意义。

(二) 采购的作用

1. 采购在产品中的作用

随着时代的发展和技术的进步,产品的开发周期极大地缩短,这就要求企业的采购必须将供应商纳入产品早期开发。这样不仅可以利用供应商的专业技术优势缩短产品开发时间、降低产品开发费用及产品制造成本,而且可以更好地满足产品功能的需要,提高产品在整个市场上的竞争力。

2. 采购在企业经营中的作用

现在许多企业都将供应商管理作为企业发展的战略之一,将供应商看作自身产品开发与生产的延伸,与供应商建立战略伙伴关系。

在不用直接进行投资的前提下,企业充分利用供应商的能力为自己开发生产产品。这样一方面可以节约资金、降低投资风险;另一方面可以以最快的速度形成生产能力、扩大产品生产规模。而且很多企业与供应商的合作不仅局限于原材料和零部件领域,还扩大到半成品甚至成品领域。

根据上述分析可知,采购不仅仅是购买物品,而是企业经营的一个核心环节,是获取利润的重要资源,在企业的产品开发、质量保证、整体供应链以及经营管理中起着极其重要的作用。走出传统采购的认识误区,正确确定采购的地位、认识采购的作用,是当今每个企业在全球化、信息化市场经济中赖以生存的一个基本保障,更是现代企业谋求发展壮大的必然要求。

第二节　采购的分类与任务

一、采购的分类

采购可以按采购技术、采购环节、采购政策、决定采购价格的方式、采购主体、采购对象、采购形态等分类。

(一) 按采购技术分类

按采购技术可将采购划分为传统采购和现代采购两类。

1. 传统采购

传统采购是企业的一种常规业务活动过程,即企业根据生产或销售进度,首先由各需求单位在月末、季末或年末制订需要采购物资的申请计划,然后由物资采购供应部门汇总成企业物资计划采购表,报经主管领导审批后,组织具体实施,最后所需物资采购回来后验收入库,以满足企业生产或销售的需要。

传统采购存在市场信息不灵、库存量大、资金占用多、库存风险大等不足,可能出现供不应求的情况,影响企业生产经营活动的正常进行,或者出现库存积压、成本居高不下,影响企业的经济效益。

2. 现代采购

现代采购是指运用现代科学的采购技术和方法,通过计算机网络实现信息收集、供应商选择、采购合同的签订、采购绩效的评估,以及采购活动之后的运输、库存活动,全过程使用信息化、网络化的方式,最大限度地满足企业生产经营的需要,降低采购物流成本,实现采购目标。

现代采购的技术和方法主要有订货点采购、MRP(物料需求计划)采购、JIT(准时化)采购、ERP(企业资源计划)采购、供应链采购、电子采购等。

1) 订货点采购

订货点采购是指根据物资的再订货点安排物资需求计划,一旦存货量低于再订货点即进行补充采购。订货点采购的基本原理就是在库存运行中,设定一些订货控制点,进行有控制的订货进货,使得仓库的库存量能在最好地满足生产或用户需求的条件下实现库存量最小化。

2) MRP 采购

MRP 采购主要应用于生产企业。它是生产企业根据生产计划和主产品的结构及库存情况,逐步推导出生产主产品所需要的零部件、原材料等的生产计划和采购计划的过程。采购计划中规定了采购品种、数量、采购时间及采购物资回来的时间,计划比较精确、严格。MRP 采购是以需求为依据,以满足库存为目的,市场响应灵敏度及库存水平比订货点采购方法高。

3) JIT 采购

JIT 采购由准时化生产管理思想演变而来。它是根据用户的需要将合适的物资以合适的数量和价格,在合适的时间送达合适的地点;它以需求为依据,改造采购流程和采购方式,使之完全适合需求的品种、时间、数量,做到既能灵敏地响应需求的变化,又能使库存向零库存趋近,是一种比较科学、比较理想的采购模式。

4) ERP 采购

ERP 采购是基于以职责为核心的流程设计,基于高度共享的基础信息平台应用。以往通过电话能完成的工作,现在都要在 ERP 系统中记录,提高了业务的可追溯性,减少了业务操作中的人为因素。通过 ERP 系统可随时查询任意时间与某供应商发生的采购业务,并可以查询该笔业务进行的状态,包括库存接收的数量、退货的数量、发票的数量等;ERP 系统按照设定的指标对供应商的状态进行分析,包括供应商供货质量分析、数量分析等,并从中总结规律,制订相应的供应商管理策略,如设定相应的配额和询价优先级等;使用 ERP 系统完备的控制体系能够做到流程有序、审批严格、监督有方。

5) 供应链采购

供应链采购是一种供应链机制下的采购模式。在供应链机制下,采购不再由采购者操作而是由供应商操作,采购者只需要把自己的需求信息及时传递给供应商,由供应商根据用户的需求,及时、连续、小批量补充库存,以保证既能满足采购者需要,又使总库存量最小。供应链采购对信息系统和供应商操作的要求都比较高,是一种科学的、理想的采购模式。

6) 电子采购

电子采购是由采购方发起的一种采购行为,是一种不见面的网上交易,如网上招标、网上竞标、网上谈判等。企业之间在网络上进行的这种招标、竞价、谈判等活动定义为 B2B 电子商务采购。电子采购比一般的电子商务和一般性的采购在本质上有了更多的概念延伸。它不仅仅完成采购行为,还有效地整合了企业资源,帮助供求双方降低了成本,提高了企业的核心竞争力。

（二）按采购环节分类

按采购环节可将采购划分为直接采购和间接采购两类。

1. 直接采购

直接采购是指需求企业直接向物资生产厂商进行采购。直接采购的采购环节少、手续简便、时间短，采购意图表达准确，信息反馈快，易于采购方与供应方交流、合作，并有利于促进供应商进行售后服务的持续改进。目前，绝大多数企业均使用此类采购方式，在实现自身需要的基础上通过减少中间环节来降低物资的采购价格，从而降低企业的采购成本。

2. 间接采购

间接采购是指通过中间商实施采购行为的方式，也称委托采购或中介采购，主要包括委托流通企业采购和调拨采购。间接采购一般适用于核心业务规模大、盈利水平高的企业。委托流通企业采购是依靠有资源渠道的贸易公司、物流公司等流通企业实施，或依靠专门的采购中介组织执行。调拨采购是计划经济时代常用的一种采购方式，是由上级机关组织完成的采购活动。目前除非物资紧急调拨或执行救灾任务、军事任务，否则一般均不采用调拨采购。

间接采购的特点包括：可充分发挥各类企业自身的核心能力，减少流动资金占用，增加资金周转率，分散采购风险，减少物资的非正常损失，减少交易费用和时间，从而降低采购成本。

（三）按采购政策分类

按采购政策可将采购划分为集中采购和分散采购两类。

1. 集中采购

集中采购是指企业在核心管理层建立专门的采购机构，统一组织企业下属各经营单位所需物资的采购进货业务。

集中采购的特点是：量大、过程长、手续多，集中度高，决策层次高，支付条件宽松，优惠条件多，专业性强，责任大。

2. 分散采购

分散采购是由企业各下属单位，如子公司、分厂、车间或分店实施的满足自身生产经营需要的采购。

分散采购的特点为：批量小或单件，且价值低、开支小，过程短、手续简、决策层次低，问题反馈快，针对性强，方便灵活，占用资金少，库存空间小，保管简单、方便。

（四）按决定采购价格的方式分类

按决定采购价格的方式可将采购划分为招标采购、询价采购、比价采购、议价采购、定价采购、公开市场采购等六类。

1. 招标采购

招标采购是通过招标的方式，邀请所有的或一定范围的潜在供应商参加投标，采购实体通过某种事先确定并公布的标准从所有投标者中评选出中标供应商，并与之签订合同的一种采购方式。

招标采购分为传统招标采购和电子招标采购两种。随着电子商务技术的不断发展，电子招标采购以周期短、实施成本低的特点成为大多数企业实施招标采购方式的首选。

严格限制议标方式

议标（谈判招标）是指招标单位与几家潜在的供应商就招投标事宜进行协商，达成协议后将工程委托承包（或指定供货）。这种方法的优点是不需要准备完备的招标文件，不需要很多的费用和时间。但由于议标背离了公开竞争的原则，必然存在一些弊病，如招标单位反复压价；招投标双方互相勾结，损害国家利益；招标过程不公开、不透明，失去了公正性。为此，世界各国对议标（谈判招标）项目都作了相应的规定。一般来说，只有特殊工程才能通过议标确定中标商。

2. 询价采购

询价采购是指采购人员选取信用可靠的厂商，将采购条件讲明，询问价格或寄以询价单并促请对方报价，比价后则现价采购。

3. 比价采购

比价采购是指在买方市场条件下，在选择两家或两家以上供应商的基础上，由供应商公开报价，加以比价后，从中选定合适的供应商进行采购。供应商所供应物资的价格高低是采购方衡量的关键因素。

4. 议价采购

议价采购是采购人员与厂家谈判、讨价还价，谈定价格后进行的采购。

5. 定价采购

定价采购是指厂家凭市场经验对采购物资定好采购价格，并根据事先定好的采购价格进行采购。一般企业购买的物资数量巨大，无法由一两家厂商全部提供时，为了控制同一种物资的采购成本,常使用定价采购的方式。

6. 公开市场采购

公开市场采购是指采购人员在公开交易或拍卖场所随时机动式的采购。以这种方式进行采购,价格变动非常频繁。

在实际的采购活动中,企业很少单独使用以上的某种采购方式,通常是把以上六种采购方式中的几种结合起来,以最大限度地降低采购物资的价格。

(五) 按采购主体分类

按采购主体可将采购划分为个人采购、团体采购、企业采购、政府采购等四种。

1. 个人采购

个人采购是指为满足家庭或个人的需要而进行的采购。

个人采购一般是单一品种、单个决策、随机发生的,有很大的主观性和随意性的采购活动,即使采购失误,也只影响个人利益,造成的损失不会太大。

2. 团体采购

团体采购通常是指某些团体通过大批量地向供应商订购,以低于市场价格获得物资或服务的采购行为。

3. 企业采购

企业采购是指企业供应部门通过各种渠道,从外部购买生产经营所需物资的有组织的活动。

4. 政府采购

政府采购又称统一采购或公共采购,是指各级政府及其所属实体为了开展日常的政务活动,以及为公众提供社会公共产品和公共服务的需要,在财政的监督下,以法定的方式(按国际规范一般应以竞争性招标采购为主要方式)、方法和程序,从国内外市场上为政府部门或所属公共部门购买所需物资、工程和服务的行为。

其中团体采购、企业采购、政府采购可归为集团采购,指两人或两人以上公用物资的采购。

(六) 按采购对象分类

按采购对象可将采购划分为原材料采购、半成品采购、成品采购、主要资本设备采购、附属资本设备采购等五种。

1. 原材料采购

原材料采购又称原材料购进,是指生产企业在市场中采购投入产品成本中的原材料。

2. 半成品采购

半成品采购指企业采购半成品,以生产企业的最终产品。

3. 成品采购

成品采购是指企业采购成品在市场上销售,商品流通企业多进行此类采购。

4. 主要资本设备采购

主要资本设备采购一般指生产企业在市场上采购保证企业进行某种生产的基本设备。

5. 附属资本设备采购

附属资本设备采购是指企业在市场上采购机械工具、办公设备等。

（七）按采购形态分类

按采购形态可将采购划分为有形采购和无形采购两种。

1. 有形采购

有形采购是指采购输出的结果是有形的物品,如一支钢笔、一台计算机等。有形采购大体可以分为以下四种。

（1）原料。原料是指直接用于生产的原材料,如为生产电视而采购的显像管、电阻等原料。

（2）辅料。在产品制造过程中,除了原材料之外所耗费的材料均属于辅料。如服装厂购买的纽扣或拉链,机械制品上的螺丝等。

（3）机具及设备。机具及设备是指制造产品的主要工具或提供生产环境所不可缺少的设施。

（4）事务产品。事务产品主要是指工作人员在文书作业上所需的设施,如文具、纸张,以及其他杂项。

2. 无形采购

无形采购是指采购输出的结果是不具有实物形态的技术和服务等,例如购买一项服务、一个软件、一项技术、保险及工程发包等。

技术、服务和工程发包是无形采购最常见的对象。

（1）技术是指能够正确操作和使用机器、设备、原料的专业知识。只有取得技术才能使机器和设备发挥效能,提高产品的产出率或确保优良的品质,降低原料损耗率,减少机器或设备的故障率,这样才能达到减少投入、增加产出的目的。

（2）服务是在合同的基础上由第三方(供应商、承包商、工程公司)完成的活动,包括从清洁服务和雇用临时劳务到由专业的工程公司(承包商)为企业设计新生产设备的适用范围以及安装服务、培训服务、维修服务、升级服务和某些特殊的专业服务。

（3）工程发包包括厂房、办公室等建筑物的建设与修缮，以及配管工程、动力配线工程、空调或保温工程及仪表安装工程等。工程发包有时要求承包商连工带料，以争取完工时效；有时自行备料，仅以点工方式计付工资给承包商，如此可以节省工程发包的成本。但是规模较大的企业，本身兼具机器制造和维修能力，就有可能购入物资自行施工，在完工品质、成本及时间等方面均有良好的控制和绩效。

二、采购的任务

随着现代企业内外部竞争的日趋激烈，采购在企业当中所起的作用也日渐加大，任务也愈加繁重。归纳起来，企业实施物资采购的基本任务有以下几点。

1. 保证企业所需物品与服务的正常供应

采购活动是企业组织生产、经营活动的初始阶段。采购物品的品种、规格、数量、质量、价格、交付情况等直接关系着企业的生产、运输、储存、销售等环节的质量和效率，采购的物品若不能满足需求，企业的生产、经营就得不到必要的物质保证。

2. 保证采购的原材料质量

如果所采购的原材料有质量问题，将会直接影响到产品的质量。在采购中要切实保证采购的质量，防患于未然。企业应与供应商达成明确的质量保证协议，以明确规定供应商的质量保证责任，同时要定期对供应商的质量体系进行评价。

3. 控制并减少采购成本

直接采购成本及原材料、零部件等采购价格的控制与降低，可采取提高采购工作效率、定期谈判、优化供应商、实施本地化采购、与供应商共同开展改进项目等多种途径。间接采购成本控制与降低包括缩短供应周期、增加送货频率、减少原材料库存、实施来料免检、循环使用原材料包装、合理利用相关的政府有利政策、避免汇率风险等。

4. 建立可靠、最优的供应商配套体系

一方面要尽量减少供应商的数量，使采购活动尽量集中；另一方面又要避免依赖独家供应商，防止垄断供应的风险。

5. 利用供应商参与产品开发

这是将供应商纳入企业自身整体经营的最有效的措施。一个企业要想在激烈的市场竞争中生存下去，必须不断地推出新产品，而任何产品的开发没有采购及供应商的参与和贡献几乎是不可能完成的。充分利用供应商的专业优势，将给企业自身的产品开发、生产甚至经营带来巨大的好处。

6. 管理控制好与采购相关的文件及信息

这些文件及信息包括程序性文件、作业指导书、供应商调研报告、供应商考核及认定报告、图纸及样本、合同与订单、供应商发票等。

7. 维护本企业的良好形象

因为采购是企业的对外工作,同销售一样,采购在很大程度上代表着公司,因此公正、良好的态度有助于发展同供应商的合作关系,树立公司的优秀形象。

除以上几项基本任务外,从采购管理的角度讲,还应包括:制定并实施关于采购的方针、策略、目标及改进计划并进行采购;供应商绩效衡量,建立供应商审核及认定、考核、评估体系;开展采购系统自我评估,同其他单位的采购进行行业水平比较,不断提高整体采购水平;建立培养稳定有创造性的专业采购队伍,建立采购资源共享体系。

第三节 采购作业的一般流程

一、采购的基本流程

采购基本流程大致分为如图1-1所示的几个步骤。

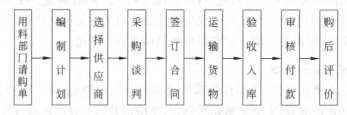

图1-1 采购基本流程示意图

1. 用料部门请购单

请购单须有用料的详细说明,如物料的名称、规格、型号、数量、交货日期及其他特殊要求。

2. 编制计划

采购部门对申报采购的物料,根据需要与可能,汇总平衡后,做出采购决策,包括:品种决策,即物料的品种、规格、型号及功能等;数量决策,即计划期内应当采购的数量;批量决策,即每次进货的批量是多少;时间决策,即每批物料进货的时间;采购方式决策,即采用何种方式采购,是集中采购还是分散采购,是传统采购方式采购还是现代采购方式采购,是国内采购还是国外采购,最后形成采购计划。

3. 选择供应商

供应商选择是采购的基本环节。优秀的供应商群体,是采购目标实现的基础。要通过对供应商的调查、供应商的审核认证、供应商的考核,选择优秀的供应商作为合作伙伴。根据用料部门请购说明在原有供应商中选择业绩良好的厂商,通知其报价,或以登报公告等方式公开征询。在选择供应商时,企业应考虑的主要因素有:

(1) 价格。物美价廉的商品是每个企业都想获得的。相对于其他因素,虽然价格并不是最重要的,但比较各个供应商提供的价格连同各种折扣是选择供应商不可或缺的一个重要指标。

(2) 质量。商品质量也是一个十分重要的选择供应商的影响因素。商品质量的选择应根据企业实际情况而定,并不是质量最好的就是最适合的。应力求用最低的价格买到最适合本企业质量要求的产品。

(3) 服务。服务也是一个很重要的选择供应商的影响因素。如更换次品、指导设备使用、修理设备等,类似这样的一些服务在采购某些项目时,可能会在选择过程中起到关键作用。

(4) 位置。供应商所处的位置对送货时间、运输成本、紧急订货与加急服务的回应时间都有影响。在当地购买有助于发展地区经济,易于形成社区信誉以及良好的售后服务。

(5) 供应商库存政策。如果供应商的库存政策要求自己随时持有备件库存,那么拥有安全库存将有助于对设备突发故障的解决。

(6) 柔性。那些愿意且能够回应需求改变、接受设计改变等要求的供应商应予以重点考虑。

4. 采购谈判

无论采取何种采购方式,都离不开与供应商的谈判。谈判要坚持正确的原则,要讲究谈判策略,大宗货物的采购谈判要由有经验的谈判者承担。谈判关乎采购的全局,不可有任何闪失。

5. 签订合同

谈判的成果、供需双方的权利义务及所达成的其他共识,要通过合同的形式确立下来,以提供法律上的保障。

6. 运输货物

货物的运输通常由供应商组织,有时由采购方自行组织。在采购方自行组织的情况下,有多种运输方式可供选择,如公路运输、铁路运输、水路运输、航空运输、联合运输等。究竟选择何种运输方式,要依据货物的性质、运费的高低、时间的急缓、货损的大小、运输的安全等进行综合考虑。

7. 验收入库

货物验收入库是采购业务操作的最后一个环节,也是一个关键性环节。验收包括品种、规格、质量、数量等方面的内容。对验收中发现的问题要依照规定妥善处理。不合格品不得入库,更不能进入生产过程。否则,不仅造成人力、财力资源的巨大浪费,而且一旦产成品进入市场,还会损害消费者的利益,有损企业形象,不利于企业长远发展。

8. 审核付款

货物检查合格入库后,必须按合同的规定及时支付货款。货款结算的方式有支票、汇票、本票、异地托收承付、委托银行收款和信用卡支付等。市场经济要讲诚信,不讲诚信的企业,必将被市场淘汰。

9. 购后评价

购后评价有两方面内容:一方面是总结对采购绩效,发扬优点,克服不足,进一步提高采购质量;另一方面是总结采购人员的表现,表扬先进,找出差距,做好今后工作。

不同的物流采购业务类型有不同的具体要求,采购流程上会存在些许差异,但总体上符合上述流程步骤。它始于需求提出,止于购后评价,期间经过计划的编制、选择供应商、协商谈判、签订合同、货物运输、验收入库、审核付款等。

二、采购业务工作的开展

采购的一般业务工作流程如图1-2所示。

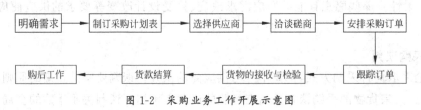

图1-2 采购业务工作开展示意图

1. 明确需求

明确需求,即在采购之前,应先确定需要哪些物料、买多少、何时买、由谁决定等。对需求的细节,如品质、包装、售后服务、运输及检验方式等,均须加以明确说明,以便来源选择及价格谈判等作业能顺利进行。

2. 制订采购计划表

采购任务单按需发放到采购员手中,采购员要及时制订采购计划表,确定适宜的采购时间,按时完成采购计划。

3. 选择供应商

选择供应商,即就需求说明,从原有供应厂商中,选择业绩良好的厂商,通知其报价。对供应商进行考查和评估,建立供应商档案,确定合作的供应商。

4. 洽谈磋商

洽谈磋商,即决定可能的供应商后,进行价格、交货期、运输方式及费用、交货地点、保险等的谈判,签订采购合同。

5. 安排采购订单

安排采购订单,即根据生产需求,向供应商下达采购订单。

6. 跟踪订单

在下单之后,应及时与供货商沟通确认是否按交货日期及时到货;不能及时到货者,立刻予以协调,以确定一个合适的交货期。如确定无法供货时,采购员应及时采取相应的措施对策:

(1) 与供货商协调,明确供货时间。
(2) 将此情况及时反映给采购经理,并用 E-mail 的形式告知营业部经理。
(3) 检查仓库是否有可以替代的辅料。

7. 货物的接收与检验

货物运输到仓库后,由仓库收发员清点数量,并与采购员一起验收品质,收货员在规定时间内通知采购员数量是否与制单有差异,以及货物品质等方面的问题。凡厂商所交货品与合约规定不符而验收不合格者,应依据合约规定退货,并立即办理重购,予以结案。

8. 货款结算

货款结算有两种方式:COD 和月结。

(1) COD 付款方式即货到付款,是指卖方将货物运出,货物到达目的地时,买方须将全部货款交付卖方或其代理人,才可取得货物。这是经常合作的以及非常规品种的供货商采用的付款方式。作为 COD 申请付款需注明币种。

(2) 月结付款方式需由供货商提供发票,采购员填写人民币申请表,附总经理签订的订购合同、发票、采购单和经采购经理、营业部经理、总经理签字后的申请现金表,交由财务核对后转交财务经理签字。

9. 购后工作

购后工作主要包括结案、记录与档案维护等工作。即凡验收合格付款,或验收不合格退货,均须办理结案手续,清查各项书面资料有无缺失、绩效好坏等,报高阶层管理或权责部门核阅批示。

凡经结案批示后的采购事项,均应列入档案登记编号分类,予以保管,以备参阅或事后发生问题的查考;档案应有一定保管期限的相关规定。

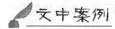文中案例

某企业采购作业流程说明

（1）根据销售订单汇总表、库存情况,结合库存商品智能补货,让采购目的更明确、采购数量更精准,避免盲目采购和库存积压。

（2）通过完善的分级分类供应商档案管理,集中管理供应商,设定采购人员管辖供应商多级权限,避免采购人员私自选择不合格供应商。利用供货商采购排行、供货商销售情况分析,反复评估,锁定优质供应商。

（3）根据完善的商品物价信息、分支机构物价信息,预设商品进价,结合审批流程中"超过预设进价审核"的条件控制,杜绝采购人员随意定价、高价采购。

（4）通过采购入库单中的付款期限一项,利用超期应付预警提前了解月度付款信息,避免随意付款,提高企业信用额度。

（5）支持利用现购、赊购、退货、受托代销、分支机构调拨等多类型采购业务模式,处理翔实的历史采购信息,跟踪订单执行全过程。

三、采购流程设计中的注意事项

一般来说,企业规模越大、采购金额越高的采购个案,管理者应对采购流程的设计更为重视。采购作业流程设计应注意以下几点。

1. 先后顺序及实效控制

首先需要注意的是作业流程的流畅性与一致性,并考虑作业流程所需时限。例如,避免同一主管对同一采购个案做多次签核;避免同一采购个案,在不同部门有不同的作业方式;避免一个采购个案会签部门过多,影响作业实效。

2. 关键点的设置

为了便于控制,设计采购作业流程时,应该做到正在处理中的采购作业各环节均被追踪管理。例如,在国外采购中,询价、报价、申请输入许可证、开立信用证、装船、报关、提货等环节,均需按管理要领和办理时限进行跟踪管理。

3. 划分权责与义务

在采购流程的设计中,对各项作业手续和查核的责任,应有明确的权责规定和查核办法。例如,对请购、采购、验收、付款等权责应予以区分,并指定审核部门或人员。

4. 避免作业过程发生摩擦、重复与混乱

在设计采购流程过程中,应注意采购作业流程要有一定的适应性,以适应外部环境的

变化或者应变偶发事件的发生。例如,在遇到紧急采购及外部授权时,应用权宜的办法或流程进行特别处理。

5. 价值与程序相适应

采购作业流程的程序繁简或被重视的程度应与所处理业务或采购项目的重要性或价值的大小相适应。凡涉及数量比较大、价值比较高或者容易发生舞弊的作业,应有比较严密的监督;反之,则可略微予以放宽,以提高采购作业的效率。

6. 处理程序应适合现实环境

应当注意所设计的采购作业流程可以进行及时的改进。一般来说,早期设计的处理程序或流程,经过一定时间的应用以后,应重新加以审视,不断改进,以适应组织变更或作业上的实际需要。

7. 配合作业方式的改善

应配合企业新的作业方式来改善采购作业流程。例如,当企业从手工作业方式变为全自动作业方式后,采购作业流程与表单就需要做相当程度的调整或重新设计。

第四节 采购管理的内涵

一、采购管理的含义与目标

(一) 采购管理的含义

采购管理是指为保障企业物资供应而对企业采购进货活动进行的管理活动。广义上是指为了达到机构的日常管理与战略目标而获取供应商的商品和资源的管理活动。

采购管理与采购之间既紧密联系又有区别。

采购管理是对整个企业采购活动的计划、组织、指挥、协调和控制活动,是管理活动,是面向整个企业的。它不但面向企业全体采购员,而且面向企业组织其他人员(进行有关采购的协调配合工作),一般由企业的采购科(部、处)长或供应科(部、处)长,或企业副总(以下统称为采购科长)来承担。其责任就是要保证整个企业的物资供应,权力是可以调动整个企业的资源。

而相对来说,采购只是指具体的采购业务活动,是作业活动,一般是由采购人员承担的工作,只涉及采购人员个人,完成采购科长布置的具体采购任务,权力只能调动采购科长分配的有限资源。

因此,采购与采购管理既有联系又有区别,见表1-1。

表 1-1　采购与采购管理的联系与区别

	采　购	采　购　管　理
联系	本身有具体的管理工作,属于采购管理	本身直接管理具体采购业务的每一个步骤、每一个环节和采购员
区别	• 是具体的采购业务活动,是一项作业活动 • 只涉及采购员个人 • 只能调动采购部的有限资源	• 对整个企业采购活动的计划、组织、指挥、协调和控制活动,是管理活动 • 面向整个企业 • 可以调动整个企业的资源

（二）采购管理的职能与目标

1. 采购管理的职能

企业作为国民经济一个基本细胞承担着为社会提供产品或服务的功能。但是企业在不断形成自己的产品和服务时,除了企业自己的已有物力资源外,还需要不断地从市场获取各种资源,特别是各种原料、设备、工具等,这就需要采购。这项工作就是由采购管理来承担的。

就物资采购的具体职能来说,一方面,它要实现对整个企业的物资供应;另一方面,它是企业联系整个资源市场的纽带。

2. 采购管理的目标

采购管理的目标是保证企业的物资供应,是为确保在适当质量下,能够以合适的价格,在适当的供应商那里采购到适当数量的物资和服务所采取的一系列管理活动。

（1）合适的供应商。选择供应商是采购管理的首要目标。对于采购方来讲,选择的供应商是否合适,会直接影响采购方的利益。如数量、质量是否有保证,价格是否降到最低,能否按时交货等。供应商的选择主要应考查供应商的整体实力,包括生产供应能力、信誉等,以便建立双方互相信任的长期合作关系,实现采购与供应的双赢战略。

（2）适当的质量。采购商进行采购的目的是满足生产需要。因此,为了保证企业生产的产品的质量,首先应保证所采购的材料能满足企业生产的质量要求。保证质量应该做到"适当"。一方面,如果产品质量过高,会增加采购成本,同时也会造成功能过剩;另一方面,所采购材料质量太差,就不能满足企业生产对原材料的要求,会影响最终产品质量,甚至会危及人民生命安全。

（3）适当的时间。采购管理对采购的时间有严格的要求,即要选择适当的采购时间,一方面保证供应不间断;另一方面又不能过早采购而出现积压,占用过多的仓库面积,加大库存成本。

（4）适当的数量。适当的数量是物资采购非常重要的目标之一。采购适时适量,就是要防止超量采购和少量采购。如果超量采购,会出现产品积压;如果少量采购,可能造成供货间断,采购次数加大,提高成本。即要求采购做到既保证供应,又使成本最低。

(5)适当的价格。费用最省是物资采购要始终贯穿于方方面面的准绳。在物资采购中每个环节、每个方面都要发生各种各样的费用,因此在物资采购的全过程中,我们要运用各种各样的采购策略使我们总的采购费用最小。

一方面,采购价格过高,加大采购成本,产品将失去竞争力,供应商也将失去一个稳定的客户,这种供需关系不能长久维持;另一方面,采购价格过低,供应商利润过少,或无利可图,将会影响供应商的供货积极性,甚至出现以次充好等行为来维持供应,时间一长,采购方将失去一个供应商。

企业应该从总价值、总成本的角度考查企业的经营结果,而不是片面地追求诸如采购、生产和分销等单一功能的最优化,因为个体最优的总和不等于整体最优。

二、采购管理的内容与作用

(一)采购管理的内容

企业物流采购管理的主要任务体现在三个方面:一是要保证企业所需的各种物资的供应;二是要从资源市场获取各种信息,为企业物资采购和生产决策提供信息支持;三是要与资源市场供应商建立起友好且有效的关系,为企业营造一个宽松有效的资源环境。采购管理涉及市场、合同、组织、制度、战略和流程等几方面内容,其中第一项是最重要、最根本的任务,如果这一项搞不好,就不能称之为采购管理。

为了实现采购管理的基本任务,需要完成一系列的工作。采购管理的基本内容如图1-3所示。

1. 采购市场分析

采购市场分析包括采购对象的市场供求分析、供应商分析,进而制定价格策略和采购策略。

2. 需求分析

需求分析就是要弄清企业需要采购什么品种、需要采购多少,什么时候需要什么品种、需要多少等问题。作为全企业的物资采购供应部门应当掌握企业的物资需求情况,制订物料需求计划,从而为制订出科学合理的采购订货计划做准备。

3. 资源市场分析

资源市场分析就是根据企业所需求的物资品种,分析资源市场的情况,包括资源分布

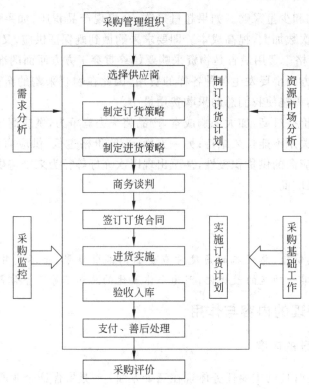

图 1-3 采购管理工作内容示意图

情况、供应商情况、品种质量、价格情况、交通运输情况等。资源市场分析的重点是供应商分析和品种分析,分析的目的是为制订采购订货计划做准备。

4. 采购制度建设

采购制度建设包括制定采购工作管理目标、供应商选择制度、采购作用制度等,用制度规范采购程序、采购人员行为,使采购运行机制科学化、合理化。采购制度各细则包括:物资采购入库验收管理规定、物料与采购管理系统、公司中进口物资采购供应规定、公司采购规程、采购工作实施办法、物料与采购管理工作内容、国内物资采购供应规定、设备引进管理条例、标准采购作业程序和标准采购作业细则等。

5. 采购管理组织

采购管理组织是采购管理最基本的组成部分。为了搞好企业复杂繁多的采购管理工作,需要有一个合理的管理机制和一个精悍的管理组织机构,要有一些能干的管理人员和操作人员。

采购部门是企业为了进行采购活动以保证生产运作顺利进行而建立的一个组织。随着企业与市场的联系日益紧密,采购部门的工作状况直接影响着整个企业的资金流、业务流程和竞争优势。企业目前普遍采用的采购组织有"集中型""分散型""复合型"等采购模式。采购组织设计、建立和运行,需要同物流管理和供应链管理结合起来考虑。

6. 采购合同管理

采购合同是需求方向供货厂商采购货品时,根据双方达成的协议所签订的具有法律效力的书面文件,以确认供需双方之间的购销关系和权利与义务。

7. 采购战略管理

采购战略管理包括:采购品种战略决策、供应商战略决策、采购方式及其选择、跨国采购战略决策等。制订采购订货计划是根据需求品种情况和供应商的情况,制订出切实可行的采购订货计划,包括选择供应商、供应品种、具体的订货策略、运输进货策略以及具体的实施进度计划等,具体解决什么时候订货、订购什么、订购多少、向谁订、怎样订、怎样进货和怎样支付等这样一些具体的计划问题。

8. 采购计划实施

采购计划实施就是把上面制定的采购订货计划分配落实到人,根据既定的进度实施。具体包括去联系指定的供应商、进行贸易谈判、签订订货合同、运输进货、到货验收入库、支付货款以及善后处理等。通过这样的具体活动完成一次完整的采购活动。

9. 采购评价

采购评价就是在一次采购完成以后对这次采购的评估,或月末、季末、年末对一定时期内的采购活动的总结评估。主要在于评估采购活动的效果、总结经验教训、找出问题、提出改进方法等,通过总结评估,可以肯定成绩、发现问题、制定措施、改进工作,是我们不断提高采购管理水平的保证。

10. 采购监控

采购监控是对采购活动进行的监控活动,包括对采购的有关人员、采购资金、采购事务活动的监控。

11. 采购基础工作

采购基础工作是为建立科学、有效的采购系统进行的一些基础工作,包括管理基础工作、软件基础工作和硬件基础工作。

小贴士

采购管理理念中的关键要点

(1)建立供应链价值系统的观点。

高效的供应链设计、集中库存策略及库存的可视化管理和生产的良好协调,会使库存

水平降低，运输作业更为有效，并改善订单实现率及其他一些关键的业务功能。

（2）整体权衡的观点。

进行采购过程设计、运作和管理，常常会遇到功能、成本和物流效率的选择问题，需要从系统整体绩效评价的角度，在比较、交替作用过程中进行整体权衡与选择。

（3）采购管理与其相关环节信息共享的观点。

（二）采购管理的作用

采购管理是企业总体经营战略的重要组成部分，关系到企业的生存和发展，具有十分重要的作用。

1. 采购管理是企业正常生产的保证

任何企业的生产经营活动都由供、产、销三个环节组成。企业缺少了采购供应这个环节，就没有原材料、燃料、零部件、辅助材料及所需的一切物资，企业就无法组织生产。没有采购，企业的生产经营就成了无源之水、无本之木。

2. 采购管理是企业产品质量的基本保证

企业产品的质量当然与企业的生产加工过程有关，加工不当会影响产品质量，但是，没有合格的原材料、合格的设备和工具，就根本无法生产出合格的产品，更不用说优质产品。

3. 采购成本是产品成本的主体部分

采购成本由订货费、保管费、购进费和进货费构成。采购成本，是产品成本的主体。采购成本的少许变化都会对产品的成本产生显著影响。过高的采购成本会降低企业的效益，削弱产品的市场竞争力。

4. 采购是企业与市场资源的接口

采购人员采购物资，主要和资源市场打交道。但是，资源市场与销售市场是混杂在一起的，采购人员在获取资源市场信息的同时，也能获取大量的销售市场信息，这些信息可为领导决策提供重要参考。

5. 采购是企业科学管理的开端

企业的物资供应是直接和生产发生联系的，采购方式决定和影响着生产方式。科学的采购方式，必然要有与其相适应的科学的生产方式，并要求与供应和生产相关的整个企业管理模式发生根本性变革，实现企业管理的规范化、科学化和现代化。

6. 采购决定着企业产品周转速度

采购是企业生产的开端。采购不仅是企业生产的基本保证，而且在很大程度上决定了企业产品的周转速度。采购人员必须解决采购物品的适时适量问题，必须实现与生产等环节的高度统一。这种统一，不但保证了生产而且节约了资金。否则，要么物料不到位，车间停工待料影响生产；要么到货物料超过需求，造成物料积压问题，使物料周转速度减缓，物料保管费用增加，甚至花费大量的人力物力去处理积压问题，造成更大的浪费。

7. 做好采购工作可以合理利用物质资源

节约和合理利用物质资源，是开发利用物质资源的头等大事。采购工作须贯彻节约的方针，通过采购工作合理利用物质资源。

（1）通过合理采购，企业可以防止优料劣用、长材短用。

（2）优化配置物质资源，防止优劣混用。在采购中要力求优化配置和整体效应，防止局部优化损害整体优化，部分优化损害综合优化。

（3）在采购工作中，要应用价值工程分析，力求功能与消耗匹配。

（4）通过采购，企业可以引进新技术、新工艺，提高物质资源利用率。

（5）要贯彻执行有关的经济、技术政策法律法规，如产业政策、综合利用和节能降耗等政策法律法规，拒购被淘汰的产品，防止违反政策法律法规的行为发生，做到资源的合理利用。

三、采购管理模式的比较分析

传统采购管理与现代采购管理的主要区别如表1-2所示。

表1-2 传统采购管理与现代采购管理的主要区别

比较项目	传统采购管理	现代采购管理
与供应商/买方的关系	互为对方	合作伙伴
合作关系	可变的	长期的
合作期限	短	长
采购数量	大批量	小批量
运输策略	单一品种整车发送	多品种整车发送
质量问题	检验/再检验	无须入库检验
与供应商的信息沟通	传统媒介	网络
信息沟通频率	离散的	连续的
对库存的认识	资产	不利因素
供应商的数量	多，越多越好	少，甚至一个
设计流程	先设计产品后询价	供应商参与产品设计
产量	大量	少量
交货安排	每月	每周或每天
供应商地理分布	很广的区域	尽可能靠近
仓库	大	小

(一)传统采购管理模式的主要特点

1. 传统采购过程是典型的非信息对称的博弈过程

选择供应商在传统的采购活动中是一个首要任务。在采购过程中,采购方为了能够从多个竞争性的供应商中选择最佳的供应商,往往会保留私有信息,因为给供应商提供的信息越多,供应商的竞争筹码就越大,这样对采购方不利。因此,采购方尽量保留私有信息,而供应商也在和其他的供应商竞争中隐瞒自己的信息。这样,采购与供应双方都不进行有效的信息沟通,形成了非信息对称的博弈过程。

2. 验收检查是采购部门的一个重要的事后把关工作,质量控制难度大

质量和交货期是采购方主要考虑的另外两项重要因素,但是在传统的采购模式下,要有效控制质量和交货期只能通过事后把关的办法。因为采购方不参与供应商的生产组织过程和有关质量控制活动,相互的工作是不透明的。因此,需要按照各种有关标准(如国际标准、国家标准等)进行检查验收。缺乏合作的质量控制会导致采购部门对采购物品质量控制的难度增大。

3. 供需关系是临时的或短时期的合作关系,而且竞争多于合作

在传统的采购模式下,供应与需求是临时的或短时期的合作关系,缺乏合作与协调,采购过程中各种抱怨和扯皮的事情比较多,采购人员的很多时间都消耗在解决日常问题上,没有更多的时间来做长期性预测与计划工作,供应与需求之间缺乏合作增加了许多生产的不确定性。

4. 对用户需求的反应迟钝

由于供应与采购双方缺乏及时的信息反馈,在市场需求发生变化的情况下,采购方也不能改变供应商已有的订货合同,导致在需求减少时库存增加、需求增加时供不应求,供需之间对用户需求的响应没有同步进行,缺乏应对需求变化的能力。

(二)现代采购管理模式的主要特点

1. 从为库存采购变为订单采购

传统采购都是为库存而采购的,采购部门很少根据项目的动态进展调整采购计划。如今面对激烈的竞争,大库存会严重影响企业的经济效益和竞争力。JIT采购可以有效降低库存成本。

2. 从对采购材料的管理变为对供应商的管理

由于企业要与供应商建立一种长期互利的战略伙伴关系,因此双方及时实现工程进度、材料的生产情况、交货期、运输方式等信息的共享,实现准时化采购,这样供应商就可以适时响应采购部门的要求,使采购工作顺利进行,最终实现双赢。

3. 从传统采购变为电子商务采购

电子商务等信息技术的发展，使信息共享度越来越高。电子商务采购系统目前主要包括网上市场信息发布与采购系统、电子银行结算与支付系统、进出口贸易通关系统以及现代物流系统等，可以解决传统采购模式中供应商不能及时响应项目进度的问题。

4. 从采购方式的单元化变为采购方式的多元化

传统采购途径比较单一，但是随着计算机网络覆盖和国际化供应链系统的迅速发展，采购方式开始向多元化方向发展，主要表现为：本土化采购与全球化采购相结合，集中采购与分散采购相结合，自营采购和外包采购相结合，多供应商与单一供应商相结合。

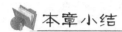

本章小结

本章主要介绍了采购及采购管理的相关知识，包括采购的概念、分类及特点，采购的地位、原则及任务，采购作业的一般流程和其他形式下的作业流程，采购管理的含义、目标、内容以及作用。

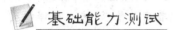

基础能力测试

一、填空题

1. 广义的采购是指以各种不同的途径，包括（ ）、（ ）、（ ）、（ ）等方式，取得物品或劳务的使用权或所有权，以满足使用的需求。

2. 间接采购成本控制与降低包括缩短供应周期、增加送货频率、减少原材料库存、（ ）、（ ）、（ ）、避免汇率风险等。

3. 在国外采购中，询价、报价、申请输入许可证、（ ）、（ ）、（ ）、（ ）等环节，均需按管理要领和办理时限进行跟踪管理。

4. 制定采购工作管理目标、供应商选择制度、采购作用制度等，用制度规范采购程序、采购人员行为，使采购运行机制（ ）、（ ）。

5. 采购成本由（ ）、（ ）、（ ）和（ ）构成。

二、简答题

1. 采购管理的战略地位是什么？
2. 采购管理理念中的关键要点是什么？
3. 采购的分类包括哪些？
4. JIT 采购和 MRP 采购的含义是什么？
5. 简要说明采购流程设计中的注意事项。

6. 采购应遵循哪些基本原则?

三、论述题
1. 结合传统采购的特点谈一谈现代采购具有的优势。
2. 请结合实际案例论述采购作业的基本流程。
3. 论述采购管理的内容与作用。

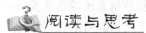阅读与思考

百万物流人投身战"疫" 坚决打赢疫情防控阻击战
——中物联应对疫情工作领导小组工作简报

疫情就是命令,防控就是责任。习近平总书记在2020年1月25日中共中央政治局常务委员会会议上的重要讲话,发出了打赢疫情防控阻击战的战斗号召。根据党中央、国务院决策部署和国资委党委有关要求,中国物流与采购联合会(以下简称中物联)第一时间成立了以中物联党委书记、会长何黎明为组长的应对新型冠状病毒感染肺炎疫情防控领导小组,坚决贯彻落实党中央、国务院决策部署和国资委党委有关要求,统一指挥调度中物联系统应对疫情防控有关工作,加强防疫物资采购,提升采购物流运转效率。

百万物流人投身战"疫"。1月27日,中物联向全国物流行业发起了《中物联关于做好新型冠状病毒肺炎防控工作的紧急倡议》,呼吁制定应急预案,加强防控物资储备,确保服务不中断、保障措施强有力,加强企业人员健康防控、确保工作人员健康安全,做好应急物流预案、勇于承担社会责任,做好宣传和组织疫情防控工作以及地方物流行业组织积极参与疫情防控工作等七条行业倡议,得到了全国物流行业企业和代管协会、地方物流行业协会的积极响应。

春节期间,数以万计的一线物流企业和百万一线物流人投身战"疫",提供抗击疫情物资和生活用品物流保障服务,中国邮政、中国物流、阿里、京东、顺丰、苏宁等物流龙头企业纷纷捐助赈灾物资和援助数十亿元资金,涌现了"地方政府主管部门、物流行业协会、物流企业联合设立应急物流保障办公室""九州通协助武汉红十字会解决物资配送瓶颈"等一批又一批的先进典型事迹。

严格落实疫情防控工作。根据国资委有关通知要求,在前期紧急应对疫情工作安排落实的基础上,1月31日,中物联党委研究印发了《关于中物联系统应对新型冠状病毒感染肺炎疫情防控有关工作安排的通知》,对近期应对疫情工作进行再部署、再加强。中物联系统通过加强组织领导,各单位、各部门层层落实责任,做到守土有责,守土尽责,专业提供物流协调保障服务,切实做好疫情防控工作,做好每日疫情监测及报告工作,全面提

高防控等级,确保中物联系统各项工作平稳有序开展。

中物联系统利用报刊、网络、新媒体等一切宣传手段和渠道,为全行业宣传传播正能量,一方面,收集报道会员单位战"疫"一线动态,整理发布应急物资运输需求和运力资源信息;另一方面,及时宣传政府最新政策,搜集反映物流领域存在的政策瓶颈,向主管部门提出政策建议。在此基础上,加强同全国物流领域行业社团组织的联系,疏通全行业信息渠道,协同解决相关问题。

积极建言加快政策出台。中物联及时向全国各省市地方物流行业组织发出《关于收集疫情防控应急物资运输车辆、顺畅通行有关情况和政策建议的函》,得到了积极响应。2月2日,中物联提交的《关于切实做好疫情防控和节后公路货物运输保障的情况反映和政策建议》(以下简称《政策建议》),获交通运输部应对新型冠状病毒感染肺炎疫情工作领导小组副组长、副部长刘小明批示:"中物联的建议很有参考价值,要在工作中多采用。"同日晚间,在交通运输部发出的通知中,采纳了中物联所提部分建议。

《政策建议》针对当前应急物资保畅通中遇到的突出矛盾和问题,提出以下建议:一是加强政府文件的督查落实;二是全力保障货运车辆和司机返岗复工;三是采取强有力保畅通措施;四是尽快设立共享式的接驳转运中心;五是由交通运输部门牵头,建立各地物流保障办公室联系机制;六是加强自身疫情防控。

2月2日晚上,交通运输部办公厅发出《关于统筹做好进鄂应急物资中转运输有关工作的通知》,在武汉周边确定5个物流园区作为进鄂应急物资道路运输中转调运站,为外省进鄂的各类应急物资提供中转转运服务。此件特别强调"充分发挥行业协会的作用",并抄送中物联。到目前,中物联已将此文件通过本部各部门、分支机构及全国各地物流行业社团组织转发全行业,并通过物流园区专委会主导的《中国物流园区图谱》提供导航服务。

用专业做好物流协调保障。受国家发改委、交通运输部等部门委托,中物联及时联系部分骨干会员企业,向政府有关部门提供了30家应急物资运输保障重点物流企业名单,合计运力储备超过5000辆。

中物联公路货运分会、冷链委、医药物流分会、汽车物流分会、应急物流分会等分支机构,发挥细分领域专业优势,组织协调大量的运力支援战"疫"。时刻关注疫情变化,积极发现医院和企业的物资需求,保障疫区食品和物资供给,传递行业正能量。陆续收集和整理了70多家物流企业开展疫情防控物资免费运输信息,通过微信公众号提供相关信息查询服务。每天发布一期,已连续发布八期,共300多条。联合百家会员单位启动"抗疫通"——应急物资运输需求与运力资源共享信息平台,提供疫情防控物资和应急保障物资的运输信息匹配和业务对接实时服务。目前,已发布应急物资运输需求信息100多条,对接完成应急运输业务50多单次。

物流行业展现担当使命。中物联系统中国汽车流通协会、中国医药物资协会、中国建材流通协会、中国物资储运协会、中国物资再生协会等代管协会,发挥各自行业专业优势,纷纷发起行业倡议,众多会员和行业企业捐赠医疗物资及工程建设用物资。

据中国建材流通协会不完全统计,截至2月1日,仅建材流通行业向武汉捐助款项已达3.8亿元,众多建材家居卖场率先做出免租决定。全国各省市物流行业协会特别是湖北省、黑龙江省等当地物流行业协会,按照当地政府有关部署和中物联有关倡议,组织建立了"湖北省物流协会疫情防控工作专班""黑龙江省物流/快递行业应急管理办公室"等工作机制,24小时值班,发扬物流人吃苦耐劳、勇于奉献的精神,认真配合有关部门做好各项物流保障服务工作,展示了全国物流行业众志成城、抗击疫情的担当和使命。

不忘初心、牢记使命,坚决打赢疫情防控阻击战。按照党中央、国务院和国资委党委有关要求,中物联党委坚决扛起疫情防控的政治责任,充分发挥中物联系统基层党组织的战斗堡垒作用和共产党员的先锋模范作用,激励中物联系统党员干部担当作为,积极投入疫情防控阻击战,营造全国物流行业众志成城、共克时艰的浓厚氛围,凝聚强大合力,坚决打赢疫情防控阻击战,确保中物联系统各项工作平稳有序开展,持续推动全国物流行业的健康发展。

资料来源:中国物流与采购联合会资料汇编

第二章

采购组织与管理制度

知识目标

1. 了解采购组织的含义、分类及地位;
2. 熟悉采购部门的设置原则和建立方式;
3. 熟练掌握采购管理制度的内容。

技能要求

1. 掌握采购部门及岗位人员职责,并能根据实际情况进行合理安排;
2. 熟悉采购人员的招聘和培训步骤,能在实践中熟练运用;
3. 能够遵照采购管理制度从事物流采购活动。

导航索引

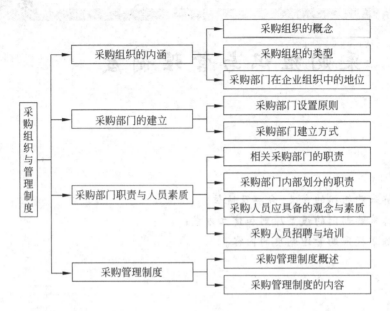

引导案例

集中采购制度

凯恩实业集团股份有限公司是以包装印刷为主业的民营上市企业。集团下属8家印刷企业，采用集中统一采购的管理模式。2020年印刷总收入约15亿元，大宗原材料的采购金额也接近8亿元。

而在此之前，采购业务分散且采购管理不规范已经成为集团大规模定制生产和快速发展的瓶颈，因此，如何有效地整合资源，形成合力，建立强有力的采购供应体，成为集团提升竞争力的战略课题。集团领导充分认识到攻克此战略课题的重要意义，实施集中采购就是要将有限的、分散的采购人力、采购资源集合起来，形成一个合力，共同应对市场，充分利用大市场资源吸引更多的供应商参与所采购物资的竞价，通过询价、比价、谈判，定位价格，取得优惠待遇，以降低采购成本，同时提高生产效率。

在集团统一管理战略的指引下，采购物流部围绕降本增效、降低库存、加快资金周转的工作目标，进行了一次又一次的探索与创新。从起初的纸张集中采购业务入手，拓展至目前的采购印刷辅料、货物外发运输、生产废料清运收购等几大业务板块，大宗印刷原辅材料集中采购比率均已超过85%。

资料来源：中国物流与采购联合会资料汇编

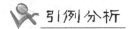
引例分析

凯恩实业集团实行集中采购制度,有效整合了采购资源,强化了供应链管理,降低交易费用,节约采购成本,在物流得到优化的同时,充分提高了采购过程的透明度,有利于规范采购行为,使企业采购的综合效益得以充分实现。

第一节 采购组织的内涵

一、采购组织的概念

为保证企业生产经营活动的正常进行,必须建立一套科学的采购组织机构。

（一）采购组织的定义

采购组织是指为了完成企业的采购任务,保证生产经营活动顺利进行,由采购人员按照一定的规则,组建的一种采购团队。

在市场经济条件下,市场需求的不确定性和多变性导致现代企业的采购工作非常复杂,特别是一些大中型企业,采购的商品品种繁多、数量大,采购工作往往不是由一个人来完成,而是由一个采购部门来进行的。无论生产企业还是流通商贸企业,要使采购工作高效而顺利地开展,保证商品供应不间断,企业经营业务正常运转,都需要建立一支高效的采购团队,通过科学采购降低采购成本,保证企业生产经营活动的正常进行。

（二）采购组织的功能

1. 凝聚功能

采购组织凝聚力的表现就是凝聚功能,凝聚力来自目标的科学性与可行性。采购组织要发挥其凝聚功能,必须做到明确采购目标及任务、具备良好的人际关系与群体意识、发挥采购组织中领导的导向作用三个方面。

2. 协调功能

采购组织的协调功能是指正确地处理采购组织中复杂的分工协作关系。这种协作功能包括两个方面：一是组织内部的纵向、横向关系的协调,使之密切协作,和谐一致；二是组织与环境关系的协调,采购组织能够依据采购环境的变化,调整采购策略,以提高对市场环境变化的适应能力和应变能力。

3. 制约功能

采购组织是由一定的采购人员构成的,每个成员承担一定的职能,有相应的权利、义务和责任,通过这种结构系统,对组织的每一成员的行为都有制约作用。

4. 激励功能

采购组织的激励功能是指在一个有效的采购组织中,应该创造一种良好的环境,充分激励每一个采购人员的积极性、创造性和主动性。因而,采购组织应高度重视采购人员在采购中的作用,通过物质和精神的激励,使其潜能得到最大限度的发挥,以提高采购组织的激励功能。

二、采购组织的类型

采购组织的定位非常依赖于管理层对采购职能的看法。当管理层将采购视为一个重要的竞争因素且对企业具有战略重要性时,采购组织负责人就很有可能直接向最高领导汇报,从而使采购组织在企业组织中处于比较高的地位;当管理层将采购职能主要看作业务活动时,就会造成采购组织部门在企业组织等级中处于相当低的地位。

企业的采购组织必须考虑不同的企业组织结构的特点及其适用的采购模式,同时还要充分考虑企业的战略和竞争环境。伴随着企业组织结构的演变,采购组织结构也经历了分权式采购组织、集权式采购组织、混合式采购组织、虚拟采购组织等阶段。

(一) 分权式采购组织

分权式采购组织指企业把与采购相关的职责和工作分别授予各个经营单位来执行。这样各个经营单位自己负责完成自身的采购任务,无须向企业总部汇报。在这种制度下,企业总部没有统一集中的采购部门而是在企业总部下属的各个经营单位设立相应的采购中心,按照规定完成所属经营单位的采购任务。分权式采购组织框架如图 2-1 所示。

1. 分权式采购组织的优点

分权式采购组织的优点包括以下四个。

(1) 可以自主、灵活地处理各项作业,增加物资采购的多样性。

(2) 采购速度快,对客户需求的反应速度快。

(3) 可进行区域性物资采购,仓储管理方便。

(4) 各经营单位的管理者对本单位所有的采购活动负完全责任,也对本单位的财务后果负责,因此积极性较高。

2. 分权式采购组织的缺点

企业下属不同的经营单位可能会与同一个供应商就同一种物资进行谈判,结果达成了不同的采购情境。当供应商的能力吃紧时,同一企业下属的不同经营单位相互之间会成为真正的竞争者,从而降低企业整体采购的效益。

分权式采购组织的缺点具体表现在以下三个方面。

(1) 采购数量分割,难以与供应商形成长期稳定的关系,不利于获得优惠的价格和

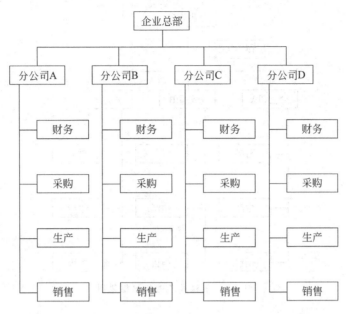

图 2-1 分权式采购组织框架图

服务。

(2) 采购作业分散,人员配备增加,使得整个采购成本增加,企业采购运作效率下降,不利于采购专业人才的培养。

(3) 采购分散,不利于企业统一核算,采购活动的协调和监控较为困难。

3. 分权式采购组织的适用条件

分权式采购组织比较适合以下五类物资的采购。

(1) 批量比较少的物资的采购。

(2) 价值比较低的物资的采购。

(3) 市场上供应源比较有保障的物资的采购。

(4) 距离总部较远,如异地或异国物资的采购。

(5) 研发过程中试验性物资的采购。

(二)集权式采购组织

集权式采购组织指企业将与采购相关的职责和工作集中授予一个部门,一般是企业总部来执行,在组织结构上是为了建立综合的物资管理体系而设立的管理责任一元化结构。在这种制度下,各经营单位都无采购权,所需物资的采购均由企业总部统一设置的采购部门来执行。集权式采购组织框架如图 2-2 所示。

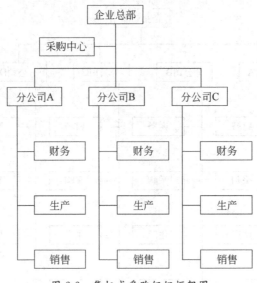

图 2-2 集权式采购组织框架图

1. 集权式采购组织的优点

集权式采购组织的优点主要表现在规模经济效益、业务活动的协调、业务活动的控制等三个方面。

1) 规模经济效益

集权式采购组织的规模经济效益主要表现在：货量的集中可形成价格的批量折扣或优惠；与采购部门打交道促使供应商去争取拿到一个企业满意的订单；通过与供应商在较长生产周期中共同分摊经常性管理费用而获得相对低的价格；可根据主要物资种类来聘用专业技术人员；可聘用专业的辅助工作人员，如为大量海外采购任务办理进出口手续方面的专业人员；行政开支成本较低等六个方面。

2) 业务活动的协调

集权式采购组织可以协调企业的采购业务活动具体包括：实行统一的采购政策；遵循统一采购程序步骤；消除同一组织机构中多个部门竞相采购物资的现象；采用企业统一的技术规范，使标准化工作易于推进；方便确定订单数量和送货日期；可以协调备用服务，特别是库存控制和生产进程；可以系统地进行对从事采购工作的员工的培训；协调配合进行关于货源、货量和供方表现方面的深入研究；对供应商来说，与一个集中的采购部门联系比与大批单独的经营单位的采购部门联系要方便得多。

3) 业务活动的控制

集权式采购组织对业务活动的控制主要表现：在采购部门可成立独立的成本中心，

即一个成本可以落实的单位,也可以成立独立的利润中心,即一个自负盈亏的单位;预算控制可同时针对采购部门和供应的总开支;由集中采购取得的统一采购价格,有助于成本统一;通过减少废品,降低因多余库存量带来的资本利息损失;可贯彻即时采购(JIT)和企业生产资源计划(ERP)等措施。

2. 集权式采购组织的缺点

集权式采购组织的缺点主要表现在以下两个方面。
(1) 采购流程较长,手续较多,耗费时间较多,不利于进行紧急、临时的采购。
(2) 采购绩效很难评估,容易出现采购物资与使用单位所需不符的现象。

3. 集权式采购组织的适用条件

集权式采购组织比较适合四类物资的采购。
(1) 大宗和批量的物资。
(2) 价格较高的物资。
(3) 关键的零部件。
(4) 保密性强的物资。

(三) 混合式采购组织

混合式采购组织指在企业级的层次上存在着采购部门,企业下属经营单位也有相应的采购部门。混合式采购组织集合了集权式采购组织和分权式采购组织的特点,采购活动通过混合式采购组织实行决策集中、执行分散的协调运用,实现整个组织的有效运作。

在混合式采购组织结构下,企业在总部设立总的中心采购部,实现对企业各经营单位共同所需物资的采购,采购金额或数量较大。企业同时在下属的各经营单位设置采购部门,主要对本经营单位单独需要的物资、采购金额或数量较低的物资、需求较紧急的物资实施采购。混合式采购组织框架如图2-3所示。

1. 混合式采购组织的优点

混合式采购组织有利于企业根据特殊需要和业务重点,对所采购的各类物资有选择性地采用不同的组织进行管理,灵活性较强,还可以根据外部环境和业务活动的变化及时进行调整。

2. 混合式采购组织的缺点

(1) 混合式采购组织结构不够规范,容易造成管理上的混乱。
(2) 所设各经营单位的采购部门之间差异很大,不利于协调与合作,也不利于树立完整的企业形象。

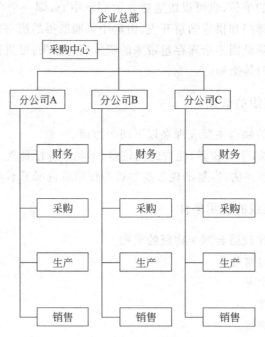

图 2-3 混合式采购组织框架图

3. 混合式采购组织的适用条件

混合式采购组织一般适合企业规模较大、企业下属各经营单位分布地区比分散且设立在不同地区及采购物资的种类差别较大的物资的采购。

（四）虚拟采购组织

虚拟采购是以计算机网络技术进行采购的运作与管理，有效完成采购任务的方式，即多个具有互补资源和技术的企业，为了实现资源共享、风险共担、优势互补等特点的战略目标，在保持自身独立性的条件下，建立的较为稳定的合作伙伴关系。

虚拟采购是利用日益完善的通信网络技术及手段，将分布于全球的企业采购资源虚拟整合为一个大型物流支持系统，以快速、精确、稳定地完成采购的任务，满足企业的相应生产或商业运作需求。

虚拟采购组织的实质就是采购信息集成平台，以获取采购领域的规模化效益为目的，以先进的信息技术为基础，以共享此采购信息为纽带而构建的企业间的动态联盟。

1. 虚拟采购组织的优点

虚拟采购组织的优点表现在以下四个方面。

（1）建立采购信息集成平台，合作企业实现相互间的信息共享。

（2）合作企业可在采购信息集成平台上实施电子采购，实现采购的网上交易，提高采购活动的效率。

（3）组织结构具有动态性，能够快速反映市场的变化，快速接收新的信息，灵敏性较高，尤其对复杂的采购项目具有独特的优势。

（4）通过有效地利用信息技术和网络技术，各成员企业及各个环节的人员都能参与采购的项目，可以有效促进整个组织的创新意识，有利于专业人员的培训。

2. 虚拟采购组织的缺点

虚拟采购组织的缺点表现在以下三个方面。

（1）对企业的信息化程度要求较高，参与企业需要在信息化建设方面投入较大资金。

（2）对虚拟组织中人员素质要求较高，参与企业需要花大力气对参与人员进行培训。

（3）稳定性较差，一般在采购项目完成后联盟便解散。

3. 虚拟采购组织的组成要素

虚拟采购组织的参与企业必须具有与采购相关的核心能力或服务、计算机网络技术的应用与发展、彼此间的信任和合作等三个方面的要素。

（1）具有与采购相关的核心能力或服务。企业与其他企业之间建立虚拟的采购组织，必须具备与采购相关的核心能力或服务，这样才能为其他企业所用，满足其他企业相应的需求，在此基础上实现与其他企业的相互协作，实现资源共享。

（2）计算机网络技术的应用与发展。计算机网络技术的应用与发展是虚拟采购组织赖以生存的基础，通过计算机网络技术可以把分布在全球不同地方的优秀的资源集合起来构成相应的采购组织，通过相互间的协同，实现采购的规模效益。

（3）企业间的信任和合作。参与虚拟采购组织的企业可以是没有竞争关系的企业，也可以是有竞争关系的企业。为了企业的生存和发展，为了实现自身效益目标，这些企业彼此之间相互合作、相互信赖，为竞争而合作，靠合作来竞争，从而达成虚拟采购组织的共同利益。

4. 虚拟采购组织的适用条件

虚拟采购组织适合信息化程度较高的企业采购活动以及创新性较强的采购项目。

三、采购部门在企业组织中的地位

企业的性质、最高决策者的观念或重视采购的程度、采购物料成本占企业营业成本的比例大小等都会影响采购部门在企业中的地位。小规模的企业常无独立的采购组织，或只指定一人专办或兼办采购。中型企业大都将采购与仓储作业合并组织。大规模的企业多设有专职机构独立办理。

按隶属关系划分,企业中采购部门的形式主要有以下四种类型。

1. 采购部门隶属于生产部副总经理

采购部门隶属于生产部副总经理,其主要职责是协助生产工作顺利进行。因此,采购工作的重点是提供足够数量的物料以满足生产上的需求,至于议价的功能则退居次要地位。这种方式比较适合"生产导向"的企业,其采购功能比较单纯,而且物料价格也比较稳定,如图 2-4 所示。

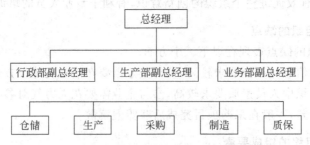

图 2-4　采购部门隶属于生产部副总经理示意图

2. 采购部门隶属于行政部副总经理

采购部门隶属于行政部副总经理,主要职责是获得较佳的价格与付款方式,以达到财务上的目标。有时采购部门为了取得较好的交易条件,难免延误了生产部门用料的时机,或购入品质不尽理想的物料,不过这种方式能发挥单位议价和部门之间制衡的作用。因此,对于生产规模庞大,物料种类繁多,采购价格经常需要调整,采购工作必须兼顾整体企业产销利益的均衡时,将采购部门隶属于行政部门比较合适,如图 2-5 所示。

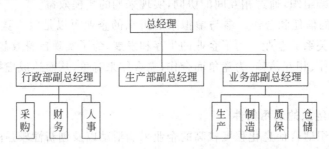

图 2-5　采购部门隶属于行政部副总经理示意图

3. 采购部门直接隶属于总经理

采购部门直接隶属于总经理督导,提升了采购的地位与执行能力。此时,采购部门的主要功能,在于发挥降低成本,使采购成为企业创造利润的另一种来源。这种类型的采购部门,比较适合于生产规模不大,但物料或商品在制造成本或销售成本所占的比重较高的企业,如图2-6所示。

图2-6 采购部门直接隶属于总经理示意图

4. 采购部门隶属于资材部副总经理

采购部门隶属于资材部(或材料管理部),其主要的功能在于配合制造与仓储单位,达成物料整体的补给作业,无特别角色与职责,甚至可能降至附属地位。因此这种形式比较适合物料需求管制不易,需要采购部门经常与其他相关单位沟通的企业,如图2-7所示。

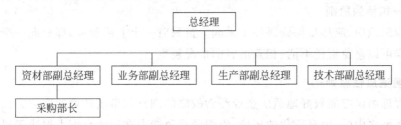

图2-7 采购部门隶属于资材部示意图

第二节 采购部门的建立

采购部门主要是负责本企业或机构的日常采购工作,采购组织设计的目的就是通过对企业内部资源的整合来提高企业的运作效率。采购组织必须与市场的发展变化相一致。任何单位都非常注重采购部门。

一、采购部门的设置原则

1. 应与企业的性质、产品、规模相适应

如化工企业的原材料采购必须是通过专业人员进行,因为原材料的好坏鉴别只有专业人员才能进行,而且原材料的品质如何直接决定了产品的档次。

小贴士

从企业的规模大小来看,规模小的企业只需要设计一个比较简单的供应采购部门来负责整个企业的原材料及设备的采购;而企业集团或跨国性的规模比较大的企业,则常设

有集团采购部或中央采购中心,同时各个子企业一般分别设有采购的分支机构。

2. 须与企业采购目标及采购部门的职权范围相适应

如企业的产品质量出现问题,而这个质量问题是由原材料不过关引起的,就要求采购部门负责同供应商做工作,改进原材料的质量。采购部门为了解决这一问题就需要聘请专门的质量工程师或者协调其他的相关部门共同参与供应商的质量改进工作。

3. 应与企业的管理水平相适应

由于各个企业的管理水平有很大的差别,因此当企业的管理水平很高,已经引进了MRP 系统,企业的采购需求计划、订单的开具、收费跟单都应按照 MRP 系统要求通过计算机进行操作控制。管理水平较低的企业如手工作坊式的企业,其采购部门的建立就根据企业管理水平达到的相应程度进行设计,与管理水平高的企业必然有着很大的不同。

4. 统一指挥的原则

在采购组织中,应尽量保证每一个采购人员只对一个上级负责,即只向一个上级汇报工作。这样可以避免责任不清、相互推脱的情况发生。

5. 环境适应性原则

采购管理组织应能较好地适应企业经营战略的调整和市场环境的变化。任何组织都是存在于环境之中的,面对变化的环境,组织的竞争能力在很大程度上取决于对环境的适应能力。

二、采购部门建立方式

采购部门的建立,就是将采购部门应负责的各项功能整合起来,并以分工方式建立不同的部门来加以执行。一般来讲,在规模较大的采购组织中是按照其职能来建立部门的。采购科执行购买的功能,并与供应商议价;稽催科负责使供应商如期交货并确保品质;管理科负责采购文件和报告的准备工作以及电脑系统的作业;研究科则负责收集、分类及分析采购决策的资料。图 2-8 所示为某金属制造企业采购组织结构示意图。

图 2-8 某金属制造企业采购组织结构示意图

不过，在一般的中小型规模的采购组织中，通常缺乏稽查、管理、研究的功能，或因这三种功能并不明显就没有分别设置，至多将其部分功能合并为管理科或并入采购科。一般来说，采购组织主要有以下五种建立方式。

1. 按物品类别分类

按物品的类别将采购部门划分为不同的采购小组，每一小组承担某一物品采购的计划制订、询价、招标、比价、签订合同、货款结算等一系列采购业务。这种采购部门的建立方式，可使采购人员对其经办的项目非常专业，能够达到"熟能生巧"以及"触类旁通"的效果，也是最常用的采购部门建立方式，适合物品种类繁多的企业与机构。图2-9所示为某电子企业的采购部组织图，通过此图可以看出如何按照物品分类来建立采购部门。

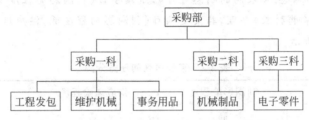

图2-9　某电子企业采购部组织结构示意图

2. 按采购地区分类

企业采购的货源来自不同的地区。按照采购地区的不同，分别设立部门。此种分工方式，主要是基于国内、国外采购的手续及交易对象有显著的差异，因而对于采购人员的工作条件亦有不同的要求。

3. 按采购价值或重要性分类

为加强对物品的管理，一般将采购的对象按其价值和品种分为A、B、C三类。A类物品采购次数少、物品价值高，属重要物品，其采购质量如何将直接影响到企业经营的风险和成本，一般应由采购部门主管负责。而将采购次数繁多，但价值不高的B、C类物品，交给基层采购人员负责。

按照物品价值建立部门的方式，主要是保障主管对重大的采购项目能够集中精力加以处理，达到降低成本以及确保来源的目的。此外，让主管有更多的时间，对采购部门的人员与工作绩效加以管理。把采购次数少，但价值高的物品，交给采购部门主管负责处理；反之，将采购次数频繁，但价值不高的物品，交给基层采购人员办理，如表2-1所示。

表 2-1　按物品价值分工的采购组织

物品	价值/%	次数/%	承办人
A	70	10	经理
B	20	20	科长
C	10	70	科员

✎ 文中案例

某公司的采购任务的分类：其中策略性项目（利润影响程度高、供应风险大）的决定权交给高级主管（例如主管采购的副总经理），瓶颈项目（利润影响程度低、供应风险高）交给基层主管（例如采购科长）办理，非紧要项目（利润影响程度低，供应风险低）交给采购人员办理，如表 2-2 所示。

表 2-2　某公司采购任务分类

项目类型	利润影响程度	供应风险程度	采购承办人
策略性项目	高	高	副总经理
瓶颈项目	低	高	经理
杠杆项目	高	高	科长
非紧要项目	低	低	科员

4. 按采购过程分类

按照采购业务过程，将采购计划的制订、询价、比价、签订合同、催货、提货、货款结算等工作交给不同人员办理。这种组织形式要求部门内各成员密切配合，适合采购量大、采购物品品种较少、作业过程复杂、交货期长以及采购人员众多的企业采用。

如图 2-10 所示，内购科分别设置访价组负责招标、议价组负责订约、结报组负责付款；外购科的访价与议价功能委托驻外采购单位负责，故只担任签约、履约及综合业务（包括外购法令的修订、申诉处理、进度管制等）。

5. 混合式的编组

不同企业有不同的特点，在许多稍具规模的企业或机构中，通常会兼有以物品、地区、价值、业务等为基础来建立采购部门的内部组织，可以形成不同的混合式组织形式。图 2-11 为某人造纤维企业采购组织示意图。

在此图中，先以地区划分为外购科及内购科，分设科长掌管。然后再按物品类别，交由不同的采购人员承办。同时，也以价值为基础，另外设立原料科，由副经理兼任科长掌

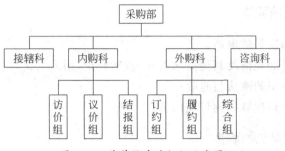

图 2-10　某单位采购组织示意图

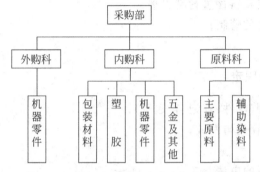

图 2-11　某人造纤维企业采购组织示意图

管,其中主要原料约占整个部门采购金额的70%,故由采购经理直接洽商决定,交由原料科人员办理有关交易的手续。

第三节　采购部门职责与人员素质

随着社会环境的多变,采购部门的组织也更加复杂,主要体现在企业对于采购部门的要求不断提高、任务不断加大,连带采购部门的职责也相对扩大,工作内容的差异性也增加许多。对于不同性质的企业,采购部门的设立也不尽相同,其部门及人员职责的分配也各有不同。

一、相关采购部门的职责

以全面品质管理的观念而言,采购部门的职责开始于获得请购单之前并延续至填发订购单之后,包括一切与采购工作直接或间接相关的活动。因此,从整体企业的利益来看,采购工作的优劣牵扯到其他部门能否相互配合和协调。下面我们就对相关部门的职责分述如下。

(一)请购单位的职责

(1) 非存量管制物料的申请;
(2) 拟订请购料的规格及其他需求条件,包括数量、用途及交货日期等;
(3) 采购物料规格的确认与验收;
(4) 重大请购物料预算的编订或估价。

(二)物料管理单位的职责

(1) 根据生产计划拟订物料需求计划;
(2) 制订企业主要物料存量管制水平;
(3) 物料交货进度的管制;
(4) 缺料的稽催。

(三)仓储单位的职责

(1) 请购单的处理(收件、登记、转送等);
(2) 物料的验收、存储与发放;
(3) 废料的处理;
(4) 存量管制物料的申请。

(四)采购单位的职责

(1) 审查请购单的内容,包括是否有采购的必要及请购单的规格与数量等是否恰当;
(2) 与技术、品质管制等部门人员共同参与对合格供应厂商的甄选;
(3) 交货的稽催与协调;
(4) 物料的退货与索赔;
(5) 物料来源的开发与价格调查;
(6) 采购计划与预算的编计;
(7) 国外采购的进口许可申请、结汇、公证、保险、运输及报关等事务的处理;
(8) 供应商的管理;
(9) 采购制度、流程、表单等的设计与改善。

(五)财务单位的职责

(1) 物料采购预算的审核;
(2) 各处物料与劳务付款方式的规定;
(3) 物料付款凭证的审查与支付;

(4) 供应商违约赔偿、扣款等的执行。

二、采购部门内部划分的职责

采购部门及其相关单位的职责划分已经在上文提及，在这里，我们就作业层面及管理层面的职责进行详细阐述。

（一）作业层面的基本职责

(1) 品质管理的职责包括：能够明确说明规格；提供客观的验收标准给供应商；参与品质问题的解决；协助供应商建立品质管理制度；尊重供应商的专业技术。

(2) 交货作业的职责包括：给供应商正确而且能够达到的交货期；提供长期的需求计划给供应商；使供应商同意包装及运输方式；协助供应商处理交货问题。

(3) 价格管理的职责包括：给供应商公平的价格；让供应商分享共同推行价值分析的成果；尽快付款。

(4) 其他职责包括：对供应商的问题及抱怨尽快回应；提供技术及测试仪器，使供应商生产更佳的产品；使供应商尽早参与产品的设计。

（二）管理层面的基本职责

(1) 采购经理的职责包括：拟订采购部门的工作方针与目标；负责主要原料与物料的采购；编制年度采购计划与预算；签订审核订购单与合约；采购制度的建立与改善；撰写部门周报与月报；主持采购人员的教育训练；建立与供应商良好的伙伴关系；主持或参与采购相关的业务会议，并做好部门间的协调工作。

(2) 采购科长的职责包括：分派采购人员及助理的日常工作；负责次要原料或物料的采购；协助采购人员与供应商谈判价格、付款方式、交货日期等；采购进度的跟踪；保险、公证、索赔的督导；审核一般物料采购案；市场调查；供应商的考核。

(3) 采购员的职责包括：经办一般性物料的采购；查访厂商；与供应商谈判价格、付款方式、交货日期等；确认交货日期；一般性索赔案件的处理；处理退货；收集价格情报及替代品资料。

(4) 采购助理的职责包括：请购单、验收单的登记；交货记录及跟催；访客的安排与接待；采购费用的申请与报支；进出口文件及手续的申请；计算机作业与档案管理；承办保险、公证事宜。

在一般人事管理比较正规的企业机构，前面所述的各个不同阶层采购人员的职责，都会在职位工作说明书中详细记载。采购部门仍是以寻求合格的厂商以维持物料的充分供应为最重要的职责。总之，采购部门的职责已经逐渐从传统的作业性工作，提升为战略性的工作，显示采购部门已参与企业长期发展的决策，这也证明了采购部门在企业里举足轻重的地位。

三、采购人员应具备的观念与素质

(一) 采购人员应具备的观念

采购人员的观念是指采购人员开展采购工作、处理各种采购相关问题时的指导思想。正确的采购观念是必须引导采购人员按客观规律办事,提高采购工作的质量。现代采购人员应具备的观念有以下六个方面。

(1) 战略观念。即从企业大局出发,把握企业发展战略目标,使采购工作符合企业整体发展要求。

(2) 经济观念。即在采购过程中讲究经济核算,提高购进环节的经济效益,尽量组织本地产品购进,货比三家,择优而购,精打细算,节省开支。

(3) 市场观念。即把握市场发展规律,调整市场变化趋势,善于抓住每一个市场机会。

(4) 竞争观念。竞争是市场经济条件下的必然现象,在采购过程中同样充满了竞争,既有同行之间的竞争,又有采购人员与供应商的竞争。很显然,竞争会给采购员的工作带来压力,因此,采购人员要善于竞争,把竞争的压力转化为搞好采购工作的动力。

(5) 服务观念。采购过程实际上是一个服务过程。一方面,采购要为本企业经营服务;另一方面,在采购过程中应着眼于长远利益,为供应商提供力所能及的服务,如:提供信息、协助推销、介绍新客户等。

(6) 创新观念。创新即出奇制胜,一方面,在采购过程中要有新招数,如开发新货源或选择更好的供应商,以提高采购工作的效率;另一方面,也要在企业经营项目上独辟蹊径,做到"人无我有、人有我优、人优我廉、人廉我转",从而使企业立于不败之地。

(二) 采购人员应具备的素质

商品采购作为企业业务开展的第一环节,其工作的好坏直接影响到企业整个业务活动的进程和质量。例如,工业企业将采购来的原材料、零部件通过加工制造形成新的产成品,原材料质量的好坏、价格的高低及数量的多少,将直接影响到产成品的质量、价格及生产经营的连续性;对商业企业来说,采购的对象是产成品,这些产成品的质量、价格、品种、数量等直接影响到商品的市场销售价格、服务水平和客户满意度。所以,做好采购工作对企业来说意义重大。

为做好采购工作,企业必须有一支高素质、有战斗力的采购队伍。采购人员素质是指采购人员的天资、思想、品德、知识、能力的总称,即采购员应具备的基本条件。长期以来,企业有一种重生产、轻采购的倾向,对采购人员的素质不太重视,认为采购人员就是出差买东西,只要身体好、脑子嘴巴好使就行了,其实这种观点是不对的。采购人员应具有以下三方面的素质。

1. 思想品德素质

由于采购行为稽查困难,又没有固定规则可循,使得采购工作成为"良心工作"。在实际工作中,我们发现有许多采购员拿回扣,要好处费,或借采购之机游山玩水。这不仅造成企业采购费用开支过大,往往还因采购商品质量低劣,给企业造成巨大损失。

因此,觉悟高、品行端正、爱岗敬业是一个采购员应有的基本素质。只有思想品德高尚,才能大公无私、克己奉公,处处为企业大局着想,不贪图个人利益,为企业把好采购关,降低采购成本,提高采购质量。

2. 知识素质

在采购工作中,采购人员一方面要与不同类型的供应商打交道;另一方面,由于采购的商品品种繁多,规格不一,且市场供求变化快,因而要求采购人员具备所需的相关知识。具体为:

(1)政策、法律知识。采购人员应当具备相关的政策、法律知识,包括国家出台的相关法律、价格政策、专营方向等。

(2)市场学知识。采购人员应当具备了解消费者需求,掌握市场细分策略以及产品、价格、渠道、促销方面的知识,以合理选择采购商品,保证商品适销对路。

(3)业务基础知识。业务基础知识包括谈判技巧、商品知识(商品功能、用途、成本、品质)、签约的基本知识等,这是做好本职工作的关键,将有助于与供应商的沟通,能主动进行价值分析,开发新来源或替代品,有助于降低采购成本。

(4)社会心理。采购人员应当了解客户心理活动,把握市场消费者的心理需求,从而提高采购工作的针对性。

除此之外,采购人员还需具备自然科学知识和其他基础文化知识,将现代科技知识用于采购过程,从而把握市场变化规律,提高采购工作的效率与准确性。

3. 能力素质

知识不等于能力,二者相辅相成又相互独立。知识是能力的强大后盾,能力是知识的反映。但作为采购人员,只有专业知识是远远不够的,实践能力才是为企业带来财富的根源。要干好采购工作,采购人员同样应具有相应的能力。我们把采购人员应具备的能力归纳为:

(1)分析能力。采购人员应能够分析市场状况及发展趋势,分析消费者购买心理,分析供货商的销售心理,从而在采购工作中做到心中有数,知己知彼,百战百胜。

(2)协作能力。采购过程是一个与人协作的过程,一方面,采购人员要与企业内部各部门打交道,如与财务部门打交道解决采购资金、报销等问题,与仓储部门打交道,了解库存现状及变化等。另一方面,采购人员要与供应商打交道,如询价、谈判等,虽处在主动地位,也需保持公平互惠,甚至要做到不耻下问、虚心求教,不可趾高气扬、傲慢无礼。只有处理好与供应商和企业内部各方面的关系,才能为以后工作的开展打下坚实基础。

(3) 表达能力。采购人员是用语言文字与供应商沟通的,因此,必须做到正确、清晰地表达所欲采购的各种要求,如规格、数量、价格、交货期限、付款方式等。如果口齿不清、说话啰唆,只会浪费时间,导致交易失败。

(4) 成本分析和价值分析能力。采购人员必须具有成本分析和精打细算的能力。买品质太好的商品,物虽美,但价更高;而盲目追求"价廉",则必须支付品质低劣的代价。因此,对于供应商的报价,要结合其提供产品的质量、功能、服务等因素综合分析,以便买到适宜的商品。

(5) 预测能力。在市场经济条件下,商品的价格和供求在不断变化,采购人员应根据各种产销资料预测将来市场上该种商品供给情况,如商品的价格、数量等。

四、采购人员招聘与培训

(一) 采购人员的招聘

随着我国市场经济体制的建立与发展,企业的经营自主权日益扩大,企业可以根据自身条件的变化和要求,自主地招收所需的多种人才。采购人员的招聘原则同整个企业员工招聘原则相同,通常是由企业的人力资源部门统一进行的,但在一些企业中,总经理也授权给企业的部门主管,负责进行部门内部人员的招聘。

1. 采购人员招聘的原则

由于采购人员招聘成功与否对企业生存和发展非常重要,因此在日常员工招聘过程中应该遵循高素质和多样性的原则,效率优先的原则,公平竞争、择优录取的原则,内部优先的原则。

2. 采购人员招聘的渠道

为避免录用不合格的候选人,企业必须寻找和利用各种应聘者来源。

1) 采购人员的招收途径

就目前来看,采购人员的招收主要有企业内部招收与企业外部招收两个途径。

(1) 内部征召。内部征召是指吸引企业内部的员工,填补企业的空缺职位。它是企业重要的征召方法,特别是对于企业管理职位来说,是最重要的应聘者来源。如在美国,有抽样调查资料显示,90%的管理职位是用内部征召的方法来填补的。

内部征召这一方法的使用,是通过不同的渠道来完成的。

① 内部提升。当企业中比较重要的职位需要招聘人员时,让企业内部符合条件的员工从一个较低级的职位晋升到一个较高级的职位的过程就是内部提升。

② 职位转换。将员工从原有的职位调到同层次或下一层次的空缺职位上去的过程称为职位转换。

(2) 外部征召。外部征召的方法多种多样,当企业需要大量员工时,外部征召是必然的选择。其主要有刊登广告、员工推荐、顾客推荐、校园招聘、在线招聘、就业机构以及猎头机构等多种渠道。

2) 不同征召渠道的选择

选择什么样的征召渠道与职位的类型、级别,企业的规模等有很大的关系。技能及管理层次越高的职位,越需要在大范围内进行征召。发达国家的一些研究表明,职位的类型是决定使用哪种征召来源的重要因素。

调查显示,对于管理职位,使用最多的是内部征召、报纸广告,其次是就业机构;对于专业和技术职位,使用最多的是校园征召,其次是报纸和专业杂志广告,再次就是就业机构。

针对我国的情况,对于大多数企业,如果是集中征召一批人员,通常采用广告、校园招聘、人才交流等渠道,而员工推荐则作为补充渠道或补充特殊人才渠道。

3. 采购人员的选拔标准

采购人员的选择是企业一项重要的人力资源的配置。选择标准的实质是对采购人员总体素质的基本要求。当然,在企业内部,不同采购岗位的人员的素质要求不同,采购经理、采购主管和采购员的要求也是不同的。作为一个采购人员,其选拔标准分为如下三个方面。

1) 良好的气质

气质指影响人的心理活动和行为的个性特征,即人们通常所说的"脾气""性情"。采购工作是一项与人打交道的工作,因此,采购工作由善于交流、对人热情、开朗主动的人员担任,才能保证采购的成功。

2) 性格

性格是人在对他人或外界事物的态度和行为方式上所表现出来的特征,是个人对外界态度行为方式的习惯的表现。通常将人的性格划分为外向型性格和内向型性格,从采购工作的要求来看,外向型性格比内向型性格更具优势。

3) 能力

能力是指人完成某种活动所必备的个性心理特征。人的能力分为一般能力和特殊能力,一般能力是人的基本能力,如观察能力、记忆能力、思维能力、想象能力等;特殊能力指从事某种专业活动的能力,如艺术能力、运动能力等。采购人员除应具备一般能力外,还应具备进行采购工作的特殊能力,如发现新客户的能力、交往洽谈的能力、协调关系的能力等。

(二)采购人员的培训

培训是组织的义务,接受培训是员工的权利。所有的组织都需要对员工进行培训,采购组织也不例外。采购人员的培训包括上岗前培训(主要包括公司文化、公司情况及同本职相关的工作训练与介绍)及在职培训。上岗前培训一般由人力资源部统一安排,不需要采购部门单独进行。培训主要有以下几个步骤。

1. 进行员工培训需求分析

不同层次的员工有不同的培训需求,员工培训需求分析如表2-3所示。

表2-3 员工培训技能需求表

工 作 经 验	个人素质与技巧	相关专业知识	采购专业知识
5年以上相关工作经验 ● 集团采购总监 ● 事业部采购经理	● 变化管理 ● 国际关系学	● 战略管理 ● 宏观经济学	● 采购战略管理 ● 国际采购管理 ● 战略成本管理
5年以上相关工作经验 ● 采购经理 ● 资深战略采购员	● 高层领导学 ● 公共关系学 ● 时间和效率管理	● 人事管理 ● 市场与营销 ● 法律 ● 经济学	● 采购管理 ● 成本分析与管理 ● 国际采购与运输
2到5年相关工作经验 ● 战略采购员 ● 高级采购员 ● 前期采购员	● 项目管理 ● 指导与技巧 ● 沟通技巧 ● 领导方法	● 财务管理 ● 市场学 ● 质量管理 ● 供应链管理	● 专业采购模块 ● 谈判技巧 ● 供应商管理 ● 即时供应
2年左右相关工作经验 ● 后期采购员 ● 助理采购员	● 团队工作 ● 表达技巧 ● 基础谈判	● 财务基础 ● 语言(英语等) ● 计算机及信息管理	● 采购基础 ● 国际贸易基础 ● 供应商管理基础

2. 确定员工培训内容

1)采购专业课程

(1)供应商管理。包括供应商管理过程、供应市场调研与分析、供应商考查与审核、供应商认可、合同与协议、供应商绩效考核与改进等;通过学习了解供应商管理的基本概念、流程、工具,学会供应商审核、考评及绩效指标衡量的基本方法等。

(2)原材料的采购。包括所需材料的市场与品牌、如何收集、组织、分析市场信息,询价与谈判,如何进行供应风险分析等;通过培训了解原材料的基本分类、市场分布、谈判及采购技巧等。

(3)采购与环境。包括环境管理体系、相关环保法规与标准、环保管理体系与采购和供应商的关系等;通过学习了解环境的基本要求、环境管理体系、环保管理体系与采购和供应商的关系等。

2)采购相关专业与个人素质和技巧

(1)个人时间与效率管理。包括制订计划、设定目标、通过时间管理与控制达成目标,如何处理中途打扰与意外、如何改善沟通等,通过学习使采购人员能更好地安排利用时间,了解改进工作效率、提高个人劳动生产力的方法等。

(2)个人领导学。包括时间管理、目标的设立与领导、沟通改进、决策、组织的领导等,通过学习发掘提升自己固有的领导天赋,成为有效的领导者。

(3)企划管理。包括生产活动控制与采购计划控制、物流管理、仓储管理等,通过学习了解物料计划、物流控制、仓储管理,掌握供应链与采购的关系。

3. 选择员工培训方法

对员工进行培训,需要投入一定的资金、时间和精力,如果方法选择不当,就达不到预期的效果,所以必须根据实际情况选择见效快、易掌握的方法。

(1)讲授法。它通过系统的语言表达向员工传授知识,是应用最普遍的一种方法。此方法可同时对多人进行培训,但是所授内容具有强制性,缺乏实际操作机会。比较适合理论知识的培训,对于实践方面的知识还需结合其他方法进行培训。

(2)视听法。利用幻灯、电影、录像、录音等视听教材进行培训。这种方法比单纯讲授给人的印象更深刻,更易于理解,但它也和讲授法一样,缺乏实际操作机会,比较适合理论知识的培训。

(3)案例研究法。让员工对企业过去实际发生的情况进行研究,做出诊断或解决问题。它可以启发员工的思路,提高员工的分析、创造能力。但是所选案例是否适用,直接会影响培训效果。

(4)设立助理职位法。通过设立助理职位,让受训者与有经验的人一起工作,促进助理的成长。每个组织都需要对员工进行培训,一个好的培训体系可以提高员工的素质,提升企业的整体能力。

第四节 采购管理制度

一、采购管理制度概述

(一)采购管理制度的概念

采购管理制度是指企业的采购工作管理及管理方式的确定,表现为以文字的形式对采购组织工作与采购具体活动的行为准则、业务规范等做出的具体规定。

为了规范采购工作,提高采购工作的效率,我们必须建立健全多种采购管理制度,以此作为采购人员与采购部门的工作准则与行为规范,以保证采购工作健康、有序、高效地运行,从而圆满地完成采购任务,满足企业其他部门对采购业务的要求。

采购管理制度居于上层建筑的范围,体现一定的生产力与生产关系的发展要求,企业采购管理制度的建立不是一蹴而就的,而是一个长期的过程,应由企业管理层所倡导,能被采购人员认可,往往是集体智慧的结晶。

(二)采购管理制度的作用

建立企业采购管理制度可以起到如下作用:
(1)明确各岗位、各环节的责、权及相互关系;
(2)明确采购人员的业务操作要求,从而有利于加强考核;
(3)有利于在采购部门贯彻按劳分配制度,有利于激发职工的责任感与事业心。

(三)采购管理制度的特点

采购管理制度作用是建立在采购制度本身科学性的基础上的,为此,企业采购管理制度体现出以下几个方面的特点。

1. 严肃性

采购管理制度一旦确定就应不折不扣地予以执行。只制定制度而不加强执行与实施的监督,这样的规定和制度是毫无价值的。在实际运作中,对违反制度的采购人员应有相应的制裁措施,以保持采购制度的严肃性。

2. 相对稳定性

采购制度确定以后,一般短期内不要变动,通常一两年甚至更长时间应保持稳定,便于大家执行。如果经常变动,采购人员刚刚领会了老制度,又出现了新制度,这样就会难以适应,容易造成采购工作的混乱。当然,采购制度并不是长期固定不变的,随着外部环境的变化、企业内部条件的改进,采购制度可以适当进行调整。

3. 可行性

任何企业的采购制度都应在充分考虑企业内外部条件、企业发展目标、行业特点以及采购人员本身实际情况的基础上制定,应切实可行。反对照搬照抄和一成不变的采购制度,强调采购制度在实施贯彻中的切实可行性,而不是僵化的教条与清规戒律。不同类型企业的采购制度可以有差异,即使是同一个企业在不同时期也应有不同的采购制度。

4. 协调性

采购管理制度要注重各部门、各岗位之间的协调,把上下级工作、前后环节工作有机地协调与联系起来,以体现集体利益。

5. 文字化

任何制度都是以书面的形式表示出来的,采购制度也不例外。制度不是上级的口头命令或要求,应以书面的形式固定下来,作为大家共同的行动纲领,对任何人、任何采购活动均起规范作用。书面化的采购制度可以张贴起来,也可以打印成册,分发给每一个采购人员,要求大家领会其内容,自觉地按采购制度要求自己。

二、采购管理制度的内容

采购管理制度主要有采购领导制度、经济责任制度、奖惩制度、监督制度和民主管理制度等。

(一) 采购领导制度

采购领导制度,即采购决策制度,按采购什么、采购多少、什么时候采购等决策权属于哪一级来划分领导制度。具体有以下三种。

1. 集中制采购制度

所谓集中制采购制度,是指由企业的采购部门全权负责企业采购工作。即企业生产中所需物资的采购任务都由一个部门负责,其他部门均无采购职权。例如,连锁店的采购配送中心实行的就是集中制采购制度。集中制采购制度的组织结构如图2-12所示。

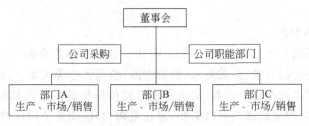

图 2-12 集中制采购制度的组织结构

1) 集中制采购制度的优点

(1) 降低了企业采购费用,可以使单次采购数量增加,提高与卖方的谈判能力,易获得价格折让和良好的服务;

(2) 有利于实现采购作业及采购流程的规范化和标准化;

(3) 有利于对采购工作实施有效控制;

(4) 可以统一组织供应,合理配置资源,最大限度地降低库存。

2) 集中制采购制度的不足

(1) 采购流程过长,时效性差,难以适应零星、地域性及紧急采购状况;

(2) 非共同性物料集中采购导致企业难以得到数量折扣利益;

（3）采购单位与使用单位分离，由于缺乏激励，采购绩效比较差。

2. 分散制采购制度

所谓分散制采购制度，是指按照需要由各单位自行设立采购部门负责采购工作，以满足部门生产需要。分散制采购制度可以有效地完善和补充集中采购的不足，增强基层工作的责任心和积极性，有利于采购各环节的协调配合，且手续简单，过程短，直接快速，同时占用资金和占用库存空间较小。但是这种采购制度权力分散，不利于采购成本的有效降低，易产生暗箱操作。如果管理失控将会造成供应中断，加大采购成本，影响生产活动的正常进行。这种结构对于拥有跨行业部门结构的企业特别有吸引力，因为每一个部门采购的产品都是唯一的，并且与其他部门采购的产品有着显著的不同。分散制采购制度的组织结构如图 2-13 所示。

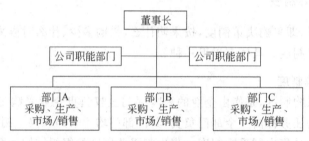

图 2-13 分散制采购制度的组织结构

3. 混合制采购制度

所谓混合制采购制度，是指将集中制采购和分散制采购组合而形成的一种新型采购制度。依据采购物资的数量、品质要求、供货时间、价值大小等因素，可将需求量大且价值高的货物由总公司采购部集中采购，需求量小且价值低的物品以及临时性需要采购的物资，由分公司和分厂的采购部门分散采购，但在采购中，应向总公司反馈相关的采购信息。混合制采购制度的组织结构如图 2-14 所示。

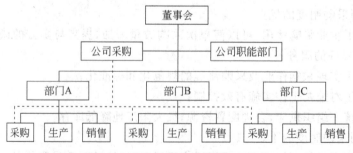

图 2-14 混合制采购制度的组织结构

（二）经济责任制度

经济责任制是按照客观经济规律的要求,以提高经济效益及服务质量为目标,科学地确定相关部门、人员经济职责、利益、权力的一项管理制度。明确经济责任制,有利于维护采购队伍的良好的工作秩序,提高工作效率,讲究经济核算,从而提高经济效益。采购部门的经济责任制度通常有以下两方面。

1. 岗位责任制

采购部门岗位责任制是采购制度的中心环节。建立与健全采购岗位责任制,能做到采购部门人人有职责,事事有人管,目标清楚,责任明确,工作有条不紊,加强职工责任感,调动工作积极性,发挥其聪明才智;可以堵塞工作漏洞,保证采购工作的良好秩序。一般采购部门内设有不同的岗位,不同岗位确定有不同的职责。

1) 采购主管和计划人员的职责

(1) 制订采购计划；

(2) 制定和修订采购制度；

(3) 统筹安排采购资金；

(4) 监督和考评采购人员,并指导其工作；

(5) 合同的审议和管理；

(6) 决策购进业务活动,以提高经济效益；

(7) 组织领导采购人员搜集市场信息,预测可供货源及趋势,为企业主管领导当好参谋；

(8) 指导采购人员与供应商搞好关系。

2) 一般采购人员的职责

(1) 货源、价格、服务等市场调查；

(2) 与供应商谈判,确定有关事项,如价格、质量、交货期及结算条件等；

(3) 催货；

(4) 处理退货、索赔；

(5) 发票的核对与付款；

(6) 办理物品入库手续；

(7) 与供应商建立良好关系；

(8) 搜集调拨信息,预测可供资源及其趋势,供领导决策参考；

(9) 节省购进费用支出,提高企业经济效益。

2. 采购费用承包制

在实际工作中,许多企业的采购费用大大超过正常的费用水平,造成采购环节经济效益低下,从而也影响了整个企业经济效益的提高。因此,用制度的形式来控制采购费用的开支水平显得尤为重要。

采购费用承包制是将采购费用指标落实到每一个岗位、每一个采购人员身上,只允许其在规定的费用标准内开支费用,从而控制采购费用支出。实际操作过程中,可以用相对数来控制,如规定采购每吨商品的费用额或每百元商品的费用额等;也可以用绝对数来控制,如规定采购部门在按要求完成采购任务的前提下,每月的采购总费用水平。对于超支的部门由采购部门、采购员自己承担;对于节支的部分可由采购部门、采购人员自行分配,以激发其工作责任感。

(三)奖惩制度

为了调动广大采购人员的工作积极性,充分发挥他们的聪明才智,使其努力干好本职工作,企业应该建立与健全各种形式的奖惩制度以真正体现"干多干少不一样,干好干坏不一样,干与不干不一样,干轻干重不一样"的分配精神。对于一些成绩突出、工作勤奋踏实的采购人员应给予适当的奖励;对于那些工作散漫、绩效较差,甚至给企业带来经济损失的采购人员应进行必要的惩罚,甚至清除出采购队伍。

在建立奖惩制度时应注意两点:一是把握好"刺激度",即拉开档次,不搞平均主义,要奖得高、罚得重,使奖惩措施真正起到激励的作用。二是要注意多种奖惩方法相结合。根据心理学理论,人的需求是多方面的,物质奖励只能满足职工物质方面的需要,过分强调物质刺激,会产生"一切向钱看"的错误观念,其作用必然有限。我们提倡物质奖励与其他奖励形式的配合,如精神鼓励(评先进、表扬等)。对于惩罚来讲也是如此,可以罚款,亦可行政处分,甚至开除,这样奖惩制度才真正有效。

(四)监督制度

贯彻采购制度必须坚持严格监督与考核。没有严格的监督,采购制度就会流于形式。严格的监督是以科学考核依据为基础的。在实际工作中监督的方法包括三种:一是由采购负责人对各部门组织和职工个人执行情况进行纵向检查;二是组织有关部门的负责人进行横向联合检查;三是个人自查。

在制定监督制度时,要注意把握两个方面:一是对权力的使用和监督,检查是否有滥用职权、借采购之机以权谋私的现象;二是对应负责任的监督与检查,检查责任是否落实到每个单位、每个人,或是否有职责不清、相互推诿的现象。

(五)民主管理制度

实行民主管理制度是现代企业的重要趋势,采购部门同样应强调民主管理。实行民主管理,可以较好地把民主与集中结合起来,调动职工的积极性;集中广大采购人员的智慧,集思广益,共商大计;密切干群关系,克服官僚主义、瞎指挥;有利于解决采购部门内部的矛盾与争端,促进采购部门的安定团结。

实施民主管理制度,一方面,要求企业在采购部门内部提倡民主的作风,一些重大的采购决策不能只是采购负责人一人说了算,要动员大家讨论,每个采购员天天与供应商打交道,熟悉市场行情,充分利用他们的智慧,能提高采购决策的准确性;另一方面,也应广泛征求其他部门的意见,采纳其合理化建议,特别是销售部门、市场开发部门的意见,因为他们每天与客户打交道,了解消费者的需要,了解市场变化趋势,听取他们的合理化建议,往往能确保采购的商品适销对路,满足消费者需求,从而提高企业的经济效益和社会效益。

建立和健全采购管理制度是搞好采购工作、保证采购部门良性运转的基础性工作,是一个长期的过程,各种制度需要不断地完善,以体现其科学性。我们同样强调各种采购制度之间的协调与配合,共同构建成企业采购管理制度体系。

本章小结

本章主要介绍了采购组织的概念、类型,采购部门在企业组织中的地位、设置原则和建立方式,采购部门及人员的岗位职责,采购管理制度的含义、特点、内容和作用。

基础能力测试

一、填空题

1. 采购组织具有(   )、(   )、(   )和(   )等四大功能。
2. 集权式采购组织的优点主要表现在(   )、(   )、(   )等三个方面。
3. 企业采购管理制度体现出(   )、(   )、(   )、(   )和(   )五个方面的特点。
4. 集权式采购组织比较适合(   )、(   )、(   )和(   )等四类物资的采购。
5. 虚拟采购是以计算机网络技术进行采购的运作与管理,主要是为了实现(   )、(   )、(   )等特点的战略目标。
6. 为加强对物品的管理,一般将采购的对象按其价值和品种分为 A、B、C 三类,其中 A 类物品采购(   )、(   )。

二、简答题

1. 请购单位的主要职责有哪些?
2. 简要说明分权式采购组织的优缺点。
3. 企业设置采购部门需要遵循哪些原则?
4. 采购人员选拔的基本标准是什么?

5. 混合式采购组织有什么优点和缺点？

三、论述题

1. 试从管理层面的角度分析各岗位的职责。
2. 请论述采购人员应具备的观念和素质。
3. 结合某企业详细论述采购管理制度的内容。

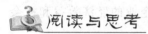

亟须建立国家应急物资采购管理体系和配套制度

——中物联应对疫情工作领导小组工作简报

（2020年2月7日）

为贯彻落实2月3日中共中央政治局常务委员会会议提出的"要针对这次疫情应对中暴露出来的短板和不足，健全国家应急管理体系，提高处理急难险重任务能力"有关要求，2月5日，中国物流与采购联合会（以下简称中物联）通过网络会议形式，组织召开"应急物资采购专家研讨会"，探讨当前疫情阻击战中应急物资采购所面临的问题和解决途径，为抗击疫情一线的采购人员提供理论制度和方法支撑。

中物联副会长、公共采购分会会长蔡进出席并做总结讲话，来自中国人民大学、中央财经大学、南开大学、国际关系学院、广东财经大学、南京审计学院、厦门会计学院和国务院国资委研究中心、湖北省政协、四川省应急管理厅、国家电网物资部、阿里巴巴等研究机构和采购一线的30余位公共采购领域、法学领域的专家参加会议。

此次"应急物资采购专家研讨会"，主要围绕当前疫情防控应急物资采购的基本特征、重大疫情应急物资采购存在的主要问题、应急物资采购的对策建议等三大主题展开讨论。专家们一致呼吁，应尽快建立与国家应急管理体制配套的应急物资采购管理体系和采购管理制度。

主要建议包括：

一、应建立应对重大疫情和灾害的应急采购制度

中央财经大学政府管理学院徐焕东教授等专家提出，目前我国《政府采购法》适用于社会正常有序运行情况下的采购行为，而不包含重大灾害紧急情况的采购。重大疫情发生时期的政府采购，不能完全靠供应商的良知和自觉性，还必须有法律与制度保障。应建立应对重大疫情和灾害的紧急采购制度，通过良好的制度设计，解决好特殊时期采购的援助性、强制性、市场性及补偿性"四性"兼顾问题。

四川省应急管理厅社会力量统筹中心苏国栋，结合四川省紧急物资采购的工作实践，

提出在制度建设层面，现在必须要考虑在《预算法》和《政府采购法》的基础之上，进一步要完善紧急采购的法律法规，弥补政府采购法针对紧急采购没有操作性规定的缺陷。中物联公共采购分会核心专家陈川生教授提出，应急情况发生后，整个社会系统都应全局或局部转入应急状态（相当于战时）。其中涉及应急直接物资、间接物资的供应，不能适用现有法律。建议由国务院法制办或人大法工委牵头立法，最好能出台一部《突发事件紧急采购法》，一方面，在立法中明确紧急采购的合同属于行政合同；另一方面，对哄抬物价等违法行为进行界定、处罚；还可以借助互联网做好紧急采购电子化平台，由政府主导，向第三方购买服务。

二、尽快建立全国统一的"抗疫物资公共采购应急预案"

厦门国家会计学院副教授袁政慧等认为，在抗击新型冠状病毒疫情、保障抗疫物资的采购过程中出现的新问题、新情况中，建议尽快建立全国统一的"抗疫物资公共采购应急预案"或统一规定，详细规定采购的流程（建议简化），以快速响应、保障供应为主。公共采购机构应发挥自身的社会价值，会同医疗卫生、财政、审计等协调简化流程，加快采购资金拨付速度，解决流程合法性；会同工商、质监等部门，加大对抗疫物资供应商的监督检查力度，建议在采购合同里面增加一条，约定质量保证金及瑕疵品的罚款，切实保障抗疫物资的质量；会同交通运输部门协调应急物资的运输、仓储、装卸搬运、配送等问题，建议对应急物资开通绿色通道，减免过路过桥费，保障物流速度。

加快建设"应急物资供应商数据库"并开放给全国公共资源交易机构共享。尽快建立虚拟应急供应链，由政府提供技术支持平台，并以政府为指挥控制中心，保障由大规模突发事件引起的应急物资生产与供给。"前事不忘后事之师"，虚拟应急供应链建设应提上议事日程，将应急管理的三个状态，即平时状态、警戒状态和战时状态纳入各级公共采购管理日程。

三、国家应尽快建立应急采购电子化平台

广东财经大学公共采购研究中心主任黄冬如、咸亨国际股份公司供应链管理负责人冯正浩等专家提出，当前在新型冠状病毒感染肺炎疫情攻坚战中，口罩、防护服、护目镜等应急物资非常短缺，国家应及时建立重点医疗物资保障调度平台，加紧重要物资供应保障和调控调度工作。

在保障调度平台建设和实施过程中，从治理体系和治理能力现代化角度出发，在发挥政府作用的同时，应注重市场化机制和信息化手段的使用，充分利用现代技术手段，抓紧推进应急采购电子化平台建设。运用互联网以及大数据对上下游企业资源进行共享对接，同时签订一系列国家或者地区应急事件时的应急预案协议等措施，使得当应急事件发生时能迅速反应。有必要建设一个完整的应急供应链平台，在应急物资装备的生产、仓储、物流、采购、调拨等关键环节都必须要考虑周全。还要摸清应急资源基数，摸清社会力量的分布情况、生产能力、库存状况、应急产能，这是一项基础性的工作。

四、当前应急物资采购可参照战时状态予以采购

南京审计学院副校长裴育教授等认为，目前的新冠状病毒已经作为国家和各地方一级响应机制对待，军队也参与进来，可以说全民已进入战时状态。在此大背景下，应急物资采购的路径选择均可以作为《政府采购法》和《招投标法》中的例外予以处理，从法律制度完善角度看，未来需要细化相关条款规定。

根据习近平总书记重要讲话精神，把疫情防控工作作为当前头等大事，各级政府也拿出"一级响应"战时状态，做到"应诊尽诊、应住尽住、应收尽收、应到尽到"，坚决遏制疫情蔓延势头，坚决打赢疫情防控阻击战。为此，我们可以判断应急物资采购可以参照战时状态予以采购。

五、将"互联网＋供应链"上升为应急采购的主要方式

辽宁省政府采购协会会长张天弓、广西壮族自治区政务服务监督管理办原副主任梁戈敏等专家认为，新型冠状病毒感染肺炎阻击战斗伊始，财政部科学决策一声令下：建立采购绿色通道——政府采购可以暂时撤离战斗——可不执行《政府采购法》规定的方式和程序，采购进口物资无须审批。此举意味着财政部积极主动配置疫情防控采购资源，将疫情防控采购有限的正面战场资源让位于更适合的非政府采购，保证疫情防控采购绩效的最大化。面对重大疫情应急采购，建议将"互联网＋供应链"上升为政府采购的主要方式。危机告诉我们，供应链建设非常重要。

供应链是采购的生命线，是社会供给的生命线，是打赢突发战斗的生命线。在日常采购工作中，我们的供应商虽然多，但是没有形成稳定的供应链。应充分发挥中物联现有的供应链管理资源和公共采购电子平台资源优势，整合国内其他平台，尤其是医疗药品集中采购平台，为当前抗击疫情的应急采购提供支撑。现在普遍存在供应商数据不全、供应能力数据不全等问题，很多供应商也都没有上网、加入平台、使用平台的习惯。应该借鉴药品集中采购平台的经验，发挥供应商积极性，建立供应商资源库。

六、应急物资采购是供应链安全问题，要分类应对

国务院国资委研究中心创新发展研究处处长吕汉阳指出，近年来国有企业不断提升采购管理能力和水平，加强电子化采购等现代技术应用，推动采购管理向供应链管理转变，探索构建战略采购体系，更加注重供应链安全。应急物资采购，对于与防控疫情相关行业的国有企业来讲，这也是个供应链安全问题。这些企业在日常的采购与供应链管理体系构建和运行时，就应当考虑到极端情况下（包含抗击疫情和自然灾害，也包含供应商断供等）如何保障供应链安全。

参考本次疫情应对时的经验和教训，未来国有企业需要进一步完善供应链管理，建立健全应急物资采购机制，一旦遇到突发情况，能更好地有效应对，更好地配合政府应急工作。同时作为中国特色社会主义的重要物质基础和政治基础，国有企业的应急物资采购也是政府应急管理体系中的重要组成部分，要按照政府的应急管理法律法规、政策文件、

规划计划要求，进行安排和部署。中国银联集中采购管理办公室总经理王文标作为国企采购人代表，提出国有企业重大疫情突发事件期间的采购要分类应对、分类处理。

七、运用法治思维和法治方式开展应急采购和疫情防控

北京市盈科律师事务所律师、高级合伙人张思星提出，应急采购的突发性和特殊性，很难适用当前狭义语境下的《政府采购法》和《招标投标法》。应急采购要做到有法可依，应完善相关法律依据和规章制度。第一，2004年的修宪内容，《宪法》第十三条第三款之规定，国家为了公共利益的需要，可以依照法律规定对公民的私有财产实行征收或者征用并给予补偿。第二，《政府采购法》第八十五条规定："对因严重自然灾害或其他不可抗力事件所实施的紧急采购和涉及国家安全和秘密的采购，不适用本法。"第三，《突发事件应对法》第六十九条规定："发生特别重大突发事件，对人民生命财产安全、国家安全、公共安全、环境安全或者社会秩序构成重大威胁，采取本法和其他有关法律、法规、规章规定的应急处置措施不能消除或者有效控制、减轻其严重社会危害，需要进入紧急状态的，由全国人民代表大会常务委员会或者国务院依照宪法和其他有关法律规定的权限和程序决定。"应该坚持运用法治思维和法治方式开展应急采购和疫情防控工作，在处置重大突发事件中推进法治政府建设，提高依法执政、依法行政水平。

八、为了控制疫情而出现的一些失误可区别对待

河北省发展改革委处长张作智是《招标投标法》起草人之一。他指出，为了控制疫情而出现的一些失误可区别对待、宽容对待。必须厘清哪些项目是纳入《政府采购法》的范畴，哪些不是。对于纳入《政府采购法》管辖的，财政部已经开放"绿色通道"，就是执行问题；不属于《政府采购法》管辖的，要么适用《招标投标法》，要么属于采购人自主采购的问题。只要是为了控制疫情而出现的失误，是可以容忍的，这样大家才可以撸起袖子加油干。但要注意"三个区分开来"：把干部在推进改革中因缺乏经验、先行先试出现的失误和错误，同明知故犯的违纪违法行为区分开来；把上级尚无明确限制的探索性试验中的失误和错误，同上级明令禁止后依然我行我素的违纪违法行为区分开来；把为推动发展的无意过失，同为谋取私利的违纪违法行为区分开来。

九、对重要物资可实行政府统一管理、分配

湖北省政协经济委员会副主任、湖北省公共资源交易监督管理局原局长丁贵桥作为来自疫区的代表，他认为，在重大疫情的医疗物资紧急采购中，建议按照应对公共危机相关法律，对重要物资可考虑实行政府统一管理、分配，果断地发挥政府有形之手的作用。对于医疗物资出台最高限价，防止恶意抬高价格，同时保证重要物资的均等化销售，防止地方、企业、单位囤积物资，针对各单位采购量进行限制。发挥公共交易平台的公开化、透明化优势，给供应商制定奖惩措施。

十、集采机构应该在疫情阻击战中发挥物资采购调配的服务功能

中国人民大学公共资源交易研究中心执行主任王丛虎教授指出，各级各地集采机构

应该在疫情阻击战中发挥服务功能。各地各级集采机构虽然暂时关闭了交易平台，但应该主动为各地疫情防控指挥部提供有关采购、物流和配置的咨询服务，尤其是要在搞好本单位、本部门防御疫情的前提下，积极为本地区乃至更大范围内的专业采购提供意见和建议，如生产厂商、经销商等供应商生产能力、商业信用等情况，物流企业的能力和商业信誉等。还应该派出专业人员参与应急医用物资采购活动或调配活动。对于各地各部门的应急医用物资的需求，集采机构可提出专业意见和建议；针对物流配送等提供专业意见和建议；针对合同履行和验收提供专业意见和建议等等。

此外，南开大学法学院何红锋教授提出了重大疫情应急物资采购应遵循"体现灵活性""健全紧急采购内控机制""管理不能松懈"三个原则。国际关系学院公共市场与政府采购研究所所长赵勇教授分析了疫情防控采购的特殊之处主要在于"急"和"缺"。国家电网公司物资部副处长龙磊介绍了国家电网应急物资采购供应的"先实物、再协议、后订单"原则。阿里巴巴集团战略与合作部政府合作总监侯佳烨介绍了阿里巴巴开通的"防疫直采全球寻源平台"。中物联公共采购分会常务副会长胡大剑在最后点评时指出，我国目前只有应急行政体系，并没有应急法律体系；应急采购主要不是法律问题，而是政府治理能力问题。

中国物流与采购联合会副会长、公共采购分会会长蔡进在总结讲话中，高度肯定了专家们的发言，认为专家们发表的许多真知灼见，对当前疫情防控、对以后的应急采购制度建设将发挥重要作用。他代表主办单位感谢各位专家积极参与这种特殊形式的研讨会！相信在党中央的坚强领导下，经过全国各条战线各个岗位人员的共同努力，一定能战胜疫情！

资料来源：中国物流与采购联合会网站资料汇编

第三章

采购战略规划

知识目标

1. 了解供应市场结构,熟悉供应环境分析的内容和步骤;
2. 理解采购战略的内涵,掌握采购战略规划的制定过程;
3. 深刻理解战略采购的含义、内容和策略,熟悉战略采购的实施方式。

技能要求

1. 学会分析供应环境并制定相应的采购战略;
2. 掌握供应链环境下的采购管理技能并能在实践中合理运用。

导航索引

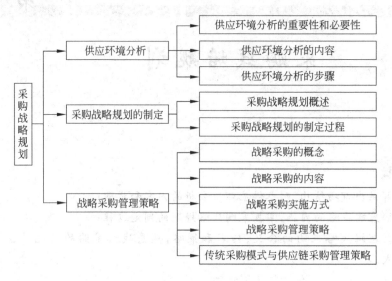

引导案例

联想的采购战略

联想是一家全球 PC 领导企业，新联想是一家极富创新性的国际化的科技公司，由联想及原 IBM 个人电脑事业部组成。作为全球个人电脑市场的领导企业，联想从事开发、制造并销售最可靠的、安全易用的技术产品及优质专业的服务，帮助全球客户和合作伙伴取得成功。联想成功的基础是让客户实现他们的目标：工作高效、生活丰富多彩。

1994 年，联想在香港证券交易所成功上市。4 年后，联想生产了自有品牌的第一百万台个人电脑。2003 年，联想将其英文标识从"Legend"更换为"Lenovo"，其中"Le"取自原标识"Legend"，代表着秉承其一贯传统，新增加的"novo"取自拉丁词"新"，代表着联想的核心是创新精神。2004 年，联想公司正式从"Legend"更名为"Lenovo"。

在供应商和采购的策略方面，联想根据采购金额和物料的风险确定了四大类策略：战略型、杠杆型、关键型和策略型。针对不同类型的供应商和物料，采取不同的策略，从而达到采购资源的最优化。在采购策略上，联想希望和供应商之间采取双赢的策略。一方面，采取非常紧密合作的战略；另一方面，则引入优胜劣汰的机制，并采取一体化的运作体系。联想是把采购、生产、分销以及物流整合成统一的系统。在公司里，从战略层、执行层执行统一的策略并进行统一的协调。

从联想的供应链来看，有 300 多家的供应商和 5000 多家客户要管理。联想有北京、上海和惠阳3个工厂。目前,生产的主要产品除了台式电脑、笔记本、服务器之外,还有MP3等数码产品,联想的供应链是一个非常复杂的供应链体系。

联想的物料主要分为国际和国内采购的物料。国际采购的物料基本上都是通过香港,然后分别转到惠阳、上海和北京。国内采购的物料会直接发到各个工厂,然后由各个工厂制作成产品,最后发到代理商和最终的用户手中。通过接收链和交货链协同对接,来应对供应的变化和满足客户的需求。

在运作模式上,联想目前并不是一个完全按订单生产的企业。联想目前主要的客户60%~70%来自个人和中小型企业。以前,它是以库存驱动模式满足客户需求,这种模式不能很好地满足客户的需求。现在,根据客户的需求来管理整个供应链,协调采购、生产和销售。联想的运作模式是采取安全库存加上按订单生产的方式。它会有1~2天的成品安全库存,而更多的是根据用户的订单来快速地满足客户和市场的需求。

在采购组织上,联想的采购本部在北京。另外,在上海、香港、深圳和台北等供应商比较集中的地方也建立了相应的采购平台,从而加强对供应商的监控。

资料来源:中国物流与采购联合会资料汇编

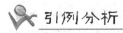 引例分析

联想集团采用了战略型的采购策略,随着采购部门在公司中战略地位的提高,采购逐渐由程序化的、单纯的购买向前瞻性、跨职能部门、资源整合的功能转变,通过采购整合将战略采购实践和公司目标结合起来。联想希望与供应商合作,采取双赢的采购战略,而双赢采购的关键不完全是一套采购的技能,而是范围更广泛的一套组织能力。联想集团的采购在战略规划、采购组织、运作模式、供应商管理等方面,都为国内企业的采购活动树立了科学典范。

采购业务事关企业战略的核心,通过对采购过程的战略规划、科学的方法以及量化分析,企业不仅可以降低成本,还可以制定最好的采购战略并与合作伙伴一起优化供应链管理,提升企业核心竞争力。

如何采取更合理的采购战略,取得市场的领导地位,是企业迫切需要解决的核心问题。采购战略已成为供应链战略的重要组成部分,并最终影响整个供应链组织的盈利。

第一节 供应环境分析

现代企业的生产经营活动日益受到环境的作用和影响,供应管理活动也不例外,既受到外部宏观环境和供应市场的制约,也受到企业内部各部门间协调配合程度的影响。所以,企业要制定供应策略,首先必须全面、客观分析供应环境变化。

一、供应环境分析的重要性和必要性

以往企业更为重视产品销售市场环境分析,缺少对供应环境的研究。随着供应管理在企业价值链中的地位逐渐提高,越来越多管理者开始认识到供应环境分析的重要性和必要性。供应环境分析,就是要对供应环境进行全面系统的分析和预测,目的在于为供应决策提供客观依据。供应环境分析应注意以下三个方面。

1. 增强企业采购工作的适应性

传统产业的转移、新兴产业的出现、现代信息技术的进步不仅改变了供应市场的分布格局,在整体上还降低了制造成本,也给采购战略制定提出新的要求,带来新的变化。

2. 保证企业采购决策的正确性

供应环境是一个动态大系统,各种环境因素相互影响、相互制约,必须重视供应环境的调查分析,了解各种环境因素变化趋势,及时调整采购策略,把握有利时机,降低采购成本。

3. 提高企业竞争力的现实性

供应市场处在不断变化之中,比如国家之间贸易协定的修订,主要币种汇率的变动,供应商突然破产或被收购,新产品、新技术、新模式的出现和应用,都需要对供应环境不断出现的新问题进行分析研究,以提高企业的应变能力。

二、供应环境分析的内容

供应环境就是企业内部微观环境因素、供应商及所处行业环境因素以及与企业供应管理活动有关的宏观环境因素等。

(一)企业内部环境分析

采购过程所处的企业内部环境,主要包括以下几个方面。

1. 企业领导对采购工作的重视程度

企业的高层领导是否认识到采购管理对产品价值率的贡献以及企业利润率的贡献,在企业流程重组中将采购管理放在什么位置。随着采购部门在公司中战略地位的提高,采购逐渐由程序化的、单纯的购买向前瞻性、跨职能部门、整合的功能转变。

采购整合是将战略采购实践和公司目标整合起来的过程。与采购实践不同,采购整合着眼于企业内部,目的是促进采购实践与公司竞争优势的统一,转变公司高层对采购在组织中战略作用的理解。

2. 企业各部门对采购工作的支持力度

市场部门是否及时提供顾客订单调整情况和顾客反馈信息,财务部门是否有充足的资金保证，设计部门提供原材料、零部件变动情况的及时程度，人力资源部门是否提供适合采购管理人员的激励机制、薪酬水平和培训机会。

在评估整条价值链的环境影响时，采购部门并不能单独行动，而必须在结合供应链、营销、创新、研发的基础上建立一个强有力的采购组织，同时建立一套能够对这些内部利益相关人员以及供应商等外部合作伙伴间持续协作提供支持的运营模式。

3. 信息技术在采购工作中的应用程度

目前国内很多企业信息技术应用效率低，上下游之间难以实现信息共享，无法实现 JIT 采购。随着信息技术在采购活动中不断深入应用，利用 Internet、EDI、5G、区块链等现代物流信息技术能够实时对供应商的财务、组织、产品、服务、价格等情况进行精准沟通，准确掌握库存情况，及时进行采购活动。

（二）供应商及所处行业环境分析

供应商及所处行业环境分析包括两个方面：一方面是供应商因素，包括供应商的组织结构、财务状况、产品开发能力、生产能力、工艺水平、质量体系、交货周期及准时率、成本结构与价格等。另一方面是供应商所处行业环境因素，包括该行业供求状况、效率、增长率、生产与库存量、市场供应结构、供应商的数量与分布等。

根据产业组织理论，供应商所处行业的市场结构可划分为三种不同情况，如表 3-1 所示。

表 3-1 供应市场结构类型

采购商 供应商	一　个	少　数	大　量
一个	双向、相互的完全垄断（备件）	有限的、供应完全垄断（燃油泵）	完全供应垄断（煤气）
少数	有限的、需求完全垄断（电话交换机、火车）	供需双向平衡、垄断竞争（化学半成品）	寡头垄断供应市场（复印机、计算机）
大量	完全需求垄断（武器系统、军火）	寡头垄断采购市场（汽车部件）	完全竞争或垄断竞争市场（办公用品）

从市场供需角度分类，其组织形式可分为四种，具体如表 3-2 所示。

1. 完全竞争市场

无论是采购商还是供应商都不能单独影响产品的价格，产品的价格是由分享该产品市场的所有采购商和供应商共同影响的。供应商处于完全竞争市场时，市场信息完备，透明度高，产品结构、质量、功能和价格在不同的供应商之间几乎没有差异，如农副产品。

表 3-2 供应市场组织形式

市场形势 供应策略	完全竞争市场	垄断竞争市场	寡头垄断市场	完全垄断市场
供应市场特点	大量的供应商想与你合作,由市场控制价格	供应商数量最多,采购人员可能控制价格	供应商数量有限,供应商控制价格	只有一个供应商,供应商完全控制价格
供应商定价策略	按市场价格销售	供应商试图使产品的价格差异化	供应商跟从市场领导者	制定使利润最大化,并不诱使产生替代品的价格
产品类型和例子	农产品(初级产品交易)、标准件(轴承、纽扣)	部分印刷品	钢材、铜、胶合板、汽车、计算机设备	专利所有者(药品)、版权所有者(软件)
具有价值的采购活动	期货或其他套期交易	分析成本,了解供应商的流程	分析成本,必要时可以与较弱的竞争者签订合同,以获得折扣	发现可能的替代品,重新设计产品等
合作关系类型	商业型的供应业务合作关系	优先型或伙伴型的供应商	伙伴型的互利合作关系	

2. 垄断竞争市场

供应商处于垄断竞争市场的比例最高,这样的市场上有大量供应商存在,各供应商提供的产品的品质不同,企业进入和退出市场门槛较低,供应商讨价还价能力不强。如大多数日用消费品、家用电器和工业产品。

3. 寡头垄断市场

供应商处于寡头垄断市场时,几家大供应商占大多数市场份额,企业进入门槛高,供应商讨价还价能力强,如石油、电力、电信等。

4. 完全垄断市场

市场供应商是唯一的,其产品几乎没有替代品,因而该供应商也是相应产品价格决定者。完全垄断可分为:自然资源垄断,如一些国家造币所需专有林场木材;政府垄断,如铁路、邮政;控制垄断,如拥有专利权的微软。

进行供应市场分析时,应考虑以下问题:本公司采购的产品市场属于哪种类型?市场中有多少供应商?向一个供应商订购产品时,其他供应商的反应会怎样?供应市场中特定产品差异程度如何?有哪些可用替代品?某产品供应市场中,本公司占市场份额有多少?产品短期和长期采购中可能发生哪些情况?

（三）宏观供应环境分析

相关宏观供应环境包括：产业范围、产业生命周期、经济增长率、产业政策及发展方向、工资水平及增长速度、税收政策与税率、关税政策与进出口限制、政府体制结构与政治环境等。

面对日益恶化的环境压力和民众要求改善环境的要求，国际上对绿色经济的呼声越来越高，而在诸多绿色经济环节中，绿色采购是企业绿色链条中尤为重要的一环。我国1989年实施的《中华人民共和国环境保护法》和《政府采购法》对绿色采购已有原则性规定。在考虑如何权衡原料、服务、供应商及其他问题时，采购部门通常以分析交易的经济效益或交易对客户的影响，对各个方面的价值进行衡量。

绿色采购也是出于同样考虑，只是将某种特定选择对环境的影响考虑在内，这些影响包括某种产品或服务所涉及的交通运输、原料、能源、包装设计以及社会生态的碳足迹。绿色采购并不是对目前采购运作方式的背离，而是一种延续。

小贴士

"绿色采购"是指政府和企业经济主体一系列采购政策的制定、实施以及考虑到原料获取过程对环境的影响而建立的各种关系，其中与原料获取过程相关的行为包括供应商的选择评价。

在绿色采购中政府通过庞大的采购力量，优先购买对环境负面影响较小的环境标志产品，促进企业环境行为的改善，从而对社会绿色消费起到推动和示范作用。政府"绿色采购"之所以能起到上述作用，主要是通过以下三个方面来实现：

首先，是因为它可以积极影响供应商。供应商为了赢得政府这个大客户，肯定会采取积极措施，提高企业的管理水平和技术创新水平，尽可能地节约资源、能源和减少污染物排放，提高产品质量和降低对环境和人体的负面影响。

其次，政府绿色采购还因其量大面广，可以培养扶植一大批绿色产品和绿色产业，有效地促进绿色产业和清洁技术的发展，进而形成国民经济的可持续生产体系。

最后，政府"绿色采购"也可以引导人们改变不合理的消费行为和习惯，倡导合理的消费模式和适度的消费规模，减少因不合理消费对环境造成的压力，进而有效地促进绿色消费市场的形成。

三、供应环境分析的步骤

1. 确定供应环境分析的目标企业

供应环境涉及面广、因素复杂，所以在进行供应环境分析时首先要明确目标，通常是解决供应管理中发现的新问题,使最终形成的分析报告有针对性。

2. 搜集和分析间接资料

搜集和分析间接资料,可以快速而经济地获取初步的信息,确认是否有必要进行供应环境调查,为下一步的安排奠定良好基础。间接资料来源包括:国家有关部门发布的政策方针、发展规划、计划及经济信息,从各种信息中心或互联网上查询的信息,刊物发布的信息资料、公司名录和购买者指南、在线数据库、现在和过去的供应商记录、展览和会议、贸易杂志、供应商目录或宣传册、商业指南等。

搜集和分析这些信息的主要作用为:
(1) 用于了解供应商成本模型;
(2) 在商务谈判中处于主动地位;
(3) 确保供应的持续性;
(4) 寻求资源的替代品;
(5) 改进采购流程;
(6) 降低采购成本或增加价值。

3. 设计供应环境调研方案

供应环境调研方案设计是为实施供应环境调研所作的计划或方案,包括确定调查对象、资料搜集方法、时间安排和组织配备。认真研究各种原材料供需现状和发展趋势,特别是分清哪些原材料处于卖方市场,哪些原材料处于买方市场,哪些原材料供需基本平衡。并根据调查结果,分别采用不同的采购策略。

4. 实施供应环境调查

企业供应部门可以采取多种形式进行供应环境调查。在调查过程中要紧紧围绕调查的主题突出重点,调查的问题要具体明确。

知识拓展

实施供应环境调查方案时应注意以下问题:①应由采购人员负责,相关人员共同进行,如全球资源部;②有别于日常工作,应作为独立项目开展;③针对不同物品,供应市场特点不同,供应市场研究的策略方法也各不相同;④预先对要了解的内容制成规范的表格或问卷;⑤应由本公司进行,不得再委托第三方;⑥尽量利用先进工具,如互联网。

5. 编写供应环境分析报告

搜集到的资料经过整理、分类汇总,进行分析研究,得出符合客观实际的调查结论,对供应决策提出建议。

第二节 采购战略规划的制定

企业之间竞争日趋激烈,不仅体现在参与竞争企业越来越多,更重要的是竞争的程度越来越深,并逐渐向供应链竞争转变。这种竞争程度和方向的变化既反映在多样化经营,即外延上;又反映在企业运作中的高技术、高效率,即内涵上。

在这一背景下,企业竞争将在理念竞争、管理竞争、创新竞争、服务竞争、人才竞争、信息竞争、渠道竞争、科技竞争、顾客竞争等各个层面全方位展开。企业该如何根据自身特点,制定供应战略规划,适时、有效地开展采购工作,已成为企业谋求长远发展的重大课题。

一、采购战略规划概述

(一)采购战略的含义

所谓战略,是为实现企业长远目标所选择的发展方向、所确定的行动方针以及资源分配方案的一个总纲。战略体现为一系列行为模式,是一个企业在自身环境中所处位置或在市场中的位置。

所谓采购战略,是企业在现代采购理念指导下,根据其战略采购规划,运用现代管理技术,分析并整合企业的内外部资源,求得企业资源需求与市场变化的平衡,通过强化供应链建设和供应商管理,完善基础设施平台和信息平台,不断压缩采购周期,开发具有竞争能力、成本较低的物流增值服务系统,以满足客户要求。

小贴士

战略一般分为三个层次:企业总体战略、经营(事业部)战略和职能战略。采购战略属于职能战略,它为企业总体战略目标实现提供支持和保障。

(二)采购战略规划的内涵

采购战略规划是指采购部门为实现企业整体战略目标,在充分分析企业所处的外部宏观环境和供应商所处行业环境以及企业内部微观环境的基础上,确定采购管理目标,制定采购战略并组织实施的一个动态管理过程。

这里需强调两点:一是采购战略是全过程管理,不仅涉及战略的制定与规划,而且要对战略实施过程进行有效管理;二是采购战略的实质是变革,因此它不是静态的、一次性的管理,而是根据外部环境变化和内部条件的改变,不断进行创新的动态管理过程。

(三)采购战略规划的内容

企业采购过程中要遵循哪些原则,才能使采购效益最大化呢?采购专家提出应用"5R"原则指导企业采购活动,也就是在适当的时候以适当的价格从适当的供应商处买回所需数量物品的活动。5R 即:合适的价格(right price)、合适的质量(right quality)、合适的时间(right time)、合适的数量(right quantity)、合适的地点(right place)。

1. 合适的价格

价格永远是采购活动中的焦点,企业在采购中最关心的要点之一就是采购能节省多少采购资金,因此采购人员不得不把相当多的时间与精力放在跟供应商的"砍价"上。物品的价格与该物品的种类、是否为长期购买、是否为大量购买及市场供求关系有关,同时与采购人员对该物品的熟悉状况也有关系,如果采购人员未能把握市场脉搏,供应商在报价时就有可能"蒙骗"采购人员。

2. 合适的质量

一个不重视品质的企业在今天激烈的市场竞争环境中根本无法立足,一个优秀的采购人员不仅要做一个精明的商人,同时也要在一定程度上扮演管理人员的角色,在日常的采购工作中要安排部分时间去推动供应商改善、稳定物品品质。

3. 合适的时间

企业已安排好生产计划,若原材料未能如期达到,往往会引起企业内部混乱,即产生停工待料,当产品不能按计划出货时,会引起客户强烈不满。若原材料提前太多时间买回来放在仓库里等着生产,又会造成库存过多,大量积压采购资金,这是企业很忌讳的事情,故采购人员要扮演协调者与监督者的角色,去促使供应商按预定时间交货。对某些企业来讲,交货时机很重要。

4. 合适的数量

批量采购虽有可能获得数量折扣,但会积压采购资金,太少又不能满足生产需要,故合理确定采购数量相当关键,一般按经济订购量采购。采购人员不仅要监督供应商准时交货,还要强调按订单数量交货。

5. 合适的地点

天时不如地利,企业往往容易在与距离较近的供应商的合作中取得主动权,企业在选择试点供应商时最好选择近距离供应商来实施。近距离供货不仅使得买卖双方沟通更为方便,处理事务更快捷,亦可降低采购物流成本。

总之,只有综合考虑才能实现最佳采购,这需要采购实施人员在长期的实际操作中积累经验。

二、采购战略规划的制定过程

企业采购战略制定是一个基于构建采购管理理念,确定采购目标,选择采购策略,最终形成采购战略规划的过程。

(一)制定采购战略的前提

作为企业,只有在了解外部市场环境和内部发展需求的前提下,才能够制定准确的战略。也只有在这个前提下,提高采购的战略管理水平才有意义。制定采购战略有三个前提。

1. 分清企业处于买方市场还是卖方市场

市场性质是很多采购问题发生的真正原因。在不同的市场环境下,供应商所承诺的价格和服务都是不一样的。在买方市场的条件下,买主倾向于多家采购以获得更优惠的承诺;在卖方市场的条件下,买主则倾向于一家采购以获得规模优势。但买方市场和卖方市场不是绝对的,不仅大环境会变,在一个特定的地域或一个更细分的市场内,小环境也会变。所以采购经理应特别注意这方面的分析和把握。

2. 知道什么是对企业至关重要的战略资源

任何企业都有一些对业务至关重要的物料品种,可能一般只占总品种数目的10%左右,但占采购总成本的70%以上,如彩电企业的显像管和液晶屏、钢铁企业的铁矿石、制药业的原料药等。在这些采购品上需要花费与其成本量相匹配的精力。

3. 采购系统与其他部门之间要存在有效的工作接口

这些部门包括财务、生产、技术、研发和销售等。

(1)采购—财务界面的接口一般只体现在付款程序上,而财务的其他职能,如资金的管理、使用和预测在很多企业的采购系统中却没有得到充分的发挥。

(2)国内企业的物料采购信息一般都来自生产部门,两个部门因立场不同而成为一对冤家。在优秀的跨国公司,物料采购信息是直接来自销售部门的科学销售预测。

(3)采购与技术的关系主要体现在质量领域,合作原则应当是采购必须尊重技术对于质量标准的制定权和质量事故的裁决权。

(4)采购与研发的关系主要体现在物流领域,主要涉及包装、器具和运输设施的标准化及方便性等方面。

(二)确立采购管理理念

理念即企业的经营哲学,指企业为其经营活动方式所确立的价值、信念和行为准则。采购管理理念是企业为采购管理工作确立的价值观。一般用一句或若干句话,简洁明了

地概括表达采购工作的地位或希望达到的境界等,主要体现在三个层面上:

(1) 供应管理的基本立足点——存在的意义;
(2) 组织运作的基本方针——行动的方式;
(3) 采购管理所提供的价值——具备独特的能力。

(三) 树立采购战略目标

采购战略目标是采购管理部门的经营管理活动在一定时期内要达到的具体指标,包含采购目的、衡量实现采购目的的具体指标、应该实现的采购指标、实现采购目标的时间表四个方面。

企业战略目标是一个体系,采购目标只是其中的一环,所以必须与总体战略协调,同时,还要进一步分为长期目标和具体目标。通常,长期目标主要突出企业采购管理的战略重点和方向性问题,例如开发并优化供应网络体系、以最低的成本采购保质保量的物品、加强供应链管理、提高采购的柔性和建立并保持高水平的采购队伍等。

在现代企业管理方法体系中,标杆法得到越来越多的应用。标杆法亦称基准管理,就是将那些出类拔萃的企业作为企业的测定基准或标杆。以它们为学习的对象,迎头赶上,进而超过之。在确定采购战略目标时,可以采取标杆法。通过标杆实施过程,帮助企业辨别最优秀企业及其优秀的管理功能,并将之吸收到企业的采购战略规划中,以此改进采购工作绩效。

采购管理人员通过与优秀企业对比,探寻本企业采购管理中深层次的问题和矛盾,发现过去没有意识到的采购技术或管理上的突破,发挥出更大的创造性,推动采购管理迈上一个新的台阶。世界级企业的采购供应实践活动为我们提供了一系列的管理范式,应向这些世界级企业看齐,逐步缩小与他们的差距,制定出较高水准且切实可行的采购战略目标。表 3-3 简单地对一般企业和世界级企业做了一些采购战略目标上的比较。

表 3-3 一般企业和世界级企业采购战略目标的比较

项　　目	一般企业	世界级企业
每个采购商的供应商数目(个)	34	5
采购成本占采购的百分比(%)	3.3	0.8
采购的交货时间(周)	15	8
订货所花的时间(分钟)	42	15
送货延误的比例(%)	33	2
废弃材料的比例(%)	1.5	0.0001
每年短缺的数目(个)	400	4

(四)制定采购战略策略

企业为实现采购战略目标需制定相应的采购策略,包括采购物品战略定位、自制与外购决策、供应商发展战略、采购成本战略、采购人员发展战略等。在采购战略的制订过程中,以下问题需要采购部门主动去解决:

(1)采购成本模型和物料结构的优化;
(2)供应商的选择和管理;
(3)新物流技术在企业的应用;
(4)政治环境和商业环境对采购的影响;
(5)跨国采购中的货币和关税的风险管理;
(6)供应链的价值分析(成本、质量、效率和服务的平衡);
(7)电子商务在供应链管理中的应用;
(8)避免物流活动中的环境污染。

(五)执行采购战略方案

最后,所制订的采购策略还要转换成行动计划,即执行方案。该方案一般采取列表的方式,包括工作内容及目标、量化指标、时间进度安排和行动负责人等。

一个完整的采购战略规划体系从理念、目标、策略、方案自上而下,从定性到定量,从抽象到具体。采购管理理论是规划的起点,而执行方案是规划的最终具体落实。采购战略规划体系分为理念、目标、策略、方案四个层次,如图3-1所示。

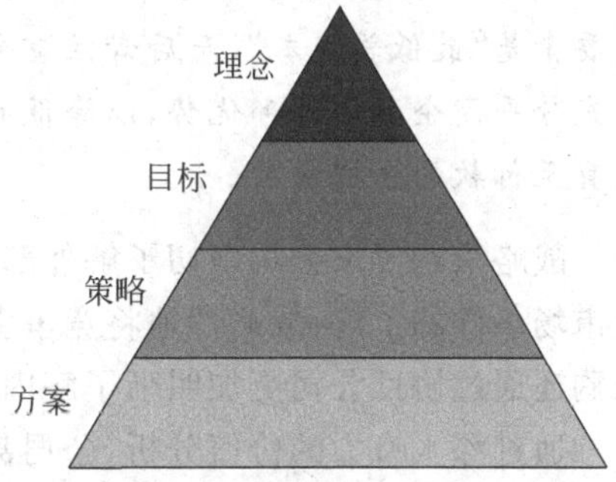

图3-1 采购战略规划体系图

(六)评价采购战略规划方案

从企业业务环境入手,通过对采购数据进行整理和分析,找出问题点,结合已经具有高度先进性的优秀企业实践和每个企业独有的内部环境,提出改进建议,然后根据改进项目的优先级和实施的难易程度及项目的效益分析,最终确定采购管理变革的实施建议和进程。

据经济专家分析,企业在采购中每1元钱的节约都将会转化成1元钱的利润。在同等条件下,企业要想靠增加销售来获取1元钱的利润,则需多销售20元的产品。由此可见,采购管理绝对是企业管理中最有价值的部分。为此,越来越多的企业,甚至包括政府机关都在探索试行多种采购方式,通过降低采购成本提高经济效益。

第三节 战略采购管理策略

一、战略采购的概念

战略采购是以最低总成本建立业务供给渠道的过程,是指按照规范的工作程序,通过各部门间相互协作与合作,在保证质量、服务的同时,降低采购整体成本。

战略采购还包括与供应商建立战略合作关系,形成双赢。双赢是以双方都放弃一部分利益为代价,是采购方与供应商之间的博弈,比较适合大型生产企业的原料集中采购,可以通过采购量的集中来提高议价能力,降低单位采购成本。

从采购方本身来讲,优化采购流程和方式也非常重要。例如:通过招投标方式引入竞争,科学公正地选择最符合自身利益需求的供应商;通过电子化采购方式降低采购处理费用;通过科学的经济批量计算合理安排采购频率,批量降低采购费用和仓储直接、间接成本,以及对供应商提供的服务和原料进行细分,有选择地购买,以降低整体采购成本。

知识拓展

战略采购是一种有别于常规采购的思考方法,它与普遍意义上的采购区别是前者注重要素是"最低总成本",而后者注重要素是"单一最低采购价格"。战略采购的好处就在于充分平衡企业内外部优势,以降低整体成本为宗旨,涵盖整个采购流程,实现从需求描述直至付款的全程管理。

战略采购要求公司确切了解外部供应市场状况及内部需求,通过对供应商生产能力及市场条件的了解,战略性地将竞争引入供应机制和体系,以降低采购费用。另外,战略采购还通过协助公司更加明晰了解内部需求模式,从而能有效地控制其需求。

通过深入有力的价值分析,公司甚至比供应商自己更清楚供应商生产过程和成本结构。有了这种以数据分析为基础的方法,公司在供应商选择、谈判及关系维持管理方面获得重大支持。最后,战略采购使公司重新定义如何与供应商交易,永久降低成本基础和提高供应商的价值贡献,从而确保成本降低。

二、战略采购的内容

战略采购作为整合公司和供应商战略目标和经营活动的纽带,包括四方面的内容:供应商评价和选择、供应商发展、采购商与供应商长期交易关系的建立和采购整合。前三个方面发生在采购部门和外部供应商群之间,统称采购实践;第四个方面发生在企业内部。

1. 供应商评价和选择

供应商评价和选择是战略采购最重要的环节。供应商评价系统（supplier evaluation systems, SES）包括：

（1）正式的供应商认证计划；

（2）供应商业绩追踪系统；

（3）供应商评价和识别系统。

供应商业绩评价的指标体系通常由定价结构、产品质量、技术创新、配送、服务等几方面构成。根据公司战略不同，在选择供应商时所重视的业绩指标有所不同。如公司战略是技术在行业中领先，则供应商现有技术在行业中的领先程度和技术创新能力是首要的评价和选择供应商的标准，其次考虑产品质量、定价结构、配送和服务。而对于战略定位于成本领先的公司，定价结构是最为敏感的指标，同时兼顾质量、技术、配送和服务。

企业根据评价结果，选出对公司战略有直接或潜在贡献能力的目标供应商群。直接贡献能力是指供应商已具有的、在其行业中居领先地位的、与买方企业战略目标相一致的能力。潜在贡献能力是指那些由于供应商缺乏一种或几种资源而暂时不具备的，通过买方企业投入这些资源就能得到发挥的，对买方企业战略实现有重要帮助的能力。

2. 供应商发展

由于对供应商业绩有所侧重，有时目标供应商的业绩符合了买方企业主要标准，而在其他方面不能完全符合要求；或有些潜在贡献能力未得到发挥，买方企业就要做一系列的努力，提高供应商的业绩。国外有学者称，供应商发展是"买方企业为提高供应商业绩或能力以满足买方企业长期或短期供给需求对供应商所作的任何努力"。这些努力包括：

（1）与目标供应商进行面对面的沟通；

（2）公司高层和供应商就关键问题进行交流；

（3）实地帮助供应商解决技术、经营困难；

（4）当供应商业绩理论探新有显著提高时，有某种形式的回报或鼓励；

（5）培训供应商员工等。

3. 采购商与供应商长期交易关系的建立

战略采购使采购商与供应商的交易关系长期化、合作化。这是因为战略采购对供应商的态度和交易关系的预期与一般采购不同。战略采购认为：

（1）供应商是采购商的延伸部分；

（2）与主要供应商的关系必须持久；

（3）双方不仅应着眼于当前的交易，也应重视以后的合作。

在这种观点的指导下，采购商和供应商致力于发展一种长期合作、双赢的交易关系。采购部门改变多家比较和短期合同的采购手段，减少供应商的数量，向同一供应商增加订货数量和种类,使供应商取得规模效应,节约成本,并和供应商签订长期合同,使其不必卷入消极的市场竞争中,获得资源更高效的利用。

在这种长期合作的交易关系中,供应商对采购商有相应的回报:
(1) 供应商对采购商的订单要求做出快速的反应;
(2) 供应商有强烈的忠诚于采购商的意识;
(3) 愿意尽其所能满足采购商的要求;
(4) 运用其知识和技术,参与采购商产品的设计过程。

4. 采购整合

随着采购部门在公司中战略地位的提高,采购逐渐由程序化的、单纯的购买向前瞻性、跨职能部门、整合的功能转变。采购整合是将战略采购实践和公司目标整合起来的过程。与采购实践不同,采购整合着眼于企业内部,目的是促进采购实践与公司竞争优势的统一,转变公司高层对采购在组织中战略作用的理解。

采购整合包括:采购部门参与战略计划过程,战略选择时贯穿采购和供应链管理的思想,采购部门有获取战略信息的渠道,重要的采购决策与公司的其他战略决策相协调。

三、战略采购实施方式

1. 集中采购

通过采购量的集中来提高议价能力,降低单位采购成本,是一种基本的战略采购方式。目前虽有企业建立集中采购部门进行集中采购规划和采购管理,以期减少采购物品的差异性,提高采购服务的标准化,减少后期管理的工作量。但很多企业在发展初期因采购量和种类较少而进行集中采购。随着企业的集团化发展,在采购上就出现分公司各自为政的现象,会在很大程度上影响采购优势。因此,坚持集中采购方式是企业经营的根本原则之一。

2. 扩大供应商基础

通过扩大供应商选择范围引入更多的竞争、寻找上游供应商等来降低采购成本是非常有效的战略采购方法。它不仅可以帮助企业寻找到最优的资源,还能保证资源的最大化利用,提升企业的水准。

3. 优化采购流程

制定明确的采购流程有助于企业实现对采购的控制。通过控制环节(要素)避免漏洞,实现战略采购的目的。流程可采用的要素有:货比三家引入竞争,发挥公开招标中供应商间的博弈机制,选择最符合自身成本和利益需求的供应商;通过电子商务方式降低采购处理成本(交通、通信、运输等费用);通过批量计算合理安排采购频率和批量,降低采购费用和仓储成本;对供应商提供的服务和产品进行"菜单式"购买。

4. 产品、服务统一

在采购时就充分考虑未来储运、维护、消耗品补充、产品更新换代等环节的运作成本，致力于提高产品和服务的统一程度，减少差异性带来的后续成本。这是技术含量更高的一种战略采购，是整体采购优化的充分体现。

采购产品差异性所造成的无形成本往往为企业所忽略，这需要企业决策者的战略规划以及采购部门的执行连贯性。

战略采购是企业采购的发展方向和必然趋势。在企业创业之初，由于采购量和种类的限制，战略采购的优势并不明显，但在企业向更高层次和更大规模发展的过程中优势会日益明显，有远见的企业应该在发展初期就有组织地构建战略采购框架，实施战略采购。

四、战略采购管理策略

1. 采购物品战略定位

企业需要采购的物品很多，对于大中型企业来说，可能有成千上万的物品。若采取相同的方法来管理，就要考虑最复杂和最困难的情况，从而采取最繁杂的管理方法，进而加大了采购环节的管理成本。为了保证生产经营活动的顺利进行又要尽可能降低采购成本，应依据物品在企业中的重要性和对供应商的依赖性进行战略定位，其分类模型如图 3-2 所示。

图 3-2　采购物品的定位模型示意图

从图 3-2 所示的采购物品的定位模型中可看到，各种物品根据其重要性和依赖性的高低分成四类：战略物品、重要物品、一般物品和瓶颈物品。第一象限是低风险和复杂度及高价值的物资，我们定义为重要物品。这类物品需要扩大寻源范围，通过招标降低 TCO(total cost of ownership，总拥有成本)。第二象限物品是高风险和复杂度及高价值的，我们将其定义为战略物品。这类物品需要和少数关键供应商结成战略性合作关系，实现 TCO 的优化。第三象限是高风险和复杂度且低价值的物品，我们称其为瓶颈物品。对于瓶颈类物品有两种解决办法，一是不断开发新的供应商；二是修改自己的需求，将这类瓶颈物品转化为其他物品。第四象限是低风险、简单且低价值的一般物品,可以通过标准化和自动化的采购流程简化采购过程,降低采购成本。

在以上四类物品中,战略物品是企业采购战略的重点。这四类物品的特点以及供应策略如表 3-4 所示。

表 3-4 各类物品的特点及供应策略比较

项　　目	战 略 物 品	重 要 物 品	一 般 物 品	瓶 颈 物 品
物品特点	价值高、质量要求高	价值较高、数量多	价值低、数量较多	价值较低、数量少
物品类型	主机、部件	原材料	零件、办公用品	辅料、配件
采购战略	一体化、联盟	长期合作伙伴	一般交易关系	一般交易关系
管理特点	供应链管理	目标价格管理	管理成本最小化	替代、备用方案
供应商数目	少	较多	很多	极少
采购方式	远期合同	集中竞价	网上采购、间接采购	远期合同
库存水平	中等或零库存	较低	低或零库存	较高

2. 自制策略与外购策略

自制与外购决策是生产企业采购战略中的重要决策内容。生产企业在开发生产新产品时,或自身生产能力和成本改变时,或供应商的竞争能力和成本改变时,需要进行自制与外购决策。这项决策要同企业的核心业务相适应,同企业的总体战略相适应;还要受产品技术水平、工艺水平、生产能力、开发能力、投资能力、与供应商关系等诸多因素的影响。自制策略与外购策略的比较如表 3-5 所示。

表 3-5 自制策略与外购策略的比较

自制策略的优势	外购策略的优势
避免了与供应商的交易费用	减少库存成本
便于生产流程的协调	保证可替代资源
利用剩余人力和设备资源做出边际效益	致力于企业的核心业务
获得稳定的质量	降低投资风险
增加或保持企业规模	有利于获得规模效益
专门设计商业机密不易泄漏	易于增强效率和创新性

自制与外购的决策可采用费用转换点法。如:某厂生产一种产品,由于设备能力不足,某种零件需外购解决,每只单价 10 元。如果自制需要增加设备,假定每年需增加固定

费用20 000元。自制时,估计该零件的单位可变费用为每只5元。该厂全年需此零件5 000只,试问是外购还是自制该零件?

首先计算出外购费用与自制费用相等时即平衡点的产量。

设平衡点的产量为N,因为

$$外购费用 W_1 = 10N$$

$$自制费用 W_2 = 20000 + 5N$$

$$W_1 = W_2, 即 10N = 20000 + 5N$$

$$N = 20000/(10-5) = 4000$$

$$N = 5000 > 4000, 即 W_1 > W_2$$

所以,应购置设备进行自制。

随着专业化程度的提高,越来越多的企业将精力集中于自己的核心业务上。特别是随着经济全球化、技术现代化进程的加快,外购的比例呈现不断扩大的趋势。正如惠普(HP)的前任首席执行官(CEO)约翰·杨所言:"过去,为了制造自己的产品,我们弯曲所有的金属片,塑造每一个塑料零件。现在,我们不必再做这些事情了,而由其他人为我们提供。"越来越多的企业将收入中的大部分用于购买,因为一家企业生产所需的零部件由其他厂家生产会更有效率。

许多日本公司在购买与自制之间找到了一个"中间地带",即下承包制。这些制造商通过借款等方式给予下承包者或叫转包者财务上的支持。而这些转包者已成为企业联合体的一部分,保持着长期合作关系,它们将具有技术专业化和稳定质量的生产带来与制造商合作。

五、传统采购模式与供应链采购管理策略

(一)传统的采购模式

传统采购的重点放在如何和供应商进行商业交易的活动上,特点是比较重视交易过程中供应商的价格比较,通过供应商的多头竞争,从中选择价格最低的作为合作者。虽然质量、交货期也是采购过程中的重要考虑因素,但传统的采购方式,质量、交货期等都是通过事后把关的办法进行控制,如到货验收等,交易过程的重点放在价格的谈判上。因此在供应商与采购部门之间经常要进行报价、询价、还价等反复谈判,并且多头进行,最后从多个供应商中选择一个价格最低的供应商签订合同,订单才决定下来。

传统的采购模式的主要特点表现在四个方面。

1. 传统采购过程是典型的非信息对称博弈过程

选择供应商在传统的采购活动中是一个首要的任务。在采购过程中,采购一方为了能够从多个竞争的供应商中选择一个最佳的,往往会保留私有信息,因为如果给供应商提

供的信息太多,那么供应商的竞争筹码就会增大,这样对采购一方不利。因此,采购一方尽量保留私有信息,而供应商也在和其他的供应商竞争中不露自己的信息。这样,采购、供应双方都不进行有效的信息沟通,这就是非信息对称的博弈过程。

2. 验收检查是采购部门的一个重要的事后把关工作,质量控制的难度大

质量与交货期是采购一方要考虑的另外两个重要因素,但是在传统的采购模式下,要有效控制质量和交货期只能通过事后把关的办法。因为采购一方很难参与供应商的生产组织过程和有关质量控制活动,相互的工作是不透明的。因此需要通过各种有关标准如国际标准、国家标准等,进行检查验收。缺乏合作的质量控制,会增加采购部门对采购物品质量控制的难度。

3. 供需关系是临时的或短时期的合作关系

在传统的采购模式中,供应与需求之间的关系是临时性的,或者是短时性的合作,而且竞争多于合作。由于缺乏合作与协调,采购过程中各种抱怨和扯皮的事情比较多,很多时间消耗在解决日常问题上,没有更多的时间用来做长期性预测与计划工作,供应与需求之间这种缺乏合作的气氛增加了许多运作中的不确定性。

4. 响应用户需求能力迟钝

由于供应与采购双方在信息的沟通方面缺乏及时的信息反馈,在市场需求发生变化的情况下,采购一方也不能改变供应一方已有的订货合同,因此采购一方在需求减少时,出现库存增加;需求增加时,出现供不应求。重新订货需要增加谈判过程,因此供需之间对用户需求的响应没有同步进行。

(二) 供应链环境下的采购管理策略

在供应链管理的环境下,企业的采购方式和传统的采购方式有所不同。这些差异主要体现在如下两个方面。

1. 从为库存而采购到为订单而采购的转变

在传统的采购模式中,采购的目的很简单,就是补充库存,即为库存而采购。采购部门并不关心企业的生产过程,不了解生产的进度和产品需求的变化,因此采购过程缺乏主动性,采购部门制定的采购计划很难适应制造需求的变化。

在供应链管理模式下,采购活动是以订单驱动方式进行的,制造订单是在用户需求订单的驱动下产生的,然后,制造订单驱动采购订单,采购订单再驱动供应商。这种准时化的订单驱动模式,使供应链系统得以准时响应用户的需求,从而降低库存成本,提高了物流的速度和库存周转率。订单驱动的采购方式有如下特点:

(1) 由于供应商与制造商建立了战略合作伙伴关系,签订供应合同的手续大大简化,不再需要双方询盘和报盘的反复协商,交易成本也因此大为降低。

（2）在同步化供应链计划的协调下，制造计划、采购计划、供应计划能够同时进行，缩短了用户响应时间，实现了供应链的同步化运作。采购与供应的重点在于协调各种计划的执行。

（3）采购物资直接进入制造部门，减少采购部门的工作压力和不增加价值的活动过程，实现供应链精细化运作。

（4）信息传递方式发生了变化。在传统采购方式中，供应商对制造过程的信息不了解，也无须关心制造商的生产活动。但在供应链管理环境下，供应商能共享制造部门的信息，提高了供应商应变能力，减少信息失真。同时在订货过程中可不断进行信息反馈，修正订货计划，使订货与需求保持同步，实现了向过程作业管理模式的转变。

（5）订单驱动的采购方式简化了采购工作流程，采购部门的工作主要是沟通供应与制造部门之间的联系，协调供应与制造的关系，为实现精细采购提供基本保障。

2. 从采购管理向外部资源管理转变

在建筑行业中，当采用工程业务承包时，为了对承包业务的进度与工程质量进行监控，负责工程项目的部门会派出有关人员深入承包工地，对承包工程进行实时监管。这种方法也适用于制造企业的采购业务活动，这是将事后把关转变为事中控制的有效途径。

在传统的采购模式中，一方面，供应商对采购部门的要求不能得到实时的响应；另一方面，关于产品的质量控制也只能进行事后把关，不能进行实时控制，这些缺陷使供应链节点企业无法实现同步化运作。

知识拓展

供应链管理的一个重要思想，就是在生产控制中采用基于订单流的准时化生产模式，使供应链节点企业的业务流程朝着精细化生产努力，即实现生产过程的几个"零"化管理：零缺陷、零库存、零交货期、零故障、零（无）纸文书、零废料、零事故、零人力资源浪费。供应链管理思想就是系统性、协调性、集成性、同步性，外部资源管理是实现上述供应链管理思想的一个重要步骤。

从供应链节点企业集成过程来看，它是供应链节点企业从内部集成走向外部集成的重要一步。要实现有效的外部资源管理，制造商的采购活动应从三个方面着手进行改进。

1）与供应商建立一种长期的、互惠互利的合作关系

这种合作关系保证了供需双方能够有合作的诚意和参与双方共同解决问题的积极性。通过提供信息反馈和教育培训支持，在供应商之间促进质量改善和质量保证。传统采购管理的不足在于没有给予供应商在有关产品质量保证方面的技术支持和信息反馈。

在顾客多样化需求的今天，产品质量是由顾客要求决定的，而不是简单地通过事后把关所能解决的。因此在此情况下，质量管理的工作需要下游企业在提供相关质量要求的

同时，及时把供应商的产品质量问题反馈给供应商，以便其及时改进。对个性化的产品质量要提供有关技术培训，使供应商能够按照要求提供合格的产品和服务。

2）参与供应商的产品设计和产品质量控制过程

同步化运营是供应链管理的一个重要思想。通过同步化的供应链计划，使供应链各企业在响应需求方面采取一致性的行动，增加供应链的敏捷性。实现同步化运营的措施是并行工程。制造商企业应该参与供应商的产品设计和质量控制过程，共同制定有关产品质量标准等，使需求信息能很好地在供应商的业务活动中体现出来。

3）协调供应商的计划

一个供应商有可能同时参与多条供应链的业务活动，在资源有限的情况下必然会造成多方需求争夺供应商资源的局面。在这种情况下，下游企业的采购部门应主动参与供应商的协调计划。在资源共享的前提下，保证供应商不至于因为资源分配不公或出现供应商抬杠的矛盾，保证供应链的正常供应关系，维护企业的利益。

建立一种新的、有不同层次的供应商网络，并通过逐步减少供应商的数量，致力于与供应商建立合作伙伴关系。在供应商的数量方面，一般而言，供应商越少越有利于双方的合作。但是，企业的产品对零部件或原材料的需求是多样的，因此不同的企业供应商的数目不同，企业应该根据自己的情况选择适当数量的供应商，建立供应商网络，并逐步减少供应商的数量，致力于和少数供应商建立战略伙伴关系。

本章小结

本章主要介绍了采购供应环境分析的内容与步骤，采购战略规划的含义与制定过程，战略采购的概念、内容、实施方式及管理策略，传统采购模式与供应链环境下的采购管理策略。

基础能力测试

一、填空题

1. 供应环境分析的必要性体现在（   ）、（   ）和（   ）等三个方面。

2. EDI 技术能够实时对供应商的（   ）、（   ）、（   ）、（   ）、（   ）等情况进行沟通，准确掌握库存情况，及时进行采购活动。

3. 农副产品处于完全竞争市场时，市场信息完备，透明度高，产品的（   ）、（   ）、（   ）和（   ）在不同的供应商之间几乎没有差异。

4. 宏观供应环境包括（   ）、（   ）、（   ）、产业政策及发展方向、工资水平及增长速度、税收政策与税率、关税政策与进出口限制、政府体制结构与政治环境等。

5. 影响绿色采购的影响因素包括某种产品或服务所涉及的（　　）、（　　）、（　　）、
（　　）、（　　）。

二、简答题
1. 供应环境分析的重要性体现在哪几个方面？
2. 怎样实现绿色采购？
3. 在供应环境分析时需要搜集和分析哪些信息？
4. 什么是采购战略？简要描述企业采购战略规划的内容。
5. 怎样建立采购商和供应商的交易关系？
6. 战略采购的实施方式有哪些？

三、论述题
1. 试论如何构建战略采购管理策略。
2. 请论述传统采购模式与供应链采购管理的差异性。

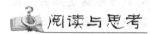阅读与思考

沃尔玛公司采购战略

几十年来，沃尔玛一直恪守薄利多销的经营战略。沃尔玛之所以能够做到天天低价是因为它比竞争对手成本低，商品周转快。沃尔玛绕开中间商，直接从工厂进货。早在20世纪80年代，沃尔玛就采取了一项政策，要求从交易中剔除制造商的销售代理，直接向制造商订货，同时将采购价降低2％～6％，大约相当于销售代理的佣金数额。统一订购的商品送到配送中心后，配送中心根据每个分店的需求对商品就地筛选、重新打包。

这种类似网络出售商"零库存"的做法使沃尔玛每年都可以节省数以百万美元计的仓储费用。灵活高效的物流配送系统是沃尔玛达到最大销售量和低成本存货周转的核心。整个公司销售商品的85％由这些配送中心供应，而其竞争对手只有50％～65％的商品集中配送。

检视沃尔玛整个产业链，其物流配送是世界上最先进的一张零售大网，它的海量数据甚至使它专门租用一颗卫星来中转。但是它的采购却一直是采用外包形式，交给太平洋资源进出口公司独家承担。在沃尔玛的飞速发展时期，这让沃尔玛节省了不少资源。但是，这都是建立在数据通信发达和供应商规模较大的基础上的。

沃尔玛投资4亿美元由休斯公司发射了一颗商用卫星，实现了全球联网，全球4000多家门店通过全球网络可在1小时之内对每种商品的库存、上架、销售量全部盘点一遍，并发布货车司机更新的路况信息、指出车辆进货的最佳路线。

沃尔玛领先于竞争对手原因在于，先行对零售信息系统进行了非常积极的投资：最早使用计算机跟踪存货（1969年），全面实现S.K.U.单品级库存控制（1974年），最早使用条形码（1980年），最早使用CM品类管理软件（1984年），最早使用无线扫描枪（1988年），最早与宝洁公司（Procter & Gamble）等大供应商实现VMIECR产销合作（1989年）。

在信息技术的支持下，沃尔玛能够以最低的成本、最优质的服务、最快速的管理反应进行全球运作。尽管信息技术并不是沃尔玛取得成功的充分条件，但它是沃尔玛成功的必要条件。这些投资都使得沃尔玛可以显著降低成本，大幅度提高资本生产率和劳动生产率。

从20世纪70年代开始，沃尔玛着手建立配送中心。当时，它应用了两项最新的物流技术：交叉作业（cross-docking）和电子数据交换（electronic data interchange，EDI）。供应商将货物运到配送中心，配送中心根据每个店面的需求量对货物进行重新打包。沃尔玛的价格标签和同一产品码（universal product code，UPC）条形码早已在供货商那里贴好，服装类商品都已经挂在衣架上。货物在配送中心的一侧作业完成后被运送到另一侧准备送到各个店面。也就是说，货物从"配"区运到了"送"区。配送中心配备激光制导的传送带，有几英里长。货物成箱地被送上的传送带，在运送过程中，激光扫描货物箱上的条形码，这样，这些货物箱就能够在庞大的配送中心找到将要装运自己的卡车。由于不用在配送中心存货，这样沃尔玛每年都能节省以百万美元计的费用。

20世纪80年代初，沃尔玛开始利用电子交换系统与供应商建立自动订货系统，该系统又称为无纸贸易系统。通过网络系统，向供应商提供商业软件，发出采购指令、获取收据和装运清单等，同时，也让供应商及时准确地把握其商品的销售情况。沃尔玛还利用更先进的快速反应系统代替采购指令，真正实现了自动订货。该系统利用条形码扫描和卫星通信，与供应商每日交换商品销售、运输和订货信息。

凭借先进的电子信息手段沃尔玛做到了商店的销售与配送保持同步，配送中心与供应商运转一致，提高了工作效率，降低了成本。沃尔玛每周都有对顾客期望和反映的调查，管理人员根据电脑信息系统收集信息，以及通过直接调查收集到的顾客期望即时更新商品的组合，组织采购，改进商品陈列摆放，营造舒适的购物环境。

20世纪90年代，沃尔玛提出了新的零售业配送理论，开创了零售业的工业化运作新阶段：集中管理的配送中心向各商店提供货源，而不是直接将货品运送到商店。其独特的配送体系，大大降低了成本，加速了存货周转，形成了沃尔玛的核心竞争力。

20世纪90年代初，沃尔玛就在公司总部建立了庞大的数据中心，全集团的所有店铺、配送中心和经营的所有商品、每天发生的一切与经营有关的购销调存等内容的详细信息，都通过主干网和通信卫星传送到数据中心。任何一家沃尔玛商店都具有自己的终端，并通过卫星与总部相连，在商场设有专门负责派货的部门。沃尔玛每销售一件商品，都会即时通过与收款机相连的电脑记录下来,每天都能清楚地知道实际销售情况,管理人员根据数据中心的信息对日常运营与企业战略做出分析和决策。

沃尔玛的数据中心已与6000多家供应商建立了联系,从而实现了快速反应的供应商管理库存(VMI)。厂商通过这套系统可以进入沃尔玛的电脑配销系统和数据中心,直接从POS得到其供应商品的流通动态状况,如不同店铺及不同商品的销售统计数据、沃尔玛各仓库的存货和调配状况、销售预测、电子邮件与付款通知等,以此作为安排生产、供货和送货的依据。生产厂商和供应商都可以通过这个系统查阅沃尔玛产销计划。这套信息系统为生产商和沃尔玛两方面都带来了巨大的利益。

在沃尔玛公司与宝洁的合作中,沃尔玛一直在销售宝洁公司的产品,如"帮宝适"等妇幼商品。它们有保质期,而且体积极大,却经常因库存不足而影响销售,但有时又会因库存过多而增加库存管理的难度,且占用公司流动资金。为解决库存控制的难题,沃尔玛公司提出与宝洁公司合作,大胆向宝洁公司提供销售信息,将沃尔玛配送中心、各商场货架上的库存情况及全部的销售资料数据,通过跨企业的计算机网络直接传送给宝洁公司。

宝洁公司随时掌握产品的销售动态,在适当的时间将适当数量的商品送到沃尔玛公司的配送中心。这样,由于沃尔玛的价格标签和PUS条形码早已经在宝洁公司贴好,因此不用在配送中心存储,沃尔玛公司的配送中心立即根据宝洁公司独立打包的各商品上的标识,将商品送到各商场货架。因此,沃尔玛公司明显简化了库存管理,每年可节省大量费用。

资料来源:中国物流与采购联合会资料汇编

第四章

采购决策

> **知识目标**
>
> 1. 了解采购决策的概念和作用,准确理解采购决策的影响因素;
> 2. 掌握采购决策的方法和决策程序;
> 3. 掌握采购批量和时间决策的原理;
> 4. 掌握采购数量和价格决策的原理。

> **技能要求**
>
> 1. 能够针对实际业务情境辨别出采购决策的影响因素;
> 2. 掌握采购批量和时间、数量和价格的确定方法,并能在实际中合理运用;
> 3. 能够根据实际业务需求情况做出正确的采购决策。

导航索引

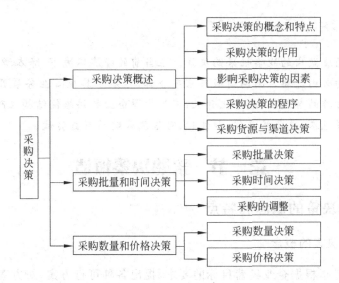

引导案例

国网商城电子化采购决策

2019年1月23日,国网商城与京东企业购正式达成战略合作。双方将围绕国网商城打造全产业链电子化采购,在智能采购、全流程电子化、区块链防伪溯源、智能物流等方面开展深度合作,围绕产业链上下游,为企业提供智能采购服务。

通过此次合作,京东将发挥自身在智能采购和供应链方面的核心优势,协助国网商城优化完善采购专区,实现包含商用、MRO在内的办公集采、员工福利、市场活动、销售激励、积分兑换等实物场景以及虚拟商品的互联网化采购,特别是在大规模履约、配送方面补充国网商城的技术能力、商品能力与服务能力。

在商品采购之外,京东还将助力国网商城实现从前端采购到后端财务结算的全流程数据,简化结算、发票等财务流程和执行效率,实现全流程电子化。

区块链方面,京东将依托自身优势,为国网商城构建基于区块链技术的防伪溯源体系,实现特定品类商品从供应商、物流、收货方的信息智能化管理,借助区块链技术的不可篡改性,做到商品的来源可知、去向可查、责任可究。

双方还透露,未来京东与国网商城的合作还将拓展到金融、物流等多个领域,打造数字化的业务生态体系。在供应链金融领域,京东将完善针对供应商的征信数据体系,进而支撑账期及额度分析,帮助国网商城建立更加科学合理的供应商管理机制。在智能物流领域,双方将探索搭建国网商城供应商配送体系,实现统一精准配送及物流全流程监控。

资料来源:中国物流与采购联合会企业案例资料汇编

 引例分析

这是国网商城做出的战略性采购决策。在当前的经济环境下,降本增效、深化改革是企业持续成长的必由之路。国网商城与京东合作,是基于其核心业务展开的采购物资管理及企业运营管理的智能化、数字化升级,将为能源企业的供给侧结构性改革和能源互联网构建提供参考范本,更是信息化、智能化、可追溯采购的有益尝试。

第一节 采购决策概述

一、采购决策的概念和特点

(一)采购决策的概念

采购决策是指根据企业经营目标的要求,提出各种可行方案,对方案进行评价和比较,按照满意性原则,对可行方案进行抉择并加以实施和执行的管理过程,是企业决策的重要组成部分。

采购决策是企业经营管理的一项重要内容,其关键问题是如何制订最佳的采购方案,确定合理的商品采购数量,为企业创造最大的经济效益。

(二)采购决策的特点

1. 预测性

预测性主要是指对未来的采购工作做出预知和推测,应建立在对市场预测的基础之上。

2. 专业性

产品在质量表现因素、使用方向、过程、安全因素、价格等多方面都有某些特有的专业性,而且也正是由于这种专业性要求,客户都会安排专业人士来实施产品采购,包括市场考察、选择产品、商务谈判、合同执行、纠纷处理等各个环节,以确保产品的质量和使用安全。

3. 过程复杂性

在采购流程上要经过前期考察、报价、洽谈、形成初步意见、报批、签订合同、执行合同等过程,而且有时候一些环节还需要相当长的时间,而且在形成初步意见、报批两个环节中采购单位的决策团体内部很可能有不同意见,甚至需要对前面工作推倒重来,因此相对于其他采购环节来说,采购决策过程相当复杂,而且时间漫长,有些材料供应商在一两年甚至更长时间以前就开始着手某些采购项目的营销工作了。

4. 目的性

任何采购决策都是达到一定的采购目标。

5. 可行性

采购决策方案应该是切实可行的,否则就会失去决策的意义。

6. 评价性

对各种可行的采购方案进行分析评价,选择满意的方案。

二、采购决策的作用

企业在生产经营活动中面临着大量的决策问题,也是管理者花费时间和精力最多的工作之一,科学的决策可以把握正确的经营方向,趋利避害,扬长避短,对于提高企业的生存和竞争力具有积极的作用。采购决策除了具有规避风险、增强活力等一般作用之外,还可以发挥以下重要作用。

1. 优化采购活动

采购活动对生产经营过程、产品成本和质量等产生重要影响,为了保证企业各项目标的实现,必须推进采购活动的优化,实现采购方式、采购渠道、采购过程的最佳化,提高采购资源的最佳配置。优化采购活动必须对采购活动涉及的诸多问题进行科学的策划,做出最佳的选择。没有科学的采购决策就不可能产生理想的采购活动。

2. 实现准时采购

准时采购是指供应商"在需要的时间,在需要的地点,以可靠的质量,向生产企业提供需要的物料"。它的核心是减少批量,频繁而可靠地交货,提前期压缩并且高度可靠,一贯地保持采购物资的高质量。为了满足及时生产的需要,实行准时采购,而合理的采购决策则使准时采购成为可能。

3. 提高经济效益

在产品的规格、质量、服务等一定的情况下,准确采购可降低进价,减少库存,降低各种费用的支出,提高竞争力,使企业获得更大的利润。采购活动受到诸多因素的影响,各因素之间有特定的关系,任何一种因素处理不好,都可能影响经济效益的提高,采购决策则可以正确地处理这些因素之间的关系。

三、影响采购决策的因素

好的采购工作要求采购部门必须从市场需求和企业经营效益出发,做到采购的质量、数量、价格、货源、落单时间、交货时间合适。为此,必须做好采购商品单品品质、采购价格、采购批量、采购时机等各方面采购决策的工作。在做采购决策时,采购部门会受到方方面面的因素影响。影响企业采购决策的主要因素可归纳为七个方面。

1. 环境因素

市场环境和经济前景对产业的发展影响很大,从而也必然影响到产业用户的采购计划。例如,当经济前景欠佳,风险较大时,产业用户必然要减缩投资,减少采购量,这时供应者只有将价格降到一定程度时,才能有效地刺激客户,使客户愿意购买并承担一定风险。原材料的供给状况是否紧张,也是影响产业用户采购的重要环境因素。采购部门的主要职责就是保证供应的不中断,一般企业也都愿意购买并储存较多紧缺物资。

此外,技术、法律、竞争等环境因素的变化,也都会影响企业的采购,营销者应密切注意,设法将环境威胁转化成营销机会。在我国,国家政策的变化是影响产业投资的一个重要环境因素,这也是企业最难预测和掌握的一个因素。

2. 组织因素

组织因素是指企业的营销目标、采购政策、工作程序、组织结构和管理体制等。例如,有的地方规定只许采购本地区的原材料;有的则只许买本国货,不许买进口货,或相反;有的购买金额甚至超过一定限度就需要上级主管部门审批等。又如发达国家兴起"准时生产系统"(just-in time production systems),即适量及时供货,或者说是"零库存",这很大程度上影响了产业用户对采购工作的改进。

3. 人际因素

企业的采购决策往往受到非正式组织的各种人际关系的影响,采购中心的各个成员在身份、地位、威信和感染力、说服力等方面各有特点,供应者如能够掌握这些特点并施加影响,将有助于获得订单。

4. 个人因素

企业购买者行为是组织行为,但最终还是要由若干个人做出决策并付诸实施。参与采购决策的成员难免受个人因素的影响,而这种影响又因个人年龄、职位、受教育程度、个性和对风险态度的不同而有所不同。

小贴士

在实际工作中,一般会有采购决策人、相关的财务人员、支持人员、技术人员和实际使用产品的人员参与决策。供应商应了解客户采购决策相关人员的个人特点,并处理好个人之间的关系,这将有利于营销业务的开展。

5. 商品定位因素

采购中考虑商品定位因素,其目的是要使商品能更好地满足目标市场定位,并使商品之间能互相配套,最大效用地发挥作用。采购操作中主要要求采购员按采购计划选择新的商品。

采购计划中的商品种类分布表,往往并不是指具体的特定商品,它是指构成商品种类的单品需要具备哪些条件。除非特殊情况,采购商品时,要根据采购计划要求进行。只有根据计划采购,才能保证商品定位的前后一致性,减少采购工作的盲目性。

6. 商品本身的因素

商品本身的因素主要包括机能、感觉、资讯等三个方面的因素。机能是形成商品价值的基础,包括商品的材质、结构、设计、耐久性、使用性、安全性等。感觉方面以造型、外壳、色彩、商品的格调、容器、包装等为主。资讯方面是指商品知名度,具体地说是指厂家及其品牌的知名度。

7. 采购条件因素

采购条件因素包括价格条件、折扣条件、付款条件、附带服务、供给能力、交货时间等。如材质是否采用适当的材料;构造的设计如何;外观是否装饰得很漂亮;耐久性是否符合要求;是否安全无害;容器、包装、品质与感觉是否适合商品定位;品牌的知名度如何;对商品品种结构的适应;与其他相关系列商品的协调;与周围其他部门商品的协调;与整个商品销售协调采购条件;采购价格是否足够低;现金、数量、累积折扣;付款方式如何;附带服务,各种服务是否齐全;再订购时能否准确及时交货等。

为了方便分析和比较,可以将上述各项指标绘成表格,再进行打分,以此来决定是否引进商品。如果综合评价不到 80 分,或 80 分以上却有两项被评为差,则该商品就不能列入选择的对象。

四、采购决策的程序

采购决策程序指的是采购决策过程中所形成的各环节、步骤及其活动的总和,是实现采购决策目标的过程和手段。坚持正确的决策程序,依照决策的基本步骤,就要占有大量的资料、数据和信息,集中各方面的正确意见,从社会、经济、技术等方面对多个备选方案进行定性和定量分析,从中确定最优的决策方案和最佳的实施办法。采购决策关系到采购工作的质量,是一项复杂的工作,所以必须按照一定程序来进行。

(一)确定采购目标

这是采购决策活动的起点,是决策过程的第一步。准确的目标是决策的首要标准,这一步骤的主要任务是根据企业的整体经营目标,确定企业的采购目标。确定目标,首先应该明白采购目标的概念、内容(企业现在做什么?以后打算做什么?能做什么?);采购目标的时间要求(多长时间做完?具体什么时间做完什么?做到哪个阶段?);明确各分目标的关系(做什么为主?什么为辅?);采购决策目标的约束条件(做该事需要的主客观条件是什么?哪些是主要的约束条件?哪些是次要的约束条件?哪些条件稍微变化就会影响整体的决策?)以及采购决策目标应尽量用数量表示(要达到目标的可量化而便于运用决策工具做定量分析)。

企业的总体目标是实现及时准确的采购,满足经营的需要,降低采购费用,提高经济效益。根据采购目标,可制定采购的具体目标,如订购批量目标、订购时间目标、供应商目标、价格目标等。

(二)收集信息

信息是决策的基础,是为了交流和使用而做的各种数据的全面汇编。准确、及时、可靠的统计数据是采购决策的依据。只有掌握充分的、明确的、及时的信息,并对它进行系统的归纳、整理、比较、选择,进行去粗取精、去伪存真、由表及里、由此及彼的加工制作,才能做出科学的采购决策。

1. 企业外部信息

(1)有关法律、经济政策。包括《合同法》《反不正当竞争法》《商标法》等法律以及国家的价格政策、产业政策、外贸政策等。

(2)货源信息。包括物品的市场供求状况、供应渠道、供应商价格、服务、质量、规格品种等资料。

(3)科技信息。包括尤其与本企业所采购物品密切相关的科技水平发展情况。

(4)运输信息。包括有关运输的新规定,各种运输方式,运输工具、价格等。

(5)同行信息。包括同行从哪里采购,进价是多少,是否有更经济的材料等。

2. 企业内部信息

(1)物资需求情况。根据销售计划、生产计划制订需求计划,再结合库存情况,制订采购计划。

(2)库存情况。包括企业库存能力如何、库存费用是多少、现有库存状况等。

(3)财务情况。包括是否有充足的采购资金、采购资金的周转速度和筹集状况等。

(4)采购队伍。包括采购人员的敬业精神、综合素质、合作精神等。

(三)拟定可行性方案

以企业现有的情况为基础,以可获取的信息为条件,组织有关人员,集思广益,列出可能的准则、方案和不确定性因素,进行敏感性分析以确定进一步进行不确定性处理的关键变量,删除不太重要和关系不太大的因素,在可能的计算条件下进行采购决策,构造出寻求满意解的模型,提出各种可行的采购方案。每个采购方案应包括:采购预算、货源渠道、供应商、产品质量、价格、服务、运费、交货期、结算条件等,为企业决策者做出正确的采购决策提供依据。

在拟定方案时应注意:一是拟定的方案应是所有可能实现的方案,不得有遗漏,这是保证最后能选定最优方案的一个重要条件;二是方案之间应是互相排斥的,其间有原则性的差异,非此即彼,否则就无法比较。

(四)分析评估,选择满意方案

这是采购决策过程的关键步骤。方案的选择问题是一个对各种可行性方案进行分析评价的过程。依据一定的评价原则、评价标准、评价方法,运用决策技术对所有备择方案进行可行性分析论证,反复比较、权衡利弊、取长补短,然后运用决断理论从中选出最优决策方案。

(五)实施方案与控制反馈

这是采购决策过程的最后一个环节。有了采购目标和满意的采购方法,还要制定具体的实施细则,以使满意的方案得以实施。在实施阶段主要应做好以下几方面的工作:编制采购实施计划,把采购决策具体化;组织实施力量,保证采购决策方案的实现;落实实施责任,建立严格的责任制。同时,还应注意收集、整理方案在实施过程中出现的新问题和新情况,建立反馈系统,及时检查发现采购决策方案实施中的问题;纠正决策偏差,必要时进行决策修正或追踪决策,以保证采购目标的实现。方案的实施是决策的延续,是检验决策、完善决策的基本环节。最后,对满意方案的实施进行检查和分析。

知识拓展

采购决策的实施与反馈过程中,应对实际执行情况与原定决策目标进行比较。如果比较结果表明不能达到原定的决策目标,就要立即进行追踪决策,以使决策方案趋于完善。决策误差的出现是不可避免的,误差出现的原因一般有两方面:一是原来的决策本身有漏洞;二是具体实施过程中的执行力不足。无论是什么原因,都应该确定改进的措施,为下一步的采购决策提供依据。

五、采购货源与渠道决策

(一)采购的货源

货源是指采购商品的来源,即采购部门可以从哪些地方进货。

1. 货源类型

目前,企业采购商品的来源基本可以概括为以下几个方面:

(1) 从生产部门购进。即从生产厂商那里直接进货。这种选择进价较低,而且能确保产品的质量,避免购进假冒伪劣产品。但也存在品种单一、品牌单一、选择余地不大的弊端。一般适合于大宗商品的进货。

(2) 从批发部门购进。从批发部门购进分为产地批发部门、销售批发部门和中转地批发部门进货。这种方式可实现集中采购,同时购进不同品牌、规格的产品,从而降低采购费用,但也存在价格较高,可能出现假冒伪劣产品等问题。一般适用于品牌繁多、规格不一、进货批量较小的日常生活用品。

(3) 从外贸部门购进。从外贸部门购进的产品主要有两类:一是进口商品;二是出口转内销产品。我国加入WTO后,从外贸进口商品的价格将逐渐降低。

(4) 其他货源。其他货源包括内容较多,如海关没收的走私产品、自属工厂加工的产品、工商部门罚没产品以及其他部门拍卖的产品等。其他货源一般只起一种补充作用。

2. 影响货源的主要因素

在实际工作中,影响货源选择的因素很多,可以概括为以下几个方面:

(1) 生产的规模。生产规模大、产量高、供应量大,货源就充足;反之,生产规模小、产量低、供应量小,货源就紧张。

(2) 生产的结构。生产的结构即产业结构,产业结构决定了生产的品种及其比例结构,从而决定了货源的结构。

(3) 自然条件。许多商品的生产受自然条件影响较大,如农产品在风调雨顺的年间产量高、供应充裕;在自然灾害频发的年间,产量下降,供应量下降,货源紧缺。

(4) 生产技术条件。生产技术条件决定了同样生产要素投入情况下产量的变化,技术条件高、产量高、货源充足;反之,供给量少、货源少。

(5) 外贸政策。外贸政策即进口与出口政策。某种商品进口多、出口少,货源相对充足;反之,进口少、出口多,可能会减少货源。

另外,生产的分布状况、交通运输条件等也会在一定程度上影响货源。

(二) 采购渠道选择

采购渠道是指商品从生产者传递到本企业所经过的通道与路线。它由供应单位、采购单位组成,它反映了商品的流动路线、方向以及流通的组织结构。

1. 采购渠道的分类

(1) 按是否经过中间商划分,分为直接渠道和间接渠道。直接渠道是指企业直接向生产商进货;间接渠道是指向中间商进货。

(2) 按经过同层次的中间商的多少划分,可分为宽渠道和窄渠道。宽渠道是指同一层次的中间商数目多,采购窗口多,市场覆盖面大;窄渠道是指同一层次的中间商是单一的。

(3) 按流通环节的多少划分,可分为长渠道和短渠道。一般来讲,经过的流通环节多为长渠道;流通环节少为短渠道。

2. 选择采购渠道的原则

(1) 短渠道、少环节原则。能从生产厂商进货的,不要经过其他商业中间环节;能从产地批发企业进货的,不要从中转地或销地批发企业进货;在保证商品品种和数量的前提下,尽量就近进货,避免长距离运输。

(2) 费用省、经济合理的原则。从运输里程、流通环节、运输工具、在途时间上综合考虑,尽可能节约费用;选择环节最少、渠道最短、费用最省的采购渠道。

3. 采购渠道的选择策略

商品采购渠道的选择要讲究策略,只有这样才能高质量地完成采购任务。

(1) 直接短渠道策略。能向生产厂商进货的尽量向生产厂商进货;能减少中间环节的尽量减少中间环节,以降低采购成本。

(2) 定向稳定渠道策略。对于企业要经常采购的物品,稳定的采购渠道,能保证货源和质量的稳定性,节约差旅费,维持企业正常的经营。

(3) 多渠道策略。企业在采购时为了保证货源,除了有主渠道外,还可有辅助渠道,以应付突发性的需要,降低采购风险。

第二节 采购批量和时间决策

一、采购批量决策

采购批量是指每次采购物资的数量。计划期内的采购总量一定时,采购批量与采购次数成反比关系。即采购批量越大,采购次数越少了;反之则越多。两次采购之间的时间间隔称为采购周期。在销售较为均衡的条件下,采购批量和采购次数、采购总量三者的关系为:

$$采购批量 = 采购总量 / 采购次数$$

在实际工作中,销售不会是绝对均衡的,采购也就不可能均衡。就是说,每次的采购批量相同时,可供销售的时间就不同,采购周期就会有长有短;或者说,采购周期相同,采购批量就会不同。于是形成了两种基本的采购方式:定量采购和定期采购。

(一) 定量采购

定量采购是指每次采购批量相同,而没有固定的采购周期和固定的采购时间。进口的物料以及少数价值很高的国内采购物料,可以选择每季、每月或每周订购一次。这种方法在使用上必须对物料未来的需求数量能做出正确的估计,以避免存货过多,造成资金积压。

定量采购的采购批量一般以经济订购批量(EOQ)为标准。

采购点由备运时间需要量和保险储备量两部分组成:

$$采购点 = 备运时间需要量 + 保险储备量$$
$$= 平均备运天数 \times 平均一天需要量 + 保险储备量$$

备运时间也称前置时间,是指提出采购到商品进货,能投入使用或能销售给用户所需的时间,这段时间包括:

(1) 提出采购、办理采购手续需要的时间;
(2) 供应商发运所需的时间;
(3) 商品在途运输时间;
(4) 到货验收入库时间。

如果商品在投入使用之前或商品企业销售之前还要进行整理加工,则备运时间里还应加上使用前或销售前准备时间。每次采购的备运时间不一定相同,在确定采购点时,备运时间一般按过去各次采购实际需要的备运时间平均求得。

我们通过一个例题来说明这个问题:

某种家用电器每月需要量为 300 件,备运时间为 8 天,保险储备量为 40 件,求采购点。具体计算为:

$$采购点 = 300/30 \times 8 + 40 = 120(件)$$

(二) 定期采购

定期采购即规定提出采购时间,在一定的采购周期,每个周期的采购批量是不同的,它要依据下个周期的需要量而定。

对于价格低廉、临时性需求及非直接生产用途的物料,比较适合采用定量订购法,也就是按照订购点来决定采购点。即此类物料首次入库时将其分为两部分,当其中一部分使用完毕时,必须先开出请购单,才准使用所剩余的另一部分物料,采购与使用反复交替进行。此类物资数量的管制,通常由仓储人员负责。

1. 采购周期的确定

采购周期是指两次采购的时间间隔,显然它是影响采购批量和存货水平的首要因素。采购周期主要是由预定的进货周期决定的。如果每次采购后的备运时间相同,则采购周期和进货周期都会相同但不同步而已。这里采购周期的确定,要根据供应商的条件和商品流通企业内部的协调而定。

当供应商可以按照商品流通企业的要求进行供应时,则供应商通常根据商品流通企业的销售特点、销售周期来确定。但是,当供应商由于其自身特点,规定了供货周期,又大于企业的供货周期,就必须按供应商的供货周期来定。

2. 定期采购的采购批量

采购批量的计算公式是:

采购批量＝采购周期需要量＋备运时间＋保险库存量－现有库存量－已定未交量
　　　　＝(采购周期天数＋平均备运时间天数)×平均一天需要量＋
　　　　　保险库存量－现有库存量－已定未交量

上式中,"平均一天需要量"是指平均一天的销售量;
　　　　"现有库存量"是指发出采购单时的实际库存量;
　　　　"已定未交量"是指已经采购,在采购周期内到货的数量。

二、采购时间决策

合理地确定采购时间,不仅能确保企业商品供应不间断,更好地满足消费需求,而且能合理地控制商品的库存时间,从而减少商品的损耗,节省库存费用。不同商品的采购时间是不同的。

(一) 一般商品

一般商品,也称常年性销售商品,即常年生产、常年销售的商品。它在销售上比较平稳,没有明显的淡旺季变化,如毛巾、肥皂等日用品及一些副食品。这些商品可采用采购点的方法来确定采购时间。

小贴士

采购点是指通过计算一个合理的商品库存,当商品库存量下降到确定的合理库存量时,即开始进货,是开始进货的库存量点。

当企业物品的库存至定购点时,就应该再次采购,等到下批物品到达时,原有周转库存正好用完,只剩下保险储备,如图4-1所示。

其中,备运时间:是指从提出订单开始到物品验收入库为止的间隔时间;保险储备:是指为防止物品不能按时到货或不能按投入使用而建立的准备。

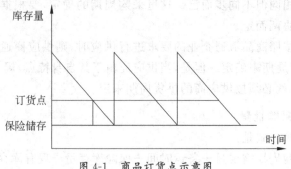

图 4-1 商品订货点示意图

（二）特殊商品

这里的特殊商品主要是指季节性商品和流行性商品。下面就针对这两部分分别进行介绍。

1. 季节性商品进货时机的确定

季节性商品主要是指消费有明显季节变化的商品，往往季节到来时，销售量猛增，达到最高峰，形成销售旺季；季节一过，销售量则大幅度下降，形成销售淡季。

1) 季节性的到来

造成商品销售季节性变化的原因很多，概括起来主要有以下几个方面：

（1）购买力的季节性变化。消费者并不是什么时候都有资金，有时资金较多，购买商品的可能性就大些；当手中资金少时，购买的商品也就少。这种情况在农村市场尤为明显。农民只有在秋收后才有收入，而在其他时间收入很少。我国农业人口占绝大部分，从而造成购买力的季节性波动很突出。

（2）节假日。我国有 5000 多年的文明历史，流传下来许多传统的节假日，从而导致某一节日到来前，部分商品销售达到高峰，如中秋节的月饼，春节前的家电、食品等。

（3）商品本身消费的季节性。有些商品本身消费具有季节性，如冬天的羽绒服、毛衣等。

2) 采购时机的确定

采购时机的确定要科学地确定季节性商品的采购时机，必须明确两个基本概念：销售旺季和消费旺季。销售旺季指的是某种商品销量最大的时期；而消费旺季指的是人们购买某种商品最多的时机。一般讲，销售旺季比消费旺季来得早一些。很显然，采购时机应选择在消费旺季到来之前。

商品销售的淡旺季变化，在不同地区、不同商品上有所不同，但选择季节性商品的时间和数量的总要求是：令前备足备齐，当令补档防脱，落令停止进货。

2. 流行性商品采购时机的确定

所谓流行性商品的特点是只在一定时期内形成一种"潮流",流行期过后,这种商品便不会再具有市场。流行期商品虽具有周期性,但商品的流行过程也有其自身的规律。流行过程可称作商品流行周期,是指商品从提倡到流行,直至消失的过程。

因为流行性商品在销售周期上所显示的不可循环的特征,所以商业企业在采购时要特别谨慎,掌握好采购的时机,正确判断流行周期的各个时间段。在第一阶段可试探性地进货,在肯定了其流行趋势后,可大批量进货,抢走市场,形成消费高潮之前销售。如果在第二阶段考虑进货,就应首先进行预测,其流行期较长,则可较大批量地进货。

一般情况下,进货批量不可太大,防止积压。在第三阶段才考虑进货的企业,要特别慎重,尽量不再进货,而去发现新的"热点"。采购流行性商品是"宁做鸡头,不做凤尾",因为它一旦过时,就会滞销,不会再有第二次流行期,企业将会蒙受损失。

三、采购的调整

在上面的内容中,对采购批量和采购时间的分析,都是在一定的前提条件下进行的。如假定供货资源不受限制,采购单位的储存能力不受限制等。在实际工作中,采购批量和采购时间受着多种因素的影响。这就必须具体分析有关影响因素,对初步得到的采购批量和采购时间加以调整,使采购决策更切合实际,更经济合理。

(一)采购单位条件的影响

1. 销售特点

对于均衡、连续的商品销售,采用上述两种方法都能有良好效果。而对销售不均衡,或销售呈趋势形态,或各周期变动大的,定期采购较难适应。若采用定量采购,当不能满足需要时,就要加大采购批量;当实际商品消耗速度明显地大于或小于预测量时,也要加大或减少采购批量,提前或推迟采购时间来加以调整。

2. 储存能力限制

采购批量受储存能力或仓储作用能力的限制,尤其对要求特殊储存条件的商品更是如此。因而要按仓储能力的可能性来调整采购批量,减少各类商品同时集中进货,注意进货时间与发货时间的衔接配合,不仅使仓库能力得以充分利用,也能在很大程度上减少仓储能力对采购批量的限制。

3. 储备资金的限制

由于资金不足,有时不能按经济定购批量进货。在需要比较均衡的情况下,只能适当减少采购批量,但这会使采购储存总费用增加,因此,需要确定在允许的总费用增加范围内合理的采购批量。

（二）供货单位条件的影响

1. 供货生产和供货特点

对供方批量轮番生产或生产有明显季节性的商品，供货往往呈现集中供货季节性供货的特征，对这类商品，一般要加大采购批量。

2. 订货、发货限额

如果经济定购批量或定期采购的进货周期采购量低于供方规定的限额，一般要以限额为标准来调整采购批量或进货周期。

3. 折扣

在供方提供采购数量折扣时，如果折扣采购量（即享受折扣价格必须达到的采购数量）大于经济定购批量，采购单位就得决定是按原价订进经济批量还是按折扣价订进折扣采购量。

（三）市场行情的影响

1. 供求动态

当市场资源趋于紧张时，一般要适当提前采购和进货，适当加大采购量，目的在于增加保险储备量，防止产生缺货。

2. 价格变动

当市场价格高于平均价格且预期会下跌时，可采用应急购买方式，即仅采购短期需要的商品，采购数量要比正常的采购数量少得多。相反时，可提前采购并增加采购数量。

（四）运输因素的影响

1. 运输方式

运输速度和运价是选择运输方式的两个重要技术经济指标。对急需的商品，多选用运送速度快的方式，但往往运费较高，所以要减少采购数量；而对正常需要的商品，运输时间时在备运时间中考虑的，采用速度快的运输方式，备运时间短，采购时间可以晚一些。

2. 发运方式

不同的商品的发运方式不同，其运费也不同，如铁路零担发运就比整车发运运费高得多。采用整车方式采购批量要大，当采购批量小于整车装载标准时，就得考虑是否加大采购批量以便采用整车方式。

3. 运输季节性

由于运输季节性的影响而使进货也具有季节性的特征，因而相应地调整采购批量和采购时间。

第三节 采购数量和价格决策

一、采购数量决策

采购数量的多少,直接决定着对生产经营的保证和经济效益的高低。在物品的采购储存过程中,会产生订购费用和仓库储存的费用。在价格一定时,采购批量(即一次采购量)较大时,可降低单位订购费用,但会增加总的仓库存储费用;采购批量较小时,可减少仓库存储费用,而单位订购费用又会提高。因此,采购部门在决定采购批量时,应选定订购费用和仓储费用合计数量最低时的采购量,即经济订购量。

(一)采购数量的确定

1. 决定采购数量的基础资料

1) 生产计划

由销售预测,加上人为的判断,即可确定销售计划或目标。这种销售计划,是表明各种产品在不同时间的预期销售数量;而生产计划即依据销售数量,加上预期的期末存货减去期初存货来拟订。

2) 用料清单

生产计划只列出产品的数量,并无法直接知道某一产品需用哪些物料,以及数量多少,因此必须借助用料清单。用料清单是由研究发展部或产品设计部制成,根据此清单可以精确计算制造某一种产品的用料需求数量,用料清单所列的耗用量(即通称的标准用量)与实际用量相互比较作为用料管制的依据。

3) 存量管制卡

若产品有存货,则生产数量不一定要等于销售数量。同理,若材料有库存数量,则材料采购数量也不一定要等于根据用料清单所计算的材料需用量。因此必须建立物料的存量管制卡,如表 4-1 所示,以表明某一物料目前的库存状况;再依据用料需求数量,并考虑购料的作业时间和安全存量标准,算出正确的采购数量,然后才开具请购单,进行采购活动。

2. 采购数量的计算与订购方法

综合前面所述,生产计划、用料清单以及存量管制卡为决定采购数量的主要依据;因此,本期应购数量为本期生产需用材料数加上本期末预定库存量减去前期已购未入库数量。即:

本期应购数量＝本期生产需用材料数＋本期末预定库存量－前期已购未入库数量

表 4-1 物料存量管制卡

物料名称		物料编号		存放位置				
物料等级	□ A □ B □ C	安全库存		订购点				
		最高存量						
日期	入库	出库	结存	日期	入库	出库	结存	

采购数量只表示某一物料在某时期应订购的总量,至于某一物料在某时期应如何订购,通常是采用定期订购法或定量定购法。

3. 决定最适当的采购数量

采购量的大小决定生产与销售的顺畅与资金的调度。物料采购量过大造成过高的存货储备成本与资金积压,物料采购量过小,则采购成本提高,因此适当的采购量是非常必要的。决定最适当的采购数量有以下方法。

1) 经济订购批量法(economic order quantity,EOQ)

经济订购批量是综合分析进货、储存各方面支出而得到的总费用最低的一次采购数量。采购商品时会发生一系列的费用支出,具体包括:

(1) 商品总价,即商品单价和采购总量的乘积;

(2) 采购费用,指与采购业务有关的费用,如商务信息费、协商谈判费、差旅费、业务手续费等;

(3) 运杂费,指进货所发生的费用,如装卸搬运费、运输费、途耗和检验费等;

(4) 储存费,包括储存商品所占资金的利息、商品的维护保管费、库内的搬运费、仓库管理和折旧费以及储存商品损耗的费用等;

(5) 缺货损失费,指缺货造成经营成果或用户的直接损失的费用。

为便于分析,EOQ 是在下列假定条件下确定的:需要均衡、稳定,计划期内采购总量一定,每次采购数量不受限制,能明确提供日期;商品单价、运杂费率、储存费率不随采购批量大小而变化;不允许缺货;仓储条件和商品存储寿命不受限制;资金条件不受限制。

在上述前提条件下,经济订购批量只与采购费用和储存费用有关。采购总费用由采购次数的多少而定,采购次数又随着采购批量的加大而减少,故采购总费用与采购批量成反比;储存费用则随着采购批量的加大而增加。因此,采购的总费用支出可按下列公式计算:

$$S = \frac{RK}{Q} + \frac{Qh}{2}$$

式中:S 为采购总费用支出;K 为一次采购费用;Q 为采购批量;R 为计划期的采购总量;h 为单位商品在计划期平均储存费用。

为使采购总费用支出 S 达到最小(即极小值),求上式的导数值为零,即可得到经济定购批量(EOQ)的计算公式:

$$Q = \sqrt{\frac{2RK}{h}} = \sqrt{\frac{2RK}{CH}}$$

$$S = \sqrt{2RKh} = \sqrt{2RKCH}$$

其中,$h = C \cdot H$,C 为商品单价,H 为计划期商品平均储存费率(%)。

这个 Q 是采购总费用支出最省的采购批量,称为经济定购批量(EOQ)。定量采购的每次采购批量是以经济定购批量为标准的。

假设:每次订购费用 S 为 45 元,储存成本 C 为 1.5 元(每周),商品单位成本 U 为 1 元,平均每周净需求 A 为 110÷12≈9;则 EOQ 的计算公式及答案为

$$EOQ = \sqrt{\frac{2AS}{UC}} = \sqrt{\frac{2 \times 9 \times 45}{1 \times 1.5}} \approx 23$$

表 4-2 为经济订购批量法的订购计划。

表 4-2 经济订购批量法订购计划

周	1	2	3	4	5	6	7	8	9	10	11	12	合计
净需求		10	10		14		7	12	30	7	15	5	110
计划订购		23			23			23	23		23		115

2)固定数量法(fixed order quantity,FOQ)

(1)每次发出的数量都相同。

(2)订购数量的决定是凭过去的经验或直觉。

(3)也可能考虑某些设备或产能的限制、模具的寿命、包装或运输方面的限制、储存空间的限制等。

(4)此法不考虑订购成本和储存成本这两项因素。

表 4-3 为固定数量法的订购计划。

表 4-3 固定数量法订购计划

周	1	2	3	4	5	6	7	8	9	10	11	12	合计
净需求		10	10		14		7	12	30	7	15	5	110
计划订购		40					40		40				120

3) 批对批法(lot for lot,LFL)

(1) 发出的订购数量与每一期净需求的数量相同。

(2) 每一期均不留库存数。

(3) 如果订购成本不高,此法最实用。

表4-4 为批对批法的订购计划。

表4-4 批对批法订购计划

周	1	2	3	4	5	6	7	8	9	10	11	12	合计
净需求		10	10		14		7	12	30	7	15	5	110
计划订购		10	10		14		7	12	30	7	15	5	110

4) 固定期间法(fixed period requiement,FPR)

(1) 每次订单涵盖的期间是固定的(每个月的第一周下订单),但是订购数量会变动。

(2) 基于订购成本较高的考虑。

(3) 期间长短的选择,是凭过去的经验或主观来判断。

(4) 采用此法每期会有些剩余存货。

表4-5 为固定期间法的订购计划。

表4-5 固定期间法订购计划

周	1	2	3	4	5	6	7	8	9	10	11	12	合计
净需求		10	10		14		7	12	30	7	15	5	110
计划订购	25				30				60				115

5) 物料需求计划法(material requirements planning,MRP)

个别项目的毛需求＝主生产计划×用料表

个别项目的净需求＝个别项目的毛需求－可用存货数(库存数＋预计到货数)

(二) 采购总量的确定

采购总量一般应按年度、季度和月份进行核算。年度采购总量一般按大类或类别商品核算,据以同企业各项经营指标、作业能力和市场资源量进行平衡;季度、月份的采购总量要按照具体规格型号商品核算,据以具体组织采购。计划期采购总量的计算公式为:

计划期商品采购总量＝计划期商品需要量＋计划期末商品储备量－

计划期初商品库存量－计划期其他资料量

其中,计划期商品需要量是为完成企业各项任务所需要的全部商品数量。对企业来说,计划期商品需要量往往指计划期的预测销售量。

计划期末商品储备量是为保证计划期过后的下一期初对商品的需要而建立的。大类或类别商品的计划期期末商品储备量,一般以大类或类别商品储备定额为标准。每一种具体规格和型号商品的计划期末储备量,要根据该种商品的销售特点和进货规律性来具体确定。

计划期初商品库存量是指计划期第一天的商品库存量,因为在核算计划指标时计划期尚未到来,因而期初库存是一个预计数量。其确定方法一般是:在编制计划时查定一定时点的库存量,再根据盘点时点到报告期末这一段"预计期"的计划收入量和发出量,求得报告期末的库存量,即计划期初库存量。

计算公式为:

某种商品计划期期初(预计)库存量=编制计划时点的实际库存量+
预计期的计划收入量-
预计期的计划发出量

计划期其他资源量指在计划期里还能从企业内部或外部其他渠道得到的资源量,如回收复用资源、综合利用资源、加工改制资源、原先定购的远期合同在计划期内到货的资源等。

如某公司 2018 年 9 月底编制 2019 年的物资采购计划,某种物资 9 月 30 日盘点的实际库存量为 26.5 吨,预计到年底每日均衡销售 450 千克,预计期有 35 吨的远期合同到货。求 2019 年初预期库存量(每月按 30 天计算)。

具体计算方法如下:预计期为 10 月 1 日到 12 月底共 3 个月。

计划期初库存量 $=26.5+35-(0.45\times3\times30)=21$(吨)

二、采购价格决策

采购价格往往是采购方和供应商注意的焦点。供应商想尽可能地卖出好价钱,以便取得利润,采购方想尽可能地压低价格,减少采购费用的支出,降低采购成本。因此,采购价格是采购决策的重要内容之一。

(一) 采购价格概述

采购价格是指企业进行采购作业时,通过某种方式与供应商之间确定的所需采购物品或服务的价格。

1. 影响采购价格的因素

采购价格的高低受各种因素的影响。对于国内采购价格而言,尽管地区、商业环境、时间与人力关系等方面有所不同,但其几个变动还是比较易于预测与控制的。而对于涉外采购而言,来自世界各地市场的供应关系以及其他许多因素,包括规格、服务、运输及保险、交货期限等,都对价格有相当大的影响。

(1) 供应商成本的高低。这是影响价格最根本、最直接的因素。供应商进行生产,其目的是获得一定利润,否则生产无法继续。因此,采购价格一般在供应成本之上,两者之差即为供应商的利润,供应商的成本是采购价格的底线。

一些采购人员认为,采购价格的高低全凭双方谈判的结果,可以随心所欲地确定,这种想法是完全错误的。尽管经过谈判供应商大幅降价的情况市场出现,但这只是因为供应商报价中水分太多的缘故,而不是谈判者随心所欲决定的价格。

(2) 规格与品质。采购企业对采购品的规格要求越复杂,采购价格就越高。价格的高低与采购品的品质也有很大的关系。如果采购品的品质一般或质量低下,供应商会主动降价,以求赶快脱手,有时甚至会贿赂采购人员。采购人员应首先确保采购物品能满足本企业的需要,质量能满足产品的设计要求,千万不要只追求价格最低,而忽略了质量。

(3) 所购物品的供需关系。当企业需采购物品为紧俏商品时,则供应商处于主动地位,它会趁机抬高价格。当企业所购物品供过于求时,则采购企业处于主动地位,可以获得最优的价格。

(4) 生产季节与采购时机。当企业处于生产的旺季时,对原材料需求紧急,因此不得不承受更高的价格。避免这种情况的最好办法是提前做好生产计划,并根据生产计划制定出相应的采购计划,为生产旺季的提前做好准备。

(5) 采购数量。如果采购数量大,采购企业就会享受供应商的数量折扣,从而降低采购的价格。因此大批量、集中采购是降低采购价格的有效途径。

(6) 交货条件。交货条件也是影响价格的非常重要的因素,交货条件主要包括运输方式、交货期的缓急等。如果货物由采购方来承运,则供应商就会降低价格,反之就会提高价格。有时为了争取提前获得所需货物,采购方会适当提高价格。

(7) 付款条件。在付款条件上,供应商一般都规定有现金折扣、期限折扣,其刺激采购方能提前用现金付款。

2. 采购价格的种类

依据不同的交易条件,采购价格会有不同的种类。采购价格一般由成本、需求以及交易条件决定,一般有送达价、出厂价、现金价、期票价、现货价、合约价等,其概念和特点如表 4-6 所示。

(二) 采购价格的确定

1. 适当价格的含义

采购适当价格并不是采购最低价格。若采购价格要求最低,可能材料品质会较差,交货期限会延误,配合会不太理想等。因此采购适当价格应为在既定物料品质、交货期限或其他条件下所能得到的最低价格。

表 4-6　不同种类采购价格对比表

采购种类	概　念	特　点
送达价	是指供应商报价中包含负责将商品送达企业仓库或指定地点的各种费用	包括了货物抵达买方之前的一切运输费、保险费、进口关税、报关费等
出厂价	供应商的报价中不包括运送责任,供应商需自提货	通常在供应商不提供免费运送服务或加计运费偏高时采用
现金价	以现金或相等的方式支付货款	可使供应商免除交易风险,企业享受现金折扣
期票价	企业以期票或延期付款的方式来采购商品	通常企业会把延期付款期间的利息加在售价中
现货价	每次交易时,由供需双方重新议定价格	此方式采用最为频繁,可避免价格波动的风险
合约价	买卖双方按照事先议定的价格进行交易	价格议定在先,会造成合约价与现货价的差异,发生利害冲突
实价	企业实际上支付的价格	供应商为了促销,提供优惠条件给买方,如数量折扣等,使企业实际采购价格降低

通常采购的基本要求是品质第一、服务第二,价格列为最后。因此,采购价格以能达到适当价格为最高要求。尽管价格是采购中一个非常重要的因素,应予以重视,但也不能因此过分重视,而忽略其他采购因素。

在采购作业阶段,企业应当注意要使所需采购物资,在适当的品质、数量、交货时间及其他有关条件下,付出合适的价格。

所以决定适当采购价格的目标,主要在于确保所购物资的成本,以期能树立有利的竞争地位,并在维持买卖双方的良好关系下,使原料供应持续不断,这是采购人员的主要责任。

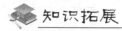

企业采购价格对利润的影响

假设某企业现在的目标是将利润提高一倍。2019 年该企业的现状是:销售额为 100 万元,采购成本为 60 万元,工资总额为 10 万元,企业管理费为 25 万元,现假设 2020 年企业利润计划从 2019 年的 5 万元提高到 10 万元。请分析:在销售额增长 17%、产成品价格上升 5%、工资降低 50%、企管费减少 20%、采购成本下降 8% 这多种假设中,哪一种假设对实现利润增长目标具有更大的可能性?并请你说明分析的过程和最后的结论。

提示：我们可以看出，为了使利润翻番，除了产成品价格和采购成本外，其余各项都必须经历大幅度变动才能使利润增加一倍。而即使是产成品价格一项，市场上的激烈竞争也会使价格的上涨很难实现，但在采购成本方面，我们虽然无法控制采购产品总成本的主要部分，但是可以通过一些简单的手段来降低采购价格，从而大幅度降低采购成本，比如让两个供应商对同一产品报价，与供应商紧密协作来控制采购成本，还可以利用供应商的数量折扣，或者仔细选择货源、运输路线、运输方式等。

采购价格下降的百分比不需要很多就可以实现产品绝对成本的大幅下降、利润的大幅提高。

2. 采购价格确定的基本程序

1) 采购价格调查

一个企业所需使用的原材料，少的有八九十种，多的万种以上，要降低采购成本就要做好采购调查。但由于采购物资种类繁多，规范复杂，有关采购价格资料的搜集、调查、登记、分析十分困难，因此根据一些企业的实际操作经验，可以把下列六大项目列为主要的采购调查范围：

（1）选定主要原材料20～30种，其价值占全部总价值百分比的70%～80%。

（2）常用材料、器材属于大量采购项目的。

（3）性能比较特殊的材料、零配件，因为一旦供应脱节，可能导致生产中断。

（4）突发事件紧急采购。

（5）波动性物资、器材采购。

（6）计划外资本支出、设备器材的采购，数量巨大，影响经济效益深远的。

上面所列六大项目中，其中(1)、(2)、(5)三项应将其每日行情的变动，记入记录卡，如表4-7所示。久而久之，对于相关的项目，它的主要原料一旦涨价，就因此可以预测到哪些成品的价格会上涨。

表4-7 调查记录卡

原材料名称	今日价格	昨日价格	增减幅度%	上周价格	上月价格

此外企业还应将采购市场调查所得的资料，加以整理、分析，并在此基础上提出报告及建议，根据调查结果研究更好的采购方法。

2) 确定采购价格方式

（1）报价采购方式。报价采购是采购方根据需采购物品向供应商发出询价或征购函,请其正式报价的一种采购方法。通常供应商寄发报价单,内容包括交易条件及报价有效期等,报价经采购方完全同意接受,买卖契约才算成立。

(2) 招标确定价格。招标的方式是采购企业确定价格的重要方式,其优点在于公平合理。因此大批量的采购一般采用招标的方式,但采用招标的方式需受几个条件的限制,即所采购的商品的规格要求必须能表达清楚、明确、易于理解,必须由两个以上的供应商参加投标。

(3) 谈判确定价格。谈判是确定价格的常用方式,也是最复杂、成本最高的方式,谈判方式适合各种类型的采购。

3) 正确询价

询价是采购人员在作业流程上的一个必要阶段,在接到请购单、了解目前库存状况及采购预算后,通常最直接的反映就是马上联络供应商,并且向供应商提供足够的资料,来方便其报价作业,因此完整、正确的询价文件可帮助供应商在最短的时间提出正确、有效的报价。一个完整的询价文件至少应该考虑下列内容。

(1) 询价项目的品名与料号。必须让供应商知道如何来称呼所报价的产品,这就是所谓的品名含义及其代表的料号,这也是买卖双方在日后进行后续追踪时的快速查询以及检索的依据。

(2) 询价项目的数量。通常供应商在报价时都需要知道卖方的需求量,这是因为采购量的多寡会影响到价格的计算,数量信息通常包括年需求量、季需求量甚至月需求量。除了让供应商了解需求量及采购的形态外,也可同时让供应商分析其自身生产能力是否能应付卖方的需求。

(3) 询价项目的规格书。规格书是一个描述采购产品品质的工具,应包括工程图、测试规格、材料规格、样品、色板等有助于供应商报价的一切信息。

(4) 询价项目的品质要求。表达询价项目品质规范要求的方式有许多种,通常可以使用这些方式呈现,如品牌、商业标准、材料与制造方法规格、性能或功能规格、工程图、市场等级、样品、工作说明书等。

(5) 询价项目的报价基础要求。报价基础包括报价的币值与贸易条件。

(6) 买方的付款条件。让卖方了解本公司内部的标准付款条件。

(7) 询价项目的交期要求。

(8) 询价项目的包装要求。

(9) 运送地点与交货方式。

(10) 询价项目的售后服务与保证期限要求。

(11) 供应商的报价到期日。

4) 正确处理报价

一般企业利用征求报价的方式采购,使用十分普遍。采购部门接到供应商报价单,是否适质、适量、及时及适价,应于报价有效期内妥善审查决定。一般来说在采购部门接到各供应商的报价单后,应立即分析各供应商价格的高低、交货期的长短、付款条件的宽紧、交货地点是否适中等,以便选择适当的供应商。

5) 采购议价

在采购活动中,议价是一个交易过程,采购人员和销售商都以各自的观点和目的参与其中,期望在采购交易各方面,包括价格、服务、规格、技术和品质要求及付款条件等达成相互满意的协议。

议价的内容多是采购企业与供应商共同关心但存在一定分歧的问题,例如价格的高低,供货期的不一致,运费由谁承担等。议价的目的是消除分歧,达成一致协议。成功有效的议价是在兼顾双方利益的前提下,使事情得以圆满解决。在议价过程中掌握策略与主动并充分运用战术技巧,并且在议价结束后及时进行总结回顾,才能取得良好的议价结果。

本章小结

本章主要介绍了采购决策的概念、特点、作用和影响采购决策的因素,以及采购决策的程序、货源与采购渠道的选择,重点对采购批量和时间、采购数量和价格决策做了详细介绍。

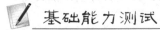
基础能力测试

一、填空题

1. 采购决策具有(　　)、(　　)、(　　)、(　　)、(　　)和(　　)等几个特点。

2. 采购活动对生产经营(　　)、(　　)和(　　)等产生重要影响,为了保证企业各项目标的实现,必须推进采购活动的优化,实现采购方式、采购渠道、采购过程的最佳化,提高采购资源的最佳配置。

3. 组织因素是指企业的(　　)、(　　)、(　　)和(　　)等。

4. 信息是决策的基础,是为了交流和使用而做的各种数据的全面汇编。(　　)、(　　)、(　　)的统计数据是采购决策的依据。

5. 货源信息包括物品的市场供求状况、供应渠道,供应商的(　　)、(　　)、(　　)、(　　)、(　　)等资料。

6. 采购周期是指两次采购的时间间隔,它是影响(　　)和(　　)的首要因素。

二、简答题

1. 采购决策具有哪些作用?

2. 采购决策有哪些影响因素?
3. 企业在选择采购渠道时,应坚持哪些基本原则?
4. 怎样确定采购周期?
5. 怎样确定采购数量?
6. 简要回答在何种情况下需要做出采购调整。

三、论述题
1. 请结合实际论述经济订购批量的优劣势。
2. 结合实际案例阐述在不同环境下怎样确定采购价格。

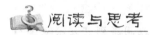
阅读与思考

构建城市应急采购物流　助力打赢新冠病毒战"疫"

新冠肺炎疫情在春节期间快速爆发,对中国经济与人民的生活带来了严重的影响,中国物流企业冲在了第一线,通过各个渠道响应国家号召,投身到抗击疫情的战斗中,那么对于城市应急采购物流该如何做回应与执行?

一、新冠肺炎疫情带来严峻挑战

2020年农历春节前后,突如其来的新冠肺炎疫情,一如17年前的"非典"疫情,给我们带来了严峻的挑战。为了打赢新冠肺炎疫情阻击战,社会各界在党和政府的领导下,组织开展了规模浩大的战"疫"应急物流,有力保障了全社会特别是湖北省的生活物资和医疗物资需求。

但从媒体报道的情况来看,在突如其来的新冠肺炎疫情面前,我们的应急物流在组织实施上还是存在诸多问题。特别是武汉市的城市应急物流,政府职能部门缺乏足够的应急应变能力,指挥协调、资源调度还存在一定的不足。据《环球时报》等媒体报道,不少职能部门都在盲目等待市政府调度安排;物资运输职能部门表示,市内运力充足,各运输企业和很多车辆都在待命,却不知令从何来,没有收到政府的直接指示;应急物资入汉起初需要市应急管理局审批通过,后来交由省交通运输厅管理;武汉各个具体层面的对接,基本上处于群龙无首状态,捐助方、医院方等都要八仙过海各显神通自我解决问题。这样混乱的局面,严重影响了医疗物资、生活物资及时有效的供应保障,以至于医护人员一度得不到足够的口罩、防护服等医疗物资,不得不自行通过微信等媒介向社会发出求援信息。

当然,随着联防联控机制的深入展开,政府各个职能部门逐步协调运作,特别是驻鄂部队受命组织生活物资运输保障,九州通医药物流专业人员现场支援,应该说武汉市的城市应急物流已经开始高效运转起来。

二、我国城市应急物流亟须加强

按理说，我国现代物流产业迅猛发展，交通运输和物流基础设施建设不断加强，物流信息化智能化标准化水平显著提升，物流企业服务网点全面覆盖，顺丰、中铁快运、中国邮政速递、德邦、京东等一大批大型物流快递企业活跃在我国经济社会发展的第一线，在城市中更是实践运用了无人车、无人机、无人仓等先进技术手段和次日达、当日达等创新服务模式，极大地提升了用户体验和满意度。正是因为有这样强大的物流服务保障能力，以至于曾有个别专家学者认为我国没有必要开展应急物流建设。但此次疫情的现实表明，应急物流不仅要建，还要更加重视，更要见成效——因为平时的物流毕竟与应急物流在目标任务、标准要求等方面大有不同，还不足以承担起突发公共事件应急情境下"守夜人"的作用，难以为突发公共事件应对提供坚实可靠的物质基础。

实际上，2003年战胜"非典"疫情后，军队有关专家学者敏锐地洞察到突发公共事件中物流保障的极端重要性，率先提出了应急物流的概念。国务院在2009年《物流业调整和振兴规划》和2014年《物流业发展中长期规划（2014—2020年）》两个规划中，都部署安排了"应急物流工程"。而湖北省，更是早在2008年，就依托商业企业成立了"湖北物流配送应急保障动员中心"，建成了覆盖整个湖北省的物流配送应急保障中心。但总的来看，应急物流建设还是停留在理论层面、规划层面的多，真正付诸实施、落到具体行动的少，远没有发挥出应有的效能作用。

客观地说，城市具有人口众多、密度大，高层建筑和重要设施高度密集，产业高度集聚等显著特点，本身物流运营规模就非常巨大，物流需求结构也非常复杂。而武汉市的这次城市应急物流，面临着更加严峻的挑战，不仅叠加了春节长假带来的人员大量流动和用工不足等不利因素，还遭遇了严重疫情导致的"封路封城"和"禁足"等极端情况，加上政府职能部门在应对初期的组织协调不够得力、应对措施相对滞后，无疑是雪上加霜，难免出现媒体所诟病的这样那样的矛盾问题。

三、城市应急物流建设路径探讨

城市应急物流是一个非常复杂的系统工程，需要全方位提供衣、食、住、行、医等各个方面的物资供应保障，稍有不慎容易引发大面积恐慌和破坏，往往面临严峻形势和复杂局面。结合武汉市抗击新冠肺炎疫情应急物流的具体情况，从宏观上来说，可以按照有物可流、物畅其流、物尽其用三个维度，探讨研究城市应急物流科学化、高效化的实现路径。

一问如何实现城市应急物流"有物可流"。城市人口众多，产业集中，生产生活消耗巨大，需要着重解决生活物资以及生产原材料等重要资源的筹措问题。

1. 物资储备。通常而言，物资储备应当按照布局合理、规模适度、结构优化、质量可靠的原则，根据不同地区可能发生重特大灾害事故的类型、烈度、范围等情况，建立国家、军队、地方、市场和家庭"五位一体"的物资储备。其中，中央储备是主体，军队储备是骨干，地方储备是辅助，市场储备是补充，家庭储备是基点。政府主管部门应从安全稳定和经济社会发展全局出发,编制发布各级各类应急物资储备名类目录,按照模块化储备的要求,建立健全应急物资储备动态调整机制和轮换更新机制,特别是要适当加大应急特需物资的储备,为城市应急物流提供可靠的物质基础。

2. 应急筹措。物资储备只是衔接大规模消耗和生产的一个环节,毕竟所能储备的品种数量有限,通常需要组织必要的应急筹措。其中,应急采购是应急筹措的重要方式,是在紧急情况下按照非常规采购程序进行的采购方式,需要采购机构在平时掌握可靠的货源渠道信息。应急采购有时会遇到交货周期的问题,比如医用口罩一般有14天的灭菌后解析期,即使应急情况下,也只能缩短到7~10天。社会捐赠也是应急筹措的一个重要渠道,但是为了使捐赠物资快速有效进入应急物流配送渠道,捐赠者应当特别注意确保所捐赠物资来自正规渠道,并提供配套的物资品类数量清单,以便操作人员录入物流信息系统、开展后续配送作业。

3. 应急生产。应急生产不属于应急物流的范畴,因为产品的包装下线是生产的终点和物流的起点。但是,应急生产又涉及原材料的储备、筹措采购与物流,以及产品的紧急运输,与"有物可流"密不可分,息息相关。因此,政府主管部门需要站在经济社会发展全局,统筹原材料、产品的储备、筹措和生产等各个环节,科学规划物资储备、生产能力储备的比例。

二问如何实现城市应急物流"物畅其流"。城市物流快递资源丰富、能力较强,但政府职能部门权责相对分散,资源力量缺少统筹安排,需要着重解决应急物流的统一指挥调度和高效协调运行问题。

1. 集中调度。目前应急物流尚没有集中统一的政府职能部门管理领导,通常由应急管理、交通运输、物资储备、邮政管理等职能部门协同完成。如果政府职能部门之间协调配合不力,势必因为审批流程和审批周期等原因造成低效率运转。鉴于此,应当由党政主要领导牵头,整合交通运输、物资储备、应急管理和邮政管理等职能部门,迅速完成"平转急",成立权威的"应急物流调度指挥中心",采取动员征用等非常规的措施手段,集中调配人、车、货、场、路等各种资源力量,专职负责组织城市应急物流;并按专业分区域设置若干分中心,分工合作,协调配合,共同完成城市应急物流的指挥调度。如果未来能够在政府应急管理部门常态化设置应急物流职能机构,集中组织管理应急物流服务保障工作,无疑将更加有利于提升应急物流的效率和效益。

2. 物流通道。离开顺畅高效的物流通道,应急物流就是僵死的系统。一般来说,城市中道路设施较为完善,但由于路网复杂、桥涵较多,容易出现拥堵等不利情况。因此,应完善应急物资通行证发放审验机制,构建顺畅高效的物流通道网络,协力打造"绿色通道",保障城市应急物流的通道顺畅,确保生活、医疗等物资能够及时运达中转站和配送点。

3. 专业物流。专业的事应当交给专业的人来做。精准高效地组织应急物流作业,还必须依靠掌握专业知识和专业技能的专业人员。如，应急物资入库的验收、建账、堆垛、保管等作业环节，都需要灵活运用"五五"堆码垛、发旧储新、"一垫五不靠"等基本常识，这些知识和技能看起来简单，但是却很实用，能够有效提高作业效率。特别是医药物流等细分领域，物资器材品种多、型号杂，需要按照一定的品种、数量等方面的标准要求进行组套集配，如果不熟悉医药方面的业务，将难以胜任医药收发保管作业任务。

三问如何实现城市应急物流"物尽其用"。城市居民点多面广，物资需求分散，需要着重解决应急物资的末端物流精准配送问题。

1. 需求对接。作战讲求在正确的时间将正确的物资送到正确的地点。城市应急物流需求点繁多，时间要求紧，特别需要精准对接需求，第一时间满足不同类型单位和个人的个性化需求。物流快递企业的信息系统在这方面具有显著优势，可以通过人工智能等先进技术，实现实时精准对接需求，并依托大数据的支持，精准预测后续的物资需求。

2. 末端配送。末端配送是物流"最后一公里"的关键环节。在政府职能部门的统一调度下，建立健全协调联动机制，充分运用物流快递企业的分拣仓、中转站和快递车等分拣配送资源力量，有效调动社会物流力量，组织精准高效的末端配送服务。必要时，还可以采用无人机、无人车等先进技术手段，实施点对点、门到门的便利化精准配送。

最后要说的是，随着我国城市化的快速发展，如何有效应对和化解城市风险因素，科学组织实施城市应急物流，应当说是国家应急管理体系和能力建设的重点和难点，需要全社会特别是政府部门高度重视、科学谋划、稳步推进。当然，前方有前方的难处，武汉市在应对新冠肺炎疫情的过程中，也逐步探索出许多行之有效的措施办法，已经在很大程度上提高了城市应急物流的效率，取得了较好的效果。相信在党和政府的领导下，在全社会的共同努力下，一定能够组织好城市应急物流，坚决打赢疫情防控的人民战争、总体战和阻击战。

资料来源：国家行政与发展研究中心资料汇编

第五章

采购计划和预算管理

知识目标

1. 了解采购计划和预算的含义和制定目的;
2. 理解影响采购计划和预算编制的主要因素;
3. 熟悉采购预算编制的流程,掌握采购预算的几种编制方法。

技能要求

1. 掌握采购计划的制订流程,并能熟练运用;
2. 掌握采购预算编制的方法和流程,并能在实践中合理运用。

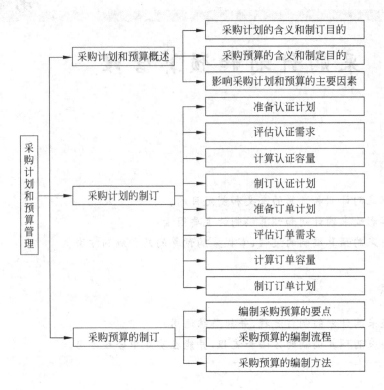

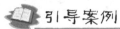

采购计划的制订

1. 手工制订采购计划与系统生成采购计划

手工制订采购计划曾让美阳集团付出过高昂的代价。一位采购人员,因为在做采购计划时出现差错,导致采购回来的价值50多万元的原材料只能堆积在仓库中,无法转换成产品。而这种损失,只要是人工制订采购计划,就永远不能避免。

针对这一情况,用友结合制造业的行业特点,为美阳集团提供了具有汽配行业针对性的MRP系统。该系统让美阳集团的计划人员与采购人员感触很深。美阳集团不仅实现了生产计划到采购计划的系统自动生成,甚至连主机厂的订单到生产计划的产生都无须生产计划部门手工完成。以前,一张主机厂的订单流转到美阳集团,最少需要2~3天的时间,才能完成将订单消化成生产计划,再由生产计划转变为采购计划这两个流程。应用该系统之后,这一消化时间转变为系统MRP运算2个小时的时间。

2. 在库与在途的管理升级

管理好一个企业的库存并不容易,何况像美阳集团这样一个要采购接近3000种原材料的企业。美阳集团以往一直离不开一位熟练的仓库管理员,这位仓库管理员对美阳集团上千种原材料非常熟悉,生产部门领料员到仓库领料时,面对一片汪洋的原材料,常常丈二和尚摸不着脑袋,全凭这位仓库管理员为其领料。上用友系统之前,原材料是在库还是在途没有人能说得清楚,而对于原材料成本占企业总成本80%左右的美阳集团,管理好在库与在途的原材料,无疑将意味着有效降低其成本周转压力,优化企业成本结构。

以往,美阳集团手工完成采购计划,一般都是一个采购人员对应一个生产计划,采购人员直接根据生产部门给出的生产计划来制定对应的采购计划。这就导致企业无法从整体上来控制采购。采购人员一般根据在库原材料的有无,直接下达采购指令。但是仓库内没有原材料不代表企业真的没有这部分原材料,因为有许多原材料可能已经在采购途中,或在生产车间的生产途中。无法有效掌控在途原材料情况,将仍然无法规避错误的采购指令产生,导致企业因此承担大量非有效成本的库存压力。

资料来源:物流沙龙刊物资料汇编

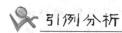
引例分析

采购计划的制订是确定企业外部采购哪些产品、怎样采购、采购多少以及何时采购的重要工作,它是采购管理的开始,也是实现企业整体生产经营计划的开端,其重要性不言而喻。

美阳集团使用MRP系统后,对在库与在途原材料实行统一管理,当系统生成生产计划与采购计划时,系统直接过滤在库、在途两种原材料拥有状况,制订出实际需求的采购计划,实现了采购计划的系统化制订,可以使企业有效降低库存压力,提升库存运转效率,从而确保集团整体经营效益。

第一节 采购计划和预算概述

在计划、组织、领导、控制等管理职能中,计划被列为首要职能,这充分说明计划的重要性。编制采购计划是整个采购管理过程的开始,采购计划制订得是否合理、完善,直接关系到整个采购工作的成败。

一、采购计划的含义和制订目的

(一)采购计划的含义

计划是管理人员对未来应采取的行动所作的谋划和安排。采购计划是指企业管理人员在了解市场供求情况，认识企业生产经营活动过程和掌握物料消耗规律的基础上对计划期内物料采购管理活动所做的预见性安排和部署。

采购计划有广义和狭义之分，广义的采购计划是指为了保证供应各项生产经营活动的物料需要量而编制的各种采购计划的总称；狭义的采购计划是指每个年度的采购计划，即对企业计划年度内生产经营活动所需采购的物料的数量和采购的时间等所做的安排和部署。采购计划是企业生产计划的一部分，也是企业年度计划和目标的组成部分。

小贴士

采购计划是采购管理进行运作的第一步，它包含两部分内容：一部分为采购计划的制订，另一部分则为采购订单计划的制订。这两部分必须做到充分的综合平衡，才能保证物料的正常供应，并同时降低库存及其成本，避免应急单的发生，降低风险采购率。

采购计划可以从不同的角度进行分类。

（1）按计划期的长短分，可以把采购计划分为年度物料采购计划、季度物料采购计划、月度物料采购计划等。

（2）按物料的使用方向分，可以把采购计划分为生产产品用物料采购计划、维修用物料采购计划、基本建设用物料采购计划、技术改造措施用物料采购计划、科研用物料采购计划、企业管理用物料采购计划等。

（3）按物料自然属性分，可以把采购计划分为金属物料采购计划、机电产品物料采购计划、非金属物料采购计划等。

（二）采购计划制订的目的

对一个企业而言，制订采购计划主要是为了指导采购部门的实际采购工作，保证产销活动的正常进行和企业的经营效益。因此，一项合理、完善的采购计划应达到以下目的。

1. 预估物料或商品需用时间和数量，保证连续供应

在企业的生产活动中，生产所需的物料必须能够在需要的时候可以获得，而且能够满足需要，否则就会因物料供应不上，或供应不足，导致生产中断。因此，采购计划必须根据企业的生产计划、采购环境等估算物料需用的时间和数量，在恰当的时候进行采购，保证生产的连续进行。

2. 配合企业生产计划和资金调度

制造企业的采购活动与生产活动是紧密关联的，是直接服务于生产活动的。因此，采购计划一般要依据生产计划来制订，确保采购适当的物料满足生产的需要。

3. 避免物料储存过多，控制原材料库存

在实际的生产经营过程中，库存是不可避免的，有时还是十分必要的。物料储存过多会造成大量资金的沉淀,影响到资金的正常周转,同时还会增加市场风险,给企业经营带来负面影响。

4. 保证采购的原材料具有较高和较稳定的品质

在很大程度上原材料的品质决定产成品的品质,品质不良的原材料必然导致企业产品品质下降,进而使品牌形象恶化,并失去市场。

5. 使采购部门事先准备,选择有利时机购入物料

在瞬息万变的市场上,要抓住有利的采购时机并不容易。只有事先制订完善、可行的采购计划,才能使采购人员做好充分的采购准备,在适当的时候购入物料,而不至于临时抱佛脚。

6. 确立物料耗用标准,以便管制物料采购数量及成本

通过以往经验及对市场的预测,根据采购计划能够较准确地确立所需物料的规格、数量、价格等标准,这样可以对采购成本、采购数量和质量进行控制。

7. 增强和保持企业在市场上的竞争力度

持续、稳定、成本较低并且具有不断创新力的原材料供应是保证企业能否拥有足够创新型产品的重要因素,也是企业能否占据市场份额的重要因素。

二、采购预算的含义和制定目的

(一) 采购预算的含义

所谓预算就是一种用数量来表示的计划,是将企业未来一定期间经营决策的目标通过有关数据系统地反映出来,是经营决策的具体化、数量化。

企业预算一般分为财务预算、资本支出预算、业务预算3种。其中,财务预算指有关现金收支、经营成果、财务状况的预算,包括现金预算、预计利润表、预计资产负债表。资本支出预算是企业长期投资项目(如固定资产购建、扩建等)的预算。业务预算指的是与企业基本生产经营活动相关的预算,主要包括销售预算、成本预算、费用预算等。采购预算就是业务预算的一种,它的编制将直接影响到企业的直接材料预算、制造费用预算等。采购预算过多或过少,都会影响企业的经营效益。

采购预算与采购计划是密不可分的,采购预算一般是在采购计划的基础上制订的,预算的时间范围要与采购计划期保持一致,绝不能过长或过短。长于计划期的预算没有实际意义,会浪费人力、财力和物力,而过短的预算又不能保证计划的顺利执行。

预算实质上是一种协调过程,它要求来自企业各个部门、各个层次的管理者根据他们的知识、所从事具体活动的经验以及各自的职责共同制订出一个综合的或总的预算。每个部门或层次的预算由其下级部门或低一级层次的预算加总构成,再加上与管理这一特定部分和层次相关的成本和其他预算项目。也正因为如此,预算会影响资源的分配,由于企业的管理者常常根据预算与实际数据的比较来评定部门或个人的业绩,部门主管可能故意把预算做大或做小,使预算失真。

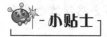

为了使预算对实际的资金调度具有意义,采购预算应以现金基础编制,而非采用传统上的应计基础。也就是说采购预算应以付款的金额来编制,而不以采购的金额来编制。

(二)采购预算制订的目的

一般来说,企业制订预算主要是为了达到以下目的。

1. 减小企业的经营风险与财务风险

预算的基础是计划,预算能促使企业的各级经理提前制订计划,避免企业盲目发展,遭受不必要的经营风险和财务风险。事实上,制订和执行预算的过程,就是企业不断用量化的工具使自身的经营环境、自己拥有的经济资源和企业的发展目标保持动态平衡的过程。

2. 有利于各个部门间的协调

使企业的高层管理者全盘考虑企业整个价值链之间的相互关系,明确各部门的责任,便于各部门之间的协调,促成企业长期目标的最终实现。

3. 保证资源分配的效率性

采购预算是发生在实际采购之前的企业资金计划行为,对企业整体资源规划来说十分重要。企业采购的货款支出是一项较大的现金支出,只有在尽可能掌握企业的实际采购支出后,才能对有限的整体资源作规划,并保证资源分配的平均和有效合理性。

4. 对成本进行控制等

采购支出是企业最大的一项现金支付,其金额多少也直接影响到企业的利润和成本关系。故只有充分了解未来的采购预算,才能对未来的采购支出心中有数,并可以及时控制和调整采购成本。

三、影响采购计划和预算的主要因素

采购计划和预算的制订不是随意的,而是在充分分析企业内外环境的基础上进行的。因此制订采购计划和预算的第一步是先确定影响计划和预算编制的主要因素,然后决定计划和预算工作从何处着手。

在实际工作中,影响采购计划和预算的因素是多方面的,主要有采购环境、企业销售

计划、年度生产计划、物料清单、原材料库存的监控、物料标准成本的设定、企业生产效率和价格预期等。

1. 采购环境

采购活动不是发生在真空里,而是发生在一个充满大量不可控因素的环境。这些因素包括外界的不可控因素,如国内外经济发展状况、人口增长、政治、文化及社会环境、法律法规、技术发展、竞争者状况等,以及一系列内部因素,如财务状况、技术水准、厂房设备、原料零件供应情况、人力资源等。

这些因素的变化都会对企业的采购计划和预算产生一定影响。这就要求采购人员能够意识到环境的变化,并能决定如何利用这些变化。

2. 企业销售计划

一般情况下,企业的年度生产计划多以销售计划为起点,而销售计划之拟订,又受到销售预测之影响。而生产计划制订得准确与否,直接影响到未来的采购计划的制订。销售预测的决定因素包括外界的不可控制因素,如上所述的国内外经济发展情况(GNP、失业率、物价、利率等)、人口增长、政治体制、文化及社会环境、技术发展、竞争者状况等;以及一系列内部因素,如财务状况、技术水准、厂房设备、原料零件供应情况、人力资源及公司声誉等。

3. 年度生产计划

生产计划根源于销售计划,若销售计划过于乐观,将使产量变成存货,造成企业的财务负担;反之,过度保守的行销计划,将使产量不足以供应顾客所需,丧失了创造利润的机会。因此,生产计划常因行销人员对市场的需求量估算失当,造成生产计划朝令夕改,也使得采购计划与预算必须经常调整修正,物料供需长久处于失衡状态。

4. 物料清单

当今时代科技发展日新月异,产品工程变更层出不穷,使企业的物料清单(bill of material, BOM)往往难以做出及时的反应与修订,致使根据产量所计算出来的物料需求数量,与实际的使用量或规格不尽相符,造成采购数量过多或过少,物料规格过时或不易购得。因此,采购计划的准确性,必须依赖维持最新、最准确的物料清单。它是定义产品结构的技术文件,因此,它又称为产品结构表或产品结构树。

5. 原材料库存的监控

原材料的库存情况一向是影响采购计划人员能否对采购计划做出正确判断和决定的重要因素。在传统库存管理中,原材料库存全部由人力手工登记备案,故库存量管制卡就成为监控库存的重要依据。

但目前最新的方式是 ERP 信息系统管理库存,这一方式已经得到了很多企业的应用。在ERP管理下，原材料、每一笔库存情况都会由专门的仓储人员录入系统，库存信息在ERP系统内得以共享，任何一个有浏览库存信息权限的人员都可以登录系统，时时查询每一时刻的库存，为采购计划人员做出正确判断提供极大的方便。

6. 物料标准成本的设定

在编制采购预算时，由于对计划采购物料的价格预测较难，一般以标准成本代替物料价格。标准成本是指在正常和高效率的运转情况下制造产品的成本，而不是指实际发生的成本。标准成本可用于控制成本。

评价管理人员工作的好坏，把实际已经做的和应该做的进行比较，标准成本便为这种对比提供了基础。如果标准成本的设定缺乏过去的采购资料作为依据，也没有工程人员严密精确地计算其原料、人工及制造费用等组合或生产的总成本，则其正确性很难保证。因此，标准成本与实际购入价格的差额，即是采购预算正确性的评估指标。

7. 企业生产效率

企业生产效率的高低将使预计的物料需求量与实际的耗用量产生误差。产品的生产效率降低，会导致原物料的单位耗用量提高，而使采购计划中的数量不能满足生产所需。过低的产出率也会导致经常进行修改作业，从而使得零组件的损耗超出正常需用量。因此，当生产效率有降低趋势时，采购计划必须将此额外的耗用率计算进去，才不会发生原物料的短缺现象。

8. 价格预期

在编订采购预算时，常对物料价格涨跌幅度、市场供求状况乃至汇率变动等多加预测，甚至列为调整预算的因素。不过，由于个人主观的判定与事实之间常有差距，亦可能会造成采购预算的偏差。

综上所述，由于影响采购计划与预算的因素颇多，故采购计划与预算拟订之后，必须与产销部门保持经常的联系，并针对现实的状况做必要的调整与修订，才能达到维持正常产销活动的目标，并协助财务部门妥善规划资金的来源。

文中案例

每逢年末，各地财政预算单位总免不了要清空账户，变着花样突击花钱的情况时有发生。对此，山东省烟台市开发区政府采购办联合有关部门，及早制定积极防范措施，严刹此股"歪风"。

一是坚决执行年初采购计划，严限无计划采购。确因特殊情况需超计划采购的，要到财政预算部门办理相应审批程序，否则，采购办不予批准组织采购。

二是严禁不切实际需要、超高标准或档次的购置。如某单位申报购置一台上万元的专业相机，采购办认为，档次太高，不切合单位实际需要，不予批准。

三是严格资金拨付程序,由先拨款后采购,变采购后据实拨款,避免冒拨、少拨和游离财政监督。

四是加强采购过程监督。对采购量较大适合集中招标的,委托中介机构代理组织。对由单位自行采购的,要求采购单位严格执行政府采购的有关程序及规定,资料齐全、手续完备,提供有效的供需合同、发票及货物清单以及验收证明,采购办才予出具"政府采购付款通知单",通知有关部门拨款。大额支出项目,采购办还要实地参加验收。

第二节 采购计划的制订

采购计划的制订是确定从企业外部采购哪些产品和服务能够最好地满足企业经营需求的过程,涉及的需要考虑的事项包括是否采购、怎样采购、采购什么、采购多少以及何时采购。一项完善的采购计划不仅包括采购工作的相关内容,而且包括对采购环境的分析,并要与企业的经营方针、经营目标、发展计划、利益计划等相符合。

一般而言,在编制采购计划之前首先要做自制或外购分析,以决定是否要采购。当决定需要采购时,合同类型的选择便成为买卖双方关注的焦点,不同的合同类型或多或少地适合不同类型的采购。在自制/外购分析和确定所采用的合同类型后,采购部门就可以着手编制采购计划了。采购计划编制主要包括两部分内容:采购认证计划的制订和采购订单计划的制订,具体又可分为8个环节。采购计划编制过程如图5-1所示。

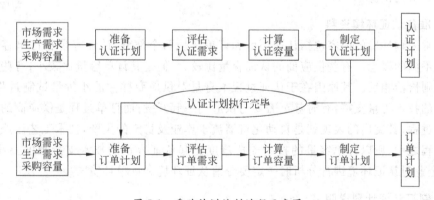

图 5-1 采购计划编制过程示意图

一、准备认证计划

准备认证计划是采购计划的第一步,主要包括四方面内容:接收由开发部门提交的开发批量计划、接收余量需求计划、供应商群体认证环境信息资料、制订认证计划说明书。准备认证计划过程如图5-2所示。

图 5-2 准备认证计划过程示意图

1. 接收开发批量计划

要制订比较准确的认证计划,采购计划人员首先必须熟知开发需求计划。开发批量物料需求通常有两种情况:

(1) 在目前的采购环境中能够找到的物料供应。例如,以前接触的供应商的供应范围比较大,就可以从这些供应商的供应范围中找到企业需要的批量物料需求。

(2) 现有的采购环境中无法提供企业需要采购的新物料,需要企业的采购部门到社会供应群体中寻找新物料的供应商。

2. 接收余量需求

采购人员在进行采购操作时,可能会遇到两种情况,一是随着企业规模的扩大,市场需求也会变得越来越大,现有的采购环境容量不足以支持企业的物料需求;二是由于采购环境呈下降趋势,使物料的采购环境容量逐渐缩小,无法满足采购的需求。在这两种情况下,就会产生余量需求,要求对采购环境进行扩容。采购环境容量的信息一般由认证人员和订单人员提供。

3. 准备认证环境资料

通常采购环境的内容包括认证环境和订单环境两个部分,认证容量和订单容量是两个完全不同的概念。有些供应商的认证容量比较大,但是其订单容量比较小;有些供应商的情况则恰恰相反。其原因在于认证过程本身是对供应商样件的小批量试制过程,需要强有力的技术力量支持,有时甚至需要与供应商一起开发;而订单过程是供应商的规模化的生产过程,其突出的表现就是自动化机器流水作业及稳定的生产,技术工艺已经固化在生产流程之中,所以订单容量的技术支持难度比起认证容量的技术支持难度要小得多。因此,企业对认证环境进行分析时一定要分清认证环境和订单环境。

4. 制订认证计划说明书

制订认证计划说明书也就是把认证计划所需要的材料准备好,主要内容包括:认证计划说明书(物料项目名称、需求数量、认证周期等),同时附有开发需求计划、余量需求计划、认证环境资料等。

二、评估认证需求

评估认证需求是编制采购计划的第二个步骤,主要包括分析开发批量需求、分析余量需求、确定认证需求三方面内容,如图 5-3 所示。

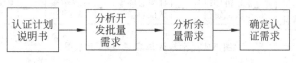

图 5-3 评估认证需求过程示意图

1. 分析开发批量需求

要做好开发批量需求分析不仅要分析量上的需求,而且要掌握物料的技术特征等信息。开发批量需求的样式是各种各样的,按照需求的环节可以分为研发物料开发认证需求和生产批量物料认证需求;按照采购环境可以分为环境内物料需求和环境外物料需求;按照供应情况可以分为直接供应物料和需要定做物料;按照国界可分为国内供应物料和国外供应物料等。

对于如此复杂的情况,计划人员必须对开发物料需求做详细的分析,必要时还应与开发人员、认证人员一起研究开发物料的技术特征,按照已有的采购环境及认证计划经验进行分类。

2. 分析余量需求

分析余量需求首先对余量需求进行分类,前面已经说明了余量认证的产生来源:一种情况是市场销售需求的扩大,另一种情况是采购环境订单容量的萎缩;这两种情况都导致了目前采购环境的订单容量难以满足用户的需求,因此需要增加采购环境容量。

对于因市场需求原因造成的,可以通过市场及生产需求计划得到各种物料的需求量及时间;对于因供应商萎缩造成的,可以通过分析现实采购环境的总体订单容量与原定容量之间的差别得到。这两种情况的余量相加即可得到总的需求容量。

3. 确定认证需求

要确定认证需求可以根据开发批量需求及余量需求的分析结果来确定。认证需求是指通过认证手段,获得具有一定订单容量的采购环境。

三、计算认证容量

计算认证容量是采购计划的第三步,它主要包括以下四个方面的内容:分析项目认证资料、计算总体认证容量、计算承接认证量、确定剩余认证容量。计算认证容量过程如图 5-4 所示。

1. 分析项目认证资料

分析项目认证资料是计划人员的一项重要事务,不同的认证项目其过程及周期也是千差万别的。作为从事某行业的实体来说,需要认证的物料项目可能是上千种物料中的

图 5-4　计算认证容量过程示意图

某几种,熟练分析几种物料的认证资料是可能的。但对于规模比较大的企业,分析上千种甚至上万种物料其难度则要大得多。

2. 计算总体认证容量

一般在认证供应商时,要求供应商提供一定的资源用于支持认证操作,或者一些供应商只做认证项目。在供应商认证合同中,应说明认证容量与订单容量的比例,防止供应商只做批量订单,不愿意做样件认证。

计算采购环境的总体认证容量的方法是把采购环境中的所有供应商的认证容量叠加即可,对有些供应商的认证容量需要乘以适当系数。

3. 计算承接认证量

供应商承接认证量等于当前供应商正在履行的认证的合同量。认证容量计算是一个复杂的过程,各种物料项目认证周期不同,一般是计算要求的某一时间段的承接认证量。最恰当的处理方法是借助电子信息系统,模拟显示供应商已承接认证量,以便认证计划决策使用。

4. 确定剩余认证容量

某一物料所有供应商群体的剩余认证容量的总和称为该物料的认证容量。

$$物料认证容量 = 物料供应商群体总体认证容量 - 承接认证量$$

这种计算过程可以被电子化,一般 MRP 系统不支持这种算法,可以单独创建系统。认证容量是一个近似值,仅做参考,认证计划人员对此不可过高估计,但它能指导认证过程的操作。

采购环境中的认证容量不仅是采购环境的指标,而且也是企业不断创新,维持持续发展的动力源。源源不断的新产品问世是基于认证容量价值的体现,也由此能生产出各种各样的产品新部件。

四、制订认证计划

制订认证计划是采购计划的第四个步骤,主要包括:对比需求与容量、综合平衡、确定余量认证计划、制订认证计划四方面内容。制订认证计划过程如图 5-5 所示。

1. 对比需求与容量

认证需求与供应商对应的认证容量之间一般都会存在差异,如果认证需求小于认证

图 5-5　制订认证计划过程示意图

容量,则没有必要进行综合平衡,直接按照认证需求制订认证计划;如果认证需求量大大超出供应商容量,就要进行认证综合平衡,对于剩余认证需求要制订采购环境之外的认证计划。

2. 综合平衡

计划人员应从全局出发,综合考虑生产、认证容量、物料生命周期等要素,判断认证需求的可行性,通过调节认证计划来尽可能地满足认证需求,并计算认证容量不能满足的剩余认证需求。

3. 确定余量认证计划

对于采购环境不能满足的剩余认证需求,应提交采购认证人员分析并提出对策,与之一起确认采购环境之外的供应商认证计划。采购环境之外的社会供应群体如果没有与企业签订合同,那么制订认证计划时要特别谨慎,并要由具有丰富经验的认证计划人员和认证人员联合操作。

4. 制订认证计划

制订认证计划是认证计划的主要目的,是衔接认证计划和订单计划的桥梁。只有制订好认证计划,才能根据该认证计划作好订单计划。

下面我们给出认证物料数量以及开始认证时间的确定方法:

认证物料数量＝开发样件需求数量＋检验测试需求数量＋样品数量＋机动数量

开始认证时间＝要求认证结束时间－认证周期－缓冲时间

五、准备订单计划

制订认证计划之后,就要准备订单计划。准备订单计划分为 4 个方面:接收市场需求、接收生产需求、准备订单环境资料、制订订单计划说明书,见图 5-6。

图 5-6　准备订单计划过程示意图

1. 接收市场需求

计划人员必须熟知市场需求计划,或者市场销售计划。市场需求的进一步分解便得到生产需求计划。企业的年度销售计划一般在上一年的年末制订,并报送至各个相关部门,同时下发到销售部门、计划部门、采购部门,以便指导全年的供应链运转;根据年度计划制订季度、月度的市场销售需求计划。

2. 接收生产需求

生产需求对采购来说可以称为生产物料需求。生产物料需求的时间是根据生产计划而产生的,通常生产物料需求计划(MRP)是订单计划的主要来源处。为了利于理解生产物料需求,采购计划人员需要深入熟知生产计划以及工艺常识。

在 MRP 系统中,物料需求计划是主生产计划的细化,它主要来源于主生产计划、独立需求的预测、物料清单文件、库存文件。编制物料需求计划的主要步骤包括:决定毛需求;决定净需求;对订单下达日期及订单数量进行计划。

3. 准备订单环境资料

准备订单环境资料是准备订单计划中的一个非常重要的内容。订单环境的资料主要包括:

(1) 订单物料的供应商消息。

(2) 订单比例信息。对多家供应商的物料来说,每一个供应商分摊的下单比例称为订单比例,该比例由认证人员产生并给予维护。

(3) 最小包装信息。

(4) 订单周期。订单周期是指从下单到交货的时间间隔,一般是以天为单位的。订单环境一般使用信息系统管理,订单人员根据生产需求的物料项目,从信息系统中查询了解物料的采购环境参数及描述。

4. 制订订单计划说明书

其主要内容包括:订单计划说明书(物料名称、需求数量、到货日期等),并附有市场需求计划、生产需求计划、订单环境资料等。

六、评估订单需求

评估订单需求是采购计划中非常重要的一个环节,只有准确地评估订单需求,才能为计算订单容量提供参考依据,以便制订出好的订单计划。它主要包括以下三方面内容:分析市场需求、分析生产需求、确定订单需求。评估订单需求过程见图 5-7。

图 5-7 评估订单需求过程示意图

1. 分析市场需求

订单计划不仅来源于生产计划。一方面,订单计划首先要考虑的是企业的生产需求,生产需求的大小直接决定了订单需求的大小;另一方面,制订订单计划还得兼顾企业的市场战略以及潜在的市场需求等。此外,制订订单计划还需要分析市场要货计划的可信度。

因此,必须仔细分析市场签订合同的数量、还没有签订合同的数量(包括没有及时交货的合同)等一系列数据,同时研究其变化趋势,全面考虑要货计划的规范性和严谨性,还要参照相关的历史要货数据,找出问题的所在。只有这样,才能对市场需求有一个全面的了解,才能制订出一个满足企业远期发展与近期实际需求相结合的订单计划。

2. 分析生产需求

分析生产需求是评估订单需求首先要做的工作。要分析生产需求,首先就需要研究生产需求的产生过程,其次再分析生产需求量和要货时间。

例如,某企业根据生产计划大纲,对零部件的清单进行检查,得到第一级组成部件的毛需求量。在第一周,现有的库存是 80 件,毛需求量是 40 件,那么剩下的现有库存量=现有库存量(80)－毛需求量(40)=40(件)。第三周预计入库 120 件,毛需求量 70 件,那么新的现有库存为:原有库存(40)＋入库(120)－毛需求量(70)=90(件)。

这样每周都有不同的毛需求量和入库量。这样就产生了不同的生产需求,对企业不同时期产生的不同生产需求进行分析是很有必要的。

3. 确定订单需求

根据对市场需求和对生产需求的分析结果,我们就可以确定订单需求。通常来讲,订单需求的内容是指通过订单操作手段,在未来指定的时间内,将指定数量的合格物料采购入库。

七、计算订单容量

计算订单容量是采购计划中的重要组成部分。计算订单容量主要有以下四个方面的内容:分析项目供应资料、计算总体订单容量、计算承接订单容量、确定剩余订单容量,计算订单容量过程如图 5-8 所示。

图 5-8　计算订单容量过程示意图

1. 分析项目供应资料

在采购过程中,大家都非常清楚地知道物料和项目都是整个采购工作的操作对象。

对于采购工作来讲,在目前的采购环境中,所要采购物料的供应商信息是非常重要的一项信息资料。如果没有供应商供应物料,那么无论是生产需求还是紧急的市场需求,一切都无从谈起。可见,有供应商的物料供应是满足生产需求和满足紧急市场需求的必要条件。

如某企业需设计一家练歌房的隔音系统,隔音玻璃棉是完成该系统的关键材料,经过项目认证人员的考察,该种材料被垄断在少数供应商的手中。在这种情况下,企业的计划人员就应充分利用这些情报,在下达订单计划时就会有的放矢了。

2. 计算总体订单容量

总体订单容量是多方面内容的组合。一般包括两方面内容:一是可供给的物料数量;二是可供给物料的交货时间。举一个例子来说明这两方面的结合情况:供应商华晨公司在6月8日之前可供应5万个特种按钮(A型3万个,B型2万个),供应商鸿达公司在6月8日之前可供应8万个特种按钮(A型4万个,B型4万个),那么6月8日之前A和B两种按钮的总体订单容量为13万个,B型按钮的总体订单容量为6万个。

3. 计算承接订单容量

承接订单容量是指某供应商在指定的时间内已经签下的订单量。如供应商华泰公司在本月28日之前可以供给3万个特种按钮(A型1.5万个,B型1.5万个),若是已经承接A型特种按钮1.5万个,B型1万个,那么对A型和B型物料已承接的订单量就比较清楚(A型1.5万个+B型1万个=2.5万个)。

有时供应商各种物料容量之间进行借用,并且在存在多个供应商的情况下,其计算则比较稳定。

4. 确定剩余订单容量

剩余订单容量是指某物料所有供应商群体的剩余订单容量的总和。用公式表示就是:

物料剩余订单容量=物料供应商群体总体订单容量-已承接订单量

八、制订订单计划

制订订单计划是采购计划的最后一个环节,也是最重要的环节,主要包括以下4个方面的内容:对比需求与容量、综合平衡、确定余量认证计划、制订订单计划,如图5-9所示。

图5-9 制订订单计划过程示意图

1. 对比需求与容量

对比需求与容量是制订订单计划的首要环节，只有比较出需求与容量的关系才能有的放矢地制订订单计划。如果经过对比发现需求小于容量，即无论需求多大，容量总能满足需求，则企业要根据物料需求来制订订单计划；如果供应商的容量小于企业的物料需求，则要求企业根据容量制订合适的物料需求计划，这样就产生了剩余物料需求，需要对剩余物料需求重新制订认证计划。

2. 综合平衡

综合平衡是指综合考虑市场、生产、订单容量等要素，分析物料订单需求的可行性，必要时调整订单计划，计算容量不能满足的剩余订单需求。

3. 确定余量认证计划

在对比需求与容量的时候，如果容量小于需求就会产生剩余需求，对于剩余需求，要提交认证计划制订者处理，并确定能否按照物料需求规定的时间及数量交货。为了保证物料及时供应，此时可以简化认证程序，并由具有丰富经验的认证计划人员进行操作。

4. 制订订单计划

制订订单计划是采购计划的最后一个环节，订单计划作好之后就可以按照计划进行采购工作了。一份订单包含的内容有下单数量和下单时间两个方面。

下单数量＝生产需求量＝计划入库量－现有库存量＋安全库存量

下单时间＝要求到货时间－认证周期－订单周期－缓冲时间

第三节 采购预算的制订

预算编制的方法多种多样，有固定预算、弹性预算、滚动预算、零基预算和概率预算等。由于各种预算编制方法的特点和编制原理不同，企业在编制预算的过程中，应根据自己的外部环境及本企业的预算水平进行选择。

对于市场价格及企业市场份额情况不确定的企业，如处于初创期或成长期的企业，应尽量采用弹性预算；对于市场情况比较确定的企业，则采用固定预算更为合适；对于预算水平较高的企业可以选择较为先进复杂的预算方法，如滚动预算和零基预算；对于预算水平较低的企业，则尽量从编制简单易行的预算开始，如固定预算，以防引起工作的混乱。

一、编制采购预算的要点

实施采购预算的目的是提高企业经济效益，要达到此目标，采购预算必须体现科学性、严肃性、可行性，克服随意性，因此，采购部门在做预算时，必须重视决策过程，多开展一些调研活动，同时要从实际情况出发，找准影响企业经济效益的关键问题，制定降本增效的规划、目标和措施。

具体而言，采购部门在编制采购预算时，应把握以下几点：

（1）编制预算之前，要进行市场调研，广泛收集预测信息和基础资料数据，如市场需求量、售价、材料价格、各种消耗定额、费用限额等，并对这些信息资料进行必要的加工、整理，然后再用于编制采购预算。

（2）编制预算时，为最大限度地实现企业的总目标，应制定切实可行的编制程序、修改预算的办法、预算执行情况的分析等。

（3）确立恰当的假定，以便预算指标建立在一些未知而又合理的假定因素的基础上，便于预算的编制和采购管理工作的开展，确保采购预算的合理性、可行性。

（4）每项预算应尽量做到具体化、数量化。在编制采购预算时，必须对每一项支出，都要写出具体消耗的材料种类、材料消耗的数量和价格，因为只有越具体，才越可以准确地判断预算做得对与不对，才能促使部门在采购时精打细算，节约开支。

（5）应强调预算的广泛参与性，让尽可能多的员工参与预算的制定，这样既可以提高员工的积极性，也可以促进信息在更大的范围内交流，使预算编制中的沟通更为细致，增加预算的科学性和可操作性。

小贴士

工作过程可以采取分两步走的方式：第一步是整体思考，要求管理者从总体战略出发，勾划出预算的框架，制订出必要的行动方案，如果预算结果出现偏差要及时修改；第二步是进入细化阶段，管理者为每一部门制定最终预算的细节，并确保其被每一部门所接受。

二、采购预算的编制流程

采购预算是采购部门为配合年度的销售预测或生产数量，对需求的原料、物料、零件等的数量及成本进行的估计。对制造企业来说，通常生产计划是根据企业的销售计划来制订的，而生产计划又包括采购预算、直接人工预算及制造费用预算。

因此可以说，采购预算如果单独编制，不但缺乏实际的应用价值，也失去了其他部门的配合，所以采购预算的编制，必须以企业整体预算制度为依据。采购预算的编制流程见图5-10，从图中可以看出，编制预算涉及企业的各个方面。

预算过程应从采购目标的审查开始，接下来是预测满足这些目标所需的行动或资源，然后制订计划或预算。采购预算编制一般包括如图5-11所示的几个步骤。

采购预算的编制同其他类型预算编制过程一样，也包含以下几个步骤：

（1）审查企业以及部门的战略目标。预算的最终目的是保证企业目标的实现，企业在编制部门预算前首先要审视本部门和企业的目标，以确保它们之间的相互协调。

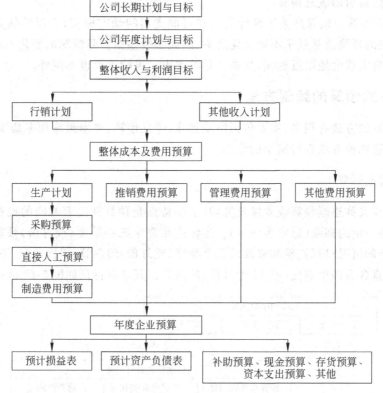

图 5-10 采购预算编制流程示意图

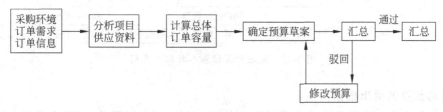

图 5-11 采购预算编制过程示意图

(2) 制订明确的工作计划。管理者必须了解本部门的业务活动,明确它的特性和范围,制订出详细的工作计划表,从而确定部门实施这些活动所带来的产出。

(3) 确定所需的资源。有了详细的工作计划表,管理者可以对支出做出切合实际的估计,从而确定为了实现目标所需要的人力、物力和财力资源。

(4) 提出准确的预算数字。管理者提出的数字应当保证其最大可能性。可以通过以往的经验做出准确判断,也可以借助数学工具和统计资料通过科学分析提出准确方案。

(5) 汇总。汇总各部门、各分单元的预算,最初的预算总是来自每个分单元,而后层层提交、汇总,最后形成总预算。

(6) 提交预算。预算是关于预计收入和可能支出的动态模型,它反映的是未来的事情,由于外在的环境总是处于不断变化之中,因此必须根据实际情况的变化不断进行修订以确保预算最大程度地贴近现实,反映实际的支出。采购预算也不例外。

三、采购预算的编制方法

编制预算的方法有很多,主要包括滚动预算、弹性预算、概率预算和零基预算等,下面就将分别对这四种方法进行简单的介绍。

(一) 滚动预算

滚动预算又称连续预算或永续预算,其主要特点是预算期随着时间的推移而自行延伸,始终保持一定的期限(通常为一年)。当年度预算中某一季度(或月份)预算执行完毕后,就根据新的情况进行调整和修改后几个季度(或月份)的预算,以次往复,不断滚动,使年度预算一直含有四个季度(或12个月份)的预算。其基本特征如图 5-12 所示。

图 5-12　滚动预算的基本特征示意图

滚动预算的提出根据:

(1) 企业的生产经营活动在可预见的将来是延续不断的,因此,指导企业经营活动的预算也应该全面反映这一延续不断的过程,使预算方法和生产经营过程相适应。

(2) 现代企业的生产经营活动是复杂的,随着时间的推移,它将产生各种难以预料的结果。滚动预算在执行过程中可以结合新的信息,对其不断进行调整与修订,使预算与实际情况能更好地相适应,有利于充分发挥预算的指导与控制作用。

(二) 弹性预算

弹性预算亦称为变动预算,它是根据计划期间可能发生的多种业务量,分别确定与各种业务量水平相适应的费用预算数额,从而形成适用于不同生产经营活动水平的一种费用预算。

由于弹性预算是以多种业务量水平为基础而编制的一种预算,因此,它比只以一种业务量水平为基础编制的预算(一般称之为固定预算或静态预算),具有更大的适应性和实用性。即使企业在计划期内的实际业务量发生了一定的波动,也能找出与实际业务量相适应的预算数,使预算与实际工作业绩可以进行比较,从而有利于对有关费用的支出进行有效的控制。

编制弹性预算,首先要确定在计划期内业务量的可能变化范围。在具体编制工作中,对一般企业,其变化范围可以确定在企业正常生产能力的70%~110%之间,其间隔取为5%或10%,也可取计划期内预计的最低业务量和最高业务量为其下限和上限。其次,要根据成本性态,将计划期内的费用划分为变动费用部分和固定费用部分。

在编制弹性预算时,对变动费用部分,要按不同的业务量水平分别进行计算,而固定费用部分在相关范围内不随业务量的变动而变动,因而不需要按业务量的变动来进行调整。弹性预算一般用于编制弹性成本预算和弹性利润预算。弹性利润预算是对计划期内各种可能的销售收入所能实现的利润所作的预算,它以弹性成本预算为基础,在这里,采购管理者只需要了解一下即可,无须深入。

(三) 概率预算

在编制预算过程中,涉及的变量较多,如业务量、价格、成本等。

企业管理者不可能在编制预算时就十分精确地预见到这些因素在将来会发生何种变化,以及变化到何种程度。而只能大体上估计出它们发生变化的可能性,从而近似地判断出各种因素的变化趋势、范围和结果,然后,对各种变量进行调整,计算其可能值的大小。这种利用概率(即可能性的大小)来编制的预算,即为概率预算。

概率预算必须根据不同的情况来编制,大体上可分为以下两种情况。

1. 销售量的变动与成本的变动没有直接联系

这时,只要利用各自的概率分别计算销售收入、变动成本、固定成本的期望值,然后即可直接计算利润的期望值。

2. 销售量的变动与成本的变动有直接联系

这时,需要用计算联合概率的方法来计算利润的期望值。

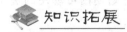
知识拓展

编制预算时应注意的问题

编制预算时应注意以下问题:

(1) 避免预算过繁过细。采购预算应尽量具体化、数量化,以确保其具有可操作性。但也不要对企业未来采购活动中的每一个细节都做出细致的规定,以防影响到企业运营的效率。

(2) 避免预算目标与企业目标不协调。一方面应当使预算更好地体现计划的要求;另一方面应当适当掌握预算控制的度,使预算具有一定的灵活性。

(3) 避免一成不变。

(四)零基预算

零基预算是指在编制预算时,对于所有的预算项目均以零为起点,不考虑以往的实际情况,而完全根据未来一定期间生产经营活动的需要和每项业务的轻重缓急,从根本上来研究、分析每项预算有否支出的必要和支出数额大小的一种预算编制方法。它是由美国彼得·派尔于20世纪60年代提出的,目前已被西方国家广泛采用。

传统的预算编制方法是在上期预算执行结果的基础上,考虑到计划期的实际情况,加以适当调整,从而确定出它们在计划期内应增加或应减少的数额。这种预算,往往使原来不合理的费用开支继续存在下去,造成预算的浪费或是预算的不足。零基预算的编制方法与传统的预算编制方法截然不同。在这种方法下,确定任何一项预算,完全不考虑前期的实际水平,只考虑该项目本身在计划期内的重要程度,其具体数字的确定始终以零为起点。

零基预算的编制方法,大致上可以分为以下三步。

1. 提出预算目标

企业内部各有关部门,根据本企业计划期内的总体目标和本部门应完成的具体工作任务,提出必须安排的预算项目,以及以零为基础而确定的具体经费数据。

2. 开展成本—收益分析

组成由企业的主要负责人、总会计师等人员参加的预算委员会,负责对各部门提出的方案进行成本—收益分析。这里所说的成本—收益分析,主要是指对所提出的每一个预算项目所需要的经费和所能获得的收益,进行计算、对比,以其计算对比的结果来衡量和评价各预算项目的经济效益,然后,列出所有项目的先后次序和轻重缓急。

3. 分配资金、落实预算

按照上一步骤所确定的预算项目的先后次序和轻重缓急,结合计划期内可动用的资金来源,分配资金,落实预算。

零基预算不受现行预算框架的限制。以零为基础来观察和分析一切费用和开支项目,确定预算金额,能充分调动企业各级管理人员的积极性和创造性,促进各级管理人员精打细算、量力而行,把有限的资金切实用到最需要的地方,以保证整个企业的良性循环,提高整体的经济效益。但该预算编制方法一切支出均以零为起点来进行分析、研究,因而工作量太大。而且,一个企业,如何把许许多多不同性质的业务按照其重要性排出一张次序表来,也绝非易事,其中不可避免地也会带有某些主观随意性。

因此,在实际预算工作中,可以隔若干年进行一次零基预算,以后几年内则略作适当调整,这样,既可简化预算编制的工作量,又能适当控制费用的发生。目前,我国大多数企业的费用开支浪费很大,因此,在做预算时,可以考虑使用这种方法。

 本章小结

本章主要介绍了采购计划和预算的含义、制订目的和影响因素,重点介绍了采购计划和预算编制的要点、方法和编制流程。

 基础能力测试

一、填空题

1. 计划是管理人员对未来应采取的行动所作的(　　)和(　　)。
2. 采购计划必须根据企业的生产计划、采购环境等估算物料需用的(　　)和(　　),在恰当的时候进行采购,保证生产的连续进行。
3. 企业预算一般分为(　　)、(　　)、(　　)等三种预算。
4. 计算认证容量是采购计划的第三步,它主要包括(　　)、(　　)、(　　)和(　　)等四个方面的内容。
5. 在MRP系统中,物料需求计划主要来源于(　　)、(　　)、(　　)和(　　)。

二、简答题

1. 怎样进行市场需求分析?
2. 简答采购订单计划的制订共分几个步骤。
3. 编制采购预算需要注意哪些要点?
4. 什么是概率预算?
5. 简答零基预算编制的基本步骤。
6. 简答采购预算的含义和制定目的。

三、论述题

1. 根据一项采购任务描述采购预算的编制流程。
2. 结合实际案例论述怎样科学编制采购计划。

阅读与思考

烟草企业备件采购计划管理

李昌平

企业要高质量地搞好备件管理工作,就要狠抓备件管理的源头,从备件计划这项具体的工作入手,丰富计划管控手段,减少成本费用,全方位地提升备件计划管理能力,完成好国家对卷烟企业备件管理的绩效指标,实现企业的高质量发展。

1. 明确备件计划管理的内容和目的

备件计划的工作主要是从烟机设备使用的部门提报备件需求计划一直到备件采购入库、设备维修备件领用期间的工作,主要包括:备件计划的申报、计划的编制、计划的审核、计划执行以及备件计划过程资料、数据的统计分析等环节。

备件的计划管理是企业一项综合性的基础管理工作,涉及企业生产计划、设备管理、物资采购、物流仓储等方面。它是根据卷烟工厂的生产实际,为满足烟机设备检修任务和设备技术改造、措施项目以及设备项修、中修等项目维修工作而开展的。从备件管理属性的维度上来说,主要有:年度备件综合计划、备件资金预算计划、备件采购项目计划。从备件计划的工作时间顺序来说,主要有:日常(零星)备件计划、月度计划和年度单类专项计划。

备件管理的最终目的就是完成好这两个指标。在高质量发展的要求下,企业应在保证维修和设备完好的状态,尽量减少备件资金占用额,全面协调设备维修和备件资金占用的矛盾关系,大力提倡设备维修的经济型管理,搞好我们企业的经济成本建设。从备件计划的源头抓起,控制好备件管理的成本资金因素,是我们企业备件管理高质量发展的重点。

2. 按照企业规划发展做好备件年度计划

备件年度计划是以企业全年的生产计划、设备保障、采购供应、资金核算为依据编制的综合性专业计划,围绕高质量发展要求和工厂中长期发展规划,充分发挥综合计划在生产经营活动中的统筹、协调和控制作用,以提升卷烟质量、提高生产效率、降低成本费用为重点,通过科学管理,全面提升综合计划编制、执行质量,促进生产经营目标顺利实现。

(1) 工厂备件综合计划

备品配件综合计划是工厂根据上年度备件库存资金结存,结合本年度备件购进金额和领用消化金额,测算出本年度末备件库存资金。备件综合计划在编制时要参考上年度备件综合计划执行情况,结合设备管理的新情况,经过统计、分析和测算,全面综合核准数据。编制坚持"科学性、前瞻性、可行性、平衡性"的原则,做到"近期服从长远、局部服从全局、专业服从综合"。

(2) 工厂备件资金预算计划

资金预算计划是反映工厂所有设备维修所需的备件资金,以预计一年内支付备件采购金额指标的计划。编制备件资金计划依据的是:设备维修的备件采购资金和设备改造技措、项修、中修等专用项目的备件资金。备件资金预算计划要按照财务部门的要求,参照中烟公司给出的工厂采购定额(单箱卷烟的资金额度),结合企业年度生产卷烟产量,做出全年的备件预算资金。预算编制要紧紧围绕工厂本年度生产经营目标,对照成本费用控制清单,逐项梳理明细项目,严格执行预算定额,坚持"定额控制与实际同比孰低"原则确定控制上限。

(3) 工厂备件采购项目计划

备件采购计划主要是对本年度所需备件的采购规划,它所有的备件品种和数量汇总梳理成若干项目,包括采取什么方式采购、什么时间段完成等内容。备件采购计划围绕行业规范管理要求,紧扣生产需求,以《烟草企业采购管理规定》和工业公司《采购目录》为刚性依据,坚持以公开招标为主要方式,通过规范采购计划编审行为,严格采购计划审核。

为了更好地控制备件采购成本,工厂采购办对备件采购项目计划进行了逐级审核,概括起来就是"三关三审"。一是初审关,采购计划的提报表须经使用部门集体讨论,负责人审核同意后,报备件归口管理部门;二是复审关,归口部门在主管厂长的参与下集体讨论、复审,重点对项目采购内容、采购方式、组织形式、痕迹化资料齐全性等进行审核;三是终审关,采购办将归口管理部门的采购计划进行汇总、复核,提报工厂三项委员会审定。

3. 依据生产实际提报备件需求计划

备件需求计划是工厂各使用部门在一定时间段之内设备检修所需备件,是编制其他备件计划的依据。

(1) 日常(零星)备件需求计划

车间维修人员根据设备运行状况,提出设备维修计划,设备管理员综合生产和设备情况,科学申报备件需求计划,尽量做到计划科学、合理,计划和领用基本匹配。

(2) 月度备件需求计划

车间每月召开设备运行分析会,统计一月设备运行数据,分析设备故障原因,为保证设备稳定运行,制定设备预防维修任务,申报月度备件需求计划。

4. 综合各方信息编制备件计划

编制备件计划是将各使用部门的备件需求进行汇总梳理,落实技术要求,按照备件属性归类,同品种合并适宜减量,从供应准确、高效角度出发,统筹安排各方面的工作,确保维修和生产。

(1) 专项备件计划的编制

专项备件计划编制是针对设备技术改造、技措项目和设备项修、中修项目而言的,在计划编制时紧扣项目,按照设备项目的维修要求,对比备件需求,适当参考工厂备件储备情况,有库存备件的消耗量等,从项目的完整性、科学性、适宜性上编制备件计划。

(2) 常用件的年度备件计划的编制

常用件的年度备件计划编制主要在总结备件使用消耗规律的基础上,参考常用件的定额,按照备件的属性进行归类编制。目前我们宝鸡卷烟厂梳理出的常用件计划主要有轴承、带类、阀门、通用电器、仪表、常用机械件、气动件、物流类等备件。

(3) 月度和日常零星备件计划的编制

月度和日常零星备件计划的编制主要以车间实际需求为依据,了解计划的相关内容,必要时到车间了解计划申报的原因、数量、规格型号,对车间申报计划进行全面掌控,并查看工厂备件库存和在途订单情况,从减少备件积压角度编制计划。

5. 对照费用限额审核备件计划

所有编制的备件计划都需经过备件归口管理部门和相关领导进行审核。

(1) 专项备件计划审核

专项备件计划的审核主要是结合项目审批情况,征求设备管理部门和使用部门对项目的实施意见,审核采购方案中的备件参数、技术和使用要求是否符合预期,核查项目费用限额、设备项修和中修对工厂历史库存备件是否有消化的措施。专项备件是专为设备维修项目准备的,属于一次性消耗备件,原则上应全部消耗。

(2) 常用件的年度备件计划审核

年度备件计划的审核主要从提高采购效率角度出发,同类备件集中计划、同批采购,为打包招标、减少采购成本创造条件,最终对易损常用件实现"一次招标,按需供给,据实结算"的模式,缩短采购周期,提高零配件资金周转率。

(3) 月度和日常备件计划审核

月度和日常备件计划审核主要以车间月度修理费用限额为依据,加强使用车间和采购供应部门的信息沟通,避免计划、采购、在库管理各环节存在信息不对等现象,导致重复申报计划、重复采购、在库无法识别等现象,从费用成本上审核计划。所有备件计划一旦经过审批就必须严格执行,若遇生产卷烟品牌调整或设备机型变化等造成的备件计划变更和调整,经工厂层面的会议讨论通过方可变更。

6. 加强设备预防维修精益备件计划的前端管理

做好设备预防维修工作,加强设备状态检测,注重设备备件磨损规律的研究,是提高备件计划管理水平的有效手段。设备预防维修管理就是要从掌握设备状况开始,对设备进行必要的点检,实时监测设备运行情况,掌握设备和备件劣化状态,有针对性地开展预知维修工作,从而减少突发故障和过剩维修,提高设备利用效率,从而设备的效益也就自然提高了。

资料来源:现代商贸工业刊物资料汇编

采购方式管理

知识目标

1. 了解谈判采购的含义和分类,熟悉招标采购的内容和评标体系;
2. 了解 JIT 采购的基本原理,掌握 JIT 采购的实施步骤;
3. 了解电子商务采购的特点、分类和程序,掌握其操作模式;
4. 熟悉采购在供应链管理中的特点与地位,掌握供应链采购管理的实施要点。

技能要求

1. 能够掌握不同类型采购的优缺点和适用范围;
2. 掌握招投标采购的步骤并能够实际操作;
3. 能够在实践中参与 JIT、电子商务和供应链采购的实施过程。

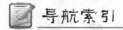 导航索引

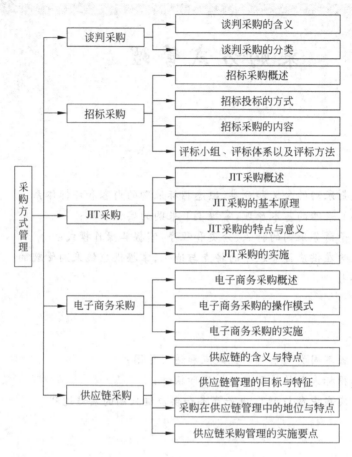

引导案例

海尔推行的准时制采购

海尔物流的特色是借助物流专业公司的力量,在自建基础上小外包,总体实现采购JIT、原材料配送JIT和成品配送JIT的同步流程。同步模式的实现得益于海尔的现代集成化信息平台。海尔用CRM与BBP电子商务平台架起了与全球用户沟通的桥梁,从而实现了与用户的零距离,提高了海尔对订单的响应速度。

海尔的BBP采购平台由网上订单管理平台、网上支付平台、网上招标竞价平台和网上信息交流平台有机组成。网上订单管理平台使海尔100%的采购订单由网上直接下达,同步的采购计划和订单,提高了订单的准确性与可执行性,使海尔采购周期由原来的

10天减少到了3天,同时供应商可以在网上查询库存,根据订单和库存情况及时补货。

在采购JIT环节上,海尔实现了信息同步,采购、备料同步和距离同步,大大降低了采购环节的费用。信息同步保障了信息的准确性,实现了即时制采购。采购、备料同步,使供应链上原材料的库存周期大大缩减。目前已有7家国际化供应商在海尔建立的两个国际工业园建厂,爱默生等12家国际化分供方正准备进驻工业园,与供应商、分供方的距离同步有力保障了海尔JIT采购与配送。

资料来源:中国物流与采购网企业案例资料汇编

引例分析

在传统的采购模式中,采购的目的是补充库存,即为库存采购。随着经济全球化,市场竞争更加激烈,竞争方式已由原来企业与企业之间的竞争,转变为供应链与供应链之间的竞争。海尔在供应链管理的环境下,依托信息化平台将采购由库存采购向以看板方式的订单驱动采购转变,实现了信息同步,采购、备料同步和生产同步,以准时制采购适应新的市场经济,同时也能较大地降低库存成本。

采购方式是采购主体获取物资、工程、服务的途径、形式与方法。当采购战略及计划确定以后,采购方式的选择就显得格外重要,它决定着企业能否有效地组织、控制物资,以保证其正常地生产和经营以及实现较大的利润空间。采购方式有很多种,本章根据采购过程的差异性及采购发展历程,着重介绍谈判采购、招标采购、JIT采购、电子商务采购和供应链采购等几种采购类型。

第一节 谈判采购

一、谈判采购的含义

(一)谈判采购的概念

谈判采购是指采购人或采购代理机构按照规定的程序,通过与符合项目资格要求的供应商进行谈判,最终确定成交供应商,并达成谈判协议。

(二)谈判采购的特点

(1)所需时间短,费用少,采购方主动性大;
(2)谈判结果的不确定性比较大,需要较高的谈判策略与技巧;
(3)谈判采购的主观性比较强,容易滋生权钱交易的不公正行为。

（三）谈判采购的适用条件

（1）采购金额或规模不是很大的项目；
（2）日常性的采购项目；
（3）技术复杂或者性质特殊，不能确定详细规格或具体要求；
（4）紧急需要的物资的采购。

二、谈判采购的分类

（一）集中采购与分散采购

在企业内部，按照采购权限的不同可以将采购分为集中采购与分散采购。这是各家企业从自身的资源、制度和环境角度出发，根据管理宽度、成本、效率、组织状况及采购数量所做出的采购方式选择。

1. 集中采购

集中采购是指企业在核心管理层建立专门的采购机构，统一组织企业所需物资的采购。它是相对于分散采购而言的。跨国公司全球采购部门的建设是集中采购的典型应用，以组建内部采购部门的方式来统一其分布于世界各地分支机构的采购业务，减少采购渠道，通过批量采购获得价格优惠。

2. 分散采购

分散采购是指由各预算单位自行开展采购活动的一种组织实施形式。分散采购组织主体是各预算单位，其采购范围与分散程度相关，一般情况下，主要是特殊采购项目。分散采购是集中采购的完善和补充，有利于采购环节与存货、供料等环节的协调配合，有利于增强基层工作责任心，使基层工作富有弹性和成效。

如表 6-1 所示，对比了两种方式的内涵、意义、特点、适用条件、适用范围等。

表 6-1　集中采购与分散采购的对比

标准	集中采购	分散采购
内涵	在核心管理层建立专门采购机构，统一组织企业所需物品的采购进货业务	企业下属各单位实施的满足自身生产经营需要的采购
意义	实现规模效益、降低成本、获取主动权；提高采购效率；稳定与供应商的关系；制止腐败	分散采购是集中采购的完善和补充，有利于采购环节与存货、供料等的协调配合；有利于增强责任心

续表

标准	集中采购	分散采购
特点	批量大、过程长、手续多；集中度高，决策层次高；支付条件宽松，优惠条件增多；专业性强，责任大	批量小或单件价值低；过程短、手续简；反馈快，方便灵活；占用资金和库存小，保管方便
适用条件	价值高或总价多的物品；战略资源，保密程度高的物品；定期采购的物品，非临时性、急需性的物品	小批量、低价值的物品；市场资源有保证、易于传达，较少物流费用；基层有采购与检测能力
适用范围	集团、跨国公司的采购活动；连锁经营、特许经营企业的采购	子公司、分厂、车间，离主厂区或集团供应基地较远，且采购成本低于集中采购的；异国异地的采购

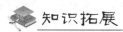

"集中采购"五大优势

"集中采购"是同一企业内部或同一企业集团内部的采购管理集中化，能够为企业带来五大优势：①集中数量形成规模效应，谈判筹码更强大；②避免内部工作重复；③规模运输物流成本更低；④供应商基数小，有助发展供应商关系形成供应基地；⑤减少集团内部的竞争和冲突。

（二）直接采购与间接采购

根据采购主体完成采购任务的途径划分，采购方式可以分为直接采购与间接采购。不同的采购方式便于企业正确把握采购行为，寻找更有利和更便捷的采购，使企业自始至终掌握竞争的主动权。如表6-2所示，对比了两种策略的内涵、优点、适用条件、适用范围和注意事项。

表6-2 直接采购与间接采购的对比

标准	直接采购	间接采购
内涵	采购主体直接向物品制造厂家采购的方式	通过中间商实施采购的方式，包括：委托流通企业采购
优点	环节少、时间短、手续简便、信息反馈快；易于双方交流、合作；便于对供应商资信认证；易于形成战略伙伴关系	充分发挥工商企业各自的核心能力；减少流动资金占用；分散采购风险；减少交易费用和时间，从而降低成本

续表

标准	直接采购	间接采购
适用条件	采购量足够大;在没有制度限制及各种特权影响的情况下实施;采购方有相应的采购、储运、渠道、机构与设施等;采购方费用低于间接采购费用情况下使用	有可以信任、合作的流通企业完成采购任务;直接采购费用和时间大于间接采购情况下使用
适用范围	一般限于国内采购;生产性原材料、零配件及其他辅料、低值易耗品的采购	适合于核心业务规模大、盈利水平高的企业;采购企业规模小,缺乏采购能力、资格和渠道进行直接采购;没有符合采购要求的部门、人员和仓储设施的企业
注意事项	做好采购前准备工作;搞好计划与决策;正确签约与控制交易主动权;把好验收关	间接采购是通过第三方实现物品交易的方式

(三) 现货采购与远期合同采购

依据生产企业或其他经济组织对物品的交割时间来划分,采购方式可以分为现货采购和远期合同采购。运用此类策略,在其他方式的支持与合作下完成企业对外部资源的采购。表 6-3 对比了两种策略的内涵、意义、特点、适用条件和适用范围等。

表 6-3 现货采购与远期合同采购的对比

标准	现货采购	远期合同采购
内涵	买卖双方协商后,即时交割的采购方式,是最为传统的采购方式	供需双方为实现物品均衡供应而签订的远期合同采购方式。它通过合同规定,实现物品的供应和资金的结算,并通过法律和供需双方信誉与能力来保证约定交割的实现
意义	银货两清,易于管理,适应市场行情的变动	稳定供需关系;质量与数量有保证;易形成战略伙伴关系
特点	即时交割;责任明确;灵活、方便、手续简单、易管理;无信誉风险;对市场依赖性大	时效长;价格稳定;交易及物流成本相对低;过程透明,易把握和管理;采购方法灵活
适用条件	企业所需资源或物品充足并能及时送达;需方有充足的现金用于支付货款;现货质量有保证,且采购人员有识货的手段和经验	具有法律保障的社会环境;适用大宗或批量采购;供需双方具有交易信誉和能力;具有双方认可的质量标准、验收方法和其他认同的履约条件

续表

标准	现货采购	远期合同采购
适用范围	生产经营临时需要；新品开发或研制需要；设备维护保养需要；设备更新履行需要；辅料、工具、低值易耗品、通用件及其他常备资源采购	生产和经营长期需要，以主料和关键料为主；科研开发与产品进入稳定成长期后；国家战略收购、大宗农副产品收购、国防需要及其储备采购
注意事项	注意验货；搞好市场调查；检查手续完备性	掌握双方资信状况；在经济秩序恶化环境中慎用；注意价格风险和履约能力；条款清晰；技术标准应便于验收；签约人员应具有专业经济知识

第二节 招标采购

一、招标采购概述

（一）招标采购的概念

招标采购是一种使用越来越广泛的采购方法，已经受到人们越来越多的关注。为此介绍关于招标采购的一些基本做法。所谓标，就是标书，就是任务计划书、任务目标。招标是采购的一种特殊形式，指在一定范围内公开货物、工程或服务采购的条件和要求，邀请众多投标人参加投标，并按照规定程序从中选择交易对象的一种市场交易行为。

（二）招标采购的特点

招标采购是在众多供应商情况中选择最佳供应商的有效方法，其有以下三个特点：

1. 体现公开、公正和公平

招标采购的操作过程是全部公开的，接受公众的监督，防止暗箱操作。这样做使所有投标者放心，不必走歪门邪道、费心费力用于探听信息，只需专心致志搞好投标业务，提高了投标质量。同时信息公开，也可以防止徇私舞弊、行贿受贿和腐败违法行为，维护了公平和公正，保证了整个活动的正常进行。

2. 体现竞争

招标活动是若干投标人的一个公开竞标的过程，是一场实力大比拼。利用竞争机制，才能调动众人的积极性和智慧；才能造成一种力争上游的局面；才能使投标活动生气勃勃，提高投标的水平和质量。

3. 体现优化

由于投标竞争比较激烈，众多的投标者通过竞争最后只能有一个中标者，平等竞争、方案优越者才能取胜。所以，每个投标者必然会调动全部的智慧，竭尽全力制定和提供最优的方案参与竞争。所以可以说每个投标者提供的方案都是各自的最优方案。而评标小组又在这些方案的基础上进一步分析、比较，选出更优的方案。因此，这就保证了最后中标方案是在集中了众多投资者集体智慧的基础上所形成的最优方案。

（三）招标采购的适用情况

招标采购是一项比较庞大的活动，牵涉面广、费时间、费精力、成本高。因此并不是什么情况都要用招标投标的方法。即使采用，也不会很频繁，一般只适宜于比较重大的项目中，或者影响比较深远的项目中。例如，寻找比较长时期供应物资的供应商、寻找一次比较大批量的物资供应商、寻找一项比较大的建设工程的工程建设和物资采购供应商等。对于小批量物资采购，或者比较小的建设工程，一般较少采用招标方式，因为这样做成本太高、不划算。

二、招标投标的方式

（一）公开招标

1. 公开招标的概念

公开招标又叫竞争性招标，是指由招标人在国家指定的报刊、信息网络或其他媒体上发布招标公告，邀请不特定的企业单位参加投标竞争，招标人从中选择中标单位的招标方式。

2. 公开招标的分类

按照竞争程度，公开招标又可分为国际竞争性招标和国内竞争性招标。

（1）国际竞争性招标是指在世界范围内进行招标，国内外合格的投标商都可以投标。它要求制作完整的英文标书，在国际上通过各种宣传媒介刊登招标公告。

（2）国内竞争性招标是指在国内进行招标，利用本国语言编写标书，在国内的媒体上刊登广告，公开出售标书，公开开标。

（二）邀请招标

邀请招标也称有限竞争性招标或选择性招标，是指由招标单位选择一定数目的企业，向其发出投标邀请书，邀请他们参加投标竞争。一般选择3～10个企业参加较为适宜。由于被邀请参加投标的竞争者有限，可以节约招标费用，缩短招标有效期，提高每个投标者的中标机会。

三、招标采购的内容

（一）招标流程

招标采购是一个复杂的系统工程，它涉及多个方面和环节。一个完整的招标采购过程，基本上可以分为七个阶段。

1. 策划

招标活动是一次涉及范围很大的大型活动。因此，开展一次招标活动需要进行很认真的周密策划。招标策划主要应完成以下工作：

（1）明确招标的内容和目标；
（2）对招标书的标底进行仔细研究确定；
（3）对招标的方案、操作步骤、时间进度等进行研究决定；
（4）对评标方法和评标小组进行讨论研究；
（5）把以上讨论形成的方案计划形成文件，交由企业领导层讨论和决定。

2. 招标

在招标方案得到公司的同意和支持以后，就要进入实际操作阶段。招标的第一个阶段就是招标阶段。招标阶段的工作主要如下：

（1）形成招标书；
（2）对招标书的标底进行仔细研究确定；
（3）招标书发送。

3. 投标

投标人在收到招标书以后，如果愿意投标，就要进入投标程序。其中投标书、投标报价需要经过特别认真的研究、详细的论证才能完成；投标文件要在规定的时间准备好，一份正本、若干份副本，并且分别封装签章，信封上分别注明"正本""副本"字样，寄到招标单位。

4. 开标

开标是采购机构在预先规定的时间和地点将投标人的投标文件正式启封揭晓的行为。开标由招标人组织，邀请所有投标人参加。开标时，由投标人或者其推选的代表检查投标文件密封情况，经确认无误后，由工作人员当场拆封，宣读投标人名称、投标价格和投标文件的其他主要内容。开标结束后，由开标组织者编写一份开标纪要，并存档备查。

5. 评标

全体评标人员进行分析评比，最后投票或打分选出中标人。

6. 定标

在全体评标人员投票或打分选出中标人员以后,交给投标方,通知中标方。同时对于没有中标者也要明确通知他们,并表示感谢。

7. 签订合同

签订合同指由招标人将合同授予中标人并由双方签署的行为。在这一阶段双方对标书中的内容进行确认,并依据标书签订正式合同。为保证合同履行,签订合同后,中标的供应商向采购方提交一定形式的担保书或保证金。

(二) 招标文件

招标文件是整个招标投标活动的核心文件,是招标方全部活动的依据,也是招标方的智慧与知识的载体。因此,一个高水平的招标文件是搞好招标采购的关键。招标采购企业首先应该认真形成一个高水平的招标文件。

招标文件并没有一个完全严格不变的格式,招标企业可以根据具体情况灵活地组织招标文件的结构。但是一般情况下一个完整的招标文件应由五个基本部分组成。

1. 招标邀请书

有的招标邀请书简称为招标书,其核心内容就是向未定的投标方说明招标的项目名称和简要内容、发出投标邀请,并且说明招标书编号、投标截止时间、投标地点、联系电话、传真、电子邮件地址等。招标投标书应当简短、明确,让读者一目了然,并得到了基本信息。

2. 招标目标任务说明

招标目标任务说明部分应当详细说明招标的目标任务。如果目标任务是单纯的物资采购任务,就需要采购物资一览表、供应商所应当承担的服务项目以及所提供的物资等。

3. 投标须知

投标须知的主要内容基本上是招标投标的一些基本规则、做法标准等。投标须知基本上都可以从招标投标法中找到依据(不可以与招标投标法相抵触)。但是可以根据具体情况具体化、实用化,将其一条条列出来提供给投标方,作为与投标方的一种约定做法。

4. 购销合同

有的招标文件把一部分又称为商务条款,其基本内容就是购销合同、任务内容明细组成、描述方式、货币价格条款、支付方式、运输方式、运费、税费处理等商务内容的约定和说明。

5. 投标文件格式

有的招标文件把一部分叫做"附件"。这一部分很重要,就是要告诉投标者,他们将来的投标文件应该包括一些什么文件,每种文件的格式应当如何。

(三)投标文件

投标文件是投标者投标的全部依据,也是招标者招标所希望获得的成果,是投标者智慧与技术的载体。投标者应当集中集体的智慧,认真准备一份高水平的投标文件参加投标。

投标文件主要是根据招标文件要求提供的内容和格式进行准备。一般应当包括以下基本组成部分。

1. 投标书

投标书是投标者对于招标书的回应。投标书的基本内容是以投标方授权代表的名义写的明确表明对招标方招标项目进行投标的意愿,简要说明项目投标的底价和主要条件。除此以外,要对投标文件的组成及附件清单、正本本数、副本本数做出说明,还要声明愿意遵守哪些招标文件给出的约定、规定和义务,最后要有授权代表的签字和职位。

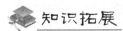

投标书(范例)

致××工程技术师范学院:

根据你们招标文件要求_____(全名及职衔)经正式授权并以投标人_____(投标人名称、地址)的名义投标。提交下述文件正本一份和副本一式四份(正副本分别用档案袋密封,并加盖公章):

(1)投标书;

(2)开标一览表;

(3)设备配置一览表;

(4)服务承诺书;

(5)关于资格的声明函;

(6)法人代表授权书。

签字代表在此声明并同意:

(1)我们愿意遵守招标人招标文件中的各项规定,供应符合"技术规范"所要求的设备,投标总报价为_____元。

(2)我们同意本投标自投标截止日起30天内有效。如果我们的投标被接受,则直至合同生效时止,本投标始终有效。

(3)我们已经详细地阅读了全部招标文件及附件,包括澄清及参考文件(如果有的话),我们完全理解并同意放弃对这方面有不明及误解的权利。

(4)我们同意提供招标人要求的有关投标的其他资料。
(5)我们理解招标人并无义务必须接受最低报价的投标或其他任何投标。
(6)所有有关本次投标的函电请寄：＿＿＿＿＿＿＿＿＿＿

授权代表(签名)：＿＿＿＿＿＿＿＿＿＿
职位：＿＿＿＿＿＿＿＿＿＿
投标方名称：＿＿＿＿＿＿＿＿＿＿
投标方印章：＿＿＿＿＿＿＿＿＿＿
电话：　　　　传真：　　　　E-mail：

2. 目标任务的详细技术方案

目标任务的详细技术方案是投标文件的主体文件。在投标文件中要针对招标项目提出自己的技术的和经济的指标参数，并且详细说明达到这些技术、经济指标的技术方案和技术路线、保障措施等。在招标文件中，还要对完成方案所需要的成本费用以及需要购置的设备材料等列出详细的清单。如果项目由多个单位或多个人完成，还要把项目组织的人员、项目分工等列表说明。

3. 投标资格证明文件

投标资格证明文件要列出投标方的资格证明文件，包括投标方企业的全称、历史简介和现状说明，企业的组织结构，企业的营业执照副本复印件、企业组织机构代码证、技术交易许可证等，还要有开户银行名称以及开户银行出具的资格证明书。还要对授权代理人的情况、资格等作说明，并附授权委托证明书。

4. 公司与制造商代理协议和授权书

如果投标方是某些制造商的产品代理，则还要出具和制造商的代理协议复印件以及制造商的委托书。这样做的目的，是防止在招标方和投标方将来合作时可能引起的源于制造商的纠纷。

5. 公司有关技术资料及客户反馈意见

有关技术资料及客户反馈意见主要是投标方对本企业的业务水平、技术能力、市场业绩等提出一些让招标方可信的说明以及证明材料，增加招标方的信任，也是技术资格的另一种方式的证明。

在这里，可以一般用实例展示出令人信服的技术能力、质量保证能力等，列出有关技术资格证书、获奖证书、兼职聘任证书等的复印件。特别是可以简述几个已经完成的具体实例，说明它们创造的效益，特别是用户的使用证明、主管部门的评价或社会的反应等。并且留下有关证明人的联系电话、地址、邮编等，为招标方证实实际情况提供方便。

以上全部文件构成一份投标文件，封装成一份"正本"，还要根据招标文件要求的份数分别复印若干份，封装成若干份"副本"。每本封装好后，在封口处签名盖章，交付邮寄。

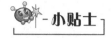

招标采购中的灰色行为

在实施招标采购中,串标、围标、陪标、低价抢标、卖标买标、弃标、泄标等不正当竞争领域的"灰色行为"不同程度地存在,直接影响了招投标行业的健康发展,干扰了公平竞争的市场秩序。它们各有不同的表现形式。这种不正当竞争都是通过不正当手段,排挤其他竞争者,以达到使某个利益相关者中标,从而谋取利益的目的。

四、评标小组、评标体系以及评标方法

(一)评标小组和评标体系

1. 评标小组

评标是招标方的主权。评标系统是招标方根据自己的利益和客观、公正、公平的原则自主建立的。评标的根本目的是选中真正最优的投标方,为本方带来最大的效益。招标方将根据招标任务的特点组建评标小组(或委员会),评标小组成员5人以上,为表决方便,应取单数。其成员中,有招标方企业的人员,也要有一定数量的技术、经贸、法律等方面的专家。评标小组根据公正、公平、公开原则对所有投标方的投标文件进行审查、质疑、评估、比较,并把最后的评比结果交给招标方。

2. 评标体系

确定评标考核指标体系是整个评标的关键。常用的考评指标体系有:投标商品的价格、技术性能、质量水平、交货期、付款条件、售后服务、资信及履约能力、合作精神和其他优惠条件等。根据具体情况可以在其基础上适当增加或减少。

(二)评标方法

1. 最低评标方法

采购技术规格简单的商品原材料、半成品,以及其他性能质量相同、容易进行比较的货物,可以把价格作为评标的唯一尺度。以价格为尺度时,不是指最低报价,而是指最低评标价。最低评标价的价格计算为成本和利润。其中,利润为合理利润,成本有其特定的计算方式。如果采购的货物是从国外进口的,报价包括货款、运费的到岸价;如果采购的货物是国内生产的,报价应以出厂价为基础。

出厂价应包括为生产、供应货物而从国内外购买的原材料和零配件所支付的费用以及各种税款,但不包括货物售出后所征收的销售性和其他类似税款。如果提供的货物是国内投标商早已从国外进口,现已在境内的,应报仓库交货价或展示价,该价应包括进口

货物时所支付的进口关税,但不包括销售性税款。

2. 综合评标法

综合评标法是指以价格加其他因素评价。在采购耐用设备、车辆以及其他重要固定资产时,可采用这种评标方法。这种评标方法除考虑报价因素外,还考虑把其他因素加以量化,用货币折成价格,与报价一起计算,然后按照标价高低排列。

除报价外,评标时应考虑的因素一般有内陆运输以及保险费、交货或竣工期、支付条件、购货人在国内获得零部件以及售后服务的可能性、价格调整因素、设备和工厂运转和维护费用、质量和技术性能等。

3. 以寿命期的成本为依据评标

采购整座工厂、生产线或设备、车辆等,它们在采购后若干年运行期的各项后续费用(零件、油料、燃料、维修等)很大,有时甚至超过采购价。在这种情况下,评标时要考虑后续费用,以产品寿命期内的成本作为评标的依据。

以寿命期的成本为依据评标的做法是,将采购时的报价和因为其他因素需要调整的价格,加上一定运行期年限的各项费用,再减去一定年限后设备的残值等,然后进行比较,决定各种评标价。在计算以后运转期内的各项费用时,应按照一定的贴现率计算其净现值,再加入评标价中。

第三节 JIT 采购

一、JIT 采购概述

(一) JIT 采购的产生

JIT(just in time)源于1973年爆发的全球石油危机及由此所引起的日益严重的自然资源短缺,这对当时靠进口原材料发展经济的日本冲击最大。生产企业为提高产品利润,增强公司竞争力,在原材料成本难以降低的情况下,只能从物流过程寻找利润源,降低由采购、库存、运输等过程所产生的费用。

基于这种情况,日本丰田汽车公司的创始人丰田喜郎最早在汽车生产中提倡"非常准时"的管理方法。之后经过丰田汽车公司的副总经理大野耐一反复多次的分阶段试验,逐步形成一套完整的管理体系,也就是人们常说的"丰田生产方式",即 JIT 生产方式。它的基本思想是"杜绝浪费";"只在需要的时候,按需要的量,生产所需要的产品"。

丰田汽车的零组件管理方式叫作及时化,又叫"看板方式",即把当前所需装配的必要量视为一个单位,并在盛装这个单位的箱子上面贴以明信片大小的传票,传票上记载何时生产、生产多少、运往何处等作业指示。装配工厂在零组件用尽时,将空箱送往零组件工厂。零组件工厂则根据看板上的指示,生产并装入指定品种、指定数量的产品,且在指定的时间送到指定的地点。丰田汽车工厂采用这种作业方式,使库存下降到通常的 1/5。

实施看板方式要采用一种逆向管理模式,并且要使生产秩序有条不紊。丰田汽车的装配工作,并不是一种预测生产,而是销售公司订货多少,就生产多少。以这个为前提,每一个工序按照看板的指示先向前一道工序一次索取零组件,然后向后一道工序送达。这就要求每一道工序生产作业的平稳化,否则其他工序的生产计划就无法进行。看板方式的经营,不是使生产过多,而是按计划生产所需的东西。

JIT 的应用促进了日本企业的崛起,这引起西方企业界的普遍关注。因此,自 20 世纪 80 年代以来,西方经济发达国家十分重视对 JIT 的研究和应用,并将它用到生产管理、物流管理等方面。有关资料显示,1987 年,已有 25% 的美国企业应用 JIT 技术,到现在,绝大多数美国企业仍在应用 JIT。因为 JIT 已从最初的一种减少库存水平的方法,发展成为一种内涵丰富,包括特定知识、原则、技术和方法的管理哲学。

现在越来越多的人,把这种管理思想运用到各个领域,形成各个领域的准时制管理方法。因此,现在除了 JIT 生产之外,又逐渐出现了 JIT 采购、JIT 运输、JIT 储存以及 JIT 预测等新的应用领域。实际上现在 JIT 应用已经形成了一个庞大的应用体系。

JIT 采购和 JIT 生产一样,不但能够最好地满足用户的需求,而且可以最大限度地消除库存、最大限度地消除浪费。要进行 JIT 生产必须有 JIT 供应,因此 JIT 采购是生产管理模式的必然要求。

(二) JIT 采购的含义

JIT 采购又叫准时化采购,是准时化生产系统的重要组成部分。准时化采购,是把 JIT 生产的管理思想运用到采购中而形成的一种先进的采购模式。它的基本思想是把合适数量、合适质量的物品,在合适的时间供应到合适的地点,以最好地满足用户的需要。

准时化采购和准时化生产一样,不但能最好地满足用户的需要,而且可以最大限度地消除库存,最大限度地消除浪费。要进行准时化生产必须有准时化的供应,因此,准时化采购是准时化生产管理模式的必然要求,它和传统的采购方法在许多方面都具有不同的特点。

(三) JIT 采购的作用

JIT 采购是关于采购的一种全新的思路,企业实施准时化采购具有重要的作用。

1. 大幅度减少原材料的库存

根据一些实施准时化采购策略企业的测算,准时化采购可以使原材料的库存降低 40%～60%。原材料库存的降低,有利于减少流动资金的占用,加速流动资金的周转,同时也有利于节省原材料库存占用的空间,从而降低库存成本。

2. 提高采购物资的质量

一般来说,实施准时化采购,可以使购买的原材料的质量提高两倍左右。而且,原材料质量的提高又会引致质量成本的降低。

3. 降低原材料的采购价格

由于供应商和制造商的紧密合作以及内部规模效益与长期订货,再加上消除了采购过程中的一些浪费,如订货手续、装卸环节和检验手续等,使得购买的原材料价格得以降低。

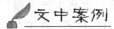文中案例

一汽大众应用 JIT 采购系统实现零库存

一汽大众汽车有限公司目前仅捷达车就有七八十个品种,十七八种颜色,而每辆车都有 2000 多种零部件需要外购,与这个令人心跳的数字形成鲜明对比的是该公司的库存零部件基本处于零的水平,这是该公司物流系统的杰作。

该公司整车车间占地九万多平方米,可同时生产三种不同品牌的汽车,却没有仓库。走进一个标有"整车捷达入口处"牌子的房子,只见上千平方米房间内零零星星地摆着几箱汽车玻璃和小零件,四五个工作人员有条不紊地用电动叉车向总装车间送零件。在入口处旁边的一个小亭子里,一位保管员正坐在电脑前扫描一张纸条上的条形码,他正在把订货单发往供货厂。这时一辆满载安全杠的货车开了进来,两个工作人员见状立即开着叉车跟了上去。几分钟后,这批安全杠就被陆续送进了车间。一汽大众送货的形式有三种:

(1) 电子看板。公司每月把生产信息用扫描的形式通过电脑网络传送到各供货厂,供货方根据这一信息安排生产,并将产出情况告知需求方,随后供货方用自备车辆把产品运至需求方车间的入口处,需求方再由入口处送到各车间的工位上。

(2) JIT(准时制采购)。公司按照过车顺序把送货单传送到供货厂,供货厂按此顺序装车,直接把零件送到工位上,从而减少了仓库的中转环节。

(3) 批量进货。供货厂每月对于那些不影响大局,又没有变化的小零部件分批配送 1~2 次。

二、JIT 采购的基本原理

传统的采购都是一种基于库存的采购,采购的目的都是填充库存,以一定的库存来应对用户的需求。虽然这种采购也极力进行库存控制,但是由于机制问题,其压缩库存的能力是有限的。特别是在需求急剧变化的情况下,它们常常导致既有高库存,又出现缺货的

局面。高库存增加了成本,缺货则直接影响生产,降低服务水平。

对于生产来说,库存是一把双刃剑。它既是生产的条件,又是生产的负担。一方面,库存作为生产的条件,为生产提供物资准备。生产一开始,就需要成套的原材料,这些原材料很难及时地从远方的供应商手中得到,所以生产企业就要储备定量的原材料库存。而且,供应商离得越远,本企业生产所需的原材料库存就越高。从这一点看,库存是生产所必需的,是生产正常进行的前提条件。为了保证生产的正常进行,必须维持一定的库存量。另一方面,库存量又占用一定的资金、设备和资源。这就增加了生产成本,成为生产的负担。而且库存量越高,需要花费的保管费用也就越高,企业生产的负担也就越重。同时,过多的库存也会掩盖企业生产管理中的很多弊端。

为此,人们在采购中一直不断努力,试图寻找一种既能保证企业生产的物资需要,又能使企业库存最小化的方法。20世纪90年代,受JIT生产管理思想的启发,JIT采购应运而生。

JIT采购模式要求全过程各阶段都要具有高水平的、质量良好的供应商关系以及对最终产品需求的准确预测。JIT采购意味着在必要的时候供应必要的物料,不要过量采购。超过所需要最少量的任何物料都将被看成是浪费,因为在现在不需要的事务上投入的精力和资源都不能在现在被使用。这种思想与传统的那种依靠额外物料投放以防出现工作失误的做法形成鲜明的对比,这种采购方式的最终目标是消除浪费,获取利润,从根本上提高生产率。

JIT采购的方法体现了JIT的哲理。JIT的主要特点是拉动作业,只有在下道工序有需求时才开始按需用量生产,按日产批量采购和投产,把库存降到最低限度。在库存记录上采取反冲的方法,以减少记录库存的事务处理工作量,以达到在原材料、在制品及产成品保持最小库存的情况下进行大批量生产的目的。"准时化"是基于"任何工序只有在需要的时候,按需要的量生产所需的产品或提供所需服务"的逻辑,生产需要产生于产品的实际需要。理论上讲,当有一件产品卖出时,市场就从系统的终端(如总装线)拉动一个产品,于是形成对生产线的订货、采购。

JIT采购策略体现了供应链管理的协调性、同步性和集成性,供应链管理需要JIT采购来保证供应链的整体同步化运作。

JIT采购的基本原理是以需定供。即供方根据需方的要求(或称看板),按照需方需求的品种、规格、质量、数量、时间、地点等要求,将物品配送到指定的地点。不多送,也不少送;不早送,也不晚送;所送品种要个个保证质量,不能有任何废品。

(一)JIT采购的内涵

1. 品种配置上

保证品种有效性,拒绝不需要的品种。即用户需要什么,就送什么,品种规格要完全符合用户需要。

2. 数量配置上

保证数量有效性，拒绝多余的数量。即用户需要多少，就送多少，不少送，也不多送。

3. 时间配置上

保证所需时间，拒绝不按时的供应。即用户什么时候需要，就什么时候送货，不晚送，也不早送，非常准时。

4. 质量配置上

保证产品质量，拒绝次品和废品。即用户需要什么质量，就送什么质量，产品质量符合用户需要。

5. 地点配置上

保证送货上门的准确性。即用户在什么地点需要，就送到什么地点。

JIT 采购既能很好地满足用户的需求，又能使用户的库存量最小。用户不需要设立库存，只要在货架上或生产线旁边设置临时存放点存放少量的物料，一天销售完毕或生产完毕，这些临时存放就消失，库存完全为零，真正实现了零库存。

（二）JIT 采购的要素

JIT 采购的目的主要是保证供货能够保质保量地完成。为了达到这样的目标，JIT 采购需包含四个要素，即供应商、采购数量、供货质量和货物运输。

1. 供应商

传统的采购模式一般是多头采购，供应商的数目相对较多。从理论上讲，选择少量供应商比多个供应商好。一方面，管理供应商比较方便，也有利于降低采购成本；另一方面，有利于供需之间建立长期稳定的合作关系，质量上也比较容易保证。

在选择供应商时，应选择距离较近的供应商，并与供应商保持长期的合作关系，积极帮助合作的供应商改善管理水平，使其具备价格竞争优势，降低自己的成本。

2. 采购数量

小批量采购是 JIT 采购的基本特征。JIT 采购和传统的采购模式的主要不同之处在于：JIT 生产需要减少生产批量，直至实现"一个流"生产，因此采购的物资也应采用小批量办法。

当然，小批量采购自然会增加运输次数和成本。对供应商来说，这是很为难的事情，特别是如果有国外供应商，这种远距离的情形下，实施 JIT 采购的难度就更大了。解决的办法是，通过混合运输、代理运输等方式，或尽量使供应商靠近用户。

3. 供货质量

如果货物的质量达不到要求,就会给JIT的生产方式带来很大的影响,因为供货商是按照采购企业所需要的数量来制造的,在有废品的情况下只有重新生产,但这会大大延误后面的工序,所以一定要保证质量。企业可以采取的措施是,帮助供货商改进质量,使其产品满足质量要求,鼓励供货商使用工序控制图等方法提高产品质量而不是批量抽样检查。

4. 货物运输

JIT采购的一个重要特点是要求交货准时,这是实施JIT生产的前提条件。交货准时取决于供应商的运输条件。在采购管理中,运输问题是一个很重要的问题,它决定准时交货的可能性。特别是全球的供应链系统,运输过程长,而且可能要先后经过几种不同的运输工具,需要中转运输等,因此要进行有效的运输筹划和管理,使运输过程准确无误。

综上所述,JIT采购是一种先进的采购模式。它的基本思想是:把合适的数量、合适的质量的物品,在合适的时间供应到合适的地点,最好地满足用户的需求。

三、JIT采购的特点与意义

(一) JIT采购的特点

JIT采购可以获得更短的产品生命周期、更快的技术变化和更成熟的客户,使得采购过程中的柔性和敏捷性变得更高。总的来说,准时化采购具有如下特点。

1. 采用较少的供应商,甚至单源供应

单源供应指的是对某一种原材料只从一个供应商那里采购,或者说,对某一种原材料的需求仅由一个供应商供货。准时化采购认为,最理想的供应商的数目是:对每一种原材料只有一个供应商。因此,单源供应是准时化采购的基本特征之一。

从理论上讲,采取单源供应比采取多头供应好,一方面,对供应商的管理比较方便,而且可以使供应商获得内部规模经济效应和长期订货,从而可使购买的原材料的价格降低,有利于降低采购成本;另一方面,单源供应可以使制造商成为供应商的一个非常重要的客户,因而可加强制造商与供应商之间的相互依赖关系,有利于供需之间建立长期稳定的合作关系,质量上比较容易保证。

但是,采用单源供应也有风险,如供应商有可能因意外原因中断供货;另外,采取单源供应,使企业不能得到竞争性的采购价格,会对供应商的依赖性过大等。

从实际工作中看,许多企业也不是很愿意成为单源供应商。一方面供应商是独立性较强的商业竞争者,不愿意把自己的成本数据透露给用户;另一方面供应商不愿意成为用户的一个产品库存点。

2. 采取小批量采购的策略

小批量采购是准时化采购的一个基本特征。准时化采购模式和传统采购模式的一个重要区别在于，准时化生产需要减少生产批量，因此采购的原材料也应采用小批量方法。准时化采购旨在消除原材料库存，为了保证准时、按质、按量供应所需的原材料，采购必须是小批量的。

但是，小批量采购必然会增加运输次数和运输成本，对供应商来说，这是很为难的事情，特别是供应商在远距离的情况下实施准时化采购的难度就很大。解决这一问题的方法有四种：

（1）使供应商在地理位置上靠近制造商，制造商扩展到哪里，其供应商就跟到哪里；

（2）供应商在制造商附近建立临时仓库，实质上，这只是将负担转嫁给了供应商，而未从根本上解决问题；

（3）由一个专门的物流企业负责送货，按照事先达成的协议，准时按量送到制造商的生产线上；

（4）让一个供应商负责供应多种原材料。

3. 对供应商选择的标准发生变化

由于准时化采购采取单源供应，因而对供应商的合理选择就显得尤为重要。可以说，能否选择合格的供应商是准时化采购能否成功实施的关键。

在传统的采购模式中，供应商是通过价格竞争而选择的，供应商与用户的关系是短期的合作关系，当发现供应商不合适时，可以通过市场竞标的方式重新选择供应商。但在准时化采购模式中，由于供应商和用户是长期的合作关系，供应商的合作能力将影响企业的长期经济利益，因此，对供应商的要求就比较高。在选择供应商时，需要对供应商进行综合的评价，而对供应商的评价必须依据一定的标准。

这些标准应包括产品质量、交货期、价格、技术能力、应变能力、批量柔性、交货期与价格的均衡、价格与批量的均衡、地理位置等，而不像传统采购那样主要依靠价格标准。

4. 对交货准时性的要求更加严格

准时化采购的一个重要特点是要求交货准时，这是实施准时化生产的前提条件。交货准时取决于供应商的生产与运输条件。作为供应商来说，要使交货准时，可从以下两方面准备。一方面，要不断改进企业的生产条件，提高生产的可靠性和稳定性，减少由于生产过程的不稳定导致的延迟交货现象。准时化采购作为准时化供应链管理的一部分，供应商同时应该采用准时化的生产管理模式，以提高生产过程的准时性。另一方面，为了提高交货准时性，运输问题不可忽视。特别是全球的供应链系统，运输过程长，而且可能要先后经过不同的运输工具，需要中转运输等，因此，就有必要进行有效的运输计划与管理，以使运输过程准确无误。

5. 从根源上保障采购质量

实施准时化采购后,企业的原材料的库存很少以至为零。因此,为了保障企业生产经营的顺利进行,采购物资的质量必须从根源上抓起。也就是说,购买的原材料的质量保证应由供应商负责,而不是企业的采购部门。准时化采购就是要把质量责任返回给供应商,从根源上保障采购质量。为此,供应商必须参与制造商的产品设计过程,制造商也应帮助供应商提高技术能力和管理水平。

目前,我国主要是由制造商来负责监督购买物资的质量,验收部门负责购买原材料的接收、确认和点数统计,并将不合格的原材料退回给供应商,因而增加了采购成本。实施准时化采购后,从根源上保证了采购质量,购买的原材料就能够实行免检,直接由供应商送货到生产线,从而大大减少了购货环节,降低了采购成本。

6. 对信息交流的需求加强

准时化采购要求供应与需求双方信息高度共享,保证供应与需求信息的准确性和实时性。由于双方的战略合作关系,企业在生产计划、库存和质量等各方面的信息都可以及时进行交流,以便出现问题时能够及时处理。只有供需双方进行可靠而快速的双向信息交流,才能保证所需的原材料准时按量供应。同时,充分的信息交换可以增强供应方的应变能力。

实施准时化采购,就要求供应商和制造商之间进行有效的信息交换。信息交换的内容包括生产作业计划、产品设计、工程数据、质量、成本和交货期等。现代信息技术的发展,为有效的信息交换提供了强有力的支持。

7. 可靠的送货和特定的包装要求

由于准时化采购消除了原材料的缓冲库存,供应商交货的失误和送货的延迟必将导致企业生产线的停工待料。因此,可靠的送货是实施准时化采购的前提条件。而送货的可靠性,常取决于供应商的生产能力和运输条件,一些不可预料的因素都可能引起送货延迟。当然,最理想的送货是直接将货物送到生产线上。

准时化采购对原材料的包装也提出了特定的要求。良好的包装不仅可以减少装货、卸货对人力的需求,而且使原材料的运输和接收更为便利。最理想的情况是,对每一种原材料采用标准规格且可重复使用的容器包装,这样既可提高运输效率,又能保证交货的准确性。

(二)JIT 采购的意义

JIT 采购对于供应链管理思想贯彻实施有着重要的意义。

1. 实现了供应链的准时化、同步化运作

供应链环境下的采购模式和传统的采购模式的不同之处,在于前者采用订单驱动的

方式。订单驱动使供应与需求双方都围绕订单运作,也就实现了准时化、同步化运作。

2. 增加了供应链的柔性和敏捷性

采购部门编制详细的采购计划,制造部门也进行生产的准备,当采购部门把详细的采购单提供给供应商时,供应商就能在较短的时间内将物资交给用户。当用户需求发生改变时,制造订单又驱动采购订单发生改变,这样一种快速的改变过程,如果没有准时的采购方法,供应链节点企业很难适应这种多变的市场需求。因此,准时化采购增加了供应链的柔性和敏捷性。

JIT 采购策略体现了供应链管理的协调性、同步性和集成性,供应链管理需要准时化采购来保证供应链的整体同步化运作。

(三) JIT 采购与传统采购的区别

JIT 采购与传统采购方式有许多不同之处,其主要表现如表 6-4 所示。

表 6-4 准时化采购与传统采购的区别

比较项目	准时化采购	传统采购
对供应商的选择方式	较少的供应商,甚至只有一个,长期合作,降低成本,提高质量	多头采购,供应商数目较多,价格竞争,短期合作
对交货及时性的要求	要求按时交货	没有明确要求
对信息交流的要求	相关信息高度共享,保证信息的准确和实时性	视信息共享为"泄密"而加以控制和保密
采购驱动因素分析	订单拉动,同步化、即时化	生产推动,补充库存
制定采购批量策略	小批量采购,减少生产批量,缩短生产周期	强调"经济批量"、"数量折扣"以降低采购成本

四、JIT 采购的实施

(一) JIT 采购的实施条件

成功实施 JIT 采购策略需要具备以下七个前提条件。

1. 距离越近越好

供应商和用户企业的空间距离越近越好。距离太远则发挥不了准时化采购的优越性,很难实现零库存。

2. 制造商和供应商建立互利合作的战略伙伴关系

准时化采购策略的推行,有赖于制造商和供应商之间建立起长期的、互利合作的新型关系,双方要相互信任、相互支持,从而共同获益。

3. 注重基础设施的建设

企业间通用标准的基础设施建设对准时化采购的推行至关重要。因此,要想成功实施准时化采购策略,制造商和供应商都应注重基础设施的建设。当然,这些条件的改善,不仅取决于制造商和供应商的努力,各级政府也须加大投入。

4. 强调供应商的参与

JIT采购不只是企业采购部门的事,它离不开供应商的积极参与。供应商的参与,不仅体现在准时、按质、按量供应制造商所需的原材料上,而且体现在积极参与制造商的开发设计过程。

5. 建立实施JIT采购策略的组织

企业领导必须从战略高度来认识准时化采购的意义,并建立相应的企业组织来保证该采购策略的成功实施。这一组织的构成,不仅应有企业的物资采购部门,还应包括产品设计部门、生产部门、质量部门和财务部门等。其任务是,提出实施方案,具体组织实施,对实施效果进行评价,并进行连续不断的改进。

6. 制造商与供应商信息共享

制造商应向供应商提供综合的、稳定的生产计划和作业数据,这样可以使供应商及早准备,精心安排其生产,确保准时按质按量交货。否则,供应商就不得不求助于缓冲库存,从而增加其供货成本。

7. 加强信息技术的应用

准时化采购建立在有效信息交换的基础上,信息技术的应用可以保证制造商和供应商之间的信息交换。因此,制造商和供应商都必须加强对信息技术的应用投资,以更加有效地推行准时化采购策略。

(二) JIT采购的实施步骤

想要成功实施准时化采购策略,除了要具备一定的前提条件外,还必须遵循一定的实施步骤。在实施准时化采购时,一般可以遵从下面的这些步骤。

1. 创建准时制采购管理团队

世界一流企业的专业采购人员主要有以下三大职责:寻找货源、商定价格以及发展与供应商的长期稳定战略合作伙伴关系并不断地发展改进。

准时制采购团队的作用,就是全面处理准时制采购有关事宜。除了采购部门有关人员之外,还要由本企业以及供应商企业的生产管理人员、技术人员和搬运人员等共同组成。一般组建两个专业采购团队,其中一个的任务是专门处理与供应商的关系,主要任务是评估供应商的信誉、能力，并签订准时化采购合同，向供应商发放免检证明并培训和指导供应商；另一个的任务是专门消除采购过程中的各种浪费，这些团队人员，对准时制采购的方法应有充分的了解和认识，必要时要进行培训。

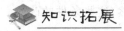

JIT 采购下的供应商管理

(1) 创建 JIT 的采购班组。世界一流企业的专业采购人员有三个责任：寻找货源、商定价格、发展与供应商的协作关系并不断改进。因此专业化的高素质采购队伍对实施 JIT 采购至关重要。

(2) 选择合适的供应商。除了具有核心技术、专利技术、新技术的零件外，一般选择地理位置在车程 2 小时以内的供应商，这样可以要求少量多次送货。此外，供应商必须也应逐渐建立 JIT 的生产方式，以满足经常变化的生产计划。

(3) 严格规定送货日期。对于本地区的供应商，如果是数量大、体积大的货物，供应商应该每日一次或 4 小时送货一次；对于数量小、金额小、体积小的物料，可由制造商租赁车辆每日多次去多家供应商收货，供第二天使用；对于数量不多、体积大的物料，可以根据生产计划指定日期送货。

(4) 统一调度集中供货。在供应商相对集中的区域，统一调度运输车辆，按一定的顺序到各供应商处取货。也可在供应商相对集中的区域建立中转库，将附近供应商的原材料、零部件运到中转库，再按需要统一运送到生产地点。

(5) 只对已使用的部分支付货款。对于一些常用的标准件或使用量较多的零部件，经领用后才算为本企业资产，而未使用的那部分零部件仍属供应商所有。这样企业每月可节省大量资金。

2. 分析 JIT 采购物品，确定优先型供应商

从采购物品中选择价值大、体积大的主要原材料及零部件，优先选择伙伴型或优先型的供应商。供应商和制造商之间互利的伙伴关系，意味着双方之间充满了一种紧密合作、主动交流和相互信赖的和谐气氛，共同承担长期协作的义务。在这种关系的基础上，发展共同的目标，分享共同的利益。

当然，这种互利的伙伴关系的建立需要经过长期的工作，要求双方有坚定的决心和奉献精神。同时，一个企业只能选择少数几个最佳供应商作为工作对象，抓住一切机会加强与它们之间的业务关系。

因此，分析采购物品及供应商情况时要考虑如下四因素：

(1) 原料及零部件采购周期、年采购量(额)和物品的重要性；

(2) 供应商生产周期、供货频率、库存水平、合作态度和地理位置；

(3) 物品供应周期、包装及运输方式、储存条件及存放周期；

(4) 企业的现有供应商的管理水平、供应商参与改进的积极性。

3. 提出改进 JIT 采购模式的具体目标

针对供应商目前的供应状态提出改进目标，具体内容包括以下三项：

(1) 库存控制水平；

(2) 供货周期、批次；

(3) 改进行为的具体时间要求。总之就是要在需要的时间内及时地采购到所需要的物品。

4. 制定具体的 JIT 采购实施方案

要制定采购策略，改进当前采购方式的措施，确定如何减少供应商的数量，确定如何评价供应商等。在这个过程中，要与供应商一起商定准时化采购的目标和有关措施，保持经常性的信息沟通。具体内容包括以下五项：

(1) 明确主要工作、负责人及其职责、完成时间和进度的检查方法；

(2) 将订单分成两部分，一部分是已确定的，另一部分是随市场变化而随时增减的；

(3) 调整相应的运作程序，确保供应商按时、按质、按量地交货，确保供应商的生产计划与采购方的生产计划能卓有成效地联动；

(4) 在相关人员之间进行充分的沟通交流，使大家统一认识，协调行动；

(5) 培训供应商使之完全接受准时制采购的供应理念，缩短供货周期，增加供应频次，提高库存水平。

5. 采取不断改进 JIT 采购的具体措施

(1) 不断改进的前提是供应原材料的质量在不断地提高，循环使用的包装在不断地改善，货物的装卸及出入库时间在不断地缩短；

(2) 将原来的独立订单改为滚动订单，将订单与预测结合起来，可定期向供应商提供半年或一年的采购预测，便于供应商提前相应地安排物品采购及生产计划；

(3) 向供应商定期提供每月、每季的滚动订单，内容包括固定和可变部分，而供应商就按滚动订单的要求定期定量地及时送货。

6. 进行 JIT 采购绩效的 PDCA 评估

PDCA 指的是：P（Plan）——计划，D（Do）——实施，C（Check）——检查，A（Action）——采取行动，如图 6-1 所示。

JIT 采购是一个不断完善和改进的过程，需要在实施过程中不断总结经验教训，从降低运输成本、提高交货的准确性、提高产品的质量、降低供应商库存等各个方面进行改进，从而不断提高 JIT 采购的运作绩效。

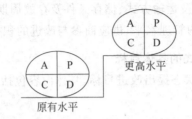

图 6-1　JIT 采购绩效的 PDCA 评估发展图

第四节　电子商务采购

随着网络经济时代的到来,电子商务的发展对于一个企业而言,不仅仅意味着商业机会,还意味着一个全新的全球性网络驱动经济的诞生。电子商务已经成为一个真正的全球现象。

一、电子商务采购概述

(一) 电子商务采购的概念

电子商务是交易双方利用现代开放大互联网络,按照一定的标准所进行的各大类商业活动,是商务活动的电子化。电子商务的产生使传统的采购模式发生了根本性的变革。这种采购制度与模式的变化,使企业采购成本和库存量得以降低、采购人员和供应商数量得以减少、资金流转速度得以加快。

所谓电子商务采购,就是基于或者部分基于网络技术的一种采购方式,是利用电子商务这种形式所进行的采购活动。因为电子商务主要是在计算机网络上进行的,所以电子商务采购又称为网上采购,简称电子采购。这种采购方式通过建立电子商务交易平台,发布采购信息,或主动在网上寻找供应商、寻找产品,然后通过网上洽谈、比价、竞价实现网上订货,甚至网上支付货款,最后通过网下的物流过程进行货物的配送,完成整个交易过程。

电子采购最先兴起于美国,它的最初形式是二对一的电子数据交换系统,即 EDI。这种由大买家驱使,连接自己供应商的电子商务系统的确大幅度地促进了采购的效率,但早期的解决方式价格昂贵,耗费庞大,且由于其封闭性仅能为一家买家服务,尤令中小供应商和买家却步。因此,真正商业伙伴间的 EDI 并未广泛开展起来。20 世纪 90 年代中期电子采购目录开始兴起,这是供应商通过将其产品介绍于网上,以此来提高供应商的信息透明度、市场涵盖面。到近年来,出现了全方位综合电子采购平台,并且通过广泛连接买卖双方来进行电子采购服务。

该方式实现了采购信息的公开化、采购市场范围的扩大化和供需距离的缩短化,在避免人为干扰、简化采购流程、减少采购时间、降低采购成本、提高采购效率和降低库存等方面具有重要作用,使采购交易双方易于形成战略伙伴关系,因而成为当前最具发展潜力的企业管理工具之一。

(二)电子商务采购的特点

传统的采购模式存在下列问题:采购、供应双方为了各自利益互相封锁消息,进行非对称信息博弈,采购很容易发展成为一种盲目行为;供需关系一般为临时或短期行为,竞争对手多于合作,容易造成双输后果;信息交流不畅,无法对供应商产品质量、交货期进行跟踪;响应用户需求的能力不足,无法面对快速变化的市场;利益驱动造成暗箱操作,舍好求次、舍贱求贵、舍近求远,产生腐败温床;设计部门、生产部门与采购部门联系脱节,造成库存积压,占用大量流动资金。

电子商务采购具有以下特点。

1. 公开性

这种公开性一方面是由电子采购的性质所决定的,由于因特网有公开性的特点,全世界都可以看到采购方的招标公告,谁都可以来投标。采购信息和采购流程在网站的公开化,有利于提高采购的透明度,避免交易双方相关人员的私下接触,避免采购黑洞,实现采购过程的公开、公平、公正,在一定程度上减少采购腐败的发生。

2. 广泛性

网络是没有边界的,所有的供应商都可以向采购方投标,采购方可以调查所有的供应商。这实质上取消了国界和地理范围的限制,扩大了供应商范围,可以面对全球采购市场进行采购,突破了传统采购方式的局限,使得企业可以货比多家,在比质比价的基础上找到满意的供应商,大幅削减采购成本。

3. 交互性

电子商务采购过程中,采购方与供应商的网上联系非常方便,可以通过电子邮件或即时聊天方式进行信息交流,并且可以在网上共享相关信息,在一定程度上避免了信息不对称问题,并有助于有限资源的合理调配。

4. 及时性

为了满足不断变化的市场需求,企业必须针对市场变化做出及时反应,通过电子商务网站可以快速有效地收集到用户订单信息,然后进行生产计划安排,接着根据生产需求进行物资采购或及时补货,即时响应客户需求。

5. 标准化

电子商务采购有利于实现采购业务程序标准化。电子商务采购是在对业务流程进行优化的基础上进行的,必须按软件规定的标准流程进行,可以规定采购行为,规范采购市场,有利于建立一种比较良好的经济环境和社会环境,大大减少采购过程的随意性。

6. 低成本

从采购业务的操作过程来看,网上操作可以节省大量人工业务环节,省人、省时间、省工作量,总成本最小。从供应链的角度来看,电子商务采购可以使参与采购的供需双方从以往的"输赢关系"变为"双赢关系"。采购方可以及时将数量、质量、服务、交货期等信息通过商务网站或 EDI 方式传送给供应方,并根据生产需求及时调整采购计划,使供方严格按要求提供产品与服务,实现准时化采购和生产,降低整个供应链的总成本。

7. 短周期

电子商务采购可以缩短产品的生产周期。产品的成本除原材料、零部件外,还有折旧、建筑物等设施的使用费、管理、监督指导等费用。对于后面这几种成本,主要是对时间敏感,时间越少,成本越低。通过计算机网络平台将设计、开发、原型、审核等工作实时连接起来,提高了合作效率,提高了时间利用率,缩短了产品生产周期。

8. 高速性和高效性

电子商务采购的基础是因特网,也被我们称为"信息高速公路"。科学技术的发展,使得网上信息传输速度越来越快,有利于信息的沟通,促进采购管理定量化、科学化,为决策提供更多、更准确、更及时的信息,使决策依据更充分。所以电子商务采购在信息传递方面无疑具有高速性。

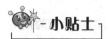

通过网上采购,询价形式多样,成交时间缩短,交货迅速,采购速度加快。同时,网上采购手续简便,容易操作,不仅节约大量人力,也减少大量的纸质文件,减少物耗,降低采购成本、竞争面扩大。此外,网上采购手续简便,往返时间减少,报价成本降低,加上更加透明,供应商的竞争积极性提高,参与面扩大,报价的速度更快。同时竞争面的扩大,使采购到的货物更加"物有所值"。

(三)电子商务采购的分类

电子商务的方式是多种多样的,因此电子商务采购的方式也可以有多种方式。目前,国际流行的电子采购数据传送途径主要包括以下几种形式:电子商务网站招标;人工向供应商发送电话或书面文件、传真订购;向供应商发送电子邮件订单;向供应商的站点提交订单;与供应商的 ERP 系统进行集成;电子交易平台等。可以进行以下分类。

1. 按利用计算机网络的程度分类

电子商务采购按利用计算机网络的程度可以分为两种:一是完全电子采购,即完全通过网上电子商务采购完成采购的全部活动(除运输配送);二是网上和网下相结合采购,即在网上完成部分采购活动,例如发布采购信息、招标公告等,而实际的采购谈判、供应商调查、交易支付在网下进行。

2. 按采购主体分类

电子商务采购按采购主体分,可分为两种:一是自己网上采购,即靠企业自己建立网站,进行电子商务采购活动;二是代理网上采购,即不是自己建立网站,而是靠利用别人的网站进行电子商务采购。

3. 按采购的方式分类

电子商务采购按采购的方式也可以分为两种:一是网上查询采购,即由采购商自己登录网络,在网上寻找供应商、寻找自己所需要的产品而进行的电子采购;二是网上招标采购,即采购商只在网上发布招标公告,由供应商自己找上门来投标而进行的采购活动。这两种采购方式具有典型代表性,所以后面我们将重点讨论这两种电子商务采购方式。

(四)电子商务采购的程序

一个典型的电子商务采购程序包括以下几个步骤:提交采购需求;确定采购需求;选择供应商;下订单;订单跟踪;电子支付。具体如下。

1. 提交采购需求

最终用户通过填写在线表格提出采购物料的要求。对于经常采购的商品,可以建立一个特别的目录供用户选择,以方便最终用户提出采购申请。

2. 确定采购需求

根据企业预先规定的采购流程,采购申请被一次性自动地传送给各个负责人请求批准。

3. 选择供应商

采购申请得到批准之后,采购人员可以按照不同的情况采取两种方式。若所需采购的物资已有了合同供应商,该申请就可直接转化成订单传送给供应商;若所需采购的物资还没有固定的供应商,就需要寻找和选择新的供应商了,供应商的选择过程我们将在后面详细阐述。

4. 下订单

确定供应商后,订单会通过电子邮件等方式传送给供应商。

5. 订单跟踪

有些信息系统较为完善的供应商会反馈给采购方一个订单号,采购人员可以通过订单号追踪订单的执行情况直至交货。

6. 电子支付

如果连接了银行系统,则可进行电子支付,完成采购全过程。

(五) 电子商务采购的优势

电子商务采购将从根本上改变商务活动的模式。它不仅将间接商品和服务采购过程自动化,极大地提高了效益,降低了采购成本,而且使企业在一定程度上避免因信息不对称而引起的资源浪费,有利于社会资源的有效配置,从而使企业更具有战略性的眼光进行采购。其优势主要有以下七个方面。

1. 提高采购效率

有利于扩大供应商范围,提高采购效率,降低采购成本,产生规模效益。由于电子商务面对的是全球市场,可以突破传统采购模式的局限,从货比三家到货比多家,在比质比价的基础上找到满意的供应商,大幅度地降低采购成本。由于不需要出差,可以大大降低采购费用,通过网站信息的共享,可以节省纸张,实现无纸化办公,大大提高采购效率。

2. 杜绝腐败

有利于提高采购的透明度,实现采购过程的公开、公平、公正,杜绝采购过程中的腐败。由于电子商务是一种不谋面的交易,通过将采购信息在网站公开,采购流程公开,避免交易双方有关人员的私下接触,由计算机根据设定标准自动完成供应商的选择工作,有利于实现实时监控,避免采购中的黑洞,使采购更透明、更规范。

3. 有利于实现采购业务程序标准化

电子商务采购是在对业务流程进行优化的基础上进行的,必须按软件规定的标准流程进行,可以规范采购行为,规范采购市场,有利于建立一种比较良好的经济环境和社会环境,大大减少采购过程的随意性。

4. 缩短采购周期

满足企业即时化生产和柔性化制造的需要,缩短采购周期,使生产企业由"为库存而采购"转变为"为订单而采购"。为了满足不断变化的市场需求,企业必须具有针对市场变化的快速反应能力,通过电子商务网站可以快速收集用户订单信息,然后进行生产计划安排,接着根据生产需求进行物资采购或及时补货,即时响应用户需求,降低库存,提高物流速度和库存周转率。

5. 实现采购管理向供应链管理的转变

由于现代企业的竞争不再是单个企业之间的竞争,而是供应链与供应链之间的竞争,因此要求供需双方建立起长期的、互利的、信息共享的合作关系,而电子商务采购模式可以使参与采购的供需双方进入供应链,从以往的"输赢关系"变为"双赢关系"。采购方可以及时将数量、质量、服务、交货期等信息通过商务网站或 EDI 方式传送给供应方,并根据生产需求及时调整采购计划,使供方严格按要求提供产品与服务,实现准时化采购和生产,降低整个供应链的总成本。

6. 实现本地化采购向全球化采购的转变

由于世界经济的一体化,全球化采购成为企业降低成本的一种必然选择,其基本模式就是应用电子商务进行采购。目前,通过电子商务建立全球采购系统,联结国内外两个资源市场,已成为标准化的商业行为。

7. 有利于信息沟通

有利于信息的沟通,促进采购管理定量化、科学化,为决策提供更多、更准确、更及时的信息,使决策依据更充分。

二、电子商务采购的操作模式

目前主要有三种电子商务采购模式进行实际的运作,它们分别是卖方系统、买方系统和第三方系统。

(一) 卖方电子商务采购系统

为增加市场份额,供应商以计算机网络作为销售渠道而实施的电子商务系统。它包括一个或多个供应商的产品或服务。登录卖方系统通常是免费的,供应商保证采购的安全。使用这一系统的好处是访问容易,能接触更多的供应商,另外买方企业无须做任何投资。缺点是难以跟踪和控制采购开支。这一系统是企业采购人员开始电子商务而又不担风险的理想工具。

卖方电子采购模式不需要买方进行大量信息和系统的维护工作,但是这一模式还是会使买方举步维艰。首要问题是,对于许多企业来讲,要到浩瀚的网络中逐个登录供应商的门户网站寻找目标供应商进行比较最终达成意向,是非常费时费力的。

此外,卖方电子采购模式还存在以下问题。

1. 产品选择的高成本

企业必须在浩瀚的网络中逐个登录供应商网站的门户网站寻找目标供应商并进行比对。这与传统的采购相比并没有太大的改观。

2. 低效率,不支持实时采购

如果企业在生产过程中出现了产品短缺或者机器发生了故障,需要市场快速解决急需的特殊产品时,卖方模式未必能快速且低廉地供货。

3. 市场不平等性

在这样的市场中,卖方处于优势,买方处于劣势。

(二)买方电子商务采购系统

买方电子采购模式,即由一些大企业建立自己的电子采购网站,供应商在网站注册成为其会员。这种模式在那些由少数几家大型购买方主导的行业尤为明显,如航天、汽车、零售等行业。但是,这样的模式不适合中小企业,主要有以下原因。

1. 成本较高

中小企业处于势均力敌的竞争状态,几乎不存在垄断。在这样的行业中,由一家或者几家企业建立自己的网站几乎是不可行的。因为所要耗费的大量人力、财力成本是这些企业所不能承担的。

2. 低效率,不支持实时采购

由于在买方采购网站上注册的供应商数量有限而且种类也局限于能提供买方常用原料的供应商。因此,如果企业在生产过程中出现了产品短缺或者机器发生了故障,需要市场快速解决急需的特殊产品时,买方采购网站未必能解决。

3. 市场不平等性

由买方建立电子市场的不平等性主要表现在买卖双方的实力不对称上。即在这样的市场中,买方处于优势,卖方处于劣势。实际上,对于一些供应商众多的完全竞争供应市场,买方购买的数量不是很多时,买方不可能也没有必要采用买方电子商务模式。中小企业在国内的知名度不高,很多中小企业只是面向区域的,其采购网站无论技术上还是形象设计上同国内大型企业和机构相比较还是不尽如人意,其对供应商的吸引力也是有限的。

(三)第三方电子商务采购系统

正是由于上面对买方和卖方电子采购模式缺陷的分析,以及企业虚拟化和非核心能力外包趋势的增加,近年来,基于第三方的电子采购模式越来越多地被大家接受,行业采购网站的逐渐出现就是一个体现。在第三方电子采购模式下,第三方以自身的专业化采购技能,为客户提供完善的电子采购服务,建立了一个网上交易市场和服务平台,支持从买卖信息的撮合到交易完成的整个过程,即一站式采购。通过第三方电子采购网站,买卖双方可以得到更专业、更快速、更安全的服务,有利于双方交易的顺利进行。

在原来的以买方或卖方管理为基础的采购模式中,买卖双方要花费大量的时间、精力和资源来维护目录系统及各种形式的信息协定。当第三方中介商出现时,它们能提供专业化的此类服务,并以此作为核心竞争力,从而把压在买卖双方身上的重负去掉,使得买家或卖家有更多的精力去关注采购业务本身,而不是维护目录或系统支持。

由于交易平台将不同的供应商、采购商集中到同一个市场中,大大方便了买方对产品的查找和对供应商的挑选,而卖方则更方便地推广其产品,降低了销售成本。这种由中介商控制的电子采购模式的一大优势就是提高了效率。

相对于原有的电子采购模式来说,效率提高主要体现在采购的动态性和实时性上,在原有的采购模式下,当有突发事件发生需要紧急采购时,还需要采购部门先对潜在供应商进行评估,之后才能完成采购流程。而在由中介商控制的采购模式中,由于有更多的供应商信息存储在数据库中,使得供应商评估变得相对简单迅速,这样才能做到采购的实时性。

三、电子商务采购的实施

(一)实施电子商务采购的注意事项

为了保障交易各方的合法权益、保证能够在安全的前提下开展网上采购,网上采购系统必须达到下列要求。

1. 有效性要求

有效性要求是指必须保证电子商务采购活动所传输的数据在确定的时刻、确定的地点是有效的,不是冒名顶替的、不能够被伪造和修改。安全管理人员能够控制用户的权限、分配或终止用户的访问、操作、接入等权利,被授权用户的访问不能被拒绝以保障合法用户的权益。

2. 机密性要求

信息存取和信息在传输过程中不能被非法窃取、泄露;应当保证公共网络商信息的机密性;信息发送和接收是在安全的通道中进行,保证通信双方的信息机密;交易的参与在信息交换过程中没有被窃听的危险,非参与方不能获取交易的信息。

3. 完整性要求

电子交易各方信息完整性是电子商务采购的基础。应该防止对信息的随意生成、修改和删除,同时要防止数据传送过程中信息的丢失和重复,并保证信息传送次序的统一。

4. 真实性要求

交易方的身份不能被假冒或伪装,可以有效鉴别确定交易方的身份,能甄别信息、实体的真实性。

5. 反抵赖性要求

电子商务方式下,必须在交易信息的传输工程中为参与交易的个人、企业或服务部门提供可靠的标识。有第三方提供的数字化过程记录,信息的发送方不能抵赖曾经发送的信息、不能否认自己的行为。

6. 可控制性要求

能控制使用资源的人或实体的使用方式。

7. 可追溯性要求

根据机密性和完整性的要求,应对数据审查的结果进行记录。

8. 健壮性要求

对病毒或非法入侵有一定的抵御能力。

(二) 电子商务采购的实施要点

1. 理清目标,有的放矢

企业必须对新的电子商务采购有清晰的目标,确定电子商务采购系统能够支付而不是伤害企业的整体竞争战略。企业的高层管理人员也必须对电子商务采购达成一致意见,从而保证企业各部门能够协同运作。同时,企业还要对外部环境进行分析。

2. 优化流程,提高效率

电子商务采购不是当前采购业务流程的简单电子化或自动化。企业必须仔细评估供应商和企业自身的采购作业流程,确定是否需要重新设计采购作业流程以保证电子采购的顺利实施。在多数情况下,企业需要聘请第三方咨询服务商帮助企业改进业务流程,邀请供应商参与采购作业流程分析以实现新的电子采购系统的顺利实施。

3. 变革组织,明确职能

电子商务采购要求企业的组织结构、组织文化、人员培训等方面必须支持实施电子采购,需要明确企业内部是否存在对变革的阻力,企业是否有详细的培训计划等。

4. 升级技术,有效融合

安全、可靠、易于管理和维护的计算机网络是企业实施电子采购的必要组成部分。企业需要知道自身的电子采购系统是否与供应商的系统兼容;企业新的电子系统是自主开发还是外包;如果是外包,如何选择电子采购系统的供应商;新的电子采购系统如何与财务、生产、营销等部门链接等。

5. 科学评估,提高效益

企业采用电子商务采购就是为了获取新系统所能带来的益处,因此评估和控制电子采购的绩效是保证电子采购成功运作的关键。科学的绩效衡量指标有助于公司发现新的电子采购中存在的问题并及时改进,这些指标包括:订货满足率、准时交货率、处理采购订单的时间、采购价格的降低、库存成本的降低、订货成本的降低、运输成本的降低、供应商绩效的提高与供应商关系的改善等。

(三) 电子商务采购的实施步骤

电子商务采购的实施需要借助互联网和电子采购平台。各企业所使用的电子商务采购平台不同,其采购流程也略有不同。电子商务采购的一般业务流程如下。

1. 提交采购需求

最终用户通过在线填写表格提出采购货品的请求。对于经常采购的商品可以建立电子目录供用户选择,以方便最终用户提出采购申请。

2. 确定采购需求

根据企业预先规定的采购流程,采购申请被依次自动传送给各个授权人请求批准。

3. 选择供应商

一旦在线采购申请最终得到批准,采购人员依据不同的情况可采取两种方式:

(1) 若所采购的货品已有了合格供应商,则该申请自动转化成采购订单发送给合格供应商。

(2) 若所采购的货品还没有固定的供应商,则采购人员需要在采购环境之外,寻找合格供应商。

4. 确认采购订单

在确定了合格供应商后,采购订单会通过电子邮件等方式传送给供应商。

5. 订单跟踪

信息系统较为完善的供应商会反馈给采购方一个订单号,采购人员通过订单号可以追踪订单的执行情况,直到发货。

6. 付款

如果连接了银行系统,则可以进行电子支付,在系统内完成具体业务的支付流程,同时还可查看支付情况。

第五节　供应链采购

一、供应链的含义与特点

(一) 供应链的含义

供应链是围绕核心企业,通过对信息流、物流、资金流的控制,从采购原材料开始,制成中间产品以及最终产品,最后由销售网络把产品送到消费者手中的,将供应商、制造商、分销商、零售商直到最终用户连成一个整体的功能网链结构模式。

供应链的概念是从扩大的生产概念发展来的,它将企业的生产活动进行了前伸和后延。例如,日本丰田公司的精益协作方式就将供应商的活动视为生产活动的有机组成部分而加以控制和协调,这就是前伸。后延是指将生产活动延伸至产品的销售和服务阶段。

因此，供应链就是通过计划、获得、存储、分销、服务等这样一些活动在客户和供应商之间形成的一种衔接，从而使企业能满足内外部客户的需求。

供应链包括产品到达客户手中之前所有参与供应、生产、分配和销售的公司和企业，因此其定义涵盖了销售渠道的概念。供应链对上游的供应者（供应活动）、中间的生产者（制造活动）和运输商（储存运输活动），以及下游的消费者（分销活动）同样重视。

供应链是在相互关联的部门或业务伙伴之间所发生的物流、资金流、知识流和服务流，覆盖从产品（或服务）设计、原材料采购、制造、包装到交付给最终用户的全过程的功能网链。

例如，一个顾客走进沃尔玛零售店购买雀巢奶粉，供应链始于顾客对奶粉的需求，顾客首先就会访问沃尔玛零售商店。沃尔玛的奶粉存货由成品仓库或者分销商用卡车通过第三方供应。雀巢公司为分销商供货，雀巢的制造工厂从各种供应商那里购进原材料，这些供应商可能由更低层的供应商供货。这一供应链如图 6-2 所示，图中箭头反映实体产品流动的方向。

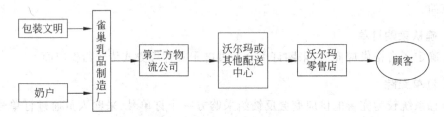

图 6-2　雀巢奶粉供应链示意图

我国国家物流标准术语中对供应链的定义是：供应链是生产及流通过程中，涉及将产品或服务提供给最终用户的上游与下游组织所形成的网链结构。

供应链是一个范围更广的企业结构模式，包含所有加盟的节点企业，从原材料的供应开始，经过链中不同企业的制造加工、组装、分销等过程直到最终用户。

这个概念强调了供应链的战略伙伴关系，从形式上看，客户在购买商品，但实质上客户是在购买能带来效益的价值。各种物料在供应链上移动，是一个不断采用高新技术增加其技术含量或附加值的增值过程。

（二）供应链的特点

从供应链的结构模型可以看出，供应链是一个网链结构，由围绕核心企业的供应商、供应商的供应商和用户、用户的用户组成。一个企业是一个节点，节点企业和节点企业之间是一种需求与供应关系。供应链主要具有以下特点。

1. 复杂性

因为供应链节点企业组成的跨度（层次）不同，供应链往往由多个、多类型甚至多国企业构成,所以供应链结构模式比一般单个企业的结构模式更为复杂,涵盖了整个物流(从供应商到最终用户的采购、制造、分销、零售等职能)领域过程。各企业在法律上都是独立的,它们之间形成了基于供应、生产和销售的多级复杂交易关系,在经济利益上不可避免地存在着冲突和矛盾。

2. 动态性

供应链管理因企业战略和适应市场需求变化的需要,其中节点企业需要动态地更新,这就使得供应链具有明显的动态性。同时,供应链成员之间的关系是合作与竞争,一旦成员企业经济实力发生改变,其在网络中的地位也随之发生变化,从而造成成员间关系的动态变化。

3. 面向用户需求

供应链的形成、存在、重构,都是基于一定的市场需求而发生的,并且在供应链的运作过程中,用户的需求拉动是供应链中信息流、产品/服务流、资金流运作的驱动源,因此供应链也称为需求链。

4. 交叉性

节点企业可以是这个供应链的成员,同时又是另一个供应链的成员,众多的供应链形成交叉结构,增加了协调管理的难度。

5. 层次性

各企业在供应链中的地位不同,其作用也各不相同。按照企业在供应链中地位的重要性的不同,各节点企业可以分为核心主体企业、非核心主体企业和非主体企业。主体企业一般是行业中实力较强的企业,它拥有决定性资源,在供应链管理中起主导作用,它的进入和退出直接影响供应链的存在状态。

在一个供应链中,居于中心位置的是核心主体企业,它是供应链业务运作的关键,它不仅推动整个供应链运作,为客户提供最大化的附加值,而且能够帮助供应链上的其他企业参与新的市场。

供应链是一个范围更广泛的企业结构模式,它包含所有加盟的节点企业,从原材料的供应开始,经过链中各种企业的加工制造、组装、分销等过程直到最终用户。它不仅是一条连接供应商到用户的物料链、信息链、资金链,而且是一条增值链,物料在供应链上因加工、包装、运输等过程而增加其价值,给相关企业都带来效益。

二、供应链管理的目标与特征

(一)供应链管理的目标

供应链管理就是企业对供应链的流程进行计划、组织、协调和控制,以优化整条供应链,目的是将客户需要的产品通过物流到达客户,整个过程要尽量降低供应链的成本。

供应链管理的目标是供应链整体价值最大化。供应链管理所产生的价值是最终产品对顾客的价值与顾客需求满足所付出的供应链成本之间的差额。供应链管理使节点企业在分工基础上密切合作,通过外包非核心业务、资源共享和协调整个供应链,不仅可以降低成本、减少社会库存,使企业竞争力增强,而且通过信息网络、组织网络实现生产与销售的有效连接和物流、信息流、资金流的合理流动,使社会资源得到优化配置。

供应链管理的整体目标是使整个供应链的资源得到最佳配置,为供应链节点企业赢得竞争优势和提高收益率,为客户创造价值。供应链管理强调以客户为中心,即做到将适当的产品或服务(right product or service),按照合适的状态与包装(right condition and packaging),以准确的数量(right quantity)和合理的成本(right cost),在恰当的时间(right time)送到指定地方(right place)的确定客户(right customer)手中。

因此,最好的供应链管理不是将财务指标作为最重要的考核标准,而是密切注视产品进入市场的时间、库存水平和市场份额这一类情况。以客户满意为目标的供应链管理必将带来供应链中各环节的改革和优化,因此,供应链管理的作用就是在提高客户满意度的同时实现销售的增长(市场份额的增加)、成本的降低以及固定资产和流动资产更加有效的运用,从而全面提高企业的市场竞争实力。

(二) 供应链管理的特征

1. 以满足客户需求为根本出发点

任何一个供应链的目的都是满足客户的需求,并在满足顾客需求的过程中为自己创造利润。在供应链管理中,顾客服务目标优先于其他目标,以顾客满意为最高目标。供应链管理必须以最终客户需求为中心,把客户服务作为管理的出发点,并贯穿供应链的全过程,把改善客户服务质量、实现客户满意作为实现利润、创造竞争优势的根本手段。

2. 以共同的价值观为战略基础

供应链管理首先解决的是供应链伙伴之间信息的可靠性问题。如何管理和分配信息取决于供应链成员之间对业务过程一体化的共识程度。供应链管理是在供应链伙伴间形成一种相互信任、相互依赖、互惠互利和共同发展的价值观和依赖关系。

供应链战略需要供应链上的企业从整个供应链系统出发,实现供应链信息的共享,加快供应链信息传递,减少相关操作,简化相关环节,提高供应链的效率,降低供应链成本,在保证合作伙伴合理利润的基础上,提升企业竞争能力和赢利能力,实现合作伙伴间的双赢。

3. 以提升供应链竞争能力为主要竞争方式

在供应链中,企业不能仅仅依靠自己的资源来参与市场竞争,而要通过与供应链参与各方进行跨部门、跨职能和跨企业的合作，建立共同利益的合作伙伴关系，实现多赢。供应链管理是跨企业的贸易伙伴之间密切合作、共享利益和共担风险；同时，信息时代的到来使信息资源的获得更具有开放性，这就迫使企业间要打破原有界限，寻求建立一种超越企业界限的新的合作关系。

因此，加强企业间的合作已成必然趋势，供应链管理的出现迎合了这种趋势，顺应了新的竞争环境的需要，改变了企业的竞争方式，将企业之间的竞争转变为供应链之间的竞争。

4. 以广泛应用信息技术为主要手段

信息流的管理对供应链的效益与效率是一个关键的因素。信息技术在供应链管理中的广泛应用，大大减少了供应链运行中的不增值活动，提高了供应链的运作绩效。

供应链管理应用网络技术和信息技术，重新组织和安排业务流程，进行集成化管理，实现信息共享。只有通过集成化管理，供应链才能实现动态平衡，才能进行协调、同步、和谐运作。

5. 以物流的一体化管理为突破口

供应链管理把从供应商开始到最终消费者的物流活动作为一个整体进行统一管理，始终从整体和全局上把握物流的各项活动，使整个供应链的库存水平最低，实现供应链整体物流最优化。

物流一体化管理能最大限度地发挥企业能力，降低库存水平，从而降低供应链的总成本，因此要实现供应链管理的整体目标，为客户创造价值，为供应链节点企业赢得竞争优势和提高收益率，供应链管理必须以物流的一体化为突破口。

6. 以非核心业务外包为主要经营策略

供应链管理是在自己的"核心业务"基础上，通过协作的方式来整合外部资源以获得最佳的总体运营效益，除了核心业务以外，几乎每件事都可能是"外源的"，即从公司外部资源整合。企业通过非核心业务外包可以优化各种资源，既可提高企业的核心竞争能力，又可参与供应链，依靠建立完善的供应链管理体系，充分发挥供应链上合作伙伴的资源和优势。

三、采购在供应链管理中的地位与特点

供应链管理是一种先进的管理思想，将是企业管理思想发展的主流方向。供应链管理是将网链上各节点企业看成一个整体，它强调的是企业不仅要追求自身利益，而且要追求供应链上整体效益最优。供应链管理的核心思想是协调与合作，企业不仅要与链上的上游供应商协作，而且要与链上的下游客户配合。

（一）采购在供应链管理中的地位

采购部门作为企业的一个业务部门,要直接与企业上游的供应商打交道,虽不与客户直接联系,但要与企业内部的相关部门协调。若是生产企业,采购部门对内要直接与仓储、生产等部门联系,甚至与客户联系,所以采购部门处于中间环节,起到承上启下的作用。

1. 对外与供应商联系

供应链像一条纽带,将企业和供应商连接在一起,构成双赢关系,而承担这个连接任务的是企业的采购部门。采购部门的职能是购买企业经营所需要的物品,采购部门要与供应商打交道,包括询价、磋商、催货、签约等,把物资及时、准确、经济合理地采购回来,并与供应商联系,不断加强合作。

2. 对内与企业各相关部门联系

在整个供应链上,企业的下游是客户,但是采购部门的下游是企业内部的相关部门,如生产企业采购部门的下游是仓储部门、生产部门,采购部门必须与下游打交道的部门协作配合,一方面从单个企业来说,可以提高采购效率;另一方面从整个供应链来说,通过企业内部各部门的协作配合,以至整个企业能与链上的上、下游企业更好地配合,提高整个供应链的效率。

（二）供应链采购管理的特点

供应链采购是指供应链内部企业之间的采购。供应链内部的需求企业向供应商企业采购订货,供应商企业将货物供应给需求企业。供应链采购与传统的采购相比,物资供需关系没变,采购的概念没变,但是由于供应链各个企业之间是一种战略伙伴关系,采购是在一种非常友好合作的环境中进行,因此采购的观念和采购的操作都发生了很大变化,供应链采购有以下特点。

1. 基于需求的采购

需要多少就采购多少,什么时候需要就什么时候采购。采购回来的货物直接送需求点进入消费。供应链采购在这一点上,与JIT采购相同,而与传统采购截然不同。传统采购是基于库存的采购,采购回来的货物直接进入库存,等待消费。

2. 供应商主动型的采购

由于供应链的需求者的需求信息随时都传送给供应商,因此供应商能够随时掌握用户需求信息,所以能够根据需求状况、变化趋势、及时调整生产计划、及时补充货物,主动跟踪用户需求,主动适时适量地满足用户需要。由于双方是一种友好合作的利益共同体,如果需求方的产品质量不好、销售不出去的话,供应商自己也会遭受损失,因此,供应商会主动关心产品质量,自觉把好质量关,保证需求方的产品质量。

3. 合作型的采购

双方为了产品能在市场上占有一席之地、获得更大的经济效益,分别从不同的角度互相配合、各尽其力,所以在采购上也是互相协调配合,提高采购工作的效率、最大限度地降低采购成本、最好地保证供应。

而传统采购是一种对抗性采购。由于双方是一种对抗性竞争关系,因此贸易双方互相保密、唯我主义、只顾自己获取利益,甚至还互相算计对方,因此贸易谈判、货物检验等都非常吃力。双方不是互相配合,而是互相不负责任,甚至是互相坑害,常常是以次充好、低价高卖,赚一笔是一笔。所以需求方必须时时小心、处处小心,有时甚至是防不胜防。这样花在采购上的人员、时间、精力、费用确实很高。

4. 友好的采购环境

供应链采购是一种友好合作的环境,而传统采购是一种利益互斥、对抗性竞争环境。这是两种采购制度的根本区别。由于采购环境不同,才导致了许多观念上、操作上的不同,才导致了各自的优点和缺点。供应链采购的根本特征就是有一种友好合作的供应链的采购环境。这是它根本的特点,也是它最大的优点。

5. 信息共享型采购

供应链采购一个重要的特点就是供应链节点企业之间实现了信息连通、信息共享。供应商能随时掌握用户的需求信息,掌握用户需求变化的情况;能够根据用户需求情况和需求变化情况,主动调整自己的生产计划和送货计划。供应链各个企业可以通过计算机网络进行信息沟通和业务活动。

这样足不出户,就可以很方便地利用计算机网络协调活动,进行相互之间的业务处理活动。例如发订货单、发发货单、支付货款等。因此供应链采购的基础就是要实现企业的信息化、企业间的信息共享,也就是要建立企业内部网络(Intranet)、企业外部网络(Extranet),并且和因特网(Internet)连通,并且建立起企业管理信息系统。

6. 供应商管理库存

供应链采购是由供应商管理用户的库存。用户没有库存,即零库存。这意味着,用户无须设库存、无须关心库存。这样做好处如下。

(1) 用户零库存,可以大大节省费用、降低成本、专心致志地搞好工作,发挥核心竞争力,可以提高效率。因而可以提高企业的经济效益,也可以提高供应链的整体效益。

(2) 供应商掌握库存自主权,可以根据需求变动情况,适时地调整生产计划和送货计划,既避免盲目生产造成的浪费,也可以避免库存积压、库存过高所造成的浪费以及风险。

7. 供应商送货

供应链采购是由供应商负责送货,而且是连续小批量多频次地送货。这种送货机制可以大大降低库存，可以实现零库存。因为它送货的目的，是直接满足需要，需要多少就送多少，什么时候需要就什么时候送。不多送，也不早送。这样就没有多的库存，可以降低库存费用；又保证满足需要，不缺货；可以根据需求的变化，随时调整生产计划，可以不多生产，不早生产，因而节省了原材料费用和加工费用；同时由于紧紧跟踪市场需求的变化，因此能够灵活适应市场变化、避免库存风险。而传统采购是大批量少频次地订货进货，所以库存量大、费用高、风险大。

8. 战略性关系

供应链采购活动中，买方企业和卖方企业是一种友好合作的战略伙伴关系，互相协调、互相配合、互相支持，所以有利于各个方面工作的顺利开展，提高工作效率、实现双赢。而传统采购中，买方与卖方是一种对抗性的买卖关系，一个赢，另一个必然输。所以互相防备、互相封锁；互相不信任、不配合，甚至互相坑害，所以办什么事都很难，工作效率低。

9. 免检

传统采购由于是一种对抗关系，因此货物会常常以次充好、低价高卖，甚至伪劣假冒、缺斤少两，所以买方进行货检的力度大，工作量大，成本高。而供应链采购，由于供应商自己责任与利润相连，因此自我约束、保证质量，所以可以免检。这样大大节约了费用、降低了成本、保证了质量。

从以上的比较可以看出，供应链采购与传统的采购相比，无论在观念上、做法上都有很大区别、有革命性的变化，供应链采购具有显著的优越性，如表6-5所示。

表6-5 供应链采购与传统采购的区别

项 目	供应链采购	传统采购
基本性质	基于需求的采购	基于库存的采购
	供应方主动型、需求方无采购操作的采购方式	需求方主动型、需求方全采购操作的采购方式
	合作型采购	对抗型采购
采购环境	友好合作环境	对抗竞争环境
信息关系	信息传输、信息共享	信息不通，信息保密
库存关系	供应商掌握库存	需求方掌握库存
	需求方可以不设仓库、零库存	需求方设立仓库、高库存
送货方式	供应商小批量多频次连续补充货物	大批量少频次进货
双方关系	供需双方关系友好	供需双方关系敌对
	责任共担、利益共享、协调性配合	责任自负、利益独享、互斥性竞争
货检工作	免检	严格检查

四、供应链采购管理的实施要点

(一) 指导思想的转变

供应链采购确实是一种有魅力的采购方式。但是要实施供应链采购,却是一件不容易的事情。可以说,供应链采购是对传统采购方式的一场革命,无论在观念上,还是在做法上都发生了革命性的变化。具体说来,要实现以下转变。

1. 从为库存而采购到为需要而采购

传统的采购是为库存而采购,采购回来的物资是用以填充库存。一方面造成超量库存,增加了库存成本;另一方面,又不能完全满足需要,产生缺货、影响生产,还把生产活动、采购活动当中一些不合理性、浪费性、低效率的环节掩盖起来,不知不觉地降低生产效率、增加生产成本、降低经济效益。

供应链采购转变为为了需求而采购,采购回来的物资直接用来满足直接的需要,不是放到仓库里,而是放到消费点进行使用消费,最大地提高了采购的效率、最大地降低了库存、最大地实现了节约。

2. 从采购管理向外部资源管理转变

传统的采购管理完全是企业内部的事情,立足于企业内部,千方百计使自己从采购中获取效益。但自己的力量毕竟是有限的,其实是可以调动供应商的积极性。这种观点是只着眼于企业内部是建立不起来的,一定要着眼于企业外部、着眼于供应链管理,才能建立起来。

供应链采购的实质,就是充分利用企业外部的资源、利用供应商自己的作用来实现企业采购的工作;让供应商自己对自己的产品负责,对物资的供应负责;实现无采购操作的采购,大大节省了一大堆烦琐、费力的采购实物工作,这样既降低了成本,又提高了效率,实现双赢。

3. 从一般买卖关系向战略伙伴关系转变

传统的采购活动中,买方和卖方是一种对抗性的买卖关系,相互封锁、信息保密、相互防备或坑害;只顾自己、不考虑对方;久而久之,已经形成了习惯。现在实行供应链采购,要把与供应商的对抗关系转变成一种战略伙伴关系,要转很大的思想弯子。但是只有把供应商看成是自己的合作伙伴,建立起友好合作关系,才能够实现供应链采购。只有思想上转好了弯子,才能够在行动上扎扎实实地为建立友好合作关系而行动。

建立友好合作关系,需要做大量的工作,包括一些基础工作。例如建立信息系统,实现信息共享、信息沟通,实现责任共担、利益共享等,就要落实在经常性的工作中,要采取实际的步骤,切切实实地实现"双赢"。

4. 从买方主动型向卖方主动型转变

传统的采购是买方主动型,靠买方单枪匹马在那里艰苦奋斗。这样做的效率不好。我们实现供应链采购,需要转变成供应商主动型。由供应商主动替我们供应物资。本来采购本身,供需双方都有利益:买方获得物资,保障生产;卖方销售货物,获得利润。所以既然买方可以主动,则卖方当然也完全可以主动。而这两个主动比较起来,卖方的主动更富有效率和效益。因为它不但为买方节省了采购业务,而且也为自己主动调整生产计划和送货计划而实现了最大的节约,真正实现了供需双方的"双赢"。

(二) 供应链采购管理的基础建设

为了实现供应链采购,还要做一些基础建设工作。

1. 信息基础建设

建立企业内部网和企业外部网,并且和因特网相连;开发管理信息系统,建立电子商务网站,建设信息传输系统;还要进行标准化、信息化的基础建设,例如 POS 系统、EDI 系统或其他数据传输系统、各种编码系统等。

2. 供应链系统基础建设

通过扎实稳妥的工作,逐步建立起供应链系统。加强业务的联系,加强供应链节点企业的沟通,逐渐形成供应链节点企业的业务协调和紧密关系。要逐渐建设责任共担、利益共享机制。另外还要促进节点企业的内部基础建设,实现信息化、规范化、有关业务协调化,为建立一个完善的供应链做准备。在条件成熟以后,及时地建成供应链,实行供应链管理操作。

3. 物流基础建设

包括供应链节点企业内部和企业之间的物流基础建设,例如仓库布点、仓库管理、运输通道、运输工具、搬运工具、货箱设计、物流网络等,还包括一些物流技术,如条码系统、自动识别、计量技术、标准化技术等。

4. 采购基础建设

采购基础建设如供应商管理库存、连续补充货物、数据共享机制、自动订货机制、准时化采购机制、付款机制、效益评估和利益分配机制、安全机制等。

通过所有这些基础建设,形成一定的规范,就可能建立起一个完善的供应链系统,实现供应链采购。

本章小结

本章主要介绍了谈判采购的含义、分类及集中与分散采购、直接与间接采购、现货与远期合同采购的比较分析,招标采购的内容和评标体系及招投标的方式;重点介绍了 JIT 采购、电子商务采购、供应链采购、国际采购等各种采购方式的含义、类别、实施要点与程序步骤。

基础能力测试

一、填空题

1. 企业依据采购( )、( )、( )、( )、( )和( )等因素,选择适当的采购方式。
2. 根据采购主体完成采购任务的途径划分,采购方式可以分为( )与( )。
3. 招标是采购的一种特殊形式,指在一定范围内公开( )、( )或( )采购的条件和要求,邀请众多投标人参加投标,并按照规定程序从中选择交易对象的一种市场交易行为。
4. 评标小组根据公正、公平、公开原则对所有投标方的投标文件进行( )、( )、( )和( ),并把最后的评比结果交给招标方。
5. JIT 采购,又叫( )。
6. PDCA 指的是( )、( )、( )和( )。
7. 采购市场调研包括对( )的调研和对( )的调研。

二、简答题

1. 简答 JIT 采购的作用。
2. 简答电子商务采购的含义和特点。
3. 简答谈判采购的分类。
4. 供应链主要具备哪些基本特征?
5. 电子商务采购具有哪些优势?
6. 简答招标采购的内容。

三、论述题

1. 论述 JIT 采购与传统采购的区别。
2. 试论采购在供应链管理中的重要地位。
3. 结合所学知识对现货采购与远期合同采购进行对比分析。
4. 论述供应链采购管理的实施要点。

阅读与思考

"智能采购"——医药零售企业的必由之路

药品在流通环节中是一种商品,具有一般商品的普遍特征,但同时又有其特殊性。药品的普遍特征是指它有一个生产制造、仓库储存、流通配送和最终消费的过程,而特殊性在于它的价值,其使用与人类的生命健康有着直接的关联,能用于疾病的预防、诊断和治疗。

消费者对于药品的需求的特点为"刚需、低频、即时和专业指导",即患者需求非常强烈,但是除了少数的长期病症,对于药品需求的频次又很低,在病魔的折磨下合适的药品能够迅速地触及和到达患者也是至关重要,同时患者在生病的时候其实是最需要关怀的时候,特别是药品专业人士和消费者之间的互动并且带来的关怀则让患者更加放心和得到安慰。

由于国家食品药品监督管理局对药品的严格管控,例如2016年仅仅批准了206件药品生成注册申请,这其实让药品的新品上市数量和普通的零售商品不能比拟,很多药其实都已经有着数十年的销售历史,数据的质量都非常的不错。

药品的另一个特点是食药监对药品的品规有着严苛的强制性规定,绝对不能有任何变化,但是同一种药品因为价格、剂型、规格和生产地以及生产厂家又不是唯一的,可以进行多重采购,从而对采购带来很多的变化。

数量巨大、需求特点明显、季节性强、消费者针对性强,但同一药品会出现多家供应商的"一对多"的特殊情况,这些都让药品采购有着很强的规律性,但同时又面临着巨大的挑战。

药品零售企业在现实采购过程中也面临着诸多的问题:库存大量积压、库存严重不足、临期报废严重、预警机制缺失、特殊采购难以应对、"一对多"采购所带来的数据管理问题等。这些问题造成医药销售企业的毛利率低下、现金流风险加大、消费者需求得不到满足、药品数据混乱等种种危机。造成上述这些问题的主要原因如下:

(1) 采购决策和药品销售没有形成流程和数据的闭环,两者处于分裂状态;

(2) 整个药品的供应链计划体系包括药品画像、门店画像、需求预测、补货计划、采购计划、物流计划等没有建立起来,导致各个职能各自为政,缺乏集成的统筹和调度;

(3) 对于采购和销售数据的分析能力、技术、方法落后,没有对多年积累的优质数据加以利用和及时整理,例如指导采购量的数据不是依赖未来的预测量,而是根据过去三个月的销售平均,从而造成采购数量的严重偏差。

所以与其说药品的采购出了问题,不如说是药品的端到端供应链管理出了问题,因为采购只是其中的一部分,其实是药品的需求没有被真正地管理起来。而所谓药品的"智能采购"其实起始点还是在消费者在不同的场景下对于药品的需求,也即是"患者、药品和药店"的三者真正的匹配，帮助企业对过去的历史销售数据进行充分的挖掘和分析，并考虑未来各种影响因素，如天气、流行病趋势、疾控中心的预警、竞争对手的定价和活动、市场大盘动态等，从而实现精准的销售预测来满足消费者需求，也就是通过"擒贼先擒王"来驱动后续的各种供应链具体动作，如采购、生产、物流等，最终的目的是在确保药品供应的前提下，优化成本，提升效率。

智能采购非常注重数据分析，这也是供应链里最基础的内容之一，其所有的活动都是建立在数据分析的基础上的。例如药品零售企业要给供应商下一张采购订单，究竟需要订多少数量才既不会产生过量库存，也不会造成缺货呢？不能简单地说，订得过多还是过少，而是应该通过分析销售额、库存天数或是周转率以后，寻优到最合理的库存水平。医药采购的改善活动也必须用数据说话，建立以数据为导向的思维方式，所有的改善方案都应该有相对应的数据作为支撑，这样才能避免直觉因素对分析判断的影响。

药品的智能采购具体来说就是通过对药品销售和现有库存数据的深度分析，总结和提炼药品消耗规律，对计划期内采购管理活动做出预见性的安排和部署，同时结合采购过程中的各种约束条件、业务目标，各种变量如采购周期、价格、最小订单量、需要时间、生产厂家、物流成本、效期、供应商账期等建立模型进行优化，确保销售部门获取足够数量药品的同时，价格、成本、人力、效率、效益都处在最佳状态。

要实现智能采购需要增加药品供应链的可视性，这将有利于增强整个产业链条中所有的利益相关方的盈利能力。在信息系统的帮助下，药品零售企业能够迅速地掌握药品终端销售的实时信息，在优质数据和强大系统的支撑下，精准制定出生产、采购、销售和售后服务等计划，及时地保障药品的供应，同时避免缺货或冗余库存的风险。

在智能采购的状态中，大量枯燥的不带来价值的运算工作都会交给模型，模型会产生出具体的采购建议，人的工作不再是去计算、救火、解决具体事情，而是积极主动地预防风险和管理、更新各种现实的约束条件、突发状况、政策影响、价格优化、消费者反馈等等，把人的智慧、判断、创意等有价值的元素融入采购管理，真正实现"人机互动"乃至"人机结合"。最终药品智能采购所带来的潜在效益如下：

（1）智能预估药品采购需用的数量与时间，规避供应中断风险，减小损失；
（2）避免采购药品储存过多，积压资金，占用堆积的空间；
（3）协同公司生产和采购计划与资金使用，降低财务风险；
（4）有利于资源的合理配置，取得最佳的经济效益。

因此药品的智能采购归根结底是对需求的精准把控之下，借助大数据、云计算、算法模型等智能手段，结合药品采购和供应链管理的实际场景以及各种约束条件，在人的智慧和模型结合的前提下，自动并且智慧地生成采购建议，进而整体提升药品企业的效益及降低供应链风险。

资料来源：中国物流与采购联合会资料汇编

第七章

采购谈判与采购合同

知识目标

1. 了解采购谈判的特点与内容,掌握采购谈判的策略与程序;
2. 了解采购合同的特征、种类及主要内容,掌握签订采购合同的流程与要求。

技能要求

1. 掌握采购合同签订的流程,并在实际中可以有效运用;
2. 掌握跟踪监控采购合同执行的方法,能使合同顺利履行;
3. 掌握采购合同的相关要点,能灵活运用并能解决实际业务纠纷。

导航索引

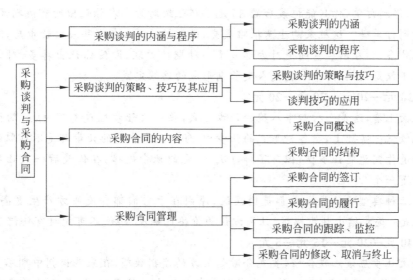

引导案例

采购谈判人员的让步技巧

价格永远是让步的焦点。让步的类型有很多种,不同的让步方式会产生不同的谈判结果。假如你代表一家医疗器械销售公司向某家大型医院洽谈采购业务,其中一款设备报价是800元,你可以将价格降到720元成交,因此你谈判的空间是80元。怎样让出这80元是值得探讨的。下面是几种常见的让步方式。

一、80元—0元—0元—0元

初级的采购谈判者经常使用此方法,因欠缺实战经验,比较担心因价格导致采购谈判的破裂,在初期就把所有的空间全部让出去。如果换位思考,这种让步方法显然是极端错误的。首先对方会认为你虚高报价,轻易地让出如此大的幅度,一定还有很大的让利空间,因此对方会在价格上继续步步紧逼,这时你已无路可退,即使交易达成,对方也会怀疑你的诚意,从而影响下一次的合作。其次,此方法违背了让步的原则,你的每一次让步要换取对方相应的回报,你的价格一降到底,将主动权双手奉出,无法获取对方的任何回报。

二、5元—15元—25元—35元

每个人都不是天生的冒险者,当遇到新鲜事物时总会谨小慎微,不敢轻易下结论。有时个人的性格会转化成谈判的风格。

许多采购谈判者习惯于先让出一小部分,在观察对方的反应后作出下一个让步行动。

比如，初期先让出 5 元，并告诉对方这是最后底线，如此小的幅度对方通常不会同意，要求你再次让步，于是你分两步让出了 15 元和 25 元，但仍然被对方无情地拒绝了。为了避免谈判破裂，得到订单，你只能把最后的 35 元全部让给对方。在你让出所有谈判幅度后，你会如愿拿到订单吗？这桩采购生意很难成交，道理很简单：在你每一次让步后，对方所得到的越来越多，你在不经意间使对方形成了一种期待心理，即使你让出再多，对方也不会满足。这不仅是谈判的心理，也是人类长期形成的思维定式。

三、20 元—20 元—20 元—20 元

从表面上看，这是一种四平八稳的让步方式，每一次让步幅度都不大，采购谈判破裂的风险也较低。实际上，在各种形式的让步中，任何两次相同的让步都是不可取的。对方虽然不知道你究竟能让多少，但却了解每次 20 元的让步规律，在你最后一次让步后对方还会期待下一个 20 元。

以上三种典型的让步方式都是错误的，原因在于它们都会使买方产生更高的期待。正确方式是：逐步缩小让步幅度，让买方认为价格已触及底线，不可能再有任何让步了。

四、40 元—20 元—15 元—5 元

第一次让步应该比较合理，要充分激起买方的谈判欲望，在采购谈判中期不要轻易让步，每一次让步幅度都要递减，并且要求买方在其他方面给予回报，最后的让步要表现出异常的艰难，必要时要使用上级领导策略，引导买方顺着你的思路进行谈判，最终取得这次采购谈判双赢的交易结果。

资料来源：中国采购与招标网资料汇编

 引例分析

让步是采购谈判过程中的一种普遍现象，可以说，任何一次采购谈判的成功，都离不开参与方的必要妥协和适当让步。实际上，采购谈判往往是双方多次讨价还价的过程，成功让步的谈判策略和技巧的运用表现在谈判的各个阶段。不同的让步策略给对方传递不同的信息，选择采取哪种让步策略，体现了采购人员的业务素质与专业水平。

第一节 采购谈判的内涵与程序

一、采购谈判的内涵

(一) 采购谈判的概念与重要性

采购谈判是指企业为采购商品作为买方，与卖方厂商对购销业务有关事项，如商品的品种、规格、技术标准、质量保证、订购数量、包装要求、售后服务、价格、交货日期与地点、运输方式、付款条件等进行反复磋商，谋求达成协议，建立双方都满意的购销关系。

采购谈判的目的,一是希望获得供应商质量好、价格低的产品;二是希望获得供应商比较好的服务;三是希望在发生物资差错、事故、损失时获得合适的赔偿;四是当发生纠纷时能够妥善解决,不影响双方的关系。

采购谈判在采购活动中的重要性如下。

1. 可以争取降低采购成本

通过采购谈判,可以以比较低的价格获取供应商的产品,降低购买费用;可以以比较低的进货费用获得供应商送货,降低采购进货的费用,这样就可以降低采购成本。

2. 可以争取保证产品质量

在进行采购谈判时,产品质量肯定是一个重要的内容,通过谈判可以让供应商对产品提供质量保证,使购买方能够获得质量可靠的产品。

3. 可以争取采购物资及时送货

通过谈判,可以促使供应商保证交货期、按时送货、及时满足采购方物资需要。并且,因此可以降低采购方的库存量、提高其经济效益。

4. 可以争取获得比较优惠的服务项目

伴随产品购买,有一系列的服务内容,例如,准时交货、提供送货服务、提供技术咨询服务、售后安装、调试、使用指导、运行维护以及售后保障等。这些服务项目,供应商都需要花费成本,供应商希望越少越好,而购买方希望越多越好,这就需要谈判。

5. 可以争取降低采购风险

采购进货过程风险大,途中可能发生事故,造成货损、货差,甚至人身、车辆、货物的重大损失,通过谈判,可以让供应商分担更多风险、承担更多风险损失。这样,采购方就可以减少甚至避免采购风险,减少或者消除风险损失。

6. 可以妥善处理纠纷,维护双方的效益

通过谈判可以争取降低采购成本和采购风险,及时满足企业物资需要,保证物资质量、获取优惠服务、降低库存水平、提高采购的效益。如果能够谈判成功,则对企业是非常有利的。

（二）采购谈判的内容

在采购谈判中,谈判双方主要就以下十项交易条件进行磋商:

(1) 商品的品质条件;

(2) 商品的价格条件;

(3) 商品的数量条件;

(4) 商品的包装条件;

(5) 交货条件；

(6) 货款的支付条件；

(7) 货物保险条件；

(8) 商品的检验与索赔条件；

(9) 不可抗力条件；

(10) 仲裁。

商品的品质、价格、数量和包装条件是谈判双方磋商的主要交易条件。只有明确了商品的品质条件，谈判双方才有谈判的基础。也就是说谈判双方首先应当明确双方希望交易的是什么商品。在规定商品品质时，可以用规格、等级、标准、产地、型号和商标、产品说明书和图样等方式表达，也可以用一方向另一方提供商品实样的方式表明己方对交易商品的品质要求。

在磋商数量条件时，谈判双方应明确计量单位和成交数量，在必要时订立数量的机动幅度条款。在货物买卖中，大部分货物都需要包装。因此，谈判双方有必要就包装方式、包装材料、包装费用等问题进行洽谈。

商品的交货条件是指谈判双方就商品的运输方式、交货时间和地点等进行磋商后达成的交货条款。而货运保险条件的确定则需要买卖双方明确由谁向保险公司投保，投保何种险别，保险金额如何确定，以及依据何种保险条款办理保险等。

货款的支付问题主要涉及支付货币和支付方式的选择。在国际货物买卖中使用的支付方式主要有：汇付、托收、信用证等。不同的支付方式，买卖双方可能面临的风险大小不同，在进行谈判时，应根据情况慎重选择。

检验、索赔、不可抗力和仲裁条件，有利于买卖双方预防和解决争议，保证合同的顺利履行，维护交易双方的权利，是国际货物买卖谈判中必然要商议的交易条件。

（三）采购谈判的特点

采购谈判属于商务谈判的范畴，它具有商务谈判的基本特点，但同时也具有自己的特殊性。

（1）采购谈判是为了最终获取本单位或部门所需物资，保障本单位或部门及时持续的外部供应。

（2）采购谈判讲求经济效益。在谈判中，买卖双方争议最激烈的问题往往是商品的价格问题。对采购者来说，当然是希望以最低的价格或者最经济地获得所需商品。

（3）采购谈判是一个买卖双方通过不断调整各自的需要和利益而相互接近，最终争取在某些方面达成共识的过程。

（4）采购谈判蕴含了买卖双方"合作"与"冲突"的对立统一关系。双方都希望最终能够达成协议，这是合作的一面；但各方同时又希望通过协议能够获得尽可能多的利益，这是冲突的一面。正是由于买卖双方的这种对立统一关系,才体现出了采购谈判的重要性,以及在谈判中选用适当策略和技巧的必要性。

（5）在采购谈判中,最终达成的协议所体现的利益主要取决于买卖双方的实力和当时的客观形势。另外,谈判结果还在一定程度上受主观条件的制约,例如,谈判人员的素质、能力、经验和心理状态,以及在谈判中双方所运用的谈判策略技巧。

（6）采购谈判既是一门科学,又是一门艺术。掌握谈判的基本知识和一些常用策略技巧能使谈判者有效地驾驭谈判的全过程,为己方赢得最大的利益。

在采购谈判的实际组织实施中,要综合考虑采购谈判的上述特点,并结合实际情况,制定合适的谈判计划、方案和策略等。

（四）采购谈判的指导思想

采购谈判最基本的思想就是谋求买卖双方的"皆大欢喜"。这个指导思想被一些学者和企业家称为"双赢"的原则。其含义是采购谈判应兼顾买卖双方的利益,将谈判成功的希望放置于双方需要的基础上,并在此基础上追求对各方都有利的结果。贯彻"双赢"的指导思想,就要在谈判过程中努力去寻求满足共同利益的谈判选择方案。

在制订谈判目标、计划、策略时,应当从双方的需要出发考虑问题。以这样的思想去指导谈判活动,才能提高成功率。反之,如果在谈判中只顾自身利益,不顾对方利益,最后就很可能以谈判失败告终。

此外,在采购谈判中,买卖双方还要以诚实守信、平等互惠、心胸宽广等思想来指导自己的言行。诚实守信就是在谈判中买卖双方互相信任,以诚待人,各方认真遵守和履行自己在谈判过程中所做的承诺,不失信于人。

平等互惠是指不论买卖双方企业的大小、社会知名度等客观因素如何,在谈判中双方都应平等对待,遵循在平等的基础上相互实现其经济利益原则,这是谈判最终能达成交易的前提条件,同时也是市场经济的规律所决定的。心胸宽广是指在谈判中买卖双方要有较强的忍耐性,豁达大度,相互包容,能进能退。

由于各种因素的制约,谈判并不能按照各方预料的那样发展下去,这就要求双方要根据谈判的实际情况决定下一步的做法,善于把谈判问题的原则性与灵活性有机结合起来,以便能使谈判获得最终的成功。

二、采购谈判的程序

一场谈判能否取得圆满的结果,要依赖多方面的因素。但企业采购部门是否对谈判组织周密严谨,谈判前是否作了充分的准备,谈判中是否能够灵活运用有关策略、技巧等,对谈判有着重要的决定作用。

（一）采购谈判的准备阶段

"凡事预则立，不预则废。"采购谈判也是如此。准备工作做得如何在很大程度上决定着谈判的进程及其结果。有经验的谈判者都十分重视谈判前的准备工作。一些规模较大的重要谈判，往往提前几个月甚至更长的时间就开始着手进行精心的准备。

总体上说，前期的准备工作主要从谈判有关资料的收集、谈判方案的制定、谈判队伍的组选等方面展开。

1．采购谈判资料的收集

通过对谈判有关资料信息的收集、整理、分析和研究，谈判人员就会有较为充分的心理思想准备，明确谈判的主客观环境，以及在谈判中可能会出现的问题。

1）采购需求分析

采购需求分析就是要在采购谈判之前弄清楚企业需求什么、需求多少、需求时间，最好能够列出企业物料需求分析清单。

2）资源市场调查

在做出采购需求分析之后，就要对资源市场进行一番调查分析，获得市场上有关物资的供给、需求等信息资料，为采购谈判的下一步决策提供依据。具体包括产品供应与需求情况、产品销售情况、产品竞争情况、产品分销渠道等。

3）对方情报收集

（1）资信情况。调查供应商的资信情况，既要调查对方是否具有签订合同的合法资格，还要调查对方的资本、信用和履约能力。在对对方的合法资格进行调查时，我们可以要求对方提供有关的证明文件，如成立地注册证明、法人资格等，也可以通过其他的途径进行了解和验证。

对对方的资产、信用和履约能力的调查，资料的来源可以是公共会计组织对该企业的年度审计报告，也可以是银行、资信征询机构出具的证明文件或其他渠道提供的资料。

（2）对方的谈判作风和特点。谈判作风是实质谈判者在多次谈判中表现出来的一贯风格。了解谈判对手的谈判作风，对预测谈判的发展趋势和对方可能采取的策略，以及制定己方的谈判策略，可提供重要的依据。

此外，还可以收集供应商要求的货款支付方式、谈判最后期限等方面的资料。

4）资料的整理与分析

在通过各种渠道搜集到以上有关信息资料以后，还必须对它们进行整理和分析。这里主要做两方面的工作。

（1）鉴别资料的真实性和可靠性。即去伪存真，这是一个整理的过程。在实际工作中，由于各种各样的原因和限制因素，在收集到的资料中往往存在着某些资料比较片面、不完全，有的甚至是虚假的、伪造的，因而必须对这些初步收集到的资料做进一步的整理和甄别。

例如，由于在资料收集的过程中存在一定的难度，有些收集到的资料就有可能不是第一手的资料，或者是收集人员做出的估计或预测，那么，这些资料的可靠性就值得怀疑，因此，也就必须对这些资料进行整理与鉴别，做到去伪存真，为我方谈判所用。

（2）鉴别资料的相关性和有用性。即去粗取精，这是一个分析的过程。在资料具备真实性和可靠性的基础上，结合谈判项目的具体内容与实际情况，分析各种因素与该谈判项目的关系，根据它们对谈判的相关性、重要性和影响程度进行比较分析，并依此制定具体的切实可行的谈判方案与对策。

2. 采购谈判方案的制定

谈判方案是指在谈判开始前对谈判目标、谈判议程、谈判对策等预先所作的安排。谈判方案是指导谈判人员行动的纲领，在整个谈判过程中起着重要的作用。

1）采购谈判目标的选择

谈判目标指参加谈判的目的。一般可以把谈判目标分为必须达到的目标、中等目标、最高目标三个层次。对于采购谈判来讲，首先是为了获得原材料、零部件或产品，所以谈判就以能满足本企业（地区、行业或单位）对原材料、零部件或产品的需求数量、质量和规格等作为谈判追求的目标，也就是谈判必须达到的目标；其次，采购谈判还要以价格水平、经济效益水平等作为谈判的目标，这可以作为中等目标；最后，采购谈判还要考虑供应商的售后服务情况，例如，供应商的送货、安装、质量保证、技术服务活动等，这是采购谈判追求的最高目标。

2）采购谈判议程的安排

谈判议程即谈判的议事日程。它主要是说明谈判时间的安排和双方就哪些内容进行磋商。

（1）采购谈判主题的确定。要进行一次谈判，首先就要确定谈判的主题，不能漫无边际地进行谈判。一般地说，凡是与本次谈判相关的、需要双方展开讨论的问题，都可以作为谈判的议题。可以把它们一一罗列出来，然后根据实际情况，确定应重点解决哪些问题。对于采购谈判来讲，最重要的也就是采购产品的质量、数量、价格水平、运输等方面，所以，应把这些问题作为谈判议题重点加以讨论。

（2）采购谈判时间的安排。谈判时间的安排，就是要确定谈判在何时举行，为期多久。若是一系列的谈判需要分阶段进行的话，还应对各个阶段的谈判时间做出安排。

一般来说，我们在选择谈判时间时，要考虑下面几个方面的因素：

① 准备的充分程度，要注意给谈判人员留有充分的准备时间，以防仓促上阵；

② 要考虑对方的情况，不要把谈判安排在对对方明显不利的时间进行；

③ 谈判人员的身体和情绪状况，要避免在身体不适、情绪不佳时进行谈判。

3)谈判备选方案的制定

通常情况下,在谈判过程中难免会出现意外的事情,令谈判人员始料不及,影响谈判的进程。为了预防这种情况的发生,在接到一个谈判任务时,应对整个谈判过程中双方可能做出的一切行动作正确的估计,并依此设计出几个可行性的备选方案。在制定谈判备选方案时,可以注明在出现何种情况下,使用此备选方案,以及备选方案的详细内容、操作说明等。

当然,任何一种估计都可能是错误的,这就要求我们不仅在分析、讨论问题时,必须要以事实为依据,按照正确的逻辑思维来进行,而且在谈判过程中,也要注意对谈判对手的观察和对谈判形势的分析判断,对原定的方案进行不断的修正,并结合具体情况灵活运用。

3. 采购谈判队伍的组选

采购谈判能否取得预期的效果,取决于谈判人员能否审时度势,正确合理地运用谈判策略。采购谈判队伍的组选就是指在对谈判对手情况以及谈判环境诸因素进行充分分析研究的基础上,根据谈判的内容、难易程度选择谈判人员,组织高效精悍的谈判队伍。

一般来说为了保证谈判达到预期的目标,提高谈判的成功率,应根据以下几项原则来选择不同的人员组成队伍。

(1)根据谈判的内容、重要性和难易程度组织谈判队伍。小型的谈判,谈判人员可由2~3人组成,有时甚至由1人全权负责;而对于内容较为复杂且较重要的大型谈判,配备的人员数要比小型谈判多得多。

(2)根据谈判对手的具体情况组织谈判队伍。一般可以遵循"对等原则",即己方谈判队伍的整体实力与对方谈判队伍的整体实力相同或对等。

在组织谈判队伍时,关键的一步就是谈判人员的选择。对谈判人员的素质要求有:具有良好的自控与应变能力、观察与思考能力、迅速的反应能力、敏锐的洞察力,甚至有时是经过多次采购谈判而于无形之中形成的知觉。此外采购人员还应具有平和的心态、沉稳的心理素质,以及大方的言谈举止。

谈判小组的组成规模除了一名具有丰富的谈判实践经验、高明的组织协调能力的组长之外,还需要财务、法律、技术等各个方面的专家。在性格和谈判风格上,小组成员应该是进攻型和防御型两类人员优势互补,以使谈判能够取得最佳效果。

4. 采购谈判的其他准备工作

1)谈判地点的选择

一般而言,谈判地点的选择无外乎三种情况:己方所在地、对方所在地、双方之外的第三地。对于最后一种情况往往是双方在参加产品展销会时进行的谈判。三种地点选择有利有弊。

(1) 在己方所在地进行谈判，其主要优点是：以逸待劳，无须熟悉环境或适应环境这一过程；随机应变，可以根据谈判形势的发展随时调整谈判计划、人员、目标等；创造气氛，可以利用地利之便，通过热心接待对方，关心其谈判期间生活等问题，显示己方的谈判诚意，创造融洽的谈判氛围，促使谈判成功。其缺点主要是：要承担烦琐的接待工作；谈判可能常常受己方领导的制约，不能使谈判小组独立地进行工作。

(2) 在对方所在地进行谈判，其主要优点是：不必承担接待工作，可以全心全意地投入谈判；可以顺便实地考察对方的生产经营状况，取得第一手的资料；在遇到敏感性的问题时，可以推说资料不全而委婉地拒绝答复。其缺点主要是：要有一个熟悉和适应对方环境的过程；谈判中遇到困难时，难于调整自己，容易产生不稳定的情绪，进而影响谈判结果。

(3) 在双方之外的第三地进行谈判，对于双方来说在心理上都会感到较为公平合理，有利于缓和双方的关系。但由于双方都远离自己的所在地，因此，在谈判准备上会有所欠缺，谈判中难免会产生争论，影响谈判的成功率。

2) 模拟谈判

为了提高谈判工作的效率，使谈判方案、计划等各项准备工作更加周密、更有针对性，在谈判准备工作基本完成以后，应对此项工作进行检查。在实践中行之有效的方法就是进行模拟谈判。谈判双方可以由己方谈判人员与己方非谈判人员组成，也可以将己方谈判小组内部成员分为两方进行。

有效的模拟谈判可以预先暴露己方谈判方案、计划的不足之处及薄弱环节，检验己方谈判人员的总体素质，提高他们的应变能力，达到减少失误，实现谈判目标的目的。

(二) 采购谈判的进行

采购谈判正式开始以后，可以将谈判分为如图 7-1 所示的四个阶段。

图 7-1　采购谈判的阶段划分示意图

1. 开局阶段

一般先彼此熟悉一下双方，然后就会谈的目标、计划、进度和参加人员等问题进行讨论，尽量取得一致意见以及在此基础上就本次谈判的内容分别发表陈述。它是在双方已做好充分准备的基础上进行的。通过这种商谈，可为以后具体议题的商谈奠定基础。

在这一阶段，要注意营造良好的谈判气氛，并为正式谈判做好预备工作。双方应对本次谈判的议题、议程、进度和期限等进行交谈，以谋求谈判双方对谈判进程的意见一致。

一方主谈人员可以以协商的口气对对方主谈人员提出有关谈判进程方面的一些问题,例如:"××先生,在正式谈判之前,我们想就时间安排问题征求您的意见。"或者"××先生,我想先与您谈谈本次谈判的议程问题,您看如何?"

2. 摸底阶段

在谈判的摸底阶段,要注意以下几点。

(1) 征询对方意见,这是谈判之初最常见的一种启示对方发表观点的方法。

(2) 诱导对方发言,这是一种开渠引水,启示对方发言的方法。

(3) 使用激将的方法。

在摸底阶段,不仅要注意观察对方发言的语义、声调、轻重缓急;还要注意对方行为语言,如眼神、手势、脸部表情,这些都是传递某种信息的符号。优秀的谈判者都会从谈判对手起始的一举一动中,体察对方的虚实。

3. 磋商阶段

双方各自提出自己的交易条件,并且尽量提出有说服性的理由,进行磋商,争取达到一致。当然,双方的意见可能会存在某些分歧和矛盾。因此,谈判可能要经过多轮。双方为了解决分歧和矛盾,就必须进行讨价还价,反复进行磋商。磋商的结果要么是己方放弃某些利益,要么就是对方放弃某些利益,也可以双方进行利益交换。

总之,谈判过程中,双方都是力求维护本企业的利益,想方设法让对方让步。如果双方都不让步,谈判就进行不下去,这时谈判破裂、失败。如果双方能够逐步让步、协调,最后大体利益均等,谈判双方意见达成一致,谈判就获得成功,谈判就可以结束了。

4. 签署协议阶段

签署协议阶段是较为轻松、活跃的阶段,原先谈判桌上的对手一下变成了亲密的朋友。谈判结束阶段的主要任务是尽快达成交易、签订书面协议或合同、谈判资料的回收和整理等。

谈判过程,是一个双方维护各自利益的较量过程。对采购方来说,谈判是否成功,就看谈判结果能为企业带来多大的效益。因此,谈判人员应该认真、冷静、顽强、巧妙、灵活地应对各种情况和问题。

第二节 采购谈判的策略、技巧及其应用

在采购谈判中,为了使谈判能够顺利进行和取得成功,谈判者应善于灵活运用一些谈判策略和技巧。谈判策略是指谈判人员通过何种方法达到预期的谈判目标,而谈判技巧则是指谈判人员采用什么具体行动执行谈判策略。在实际工作中,应根据不同的谈判内容、谈判目标和谈判对手等具体情况,选用不同的谈判策略和技巧。

一、采购谈判的策略与技巧

（一）采购谈判的策略

1. 投石问路

投石问路策略就是在采购谈判中，当买方对卖方的商业习惯或有关诸如产品成本、价格等方面不太了解时，买方主动地摆出各种问题，并引导对方去做较为全面的回答，然后从中得到有用的信息资料。这种策略一方面可以达到尊重对方的目的，使对方感觉到自己是谈判的主角和中心；另一方面，又可以摸清对方底细，争得主动。

运用该策略时，关键在于买方应给予卖方足够的时间并设法引导卖方对所提出的问题作尽可能详细的正面回答。为此，买方在提问时应注意：问题简明扼要、有针对性；尽量避免暴露提问的真实目的或意图。在一般情况下，买方可以提出以下问题：如果我们订货的数量增加或者减少、如果我们让你方作为我们固定的供应商、如果我们有临时采购需求、如果我们分期付款等。

当然，这种策略也有不适用的情况。比如，在谈判双方出现意见分歧时，买方使用此策略会让对方感到你是故意给他出难题，这样，对方就会觉得你没有谈判诚意，谈判也许就不能成功。

2. 避免争论

谈判人员在开谈之前，要明确自己的谈判意图，在思想上进行必要的准备，以创造融洽、活跃的谈判气氛。然而，谈判双方为了谋求各自的利益，必然会在一些问题上发生分歧。此时，双方都要保持冷静、防止感情冲动，尽可能地避免争论。因为，争论不仅于事无补，而只能使事情变得更糟。最好的方法是采取下列态度进行协商。

1）冷静地倾听对方的意见

在谈判中，听往往比说更重要，多听少讲可以把握材料，探测对方的动机和行动意向，因为真正赢得优势，取得胜利的方法绝不是争论。所以，最好的方法是让对方陈述完毕之后，首先表示同意对方的意见，承认自己在某方面的疏忽，然后提出对对方的意见进行重新讨论。这样，在重新讨论问题时，双方就会心平气和地进行，从而使谈判达成双方都比较满意的结果。

2）婉转地提出不同意见

在谈判中，当你不同意对方的意见时，切忌直接提出自己的否定意见。因为直接提出自己的否定意见，会使对方在心理上产生抵触情绪，反而千方百计地维护自己的观点。如果有不同意见，最好的方法是先同意对方的意见，然后再作探索性的提议。

3）分歧产生，适时休会

分歧产生之后谈判无法进行，应立即休会。如果在洽谈中，某个问题成了绊脚石，使洽谈无法顺利进行下去，双方为了捍卫自己的原则和利益，就会各抒己见，互不相让，使谈判陷入僵局。休会的策略为那些执行谈判者提供了请示上级的机会，同时，也为自己创造了养精蓄锐的机会。

3. 情感沟通

如果与对方直接谈判的希望不大就应该采取迂回的策略。所谓迂回策略，就是要先通过其他途径接近对方，彼此了解，联络感情。在沟通了情感后，再进行谈判。人都是有感情的，满足人的情感和欲望是人的一种基本需要。因此，在谈判中利用感情的因素去影响对手是一种可取的策略。

灵活运用此策略的方法很多，可以有意识地利用空闲时间，主动与谈判对手聊天、娱乐，谈论对方感兴趣的问题；也可以馈赠小礼品，请客吃饭，提供交通食宿的方便；还可以通过帮助解决一些私人的问题，从而达到增进了解，联系情感，建立友谊，从侧面促进谈判的顺利进行。

4. 货比三家

在采购某种商品时，企业往往选择几个供应商进行比较分析，最后择优签订供销合约。这种情况在实际工作中非常常见，我们把采购商的这种做法称为"货比三家策略"。

在采用该策略时，企业首先选择几家生产同类型己方所需产品的供应商，并向对方提供自己的谈判内容、谈判条件等，同时也要求对方在限定的时间内提供产品样品、产品的性能、产品的价格等相关资料，然后依据这些资料比较分析卖方在谈判态度、交易条件、经营实力、产品性价比等方面的差异，最终选择其中的一家供应商与其签订供销合同。

另外，在运用此策略时，买方应注意选择实力相当的供应商进行比较，以增加可比性和提高签约效率，从而更好地维护己方的谈判利益。同时买方还应以平等的原则对待所选择的供应商，以严肃、科学、实事求是的态度比较分析各方的总体情况，从而寻找企业的最佳供应商合作伙伴。

5. 声东击西

该策略是指我方为达到某种目的和需要，有意识地将洽谈的议题引导到无关紧要的问题上故作声势，转移对方的注意力，以求实现自己的谈判目标。具体做法是在无关紧要的事情上纠缠不休，或在自己不成问题的问题上大做文章，以分散对方对自己真正要解决的问题的注意力。从而在对方无警觉的情况下，顺利实现自己的谈判意图。

6. 最后通牒

处于被动地位的谈判者，总有希望谈判成功达成协议的心理。当谈判双方各持己见，争执不下时，处于主动地位的一方可以利用这一心理，提出解决问题的最后期限和解决条件。期限是一种时间性通牒，它可以使对方感到如不迅速做出决定，他会失去机会。

最后期限既给对方造成压力，又给对方一定的时间考虑，随着最后期限的到来，对方的焦虑会与日俱增。因为,谈判不成功损失最大的还是自己。因而,最后期限压力,迫使人们快速做出决策。一旦他们接受了这个最后期限,交易就会很快顺利地结束。

7. 其他谈判策略

除以上介绍的谈判策略和方法以外,在实际谈判活动中,还有许多策略可以采用,比如多听少讲策略、先苦后甜策略、讨价还价策略、欲擒故纵策略、以退为进策略等。

总之,只要谈判人员善于总结,善于观察,并能理论结合实践,就能创新出更多更好的适合自身的谈判策略,并灵活使用它们,用于指导实际谈判。

(二) 采购谈判的技巧

1. 入题技巧

谈判双方刚进入谈判场所时,难免会感到拘谨,尤其是谈判新手,在重要谈判中,往往会产生忐忑不安的心理。为此,必须讲求入题技巧,采用恰当的入题方法。

1) 迂回入题

为避免谈判时单刀直入、过于暴露,影响谈判的融洽气氛,谈判时可以采用迂回入题的方法,如先从题外话入题,从介绍己方谈判人员入题,从"自谦"入题,或者从介绍本企业的生产、经营、财务状况入题等。

2) 先谈细节,后谈原则性问题

围绕谈判的主题,先从洽谈细节问题入题,条分缕析,丝丝入扣,待各项细节问题谈妥之后,也便自然而然地达成了原则性的协议。

3) 先谈一般原则,再谈细节

一些大型的经贸谈判,由于需要洽谈的问题千头万绪,双方高级谈判人员不应该也不可能介入全部谈判,往往要分成若干等级进行多次谈判。这就需要采取先谈原则问题,再谈细节问题的方法入题。一旦双方就原则问题达成了一致,那么,洽谈细节问题也就有了依据。

4) 从具体议题入手

大型谈判总是由具体的一次次谈判组成,在具体的每一次谈判中,双方可以首先确定本次会议的谈判议题,然后从这一议题入手进行谈判。

2. 阐述技巧

1) 开场阐述要点

(1) 开宗明义,明确本次会谈所要解决的主题,以集中双方的注意力,统一双方的认识。

(2) 表明我方通过洽谈应当得到的利益,尤其是对我方至关重要的利益。

(3) 表明我方的基本立场,可以回顾双方以前合作的成果,说明我方在对方所享有的信誉;也可以展望或预测今后双方合作中可能出现的机遇或障碍;还可以表示我方可采取何种方式共同获得利益、做出贡献等。

(4) 开场阐述应是原则的,而不是具体的,应尽可能简明扼要。

(5) 开场阐述的目的是让对方明白我方的意图,创造协调的洽谈气氛,因此,阐述应以诚挚和轻松的方式来表达。

2) 对对方开场阐述的反应

(1) 认真耐心地倾听对方的开场阐述,归纳弄懂对方开场阐述的内容,思考和理解对方的关键问题,以免产生误会。

(2) 如果对方开场阐述的内容与我方意见差距较大,不要打断对方的阐述,更不要立即与对方争执,而应先让对方说完,认同对方之后再巧妙地转开话题,从侧面进行谈判。

3) 让对方先谈

在谈判中,当你对市场态势和产品定价的新情况不太了解,或者当你尚未确定购买何种产品,或者无权直接决定购买与否的时候,一定要坚持让对方先说明可提供何种产品、产品的性能如何、产品的价格如何等,然后,再审慎地表达意见。

有时即使对市场态势和产品定价比较了解,有明确的购买意图,而且能直接决定购买与否,也不妨先让对方阐述利益要求、报价和介绍产品,然后你在此基础上提出自己的要求。这种先发制人的方式,常常能收到奇效。

4) 坦诚相见

谈判中应当提倡坦诚相见,不但将对方想知道的情况坦诚相告,而且可以适当透露我方的某些动机和想法。坦诚相见是获得对方同情的好办法,人们往往对坦诚的人自然有好感。但是应当注意,与对方坦诚相见,难免要冒风险。对方可能利用你的坦诚逼你让步,你可能因为坦诚而处于被动地位,因此,坦诚相见是有限度的,并不是将一切和盘托出。总之,以既赢得对方的信赖又不使自己陷于被动、丧失利益为度。

3. 提问技巧

要用提问摸清对方的真实需要、掌握对方心理状态、表达自己的意见观点。但要注意以下三点。

(1) 提问的方式包括封闭式提问、开放式提问、婉转式提问、澄清式提问、探索式提问、借助式提问、强迫选择式提问、引导式提问、协商式提问等。

(2) 提问的时机包括在对方发言完毕时提问,在对方发言停顿、间歇时提问,在自己发言前后提问,在议程规定的辩论时间提问等。

(3) 提问的其他注意事项是指注意提问速度、注意对方心境、提问后给对方足够的答复时间、提问时应尽量保持问题的连续性。

4. 答复技巧

答复不是容易的事,回答的每一句话,都会被对方理解为是一种承诺,都负有责任。答复时应注意不要彻底答复对方的提问、针对提问者的真实心理答复、不要确切答复对方的提问、降低提问者追问的兴趣、让自己获得充分的思考时间、礼貌地拒绝不值得回答的问题、找借口拖延答复。

5. 说服技巧

1) 说服原则

不要只说自己的理由;研究分析对方的心理、需求及特点;消除对方戒心、成见;不要操之过急、急于奏效;不要一开始就批评对方、把自己的意见观点强加给对方;说话用语要朴实亲切,不要过多讲大道理;态度诚恳、平等待人、积极寻求双方的共同点;承认对方"情有可原",善于激发对方的自尊心;坦率承认如果对方接受你的意见,你也将获得一定利益。

2) 说服具体技巧

讨论先易后难;多向对方提出要求、传递信息、影响对方意见;强调一致、淡化差异;先谈好,后谈坏;强调合同有利于对方的条件;待讨论赞成和反对意见后,再提出你的意见;说服对方时,要精心设计开头和结尾,要给对方留下深刻印象;结论要由你明确提出,不要让对方揣摩或自行下结论;多次重复某些信息和观点;多了解对方,以对方习惯的能够接受的方式逻辑去说服对方;先做铺垫、下毛毛雨,不要奢望对方一下子接受你突如其来的要求;强调互惠互利、互相合作的可能性、现实性,激发对方在自身利益认同的基础上来接纳你的意见。

二、谈判技巧的应用

采购谈判是采购的重要组成部分,采购部门有必要对采购谈判策略和技巧进行研究和探讨,以提高议价的能力,为企业创造更多的效益。下面分析采购谈判过程中的一些技巧。

(一)"过关斩将"

"过关斩将"是指采购人员应善于利用上级主管的谈判和议价能力。采购人员的议价结果不太理想时,如果采购金额较大,应请求上级主管,甚至买方总经理向卖方相应的主管直接对话,这样做通常效果会很好。

这是因为高层主管不仅议价技巧与谈判能力会高超一些,且社会关系广、地位高、经验又丰富,常常可能与对方主管有共同语言,甚至一见如故(如果见面的话),对方也因为买方主管的出面会有受到敬重或重视的感觉,从而使商务谈判易于进行,甚至提高降价的幅度。这种策略需要注意的是,采购人员最好请相应职务的双方主管进行会谈,尽量避免直接和比自己职位高的双方主管会谈,以免在谈判时处于不利地位,且容易"得罪"业务人员,令工作不好开展。

(二) 先声夺人

先声夺人是指谈判前设法给对手以巨大压力。如果某公司因为某些原因要改变所生产的产品的品牌或其他方面的供应商已经熟悉和接受的东西,而同时又要维持原来的供应渠道,以确保生产正常进行;但是一般来说,供应商由于怕麻烦等原因不愿更换已经商议好的条件,这种情况下采购人员就要采用先声夺人的谈判技巧。

在与原供应商的商务谈判过程中,采购人员在使用先声夺人的谈判策略时,特别是针对那些较小的供应商,采购人员就要将重点放在公司的强大实力和良好的信誉等方面,避而不谈具体实质性的内容。最后因为对方急于维护供应关系,只好降低价格,这样企业在不改变品牌的情况下顺利达到降低采购成本的目的。

(三) "擒贼先擒王"

"擒贼先擒王"是指在谈判过程中直接和对方掌握实权的人谈判。这些策略适用于某些"家长式"的企业。所谓"家长式"的企业是指那些一个人或少数几个人说了算的企业。公司的采购人员可以在事先已做了仔细的市场价格调查的情况下,和对方的区域主管商谈,如价格谈不下来,其后又与对方销售部副经理、经理谈,如果只是被告知价格是刚性的,这时采购人员就要注意到,是不是只有总经理才有定价权?于是采购人员可以通过各种渠道与对方总经理谈判,往往会收到意想不到的效果。

在对方低层主管没有价格决策权的情况下,采取这种策略是非常必要的,对方业务人员和低层主管对此也无可非议。但这种做法一般难度比较大,不一定成功,因为对方的具有决策权的人不一定那么容易被说服;而且一旦不成功,还有可能得罪对方谈判人员,破坏双方关系。

与此策略相适应,采购方可使用"权力有限"的策略。即在较被动的情况下,推说没有被授予做大的让步的权力,以便使对方放弃所坚持的条件。

(四) "化整为零"

"化整为零"就是分别对组成最终产品的每种材料逐一报价,再对专业制造该产品的厂商进行询价,比较分析后得出最佳方案。

就采购而言,比价采购和采购谈判在有些时候是盲目的,因为经常碰到信息不对称的情况,即供应商的成本价只有供应商自己心里清楚。购买方应尽可能摸清供应商的成本价,这样对控制议价和商务谈判的主动权有极大的好处。这种化整为零的策略,对由多个不同的材料组合而成的产品的议价有用。

（五）"直捣黄龙"

"直捣黄龙"就是企业越过中间供应商，与总厂或原厂家直接接触，以达到降低成本的目的。

有些中间供应商由于独家代理，价格居高不下，谈判、议价总无结果，这时便可采取"直捣黄龙"的策略。如对其材料的订购，如果企业经与其他生产厂家的同类产品比较，总代理的价格高出许多，并且企业多次要求该总代理降价未果，在这种情况下，企业可以撇开总代理，直接向厂家询价，结果可能是原厂家拒绝，企业依然回到中间供应商那里；另一种结果可能就是原厂家不但报价，而且价格比总代理的低。

因此，采购人员应在议价过程中小心认清总代理的虚实，因为有些供应商自称总代理，事实上并未与国外原生产厂家签订任何合约或协议，只是借总代理的名义自抬身价，获取超额利润。但在产销分离制度上要求相当严格的国家，如日本，这种策略就行不通了，因为日本的生产厂家会把询价单转交给代理商。

（六）以退为进

以退为进就是指采购人员在采购过程中，先做一定的"让步"，以显示自己的高姿态，有时会得到意想不到的效果。

第三节 采购合同的内容

在整个采购流程中，重要的采购文件之一就是采购合同。以下介绍采购合同的相关内容。

一、采购合同概述

（一）采购合同的定义

采购合同是采供双方在进行正式交易前为保证双方的利益，对采供双方均有法律约束力的正式协议，有的企业也称之为采购协议。采购合同是采购关系的法律形式，对于确立规范有效的采购活动、明确采购方与出让方的权利义务关系、保护当事人的合法权益具有重大意义。

采购合同是买方通过市场购买自己所需的物品，出卖人将物品的所有权转移给买方，买方支付价款的合同。采购合同是买卖合同的一种，是在社会经济生活中经常出现的一种合同之一，它是明确平等主体的自然人、法人、其他组织之间设立、变更、终止在采购物料过程中的权利义务关系的协议,是确立物料采购关系的法律形式。

(二)采购合同的特征

采购合同的特征如下。

1. 它是转移标的物所有权或经营权的合同

采购合同的基本内容是出卖人向买受人转移合同标的物的所有权或经营权,买受人向出卖人支付货款。因此这就必然导致标的物所有权或经营权的转移。

2. 采购合同的标的物是工业品生产资料

采购合同中是以工业品生产资料作为标的物的。工业品生产资料包括原料、材料、机器设备、工具等。这种合同标的的特定性,与物品的概念和范围是一致的。

3. 采购合同的主体比较广泛

从国家对流通市场的管理和采购实践来看,生产企业、流通企业以及其他社会组织和具有法律资格的自然人也是采购合同的主体。

4. 采购合同与商品流通过程密切联系

商品流通是社会再生产的重要环节之一,对国民经济和社会发展有着重大影响,重要的工业品生产资料的采购关系始终是国家调控的重要内容。采购合同是采购关系的一种法律形式,它以物料采购这一客观经济关系作为设立的基础,直接反映采购的具体内容,与流通过程密切相连。

(三)采购合同的种类

采购合同根据其主体不同,分为政府采购合同、国有企业采购合同、非国有企业采购合同等。此外,合同法还规定了以下四种特殊的采购合同。

1. 分期付款的采购合同

分期付款的采购合同是在合同订立后,出卖人把标的物转移给买受人占有、使用,买受人按照合同约定,分期向出卖人支付价款的合同。分期付款采购合同的特殊性在于,买受人不是一次性付清全部货款,而是按照约定的期限分期付款,这就增加了出卖人的风险。因此这类合同往往约定如果买受人不及时支付到期货款,出卖人享有保留标的物所有权并要求支付全部货款等权利。

2. 凭样品采购的采购合同

样品是从一批商品中抽取出来的或者生产、加工、设计出来的,用以反映和代表整批商品品质的少量实物。凭样品采购,即是以样品表示标的物质量,并以样品作为交货依据的采购关系。

在样品采购中,采购方应当封存样品以备日后对照,必要时应在公证处封存样品。同时,当事人可以用语言、文字对样品的质量等状况加以说明,卖方交付的标的物应与样品及其说明的质量相一致,否则即构成违法行为。

3. 试用的采购合同

试用的采购合同是卖方将标的物交给采购方,由买方在一定时期内试用,买方在试用期内有权选择购买或退回的一种采购合同。试用采购合同是一种附加停止条件的合同。《合同法》第170条规定,卖方有权确定试用期限,在试用期间内,试用人享有购买或者拒绝购买的选择权。如果买方在试用期满后,对是否购买试用物未作明确表示的,则推定其同意购买,卖方有权请求支付货款。

4. 招标、投标的采购合同

招标是订立合同的一方当事人采取招标通知或招标广告的形式,向不特定主体发出的要约邀请。投标是投标人按照招标人提出的要求,在规定时间内向招标人发出的以订立合同为目的的意思表示。招标、投标的采购合同,是目前我国采购市场大力提倡并广泛使用的一种合同形式,它具有公开、公平、公正的特点,能够提高采购合同的透明度。

二、采购合同的结构

一份完整的采购合同通常是由首部、正文与尾部三部分组成。

(一)首部

采购合同的首部主要包括名称、编号、签约日期、签订地点、买卖双方的名称、合同序言等。

(二)正文

1. 主要内容

合同正文是购销双方议定的主要内容,是采购合同的必备条款,是购销双方履行合同的基本依据。合同的正文主要包括以下内容。

(1)商品名称。商品名称是指所要采购物品的名称。

(2)品质规格。品质是指商品所具有的内在质量与外观形态的结合,包括各种性能指标和外观造型。该条款的主要内容有技术规范、质量标准、规格、品牌等。

对合同品质控制的方法有两种:使用实物或样品;使用设计图纸或说明书。在使用样品确定品质时,供应商提供的物品的品质要同样品的完全一致。使用设计图纸或说明书确定品质时,供应商提供的物品的品质要符合设计图纸或说明书的要求。

(3) 单价和总价。价格是指交易物品每一计量单位的货币数值。如一个杯子 CIF 芝加哥 5 美元。该条款的主要内容包括：计量单位的价格金额、货币类型、交货地点、国际贸易术语、物品定价方式（固定价格、滑动价格、后定价格等）。

(4) 数量。数量是指采用一定的度量制度来确定买卖商品的重量、个数、长度、面积、容积等。它包括的主要内容有交货数量、单位、计量方式等。必要时还应清楚说明误差范围，例如苹果 10000 千克，误差范围 3%。

(5) 包装。包装是为了有效地保护商品在运输存放过程中的质量和数量要求，它有利于分拣和环保并把货物装进适当容器。该条款的主要内容有包装标识、包装方法、包装材料要求、包装容量、质量要求、环保要求、规格、成本、分拣运输成本等。

(6) 装运。装运是指把货物装上运输工具并运送到交货地点。该条款的主要内容有：运输方式、装运时间、装运地与目的地、装运方式和装运通知等。

(7) 到货期限。到货期限是指约定的最晚到货时间，它要以不延误企业生产经营为标准。

(8) 到货地点。到货地点是指货物到达的目的地。到货地点的确定并不一定总是以企业的生产经营所在地为标准。有时为了节约运输费用，在不影响企业生产的前提下，也可以选择交通便利的港口等。

(9) 检验。在一般的买卖交易过程中，物品的检验是指按照事先约定的质量条款进行检查和验收，涉及质量、数量、包装等条款。

在国际贸易中，商品检验指由商品检验机构对进出口商品的品质、数量、重量、包装、标记、产地、残损、环保要求等进行检验分析与公正鉴定，并出具检验证明。它包括的内容有：检验机构、检验权与复验权、检验与复验的时间、地点、检验标准、检验方法、检验证书等。

(10) 付款方式。国际贸易中的支付是指采用一定的手段，在指定的时间、地点，使用确定的方式支付货款。它包括的内容有四点。①支付方式：现金或汇票，一般是汇票。②付款方式：银行提供信用方式（如信用证）、银行不提供信用但可作为代理方式（如直接付款和托收）。③支付时间：预付款、即期付款、延期付款。④支付地点：付款人指定银行所在地。

(11) 保险。保险是企业向保险公司投保，并交纳保险费；货物在运输过程中受到损失时，保险公司向企业提供经济上的补偿。该条款的主要内容包括：确定保险类别及其保险金额，指明投保人并支付保险费。根据国际惯例，凡是按 CIF 和 CIP 条件成交的出口货物，一般由供应商投保，按 FOB、CFR、FCA、CPT 条件成交的进口物资由采购方办理保险。

(12) 仲裁条款。仲裁条款是指买卖双方自愿将其争议事项提交第三方进行裁决。仲裁协议是仲裁条款的具体体现，它包括的主要内容有：仲裁机构、适用的仲裁程序、仲裁地点、解决效力等。

(13) 不可抗力。不可抗力是指合同执行过程中发生的、不能预见的、人为难以控制的意外事故，如战争、洪水、台风、地震等，致使合同执行过程被迫中断。遭遇不可抗力的一方可因此免除合同责任。该条款包括的主要内容有不可抗力的含义、适用范围、法律后果、双方的权利义务等。

2. 选择内容

合同正文可以选择的部分如下：

(1) 保值条款；
(2) 价格调整条款；
(3) 误差范围条款；
(4) 法律适用条款。

(三) 尾部

合同的尾部主要包括以下内容。

(1) 合同的份数；
(2) 附件与合同的关系；
(3) 合同的生效日期和终止日期；
(4) 双方的签字盖章；
(5) 合同的签订时间。

买卖双方在合同中明确说明合同适应何国、何地法律的条款。对大批量、大金额、重要设备及项目的采购合同，要求全面、详细地描述每一条款；对于金额不大、批量较多的小五金、土特产等，且买卖双方已签订有供货、分销、代理等长期协议，则每次采购交易使用简单订单合同，索赔、仲裁和不可抗力的条款已经被包含在长期认证合同中。

对企业的频繁采购，与供应商签订合同分为两个部分：认证合同、订单合同。认证合同解决买卖之间长期需要遵守的协议条款，由认证人员在认证环节完成，是对企业采购环境的一个需求；订单合同就每次物料采购的需求数量、交货日期、其他特殊要求等条款进行表述。

第四节　采购合同管理

商品采购合同，是需求方向供货厂商采购物资，按双方达成的协议，所签订的具有法律效力的书面文件。它确认供需双方之间的购销关系和权利义务。合同依法订立后，双方必须严格执行。

一、采购合同的签订

（一）签订采购合同的资格审查

1. 审查供应商的合同资格

为了避免和减少采购合同执行过程中的纠纷，在正式签订合同之前，采购人员首先应审查供应商作为合同主体的资格。所谓合同资格，是指订立合同的当事人及其经办人，必须具有法定的订立合同的权利。审查供应商的合同资格，目的在于明确对方是否具有合法的签约能力，它直接关系到所签订合同是否具有法律效力。

1）法人资格审查

审查供应商是否属于经国家规定的审批程序成立的法人组织。法人是指拥有独立的必要财产、有一定的经营场所、依法成立并能独立承担民事责任的组织机构。判断一个组织是否具有法人资格，主要看其是否持有工商行政管理部门颁发的营业执照。经过工商登记的国有企业、集体企业、私营企业、各种经济联合体、实现独立核算的国家机关、事业单位和社会团体，都可以具有法人资格，成为合法的签约对象。

小贴士

在审查供应商法人资格时应注意：没有取得法人资格的社会组织、已被吊销营业执照取消法人资格的企业或组织，无权签订购货合同。要特别警惕一些根本没有依法办理工商登记手续或未经批准的所谓"公司"。

与此同时，要注意识别那些没有设备、技术、资金和组织机构的"四无"企业，它们往往在申请营业执照时弄虚作假，以假验资、假机构骗取营业执照，虽签订供货合同并收取货款或订金，但根本不具备供货能力。

2）法人能力审查

法人能力审查主要是审查供应商的经营活动是否超出营业执照批准的范围。超越其业务范围以外的经济合同，属无效合同。法人能力审查还包括对签约的具体经办人的审查。购货合同必须由法人的法定代表人或法定代表人的授权人签订。法人的法定代表人就是法人的主要负责人，如厂长、总经理等，他们对外代表法人签订合同。

法人代表也可授权业务人员，如推销员、采购员等所谓的承办人，以法人的名义订立购货合同。承办人必须有正式授权证明书，方可对外签订购货合同。法人的代表人在签订购货合同时，应出示本人的身份证明、法人的委托书、营业执照或副本。

2. 审查供应商的资信和履约能力

资信，即资金和信用。审查卖方当事人的资信情况，了解供应商对购货合同的履约能力,对于在购货合同中确定权利和义务条款,具有非常重要的作用。

1) 资信审查

具有固定的生产经营场所、生产设备和与生产经营规模相适应的资金,特别是又有一定比例的自由资金,是一个法人对外签订购货合同起码的物质基础。在准备签订购货合同时,采购人员在向卖方当事人提供自己的资信情况说明的同时,要认真审查卖方的资信情况,从而建立互相信赖的关系。

2) 履约能力审查

履约能力是指当事人除资信以外的技术和生产能力、原材料与能源供应、工艺流程、加工能力、产品质量、信誉高低等方面的综合情况。总之,就是要了解对方有没有履行购货合同所必需的人力、物力、财力和信誉保证。

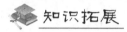

审查卖方的资信和履约能力的主要方法

审查卖方的资信和履约能力的主要方法有:通过卖方的开户银行,了解其债权、债务情况和资金情况;通过卖方的主管部门,了解其生产经营情况、资产情况、技术装备情况、产品质量情况;通过卖方的其他用户,了解其产品质量、供货情况、维修情况;通过卖方所在地的工商行政管理部门,了解其是否具有法人资格和注册资本、经营范围、核算形式;通过有关的消费者协会和法院、仲裁机构,了解卖方的产品是否经常遭到消费者投诉,是否曾经牵涉到诉讼。采购人员应当注意搜集有关企业的履约情况和有关的商情,作为以后签订合同的参考依据。

(二) 签订采购合同的谈判准备

谈判准备是谈判过程中获得主动优势的不可缺少的环节,公司的采购部门在进行采购谈判前都必须做好充分的准备。

1. 市场调查

市场调查包括:市场总体、产品销售、产品竞争、产品分销、消费需求等各种情况、SWOT 分析。

2. 情报收集

情报收集主要有:

(1) 了解卖方经营财务的状况,判断其生产能力、技术水平、交货历史记录等各方面的状况;

(2) 全面了解商品价格、付款、运输方式、合同执行、技术、相关的法律法规等。

3. 准备资料

需要准备的资料有：公司简介、封样样品、价格手册、产品目录、技术图纸、使用说明等。

4. 组成谈判小组

1) 理想人数

人数太多，不但开支大，也不利于谈判的进行；人数太少，则又难于应付需及时处理的问题，会拖长谈判时间，易错失良机。所以人数应由谈判的性质、对象、内容和目标等综合因素来决定，而非人为规定。

2) 主谈人

主谈人具备领导能力和专业知识，对谈判中出现的利害得失有很强的责任心，能掌握谈判进程，协调班子意见，代表单位来成功地签约。

3) 专业人员

专业人员负责与外商进行专业细节方面的磋商，提供专业问题建议和论证，修改有关的条款。

4) 工作人员

谈判小组有时需要包括翻译、律师、会计师、记录员等与该次谈判紧密相关必不可少的工作人员。

（三）签订采购合同的谈判流程

采购谈判流程会因采购的来源、采购的方法以及采购的对象不同，在作业细节上有所差异，但基本流程大同小异。谈判的基本流程，如图7-2所示。

图7-2 签订采购合同的谈判流程示意图

1. 询盘

询盘又称询价，是指采购方为购买某项商品而向供应商询问该商品交易的各种条件。采购方询盘的目的是寻找卖主（供应商），而不是同卖主正式洽谈交易条件；采购方询盘是对市场的初步试探，看看市场对自己的需求有何反应。

为了尽快地寻找卖主，询盘者（采购方）有时会将自己的交易条件稍加评述。询盘是正式进入谈判过程的先导。询盘可以是口头表达，也可以是书面表达，没有固定的格式。

2. 发盘

发盘是指供应商因想出售某项商品而向采购方提出买卖该商品交易的各种条件,并表示愿意按照这些交易条件订立合同。

发盘在大多数情况下由供应商(卖方)发出,表示愿意按一定的条件将商品卖给买方;也可由采购方(买方)发出,表示愿意按一定的条件购买供应商的商品。

3. 还盘

还盘指受盘人(采购方)在收到供应商发盘后,对发盘内容不同意,或不完全同意,反过来向发盘人提出需要变更内容或建议的表示。这时原发盘人就成了受盘人,同时原发盘也相应地随之失效。而原受盘人就成了新的发盘人。在原受盘人做出还盘时,实际上就是要求原发盘人答复是否同意买方提出的交易条件。

"再还盘"是指发盘人对受盘人发出的还盘提出新的意见,并再发给受盘人。在国际贸易中,一笔交易的达成,往往要经过多次的还盘和再还盘的过程("拉锯")。

4. 接受

接受是指交易的一方在接到另一方的发盘后,表示同意。一方的发盘或还盘一旦被对方接受,合同即告成立,交易双方随即履行合同。在发盘的有效期内,由合法的受盘人以声明等形式表示,并发送到发盘人。

5. 签约

签约即签订合同。买卖双方通过交易谈判,一方的还盘被另一方有效地接受后,交易即可达成。但是,在商品交易中,一般都要通过签订书面合同来正式地确认。

合同经双方签字后,就成为约束双方的法律性文件,双方都必须严格地遵守和执行合同规定的各项条款,任何一方未经对方同意违背合同规定,都要承担法律责任。因此,合同的签订工作,是采购谈判非常重要的环节。

如果这一环节的工作发生失误或差错,就会给以后的合同履行留下引起各种纠纷的把柄,甚至给交易带来重大的损失。只有对签约这一环节的工作采取认真、严肃的态度,才能使整个采购谈判达到预期的理想目的。

所以,合同的内容必须与双方谈妥的事项及其要求完全一致,特别是主要的交易条件都必须订得十分明确和肯定。合同所涉及的概念不应存有歧义,前后的叙述不能自相矛盾或出现任何差错。

(四)采购合同签订的程序

签订采购合同的程序根据不同的采购方式而有所不同,这里主要谈采购合同订立的一般程序。普遍运用的采购合同的签订要经过要约和承诺两个阶段。

1. 要约阶段

这是指当事人一方向他方提出订立经济合同的建议。提出建议的一方叫要约人。要约是订立采购合同的第一步,要约应具有如下特征。

(1) 要约是要约人单方的意思表示,它可向特定的对象发出,也可向非特定的对象发出。当向某一特定的对象发出要约,要约人在要约期限内不得再向第三人提出同样的要约,不得与第三人订立同样的采购合同。

(2) 要约内容必须明确、真实、具体、肯定,不能含糊其辞、模棱两可。

(3) 要约是要约人向对方做出的允诺,因此要约人要对要约承担责任,并且受要约的约束。如果对方在要约一方规定的期限内做出承诺,要约人就有接受承诺并与对方订立采购合同的义务。

(4) 要约人可以在得到对方接受要约表示前撤回自己的要约,但撤回要约的通知必须不迟于要约到达。对已撤回的要约或超过承诺期限的要约,要约人不再承担法律责任。

2. 承诺阶段

承诺表示当事人另一方完全接受要约人的订约建议,同意订立采购合同的意思表示。接受要约的一方叫承诺人。承诺是订立合同的第二步,它具有如下特征。

(1) 承诺由接受要约的一方向要约人做出。

(2) 承诺必须是完全接受要约人的要约条款,不能附带任何其他条件。即承诺内容与要约内容必须完全一致,这时协议即成立。如果对要约提出代表性意见或附加条款,则是拒绝原要约,提出新要约,这时要约人与承诺人之间的地位发生了交换。在实践中,很少有对要约人提出的条款一次性完全接受的,往往要经过反复的业务洽谈,经过协商,取得一致的意见后最后达成协议。

供需双方经过反复磋商,经过要约与承诺的反复,形成具有文字的草拟合约,再经过签订合同和合同签证两个环节,一份具有法律效力的采购合同便正式形成了。签订合同是在草拟合约确认的基础上,由双方法定代表签署,确定合同的有效日期。合同签证是合同管理机关根据供需双方当事人的申请,依法证明其真实性与合法性的一项制度。在订立采购合同时,特别是在签订金额数目较大及大宗商品的采购合同时,必须经过工商行政管理部门或立约双方的主管部门签证。

二、采购合同的履行

(一) 采购合同履行的一般原则

采购合同生效后,当事人对质量、价款、履行期限和地点等内容没有约定或约定不明确的,可以协议补充;不能补充协议的,按照合同有关条款或者交易习惯确定。

(1) 质量要求不明确的,按照国家标准、行业标准;没有国家、行业标准的,按照通常标准或者符合合同目的的特定标准履行。

（2）价款或者报酬不明确的，按照订立合同时的市场价格履行；依法应当执行政府定价或者政府指导价的，按规定履行。

（3）履行地点不明确的，在履行义务一方所在地履行。

（4）履行期限不明确的，债务人可以随时履行，债权人也可以随时要求履行，但应当给对方必要的时间。

（5）履行方式不明确的，按照有利于实现合同目的的方式履行。

（6）履行费用的负担不明确的，由履行义务一方负担。

（二）采购合同履行的主要环节

1. 货物的验收

签订合同后，供应商、采购人应按照采购合同的约定，全面履行合同。任何一方当事人均不得擅自变更、中止或终止合同。采购人应当组织验收人员对供应商履约情况进行验收，以确认货物是否符合合同要求。

采购产品应按采购合同、采购文件及有关标准规范进行验收。产品质量证明资料必须真实、有效、完整，具有可追溯性，经验证合格后方可使用。验收人员应当在验收报告上签字，并承担相应的法律责任。

小贴士

货物的验收权属于采购实体（即实际使用单位）。一般情况下，货物的检查和验收通常是由采购方专业技术人员组成的验收小组来进行。如果采购、运输进口产品，应按国家规定和国际惯例办理报关、商检及保险等手续。采购产品的性能应不低于国家强制执行的技术标准，并应按照国家相关规定编制检验细则，做好接运、保管、检验工作。

2. 采购方与供应商的资金结算

在采购合同执行完毕后，按照验收证明书、结算证明书及采购合同的有关规定，向合同供应商支付货款执行资金结算职责。结算方式可以是现金支付、转账结算或异地托收承付。现金结算只适用于成交货物数量少、月金额小的购销合同；转账结算适用于同城市或同地区内的结算；托收承付适用于合同双方不在同一城市的结算。在采购双方办理好资金结算手续后，采购方应将事先收到的合同履约保证金退还给供应商。

3. 采购资料的管理

货物验收入库后，还应加强货物采购管理资料和产品质量见证资料的管理。产品质量见证资料应在核对无误后，作为产品入库验收和使用的依据，并妥善登记保管。完成采购过程，应分析、总结货物采购管理工作，编制货物采购报告，并将采购产品的资料归档保存。

(三) 采购合同履约保证

采购合同订立后,采购双方都非常关心合同的履行,因而就自然地提出了履约保证的问题,那么履约保证到底要保什么,从供应商方面看,要保证在规定的期限内履约,要保证货物、工程和服务的质量,要保证合同约定的售后服务,要保证承担在排除不可抗力情况下的违约损失;从采购人方面看,履约保证要保证采购项目及时完成验收工作,按合同约定的方式及时地向供货方支付货款。

1. 采购方保证履约的具体方法

采购方保证履约的具体方法如下。

1) 保证金方式

履约保证金是卖方为顺利执行合同项下的义务提供的一种资金担保,目的是避免或减轻由于供应商的违约而给采购方造成的经济损失。供应商一般要在收到采购方的中标通知书后 30 天内向买方提交履约保证金,否则其投标保证金将被没收,并可能被取消中标资格。

履约保证金是由银行出具的,它可以以银行保函或不可撤销的信用证的形式出现,也可以以银行本票或保付汇票的形式出现。如使用银行保函或不可撤销的信用证的形式,则应通过在我国注册和营业的银行或买方接受的外国银行再通过在我国注册和营业的银行开具,同时也可直接通过经买方同意的外国银行开具。履约保证金所使用的格式为招标文件中规定的格式或买方接受的其他格式。履约保证金的金额相当于合同额的 10%。

小贴士

如果供应商在执行合同过程中有违约行为并给采购方造成经济损失时,采购方有权没收其履约保证金,且无须得到卖方的同意。

2) 分期付款

采购方一般不是一次性支付全部合同款项,而是采取多次间隔支付方式,但次数不宜过多,以控制在三次以内为宜;总期限不能太长,控制在 18 个月内较合适;首付款比例在 80%~90% 上下。因为供应商由于时间因素增加的供货成本最终会转嫁为采购人的采购成本。

3) 非金钱方式

非金钱方式包括激励措施和惩罚措施,对供应商履约情况进行记录、评比、公布,在评标中酌情加减分,优先选择历史履约情况好的供应商为中标供应商,将表现恶劣的供应商列入"黑名单"。

2. 供应商保证履约的具体方法

供应商保证履约的具体方法如下。

1）法律方式

供应商在遭遇采购人不恰当履约或不履约时，应理直气壮地动用法律武器维护自己的合法权益，依法依合同要求采购人履行，在采购人不履行或履行不符合约定时，大胆地行使抗辩权特别是不安抗辩权，要求采购人承担违约责任。

2）金钱方式

金钱方式类似于供应商交履约保证金，供应商在政府采购合同签订后可要求采购人支付合同金额20%以下的定金，也可要求采购人交纳不超过合同金额1%的履约保证金。

3）阳光验收

在设备安装调试完毕、服务提供过程中、工程竣工后，供应商要及时地向采购方提出验收申请，对于重大采购项目应敦促采购方派职工代表、商请质监部门专业技术人员和采购代理机构项目负责人同时参与验收。

三、采购合同的跟踪、监控

合同跟踪、监控是订单人员的重要职责。合同跟踪、监控的目的有三个方面：促进合同正常执行、满足企业的物料需求、保持合理的库存水平。在实际订单操作过程中，合同、需求、库存三者之间会产生相互矛盾，突出的表现为：因各种原因合同难以执行、需求不能满足导致缺料、库存难以控制。

（一）合同执行前跟踪、监控

当一个订单合同制定之后，供应商是否接受订单，是否及时签订等都是订单人员要及时了解的情况。

在采购环境里，同一物料有几家供应商可供选择是十分正常的情况，独家供应的情况是很个别的。虽然每个供应商都有分配比例，但是在具体操作时还可能会遇到供应商因为各种原因拒绝订单的情况。如果供应商按时签返订单合同，则说明供应商的选择正确；如果供应商确实难以接受订单，千万不可勉强，可以在采购环境里另外选择其他供应商，必要时要求认证人员协助办理。与供应商正式签订过的合同要及时存档，为以后查阅做好准备。

（二）合同执行过程中跟踪、监控

与供应商签订的合同具有法律效力，订单人员应该全力跟踪，合同确实需要变更时要征得供应商的同意，不可一意孤行。合同执行过程跟踪要把握以下事项。

1. 严密跟踪、监控

严密跟踪供应商准备物料的详细过程，保证订单正常进行。如果发现问题要及时反馈，需要中途变更的要立即解决，不能够在这方面耽误时间。不同种类的物料，其准备过程也不同，总体上可以分为两类：一类是供应商需要按照样品或图纸定制的物料，存在加工过程，周期比较长，出现问题概率大的情况；另一类是供应商有库存，不存在加工过程，周期也相对比较短，不容易出现问题。在这种情况下，前者跟踪的过程就比较复杂，后者相对比较简单。

2. 紧密响应生产需求形势

如果因市场生产需求紧急，要求本批物料立即到货，采购人员就应该马上与供应商进行协调，必要时还应该帮助供应商解决疑难问题，保证需求物料的准时供应。有时市场需求出现滞销，采购方经过研究决定延缓或取消本次订单物料供应，订单人员也应该立即与供应商进行沟通，确认可以承受的延缓时间，或者终止本次订单操作，同时应该给供应商相应的赔款。

3. 慎重处理库存控制

订单人员应密切关注库存水平，既不能让生产缺料，又要保持最低的库存水平，这确实是一个非常具有挑战性的问题。当然，库存问题还与采购环境的柔性有关，这方面也需要认证人员和计划人员的通力合作。

4. 控制好物料验收环节

物料到达订单规定的交货地点，对国内供应商一般是指到达企业原材料库房，对境外供应商交货一般是指到达企业的国际物流中转中心。境外交货的情况下，供应商在交货之前会将到货情况表单传真给订单人员，订单人员必须按照原先所下的订单对到货的物品、批量、单价及总金额等进行确认，并进行录入归档，开始办理付款手续。境外物料的付款条件可能是预付款或即期付款，一般不采用延期付款。

（三）合同执行后跟踪、监控

在按照合同规定的支付条款对供应商进行付款后仍需要进行合同跟踪。订单执行完毕的条件之一是供应商收到本次订单的货款，如果供应商未收到货款，订单人员有责任督促付款人员按照流程规定加快操作，否则会影响企业的信誉。

另外，物料在运输或者检验过程中，可能会出现一些问题，偶发性的小问题可由订单人员或者现场检验人员与供应商进行联系解决。

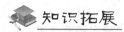知识拓展

（1）在合同跟踪、监控过程中，要注意供应商的质量、货期等的变化情况。需要对认

证合同的条款进行修改的,要及时提醒认证办理人员,以利于订单操作。

(2) 注意把合同、各类经验数据的分类保存工作做好。现在,一般采用计算机软件管理系统进行管理,将合同进展情况录入计算机,借助计算机自动处理跟踪合同。

(3) 供应商的历史表现数据对订单下达以及合同跟踪具有重要的参考价值,因此应当注意利用供应商的历史情况来决定对其实施的过程办法。

四、采购合同的修改、取消与终止

(一) 合同的修改

在正常的情况下,合同中包含完成工作和履行双方责任所必需的全部条款。合同的修改,必须为买卖任何一方所提出并经双方同意。

1. 国内采购合同的修改

国内采购合同的修改,一般最常见的有交货日期及工程造价的修改两种。例如:

(1) 在合同签订后,卖方工厂因受台风影响,生产设备受损或停工待料,无法在预定进度内完工交验;而卖方又不愿受违约罚款的损失,经买方同意延期交货,此同意文件可视为合同附件之一。

(2) 在施工期间,基于事实需要,工程的若干部分应增加或修改时,其工作仍交由原签约的卖方施工,此项追加或修改工程的约定也视为合同附件之一,并办理加减账款手续。

(3) 由于工资及材料上涨,按工程合同造价,卖方无法履行交货义务,而解约重购对买卖双方均属不利时,可协调修订合同价格。

2. 国外采购合同的修改

国外采购合同的修改,一般有以下几种情形。

(1) 装运期的修改。此种修改方式通常由卖方提出。由于原料短缺、延误生产或其他原因,卖方无法在规定日期内装运货品,来函要求买方修改装运日期。

(2) 船运改空运。卖方延迟交货的特殊急需的货品,如某机器的重要零件、医疗用品、季节性销售的货品等涉及时效性的货品,必须改用空运。

(3) 一次装运改分批装运。由于制造日程或船只舱位问题,卖方无法一次将货品装运完成,要求买方修改允许分批装运。

以上事项的修改,如与进口许可证、信用证有关者,应该一同修改进口许可证及信用证。

(二) 合同的取消

一般合同的取消,有下列三种情形。

1. 因违约而取消合同

(1) 卖方违约。例如,所交货品不符合规格或不能按规定日期交货而取消合同。

(2) 买方违约。例如,不按约定开出信用证而取消合同。

2. 因需求变更由买方要求取消合同

因市场不景气,买方临时决定取消部分货品的采购而取消合同,但卖方因而遭受的损失应由买方负责赔偿。若以信用证方式付款并说明卖方收到信用证若干日起为交货时间,则在信用证还未开出前,合同并未具体生效。故买方因需求变更而在还未开出信用证之前,要求终止合同,可不须负任何赔偿责任。

3. 买卖双方同意取消合同

多半出于天灾人祸或不可抗力因素,经调查确实而无能力履约,经双方同意取消合同,均不负赔偿责任。

(三) 合同的终止

合同终止是指在结束各自的义务时双方所采取的行动。对于一个采购订单,这些行动至少包括确定所有的工作都适时完成了、接受了和恰当地开具了发票,以及货款完全结清。为维护买卖双方权益,合同中须说明终止的措施。一般而言,有下列两种情形。

1. 合同因期间届满而终止

例如国内制造工程合同,合同期间届满,即自动取消,但承包商即卖方对该工程的保修责任,不因合同的终止而消失。

2. 合同因法定或约定解除权的行使而终止

(1) 在合同有效期中,除合同另有规定外,经双方同意,可终止合同。否则视实际需要,可要求对方赔偿损失。

(2) 买方因卖方所交货品有瑕疵,可解除合同或请求减少金额。但其解除权或请求权于货品交付后六个月间,不行使自动取消。

(3) 信用证规定单据提示的有效期限期满,而卖方仍未能在有效期限内提示货品装运文件并办理押汇手续时,买方可以不同意延期为由终止合同,不须负担任何责任。

本章小结

本章主要介绍了采购谈判的内容、策略、技巧应用及谈判的程序,另外通过采购合同的种类、特征及合同内容的介绍,重点描述了采购合同的签订程序、履行过程以及跟踪、监控合同执行的方式方法,同时介绍了采购合同的修改、取消与终止等方面的内容。

基础能力测试

一、填空题

1. 采购谈判最基本的思想就是谋求买卖双方的（　　），这个指导思想被一些学者和企业家称为（　　）的原则。
2. 一般而言，谈判地点的选择无外乎有三种情况，即（　　）、（　　）以及（　　）。
3. 采购谈判正式开始以后，可将谈判分为（　　）、（　　）、（　　）、（　　）四个阶段。
4. 采购合同根据其主体不同，分为（　　）、（　　）、（　　）等。
5. 签订采购合同的流程分为（　　）、（　　）、（　　）、（　　）和（　　）。

二、简答题

1. 审查卖方资信和履约能力有什么主要方法？
2. 简答采购合同的特征。
3. 采购谈判有什么特点？
4. 简答采购合同签订的程序。
5. 简答采购谈判各种策略所适用的情况。
6. 采购合同的履行需要哪些主要环节？

三、论述题

1. 结合实际案例论述采购谈判准备阶段的重要意义。
2. 试论述采购谈判对企业发展的重要性。
3. 举例说明生活中所常用的谈判技巧。

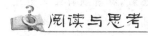 **阅读与思考**

疫情防控　采购先行
——象屿集团紧缺防疫物资全球采购纪实

一、非常时刻非常任务

2020年春节，令人刻骨铭心。武汉疫情时刻牵动着每个中国人的心。1月23日凌晨，疫情暴发，武汉封城。除夕，福建紧急启动重大突发公共卫生事件一级响应机制。

随着疫情防控形势的日益严峻，国内市场上口罩等防疫物资秒速断货，奋战在一线的医护人员需求缺口很大，普通市民更是一罩难求。

1月26日，大年初二，12：04，非常时刻，象屿集团党委疫情防控领导小组副组长、党委副书记、总裁陈方接到市委主要领导的紧急来电,要求象屿集团勇担国企责任,全力配合市委市政府做好疫情防控准备,承担紧缺防疫物资的海外紧急采购任务。

象屿集团党委疫情防控领导小组组长、党委书记、董事长张水利强调:"此次采购,受政府委托,比我们赚几个亿更有意义,务必克服所有困难,组织货源,多采购快运回!""这项政治任务,一定要不惜代价保质保量保时间完成!"时刻关注疫情发展态势的象屿人,瞬间动员起来。成千个电话打向象屿全球合作伙伴,上万条短信、微信发往各个国家的防疫物资贸易商和生产厂家。

半小时后,第一个货源信息来了,"韩国渠道有,工厂直接做,这是交货价。"象屿发展副总经理、负责跨境供应链业务的吴晟第一个发来反馈信息,第一条海外采购渠道打通了!紧接着,象屿股份、象屿建设等公司以及象屿的合作伙伴壳牌公司也陆续发来渠道反馈信息,象屿集团多年来深耕境外市场和国际化的优势此时充分地显现出来。轻财重义,国士之风;竭忠尽智,大爱之心。象屿人上下动员,一场特殊的疫情防控阻击战,打响了!

二、非常时刻非常速度

1月26日,获悉象屿集团拓展到韩国渠道并已紧急采购到100多万个口罩,当晚11点多市委主要领导再次给陈方总裁来电关心进展,听说物流运力方面存在问题,市委主要领导马上亲自致电厦航董事长赵东协调航班排载,赵东董事长表态"义不容辞、全力以赴,暂停其他货物,尽最大努力把象屿集团采购的第一批应急物资尽快运回"。1月29日傍晚,一架厦航波音737客机从韩国首尔抵达厦门机场,象屿集团采购的第一批境外防护口罩经清关后终于顺利入库。

从接到市委主要领导电话指令,到动员各方资源;从锁定资源下单,再到装车、登机运抵厦门,多方领导的关怀勉励,各方力量的鼎力支持,内部团队的密切合作,紧急状况的灵活应对,众志成城,通宵作战,才使得短短72个小时首批境外采购的口罩能够到达厦门,随后的十几天里,每一天的节奏都是如此紧张。靠前指挥的陈方总裁,称赞项目组又创造了一项象屿速度,为象屿增了光、添了彩,成绩和荣誉属于全体象屿人。

三、非常时刻非常协作

1月31日凌晨,WHO(世界卫生组织)宣布将此次疫情列为"国际公共卫生紧急事件"。"突发!""紧急情况!"港龙国泰大机型全部取消,新加坡航班班次锐减,此后每一天,都有多个国家和地区发出禁止防疫物资出口的临时限令,海外采购形势急转直下、雪上加霜。物流通路的不确定性、时间的紧迫感成为悬在每个人头上的达摩克利斯之剑。还好,"风险第一"是深入象屿人灵魂的理念。

早在WHO商讨对此次疫情的判断决定前,陈方总裁就组织采购小组加强了对各种结果可能造成影响的采购方案、物流方案反复进行推演预测和行动部署。身处海外的同事和合作伙伴也热心地把当地最新政策消息及时传回,对采购小组的精准决策起到了尤为关键的作用。

无论在哪个国家，无论是什么时间，只要采购小组一声令下，当地物流团队就立即行动起来，根据最新政策、形势，排除万难地抢时间调方案、订航班、运物资，一刻也不耽误，面对艰难的国际贸易物流形势，每日仍有大批量海外防疫物资发运回国，很好地保障了市委市政府妥善部署疫情防控工作的需要。

四、非常时刻非常支援

从产业链看，口罩属于小众产品。厦门仅有 8 家口罩企业，普遍规模不大，在产业链上话语权少。在当前疫情下，伴随口罩的激增需求，生产任务不只繁重，更大的问题是原材料紧缺、物流受阻，生产难以持续，频频告急：缺纺粘布！缺熔喷布！缺耳线！企业焦心，政府挂心，获悉情况的象屿人上心了。象屿集团紧急增设由陈方总裁任组长的原料保障工作组，在厦门市委市政府和市国资委的大力支持下，以自身强大的供应链综合服务能力为这些口罩企业保驾护航。

"我们帮助它们做原辅料的采购、物流的统筹组织等，来确保它们能够持续大批量生产。"象屿股份副总经理、象屿化工总经理张军田正月初二一接到任务，便买了机票从陕西老家赶回厦门，第一时间跟企业对接，了解企业的痛点及难点。"熔喷布、耳线等东西虽小，但对于生产口罩而言，缺了它们可不行。"特殊时期，原辅料采购相当困难，熔喷布供应商普遍存在原料不适用、人工不足、交货期较晚等问题。耳线产品日常需求较小，无大型生产厂家，货源寻找和采购都存在较大困难。

为此，工作组下设采购小组、物流小组、异地协调小组和联络处，四个小组尽锐出动，在现有基础上拓宽渠道，在省内、国内甚至境外，积极联系货源；推动供应商积极调整配方，尽快生产；协助口罩企业解决物流问题，确保物资可安全、及时运达……通过多管齐下，难题不断得到破解，象屿人为口罩企业生产打下了坚实基础。

2 月 8 日，元宵节，这一天张军田很开心。他打开手机里的口罩生产保障服务工作进展情况表，"你看，昨天签约的 7 吨熔喷布已全部发运，目前总库存平均可保障对接生产企业使用 20 天；签约的 3 吨耳线已全部发运，目前总库存平均可保障对接生产企业使用 5 天。"张军田说，还要继续努力寻找资源，保障口罩厂物资供应。

在这场应急物资保供战中，国企担当、国企效率和国企力量充分彰显。近日举行的全省疫情防控医疗物资保障电视电话会，对象屿集团等厦门国资国企全力保障口罩生产厂家的举措高度肯定，认为这一创新做法值得全省其他地方借鉴。疫情尚未结束，象屿集团仍在继续努力，发挥全球采购的集团优势，确保抗疫物资及时满足疫情防控工作的需要。

资料来源：中国物流与采购联合会企业案例资料汇编

第八章 采购流程管理

知识目标

1. 理解采购质量管理的内涵,掌握提高采购商品质量的途径;
2. 掌握采购的程序步骤,熟悉采购结算业务;
3. 掌握采购订单管理、进货管理以及退货管理流程。

技能要求

1. 能够依照正确的采购程序进行采购业务操作;
2. 能够实际参与采购核心业务管理工作。

导航索引

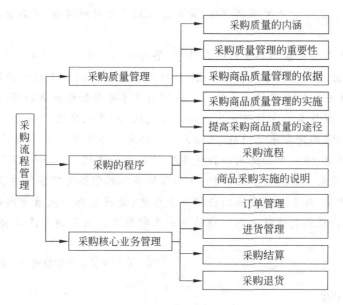

引导案例

上海通用汽车公司健全的采购商品质量管理体系

作为我国目前最大的中美合资企业，上海通用汽车公司在我国汽车领域创造了一个又一个奇迹。奇迹从何而来？其中一个重要原因就是有一个健全的采购质量管理体系。

该公司为了带动中国零部件工业的发展，在生产物料的采购方面，一直坚持以国有化为主，国外为辅的策略。目前每个车型的零部件国产化率均达到60%以上。在国产化的过程中，该公司运用了美国通用公司在产品质量管理方面的原则和标准。因此，该公司零部件供应商在零部件质量水平、价格水平、服务水平等方面非常领先，具有很强的竞争力。该公司目前国内供应商的产品质量水平已超过美国本土供应商，而且其价格比美国本土供应商提供的产品的价格低得多。

上海通用汽车公司高质量的零部件供应，首先得益于非常注重与供应商的合作伙伴关系，充分考虑与供应商建立长期合作的重要性。如果一个车型的生命周期是5～6年，在这个产品上双方可能有5～6年的合作关系。这种长期合作关系，使绝大部分供应商不会提高价格，而是积极配合上海通用汽车公司降低产品成本，提高产品质量。

上海通用汽车公司制定有严格的供应商选择程序。该程序规定，对潜在供应商的选择，要由质量部门、工程部门进行评估，评估后决定潜在供应商的名单，接着发标书，回标后,再进行评估。再评估后,分别进行谈判。谈判后,由联合委员会决定入围企业。对供应商的评估有一清单,共有50个问题,包括企业发展史、生产经营情况、开发能力、人力资源、设施设备等。这一清单发给供应商,首先让它们自身对照评估,然后公司实地考察,择其优秀者入选。

上海通用汽车公司在和供应商的合作中,坚持双赢原则。该公司为了实现供需双方的同步发展,双方建立了联合发展委员会,公司用一部分利润为供应商提供培训和服务,帮助供应商改善它们的生产供应系统。上海通用汽车公司能够和供应商一起研究如何在小批量、多品种、快节奏的生存环境中一起成长发展,此举也促进了供应商对产品质量的重视。一旦发现零部件有质量问题,采购系统就会采取非常措施,一方面要求供应商彻底查找工艺上的问题;另一方面运用一种叫作控制发运的措施,在零部件厂、总装厂进行全数检验,必要时请第三方进行全数合验,从而保证整车的零件没有任何质量问题。

在实际生产中,对于任何企业的任何一个系统,没有任何一点质量问题是不可能的,重要的是,一旦出现问题就能采取正确的方法立即解决。上海通用汽车公司就做到了这一点。

资料来源:中国物流与采购联合会资料汇编

 引例分析

上海通用汽车公司建立了完善的采购质量管理体系,具有明确的市场目标、科学的管理方法、现代化的生产条件,再加上具有强烈质量观念的员工队伍,就能够为客户提供高质量可信赖的产品,企业就会在激烈的市场竞争中立于不败之地。这就是上海通用汽车公司给予人们的关于采购流程中采购商品质量管理的启示。

第一节 采购质量管理

在经济全球一体化和市场竞争日趋激烈的严峻形势下,产品质量竞争已经成为企业之间竞争的重要因素。任何企业不加强质量控制,建立完善的质量管理体系,在市场竞争中就有被淘汰的危险。除此之外,实现有效的采购质量管理还有利于减少采购成本。采购质量风险不论源于供应商,还是源于采购企业内部,都可以通过有效的采购质量管理加以控制,以期规避采购成本风险,或将其危害降低到最低。

一、采购质量的内涵

全面质量管理中所说的质量,是一个广义的概念。按照国家标准的规定,质量是指产品、过程或服务满足规定或潜在要求(或需要)的特征和特性的总和。可见,质量不仅指产品质量,而且也包括过程质量、服务质量。对于过程质量和服务质量,可以统称为工作质量。采购质量所指的也就是采购产品质量和采购工作质量的综合。

(一)产品质量与工作质量

1. 产品质量

产品质量是指产品的适用性,也就是指产品的使用价值和适合用途,能够满足人们的某种需要所具备的特性。不同的产品,由于适用性的要求不同,因而其质量特性也不相同。对于耐用产品,特别是现成产品,它们的质量特性可以概括为性能、寿命、可靠性、安全性、经济性五个方面。

(1)产品的性能,是指产品应达到使用功能的要求。如电视机使用功能的要求是图像和声音清晰,稳定性好等。

(2)产品的寿命,是指产品在规定的条件下,满足规定功能要求的工作期限。如灯泡的使用小时数、轮胎的行驶里程数等。

(3)产品的可靠性,是指产品在规定时间内、规定条件下,完成规定功能的能力。其中包括产品的平均无故障工作时间,精度保持的时间长短等。

(4)产品的安全性,是指产品在流通和使用过程中保证安全的程度。如产品在使用过程中,保证对操作人员无伤害,不影响人身健康,不污染环境等方面的可能性。

(5)产品的经济性,是指产品寿命周期总费用的大小。这不仅要注重制造成本,还要注重产品的使用成本。

在以上五个方面的特性中,产品的性能是产品质量的基本要求,其他几项都是产品质量的延伸和发展,是随着生产力的发展、科学技术的进步而逐步提出来的要求。产品性能可以通过生产企业的现场检验做出判断,而其他特性都需要在使用过程中做出判断。

产品的质量特性有些是可以直接定量的,如载重汽车的发动机功率(马力)、载重量、时速、耗油量等,而在大多数情况下很难用直接定量表示,如某些产品的精度、灵敏度、舒适度等。这就要对产品进行综合的和分零部件的试验研究,以便某些技术参数明确规定下来,形成技术文件,就是产品质量标准,也称技术标准。这是衡量产品质量的技术依据。

2. 工作质量

工作质量包括过程质量和服务质量,是指企业中与产品质量直接有关的工作,对于稳定地保证产品质量和提高产品质量的保证程度有着直接的关系。

工作质量一般很难像产品质量那样具体直观,也难以定量表示,但却客观地存在于企业的生产经营活动之中,最终通过企业的工作效率、产品质量和经济效果等工作成果表现出来。我国一些企业在实践中总结出一套工作标准,并结合经济责任制来衡量和考核工作质量。

（二）采购产品质量与工作质量的关系

产品质量与工作质量是两个不同的概念，但它们之间的关系是密切相关的。采购产品质量是采购工作质量的综合反映，采购工作质量是采购产品质量的基础和保证。因此，企业在采购质量管理中，应当把相当一部分精力用在抓采购的工作质量上，以不断改进和提高采购工作质量来保证和提高采购的产品质量，以采购工作的高质量确保采购产品的高品质。

二、采购质量管理的重要性

在采购工作中，采购方要求供应商能够按照合同的规定，按时、按质、按量将采购的商品送达企业。在日益激烈的市场竞争中，产品变得异常丰富，顾客选择商品的空间愈来愈大，导致对产品质量的要求愈来愈高，所以现在的市场竞争不仅是产品价格的竞争，更是产品质量的竞争。由于采购商品的质量在很大程度上影响或决定企业最终产品的质量。因此，加强采购商品质量管理，越来越引起企业经营者的重视。

1. 采购商品质量是企业产品质量的重要保证

现在，无论是国内市场还是国际市场，买方市场的总体格局已经形成，产品和服务的市场竞争十分激烈，质量已成为竞争中决定成败的关键因素。

产品及服务是企业竞争力的载体。由于买方市场的形成和消费观念的变化，产品及服务质量作为企业竞争力的关键因素正日益受到广泛的认同。事实上，高质量的产品及服务往往更具有合理的成本和竞争力强的价格。离开了质量，单纯的成本降低并不能真正持久地提高产品及服务市场的竞争力。而质量的提升，则离不开采购原材料、零部件的质量保证。

2. 采购商品质量是决定企业产品成本的重要因素

在市场经济条件下，企业的一切经营活动必须以提高经济效益为中心。提高经济效益的途径很多，如增加产量、提高价格、降低成本等。而降低成本，则离不开采购中的质量管理环节。如果在采购中，商品质量把关不严，不合格品进入运输环节会徒增运费；进入检验环节会增加检验成本；进入生产环节，会增加人力、设备和能源消耗；若进入销售环节，又会增加销售费用。这些无谓的消耗大大增加了产品的总成本，削弱了产品的市场竞争力，影响了企业的经济效益。

3. 采购商品质量关系企业的市场信誉

产品质量的形成包括若干环节，如市场研究、产品计划、设计、制定产品规格、制定工艺、采购、仪器仪表配置、生产、工序控制、检验、测试、销售、售后服务等。这些环节构成了一个系统,而采购是这个系统链条上的一个重要环节,采购中的产品质量控制失误,将会导致最终产品的质量事故。这种质量事故会引起顾客退货、产品返修,不仅影响到企业的经济效益,还有损企业的市场信誉,虽然这种损失是无形的,但是会造成顾客流失,影响久远。

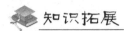

采购质量风险

在北京某著名国际零售商店里,有顾客投诉说刚购买的特价电视机质量有问题,家电部主管带顾客检查时发现,这款机器的外包装说明竟然与内部说明书的文字有几点出入。这款机器是该公司北方区刚采购的,价位是电视机线上最低的,品牌为杂牌,基本肯定是经销商的 OEM 机,这里的采购员在操作上有问题。

采购员最容易发生的问题是:利用合同条款的模糊性与供货商联合进行欺诈行为,例如以次充好、以假乱真,甚至出现"三无"商品、伪劣商品,给企业造成损失。所以收货及防损人员在进行商品验收检查时,应以合同条款为标准进行检验,防止出现采购质量风险。

三、采购商品质量管理的依据

1. 采购商品质量管理的技术标准

技术标准是衡量、评定产品质量的技术依据,是采购主体和采购人员可以获得的直接信息。技术标准分为国际标准、国家标准、行业标准和企业标准。

2. 采购商品质量管理的市场标准

商品最终是为满足消费者需求为制造目的的。能否满足采购企业的生产、销售需求是商品采购管理的首要、根本依据和标准。质量不是越高越好。否则单纯追求高质量,不但会提高采购成本,还会造成不必要的资源浪费。

3. 采购商品质量管理中的质量认证

质量认证是根据相应标准和有关技术规范对企业的某一产品或服务进行试验或检查,如果该产品符合这些标准或技术规范,则发给该企业有关产品的认证合格证书,允许该产品出厂时使用合格标志,以证明该产品或服务符合相应的标准或技术规范的活动。

四、采购商品质量管理的实施

采购商品管理的首要任务就是在决定采购商品品种前,对预购的产品或商品的质量进行检验,根据检验结果寻找到符合标准的产品或商品。对采购商品检验,先核对品名、规格、型号、等级、交货批数,查看包装标志,检查包装是否安全、完好,然后,根据质量标准所规定的要求,对照测量报告,进行验收检验。

(一) 工厂直接购进的商品检验方式

1. 工厂签证,商业免检

工厂生产出的商品,经过工厂检验部门检验签证后,商业部门可以直接收货,免去检验程序。这种情况适用于产品质量稳定、生产技术条件比较好、工厂检验设备比较齐全以及管理制度比较健全的企业。

2. 商业监检

商业部门的检验人员对工厂的半成品、成品,甚至包括原材料等,在生产工艺全过程中进行监督检验,一直到成品包装、装箱后,才算完成监检任务。然后,商业部门可按工厂检验签证验收。此目的在于保证消费者对产品质量的要求。某些高档商品、有关人身安全和健康的商品,检验人员必须下厂监督检验,以确保商品质量,特别对出口商品,要求更要严格。

3. 工厂签证交货,商业定期抽验

质量较稳定的产品,工厂签证后便可交货,商业部门为确保质量,可定期或不定期地抽查产品质量。

4. 商业批验

这种检验对工厂的每批产品都要检验,合格者由商业部门收购。这种方法主要是对产品不稳定、检验设备、技术条件不健全的工厂的产品采用的。

5. 行业会检

行业会检又称联检。同行业中,对于多个厂家生产的同一种产品,工商联合举办行业会检,由双方联合组成的质量检查评比小组,定期或不定期地对同行业的产品,按质量标准要求进行全面评定。

6. 报检

生产部门主动向商业部门提出要求检验,商业部门可及时进行检验,这是决定是否要货的一种方式。

7. 库存商品的检验

对储存期间的商品实行定期检验,以防止由于质量的变化而影响商品的使用效能。

（二）进出口商品检验

随着全球经济的一体化，跨国采购成为采购工作中的重要部分。我国进出口商品检验工作由国家质检总局及所属各地质检部门负责统一管理。法定检验的进口商品的收货人应当持合同、发票、装箱单、提单等必要的凭证和相关批准文件，向海关报关地的出入境检验检疫机构报检；法定检验的进口商品未经检验的，不准销售，不准使用。

五、提高采购商品质量的途径

如果所采购的原材料的质量有问题，将会直接影响到产成品的质量。因此，要在采购中切实保证采购质量，防患于未然，必须寻求可靠的提高采购质量的途径。

（一）选择合适的供应商

商业企业作为买方，在现代商品质量管理中首要任务是了解供应商的质量政策，选择合适的供应商。作为供货方为确保商品质量，必须提供合格品，并出具必要的合格证明。在某些情况下，卖方是技术上的巨人，把产品销售给没有工程师和实验条件的买主，供应商应责无旁贷地为买方提供技术上的援助。

在业务交往中，供应商应提供控制质量的书面计划及计划已被遵行的证明，并允许买主对供应商的各项活动进行必要的监督。对于买方及时反馈的有关商品质量及相关问题，供应商管理部门应坚持不懈地随时采取纠正性行动。

总之，作为供应商应及时提供有质量保证的商品，且价格合理，能提供优良的服务。作为买方，对于一些较复杂或重要的商品，最好有多种供应源。

（二）正确评审供应商资格

确定合适的供应商之前，必须先进行调查，以判断和核实供应商是否能保证商品质量，如果与其建立供需关系，双方能否在技术、管理、财务等方面互相配合。调查方法一般为函询和访问两种方式。前种方式是给供方函寄一份调查表，查询买主所需了解的情况。后种方式是组成一个由各方代表组成的小组与供应商进行面对面交谈，或到实地参观考察，考察的范围主要是质量控制、工艺制造、质量检验等，甚至包括财务与管理。

调查完后应将结果写成报告，结论力求客观，以判断其经营效率状况。若打算与该供应商签订合同，则需对供应商能否交付满意的产品作出预测。

通过这种调查，可对供应商资格认可与否仅作初步结论，但也有许多不足之处，有其一定的局限性，如无法可靠地预测供应商产品的质量性能，故在实际应用中，须结合其他方法,进行综合评定。如果经调查认可了供应商的产品质量,且进货检验数据表明质量水平是可接受的,则该供应商被确定为"合格的供应商"。而一家合格的供应商就是一个已经被批准的具有无限数量产品的供应源。这种认证可以导致减少或取消对供方产品的进货检验。此外,还可对各种产品质量用评分法进行定量化评定。

(三)制订并执行联合质量计划

现代商品不能仅靠进货检验来决定取舍,更重要的是需要供、需双方相互信赖、共同合作,建立良好的关系,以实现商品的使用价值。具体操作中,买卖双方最终应签订合同,制订详细的联合质量计划。联合质量计划内容主要包括经济、技术和管理三方面。联合经济计划中,重点应着眼于商品的使用价值,并确定最合理的购货总价格。

供需双方对与质量有关的一系列成本,如货物检验、材料审查、生产误期、额外存货等成本,看法应一致。作为买方,可将上述成本加到购买价格中,但应尽力压缩;作为卖方,也应力求降低有关成本。

(四)做好服务工作,提高服务质量

1. 售前服务

售前服务是向用户提供技术性帮助,如指导用户如何正确使用,组织技术培训等。

制造商在产品标记或所附文件中,应提供有关产品的使用说明和注意事项等的详细资料;在有些产品目录和小册子中应对各种型号产品的特征作十分详尽的说明,提供正确的使用方法。

2. 售后服务

售后服务内容主要包括:处理用户申诉、供应所需备件、及时排除故障。对于一些技术要求复杂的产品,应派专业人员去现场进行设备安装、调试并能及时排除运转中发生的故障,教会用户如何维护、保养等。

随着产品的日趋复杂,服务工作必须及时配套。商业企业有关部门尤其应重视复杂商品的售前技术培训,在产品销售、安装、运行和修理等方面接受制造商的技术帮助和指导,以便能正确指导消费。实践说明,对某些消费品,来自顾客对维修服务的申诉往往超过对所交付的最初产品质量的申诉,这些申诉既包括对缺陷的申诉,也包括对修复时间的申诉。从某种程度上来说,商店可看成是制造部门的一个附加部分,商业企业有关人员必须得到技术上的援助,从根本上提高服务质量。

（五）选择最佳质量成本

20世纪60年代前后，欧美一些国家的企业相继提出了质量成本的概念。由于复杂产品数量增加，对精度、可靠性的要求更高，增加了质量成本；耐用品大幅度增加，结果使现场故障增多、维修量上升、零部件配备件需求增多，造成成本上升。而采购部业绩往往会陷入这样的误区：以采购价格为主的定位，最终可能导致去买价格最低的货品而不考虑货品的整体质量水平的实际情况。因此不能以牺牲采购商品的质量来降低采购成本。我们知道：成本＝价格＋返修＋保修内维护＋行政管理。

例如：MM公司采购部向A、B两个公司询问某种原材料的报价，A公司单价为0.8元人民币，B公司为1.00元人民币，是否可以决定购买A公司的产品为原料呢？

经过进一步分析发现相关数据如表8-1所示。

表8-1 综合质量成本分析表

项 目	A公司/元	B公司/元
单价	0.80	1.00
返修	0.20	0.02
保修	0.25	0.00
行政	0.19	0.09
总成本	1.44	1.11

经过以上最佳质量成本分析，降低采购成本可起到提高利润的重要作用，就不难做出正确的采购选择。但是如果只注重采购价格，不考虑采购以后的返修、保养、行政管理成本，反而会整体上降低采购质量。提供精确的成本信息才能取得具有竞争性的价格优势，实现高质量的采购工作。

第二节 采购的程序

一、采购流程

企业建立一个高效的采购系统是保证市场经营活动正常进行的重要环节。因此，采购流程设计一定要科学合理，反映采购活动内在的逻辑联系，并且为应用现代计算机系统进行管理奠定基础。采购流程通常包括图8-1所示的几个步骤。

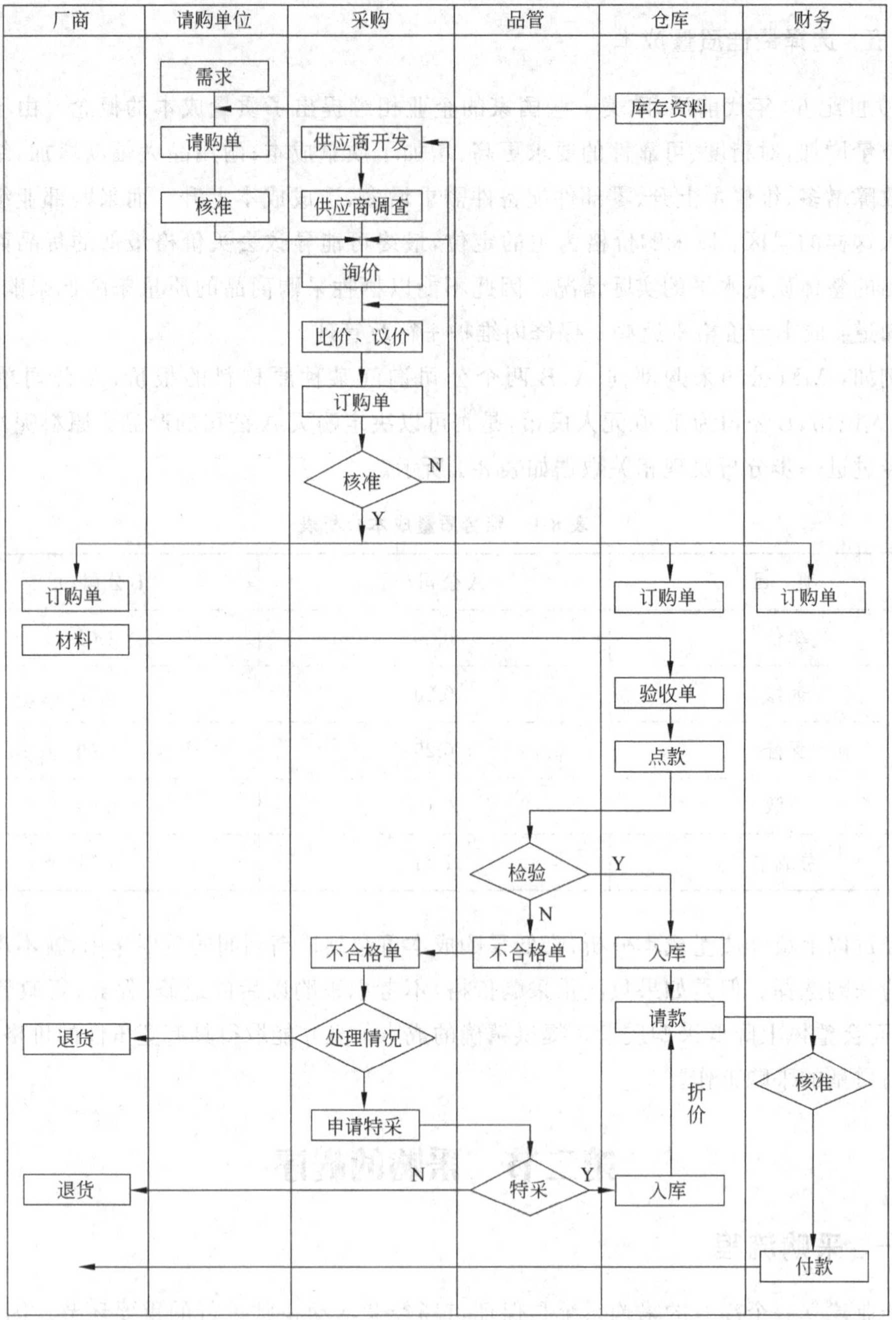

厂商	请购单位	采购	品管	仓库	财务
	需求 → 请购单 → 核准	供应商开发 → 供应商调查 → 询价 → 比价、议价 → 订购单 → 核准(N/Y)		库存资料	
订购单 ← 材料				订购单 → 验收单 → 点款	订购单
			检验(Y/N) 不合格单 ← 不合格单 → 处理情况 → 申请特采 → 特采(N/Y)	入库 → 请款 折价 入库	核准 → 付款
退货 ←					
退货 ←					

图 8-1 采购流程示意图

注：Y 指是；N 指否。

(一) 提出需求

任何采购都产生于企业中某个部门的确切的需求。负责具体业务活动的人应该清楚地知道本部门独特的需求：需要什么、需要多少、何时需要。这样，采购部门就会收到这个部门发出的物料需求单。有些采购来自生产或使用部门，有些采购申请来自销售或广告部门，对于各种各样办公设备的采购要求则由办公室的负责人或公司主管提出。通常，不同的采购部门会使用不同的请购单，如表8-2及表8-3所示。

表8-2　企业采购请购单

编号	日期				共1页	
FNJ0202					第1页	
项次	料号	品名规格	单位	单价	金额	备注

表8-3　企业批量采购请购单

产品名称		生产数量				开工日期			
项次	请购材料	单位用量	标准用量	库存量	供应本批数量	请购数量	核准数量	备注	

采购部门还应协助使用部门预测物料需求。采购部经理不仅应要求需求部门在填写请购单时尽可能采用标准化格式以及尽可能少发特殊订单，而且应督促尽早地预测需求以免出现太多的紧急订单。

由于未了解价格变化和整个市场状况，为了避免供应终端的价格上涨，采购部门必须要发出一些期货订单。采购部门和供应商早期参与合作会带来更多的信息，从而可以避免或削减成本，加速产品推向市场的进度并能带来更大的竞争优势。

(二) 描述需求

如果采购部门不了解使用部门到底需要些什么，采购部门不可能进行采购。出于这个目的,就必然要对需要采购的商品或服务有一个准确的描述,这是采购部门和使用者,或是跨职能采购团体的共同责任。同时采购部门和提出具体需求的部门在确定需求的早期阶段进行交流就有重要的意义。否则,轻则由于需求描述不够准确而浪费时间;重则会产生严重的财务后果并导致供应的中断、公司内部关系恶化。

由于在具体的规格要求交给供应商之前,采购部门是能见到它的最后一个部门,因此,需要对它进行最后一次检查。如果采购部门的人员对申请采购的产品或服务不熟悉,这种检查就不可能产生实效。任何关于采购事项的描述的准确性方面的问题都应该请采购者或采购团队进行咨询,采购部门不能想当然地处理。

采购的成功始于采购要求的确定,应制定适当的办法来保证明确对供应品的要求,更重要的是让供应商完全地理解。这些办法通常包括以下五种。

(1) 制定规范、图纸和采购订单的书面程序。
(2) 发出采购订单前公司与供应商的协议。
(3) 其他与所采购物品相适应的方法。
(4) 在采购文件中描述所定产品或服务的数据,如产品的精确辨认和等级、检查规程、应用的质量标准等。
(5) 所有检查或检验方法和技术要求应指明相应的国家和国家标准。

在很多企业中,物料单是描述需求的最常用单据,如表 8-4 所示。

表 8-4 物料单

日　　期	
编　　号	
金　　额	
需求描述	
申请部门	
特殊说明	
需求日期	申请人签字

(三) 选择和评估供应商

供应商选择是采购职能中重要的一环,它涉及了高质量物料或服务的确定和评价,企业应选择信誉好,产品质量、交货期等有保证的供应商,并开始和供应商联系。

(四) 确定价格和采购条件

确定价格和采购条件是采购的关键。表 8-5 所示的是企业产品询价单的样本。价格洽谈的过程是一个反复讨价还价的过程，并就质量、数量、交货期、货款支付方式、违约责任等进行洽谈，在互利共赢的基础上，签订采购合同，实现成交。

表 8-5 产品询价单

<table>
<tr><td colspan="2" align="center">产品询价单　　　　　编号：</td></tr>
<tr><td colspan="2">_____单位_____先生：
1. 本公司因业务需要拟向贵公司洽购下列物品（见附件），请速予报价以作进一步联系。
2. 来函或来电请至本公司采购部电话，并请惠示贵公司联络人员及电话。
3. 附件：（含物品名称、数量及品检说明）。

　　　　　　　　　　　　　　　　　　　　　　　××公司采购部
　　　　　　　　　　　　　　　　　　　　　　　　年　月　日</td></tr>
</table>

（五）发出采购订单

对报价进行分析并选择好供应商后，就要发出订单。具体格式见表 8-6。

表 8-6 企业订购单

编号 FNJ0203		订购单		共1页 第1页	
厂商 电话		地址： 请购单 NO．		年　月　日	
项次	材料编号	品名及规格	单位	数量	单位	合计
交货日期						
交货地点						
注意事项：						

（六）跟单和催货

采购订单发给供应商之后，采购部门应对订单进行跟踪和催货。企业在采购订单发出时，同时会确定相应的跟踪接触日期，在一些企业中，甚至会设有一些专职的跟踪和催货人员。

跟单是对订单所作的例行跟踪,以便确保供应商能够履行其货物发运的承诺。如果产生了问题,例如质量或发运方面的问题,采购方就需要对此尽早了解,以便及时采取相应的行动。跟踪需要经常询问供应商的进度,有时甚至有必要到供应商那里去走访。通常,为了及时获得信息并知道结果,跟踪是通过电话进行的;现在,一些公司也使用由计算机生成的简单表格,以查询有关发运日期和在某一时点采购计划完成的百分比。

催货是对供应商施加压力,以便按期履行最初所做出的发运承诺、提前发运货物或是加快已经延误的订单涉及的货物发运。催货应该只是用于采购订单中一小部分,因为如果采购部门对供应商能力已经做过全面分析的话,那被选中的供应商就应该是那些能遵守采购合约的可靠的供应商。而且,如果公司对其物料需求已经作了充分的计划工作,如果不是特殊情况,就不必要求供应商提前发运货物。

(七)货物的验收

采购合同上应明确产品验证体系,该验证体系应在采购合同签订之前由供应商和采购方达成协议。下面方法的任何一种均可用于产品验证。

(1)采购方信赖供应商的质量保证体系。
(2)供应商提交检查检验数据和统计的流程控制记录。
(3)当收到产品时由采购方进行抽样检查或检验。
(4)在发送前或在规定的流程中由采购方进行检查。
(5)由独立的认证机构进行认证。

采购方必须在采购合同上明确指出最终用户是否在供应商的场地进行验证活动,供应商应提供所有设施和记录来协助检验。表 8-7 所示为材料检验报告表。

表 8-7 材料检验报告表

材料编号	收料单编号	品名规格	检验部门	质量规范编号	送验编号
检验项目:					
检验标准:					
检验结果:					
说　明:					
采购处理结果	经理批示	厂(处)长意见		资材部门说明	

（八）支付货款

一般主张发票要由采购部门来核查,主要原因是采购部门是交易最初发生的地点。如果有什么差错,采购部门可以立即采取行动。

（九）记录

经过以上所有步骤以后,对于一次完整的采购而言,剩下就是更新采购部门的记录。这一步就是把采购部门与订单有关的文件副本进行汇集和归档,并把企业想保存的信息转化为相关的记录,如表 8-8 所示。

表 8-8　进货记录表

编号	料号	品名规格	厂商	数量	清单	备注

二、商品采购实施的说明

（一）采购实施的注意事项

企业规模越大,采购金额越高,管理者对程序的设计越为重视。这里将一般采购作业流程设计应该注意的要点阐述如下。

(1) 注意先后顺序及实效控制。应当注意作业流程的流畅性与一致性,并考虑作业流程所需时限。例如,避免同一主管对同一采购案件做多次的签核;避免同一采购案件,在不同部门有不同的作业方式;避免一个采购案件会签部门过多,影响作业实效。

(2) 注意关键点的设置。为了便于控制,使各项正在处理中的采购作业在各阶段均能被追踪管制,譬如国外采购,从询价、报价、申请输入许可证、开信用证、装船、报关、提货等,均有管制要领或办理时限。

(3) 注意划分权责或任务。各项作业手续及查核责任,应有明确权责规定及查核办法。例如请购、采购、验收、付款等权责应予以区分,并指定主办单位。

（4）避免作业过程发生摩擦、重复与混乱。注意变化性或弹性范围以及偶发事件的因应法则，例如在遇到"紧急采购"及"外部授权"时应有权宜的办法或流程来特别处理。

（5）价值与程序相适应。程序繁简或被重视的程度，应与所处理业务或采购项目的重要性或价值的大小相适应。凡涉及数量比较大，价值比较高或者容易发生舞弊的作业，应有比较严密的处理监督；反之，则可略微予以放宽，以求提高工作效率。

（6）处理程序应适合现实环境。应当注意程序的及时改进。早期设计的处理程序或流程经过若干时间段以后，应加以审视，不断改进，以适应组织变更或作业上的实际需要。

（7）配合作业方式的改善。例如，手工的作业方式改变为计算机作业方式，因此流程与表单需要做相当程度的调整或重新设计。

（二）商品采购流程的实例说明

以下两个商品采购流程均以商业服务业采购为背景。

1. 小额应急采购流程

某连锁超市采购部生鲜组 2000 元以下时令蔬菜的应急采购流程，如图 8-2 所示。

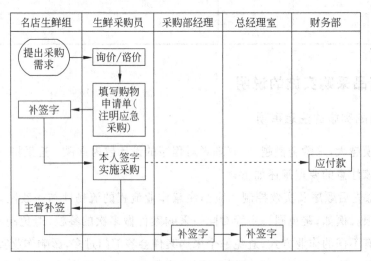

图 8-2　小额应急采购流程示意图

2. 常规采购流程

某餐饮集团后厨采购中心的日常采购流程，如图 8-3 所示。

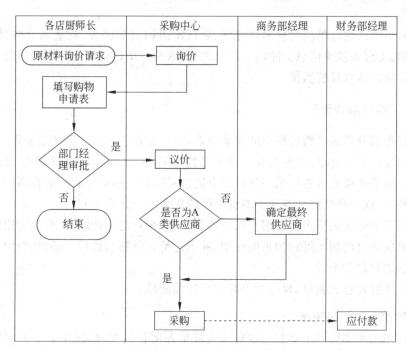

图 8-3 日常采购流程示意图

第三节 采购核心业务管理

一、订单管理

(一) 采购订单的含义

采购合同签订以后,企业采购员可根据企业经营的需要,按照各部门的采购申请和计划制作采购订单,定期向供应商下达采购订单,并进行订单的跟踪与执行,直到对采购订单进行传递与归档为止。

采购订单是企业根据产品的用料计划和实际能力以及相关的因素所制定的切实可行的采购订单计划,并下达至订单部门执行。在执行的过程中要注意对订单进行跟踪,以使企业能从采购环境中购买到企业所需的商品,为生产部门和需求部门输送合格的原材料和配件。

采购订单是商品在采购业务中流动的起点,是详细记录企业物流的循环流动轨迹,累积企业管理决策所需要的经营运作信息的关键。通过它可以直接向供应商订货并可查询采购订单的收货情况和订单执行情况,通过采购订单的关联跟踪,采购业务的处理过程可以一目了然。

一份完整的采购订单应当标明供应商、要订购的物资与服务、数量和价格、供货日期与供货条款、支付条款等信息。除以上信息之外，采购订单还要确定订购的物资是存入库存还是在收货时就直接被消耗。

（二）采购订单的管理

采购订单的管理是采购管理中的重要内容，一般企业在确定了需要量和供应商后，就会向供应商发出采购订单，以作为日后双方订约合同的一个依据。而采购合同是在双方协商取得一致的基础上所签订的一种经济合同。可以说采购订单和采购合同都是采购流程中重要环节，这一环节将会直接影响到采购的作业流程是否顺利。

采购订单的管理是指企业根据市场的需求预测、企业的生产能力、企业的用料计划以及相关因素所制订的切实可行的采购计划，并下达给订单部门执行，从而从资源市场上购买到合格的原材料和配件。

采购订单管理包含制订、管理和追踪三个连续阶段。

1. 采购订单的明细管理

采购订单的明细管理主要是通过对采购订单各项目的管理，使企业相关部门能够明确掌握商品订货的情况。当采购单位决定采购对象后，企业通常会寄发订购单给供应商，以作为双方将来交货、验收、付款的依据。订购单内容主要侧重于交易条件、交货日期、运输方式、单价、付款方式等。

因用途不同，订购单可分为厂商联（第一联），作为供应商交货时间的凭证；回执联（第二联），由供应商签字确认后寄回给企业；物料联（第三联），作为企业控制存量和验收的参考；请款联（第四联），作为结算货款的依据；承办联（第五联），由制发订购单的单位自存。

2. 采购订单的跟踪管理

订单跟踪是采购人员的重要职责，订单跟踪有促进合同正常执行、满足企业的商品需求、保持合理的库存水平三个目的。在实际订单操作过程中，合同、需求、库存三者之间会产生矛盾，突出表现为由于各种原因合同难以执行、需求不能满足导致缺货、库存难以控制。恰当地处理供应、需求、缓冲余量之间的关系是衡量采购人员能力的关键指标。

1）合同执行前的订单跟踪

订单人员在完成订单合同之后，要及时了解供应商是否接受订单，是否及时签订订单合同。在采购环境里，同一商品往往有几家供应商可供选择，独家供应商的情况很少。虽然每个供应商都有分配比例，但在具体操作时可能会遇到各种原因造成的拒单现象。由于出现变化，供应商可能会提出改变某些合同条款，包括价格、质量、交货日期等。

如果供应商按时签订订单合同，则说明对供应商的选择正确，如果供应商确实难以接受订单,可以在采购环境里另外选择其他供应商。与供应商正式签订的合同要及时存档,以备后查。

2) 合同执行过程中的订单跟踪

进入订单实际作业阶段的第一项工作,就是要与供应商签订一份正式合同,这份合同具有法律效力,订单人员应全力跟踪,并且应与供应商相互协调,建立起相互之间的业务衔接、作业规范的合作框架。合同跟踪应注意以下事项。

(1) 严格跟踪供应商准备商品的详细过程,保证订单正常执行。在跟踪过程中,发现问题要及时反馈,需要中途变更的要立即解决,不可拖延时间。不同种类的商品,其准备过程不同,总体上可分为两类,一类是供应商需要按照样品或图纸定制的商品,存在着加工过程周期长,变化多的特点。对这类订单的跟踪管理,可以向供应商单位派常驻代表,以起到信息沟通、技术指导和监督检查的作用。常驻代表应当深入生产线各个工序、各个管理环节,帮助发现问题,提出改进措施,切实保证彻底解决有关问题。另一类是供应商有存货,不存在加工过程,周期短。对这类订单的跟踪管理,可视情况分别采用定期或不定期到工厂进行监督检查,或者设监督点对关键工序或特殊工序进行监督检查,或要求供应商自己报告生产条件情况、提供相应检验记录、让大家进行评议等办法实行监督控制。

(2) 紧密响应生产需求形势。如果因市场原因需求紧急,要求本批商品立即到货,应马上与供应商协调,必要时可帮助供应商解决疑难问题。有时市场需求出现滞销,企业经研究决定延缓或取消本次订单商品供应,订单人员也应尽快与供应商进行沟通,确定其可承受的延缓时间,或终止本次订单操作,给供应商相应的赔款。

(3) 慎重处理库存控制。库存水平在某种程度上体现了订单人员的水平。订单人员既要保证销售正常,又要保持最低的库存水平,也就是必须保持与正常经营相适应的商品库存量,因为企业库存过大,占用资金,增加管理费用;库存过小,则品种不全,数量不足,容易造成脱销。

(4) 控制好商品验收环节。商品到达订单规定的交货地点,对国内供应商来说一般是企业仓库,对境外交货则是企业国际物流中转中心。在境外交货的情况下,供应商在交货前会将到货情况表传真给订单人员,订单操作者应按照原先所下的订单对到货的物品、批量、单价及总金额等进行确认,并进行录入归档,开始办理付款手续。境外的付款条件可能是预付款或即期付款,一般不采用延期付款,因此订单人员必须在交货前把付款手续办妥。

3) 合同执行后的订单跟踪

应按合同规定的支付条款对供应商进行付款,并进行跟踪。订单执行完毕的柔性条件之一是供应商收到本次订单的货款。如果供应商未收到付款,订单人员有责任督促付款人员按照流程规定加快操作,否则会影响企业信誉。商品在使用过程中,可能会出现问题,偶发性的小问题可由采购人员或现场督验者联系供应商解决,重要的问题可由质检人员解决。

3. 采购订单的使用管理

对于尚未使用计算机系统的公司,一份订单通常有7~9份副本,而在使用计算机的条件下,将1份采购订单分寄到每个部门的电子邮箱就可以了。供应商在原件上签字后将其送回买方,就表明供应商已收到订单并同意订单的内容。从法律上来讲,发送订单的采购部门构成了合同提供者,而确认订单的供应商则构成合同接受者,提交和接受是合同的两个具有法律约束力的重要组成部分。

采购部门将1份订单副本(例如应付账款副本)送达会计部门,提出需求的部门接收并进行交易。采购部门通常保留有几份订单的副本及相关收据,采购订单和收款收据应有很高的透明度。

(1) 会计部门能够得知未来的支付条件,同时还持有1份订单副本,以便在货物到达时对付款进行核对。

(2) 采购订单应有订单编号以便相关部门备案。

(3) 接收部门持有与商品收据相匹配的订单副本,该部门还可以用特殊的采购订单帮助预测进货的作业量。

(4) 提出需求者在需要查询1份订单状况时有可参考的采购订单数字。

(5) 运输部门知晓交货要求,针对每一次交货安排承运人或使用公司内部运输。

(6) 订单将在所有的部门长期有效,直到买方公司确认货物已收且符合数量及质量要求为止。

二、进货管理

进货验收关系着采购业务的最终完成,因此也是采购管理中非常重要的一环。

(一)进货验收

1. 进货方式

采购进货的方式有自提进货、供应商送货、委托外包进货三种,这三种进货方式的管理方式和要求也不尽相同。

1) 自提进货

自提进货就是在供应商的仓库里交货,交货以后的进货过程全由采购者独家负责管理。这种进货方式对采购者要求较高,整个进货途中的风险以及进货验收环节的任务都由采购方独自承担。自提进货管理主要包括五个环节:①货物清点环节管理;②包装、装卸、搬运上车环节管理;③运输环节管理;④中转环节管理;⑤验收入库环节管理。

2) 供应商送货

供应商送货对采购商来说是一种最简单、轻松的采购进货管理方式。它基本上省去了整个进货管理环节,把整个进货管理的任务以及进货途中的风险都转移给了供应商,只剩下一个入库验收环节。而入库验收也主要是供应商和保管员之间的交接,进货员最多提供一个简单的协助。

3)委托外包进货

委托外包进货就是把进货管理的任务和进货途中的风险都转移给第三方物流公司。这对采购商、供应商来说都是一种最好、最轻松的进货方式。对第三方物流公司来说,有利于发挥第三方物流公司的自主处理的优势、联合处理和系统化处理,提高了物流运作效率,降低了物流运作成本。

2. 进货验收一般流程

进货验收过程需要确定检验时间、地点和人员,一般由采购方在供应商的生产现场与货物到库时进行检验。检验部门一般是质量检验部门。物料检验包括检验包装、品质、卫生、安全性、数量、重量等。

以供货商送货为例,进货验收一般流程如图8-4所示。

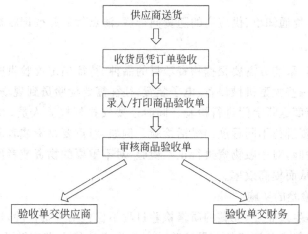

图8-4 进货验收流程示意图

供货商送来货物,采购部(仓管员)需对照订购单上订购货物的名称、规格及其他要求进行验收,没有订购单原则上不允许签收,特殊情况需由主管经理指示处理。

企业仓库验收员根据采购员填写的收货通知单或供应商的随货同行联清点货品并登记手工收货记录,然后在随货同行联上签字,再进行验收并在系统中填写验收结果,生成收货处理方案,根据不同的收货处理方案在系统中勾兑进货合同,生成入库单。为了对进货验收各环节进行有效控制,有必要对验收环节与结果给予记录,如表8-9所示。

表 8-9　进货验收表

日期：　　年　　月　　日

编号	名称	订货数量	规格符合		单位	实收数量	单价	总价	备注
			是	否					

是否分批交货	□是 □否	供应商			合计	
检查		验收结果	检查主管		检查员	
抽样：　％不良 全数：　个不良						
总经理		成本合计				
		主管		核算		

采购员填写收货通知单、供应商的随货同行联,清点货品并登记收货记录。

3. 物资检验

根据订单安排,采购方需要根据物资项目的品种、特征确定检验供应商提供的货物的时间地点。例如,一些大型机械设备、电子装置,往往需要检验员到现场进行检验,一些小型物资可以由供应商送货上门进行检验。同时还要安排好检验人员,在遵循检验制度的前提下,对不同物资进行不同程度的灵活检验。例如,对重要物资或者质量稳定性较差的物资进行严格的检验,对一般物资进行正常检验,对不重要的物资或者质量稳定的物资可以适当放宽检验,从而提高效率。

1) 物资质量检验的实施

假设采购方是生产企业,完整的质量检验过程不仅包括进货检验,还应包括生产过程的质量检验以及最终产品完工的质量检验。因为生产商作为供应链的核心企业,不仅要控制采购原料的质量,还要控制生产出的产品质量,这关系到生产商下游企业的采购活动。

(1) 进货检验(IQC)主要是对企业购入的原材料、外购配套件和外协件入厂时的检验。这是保证生产正常进行和确保产品质量的关键措施。为确保外购物资的质量,应配备专业的质检人员来进行入厂时的验收,严格按照规定的检查内容、检查方法和检查数量进行认真的检验。原则上供应商提供的物资应该进行全检,达到件件合格,如有特殊情形不能全检,必须按照科学可靠的抽检方法检验。

进货物资经检验合格后,检验人员要做好记录并在入库单签字或盖章,及时通知库房收货,做好保管工作。若检验不合格,应当按相应的不合格品管理制度办好退货或者进行其他处理。

(2)过程检验(IPQC)也称为工序检验,其目的是防止不合格品流入下一道工序进行继续加工。因此,过程检验不仅要检验产品本身,还要对影响产品质量的主要工序要素进行检验。过程检验主要有首件检验、巡回检验和末件检验三种形式。

首件检验也称作"首检制",它是提早发现问题、防止产品成批报废的有效措施。通过首件检验,可以及时发现诸如工具严重磨损或安装定位错误、测量仪器偏差等问题的存在,从而纠正问题,防止不合格品发生。

巡回检验就是检验员按一定的时间间隔和路线到生产现场用抽查的形式进行检验,检查刚加工完成的产品是否合乎设计图纸或检验指导书的要求。当巡回检查发现问题时,应马上查寻工序不正常的原因并采取有效措施纠正,为防止不合格品流入下道工序,要对上次巡检后到本次巡检前所生产的所有产品全部进行重检和筛选。

末件检验即在一批产品完工后对最后一件产品进行全面的检查,若发现有质量缺陷,可在下批产品投产前把相应的模具或装置修理好,以免下批投产后因为模具原因而影响生产。

(3)最终检验(FQC)又称完工检验,它指的是对某一加工或装配车间全部工序结束后的半成品或成品的检验。

对于半成品来说,往往是零部件入库前的检验。半成品入库前,必须由专职的检验员根据情况实行全检或抽检,如果在加工时已经进行100%自检,一般在入库前可进行抽检,否则要由检验员实行全检才能入库。但若企业在实行抽检时发现不合要求,也要进行全检来重新筛选。

成品的最终检验是对完工后的产品进行全面的检查和试验。其目的是防止不合格产品流到用户手中,避免对用户造成损失,同时也是为了保护企业的信誉。对于制成成品后立即出厂的产品,成品检验即出厂检验,对于制成成品后不立即出厂需要储存的产品,在出库发货前需要再进行一次出厂检查。

2)物资质量检验的方法

物资质量检验的方法有多种分类,按照是否对产品进行逐一检验可以分为全数检验和抽样检验,按照统计对象可以分为计数检验和计量检验,按照测量方式可以分为理化检验和感官检验,按照是否破坏被检验产品可以分为破坏性检验和非破坏性检验,按照检验的集中程度可以分为固定检验和流动检验。在具体的运用中,要根据具体的物料品种或特定的要求来选择不同的检验方法。

(二)进货验收中常见问题处理

进货验收中常见问题主要有数量不符、代管转入库、不合格品等。

1. 数量不符

收货数量大于收货通知单数量时要电话通知采购员,采购员落实后补进合同并重新生成收货通知;否则,多出部分拒收。由于合同可以分多次完成,因此收货的数量小于合同数量的情况属于正常情况,如少量缺少、破损,直接扣减数量。

2. 代管转入库

对于代管转入库的情况,首先采购员应补合同,并制作代管出库单,打印后交给代管库保管员出库。验收员根据合同生成入库单,再传给正常库保管员复核后入库。

3. 不合格品

检验为不合格的货物时,应在货物上贴上"不合格"标签,并填写物资不良或者差异报告,同时,将检验情形告知采购单位、请购单位,由其依实际情形判定是否需要特采、扣款或退货等。

有些企业对于验收不合格的货品走代管入库流程,入代管保管账,货品入不合格区,待采购员与供应商联系后处理,赠样品根据采购员处理方案直接入正常库或通知赠样品库保管员做赠样品入库。

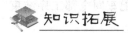 知识拓展

特　采

特采也称特采处理量,指的是当材料不符合品质规格,且已进行了追加工等最大努力后,仍不能完全满足品质规格时,为了防止生产停顿或遭受更大的经济损失,在影响品质不大的范围内,限定条件(如数量)而进行的生产。这些产品在品质上仍旧被判定为不良品,并没有改判为良品。换言之,特采是一种明知的、短暂的、有限的牺牲品质换取成本的行为,仍存在潜在的不良。特采不单是对材料,有时也对因其他生产要素引发的品质不良物品而进行特采。

(三)签收订购单,开具入库单

仓库点收验收完毕,即按要求于订购单或借料单上签收,仓管员同时根据当次验收入库良品数或特采数开具物资入库单,并将入库单(第二联)送至财务入账,增加存货及应付账款,同时将已签收完毕的订购单送至财务,留待付款时用,入库单(第三联)送至采购部门。

三、采购结算

采购结算指的是在商品经济条件下,各个经济单位之间因商品交易、劳务供应或资金

调拨等经济活动而引起的货币收付行为。

（一）采购结算流程

采购结算流程包括采购资金结算、采购发票核销、采购返款管理、进货返款收益管理等，如图 8-5 所示。

具体来说，在企业中物资的采购结算一般都是采取优质优价结算，结算标准和结算条款也是合同中重要的、不可缺少的部分。

(1) 采购资金结算。进货单、进货退回单、关联进货单、关联进货退回单生效后将自动产生往来应付款。

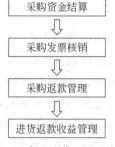

图 8-5 采购结算流程示意图

(2) 采购发票核销。将收到的采购发票清单与相应进货单进行核销，确定应收发票余额。

(3) 采购返款管理。采购返款产生并放入返款库，在后续的进货中随进货单按比例返回，返款库的结存金额等于返款的放入数减去已返回的返款。

(4) 进货返款收益管理。随进货单返回的返款，随进货单进入仓库存货中，产品销售后需根据商品出货比例调出返款收益（冲减进货成本），系统自动计算进货返款结存。

（二）采购结算管理

采购结算也称采购报账，是指采购核算人员根据采购入库单、采购发票核算采购入库成本。采购结算的结果是采购结算单，它是记载采购入库记录与采购发票记录对应关系的结算对照表。

采购结算从操作处理上分为自动结算和手工结算两种方式，另外运费发票可以单独进行费用折扣结算。自动结算是由系统自动将符合结算条件的采购入库单记录和采购发票记录进行结算。

系统按照如下三种结算模式进行自动结算：

(1) 入库单和发票，即将供应商、存货、数量等完全相同的入库单记录和发票记录进行结算，生成结算单。

(2) 红蓝入库单，即将供应商、存货相同，数量相等，符号相异的红蓝入库单记录进行对应结算，生成结算单。

(3) 红蓝发票，即将供应商、存货相同，金额相等，符号相异的采购发票记录对应结算，生成结算单。

手工结算时可拆单、拆记录，一行入库记录可以分次结算，可以同时对多张入库单和多张发票进行手工结算；支持下级单位采购，上级主管单位给其付款的结算；支持三角债结算，即甲单位的发票可以结算乙单位的货物。

（三）采购结算的主要工具

采购结算的方式与价格是构成企业采购成本的重要因素，同时采购结算过程也对合同履行阶段起着审查和监督的作用。企业合理选择银行结算方式对加速资金周转、抑制货款拖欠、加强财务管理、提高经济效益具有重要意义，可供企业单位选择的结算方式包括银行汇票、银行承兑汇票、商业承兑汇票、银行本票、支票、信用卡、汇兑、委托收款、托收承付、国内信用证等。

在传统的手工联行、同城票据交换业务开办的同时，正在进行现代化支付系统的建设，人民银行电子联行已将网络终端延伸到商业银行营业网点，实现了天地对接和业务到县。大多数商业银行已开通行内电子汇兑业务，全国银行卡联网工作也已成功完成，资金汇划即时到账已变为现实，结算方式进一步增多，清算体系更加完善，清算手段更为现代化，这些使得结算方式的选择多样化成为可能。各种结算方式各具特点，各有其适用范围，客观上要求企业单位进行结算方式的选择。

目前我国已经逐步建立了以"三票一卡"为主体的结算体系，大大规范了采购结算方式。

（1）银行汇票。银行汇票以签发银行作为付款人，付款保证性强。代理付款人先付款，后清算资金，特别适用于交易额不确定的款项结算与异地采购。使用银行汇票的方式票据自带，避免携带大量现金，十分便捷。

（2）银行本票。使用银行本票方式时见票即付，如同现金，出票银行作为付款人，付款保证性高。银行本票既有定额本票，又有不定额本票，可以灵活使用。缺点是由银行签发，与支票相比手续相对繁杂，在同城范围内使用。

（3）支票。支票由出票单位签发，出票单位开户银行为支票的付款人，手续简便。支票既有现金支票，又有转账支票，还有普通支票。支票要求收妥抵用，在同城范围内使用，已被企业单位广泛接受。但在支票结算中可能存在签发空头支票，支票上的实际签章与预留银行印鉴不符等问题，因此使用支票方式存在一定风险。

（4）信用卡。信用卡可用于电子支付，其方便、灵活、快捷，同城、异地均可使用，发展前景非常广阔。但该结算方式受特约商户与ATM普及程度、银行卡网络的完善程度、银行卡功能开发程度等的影响。

总之，几种结算方式各具特色，各有针对性和局限性，使用范围也存在差异，在实际结算中必须合理选择。

四、采购退货

（一）退换货处理的一般流程

退换货处理是指采购人员依据采购合同规定的某些因素而把所购货物退还给供应商或者与供应商调换的一种违约处理方式。退换货处理的一般流程如图 8-6 所示。

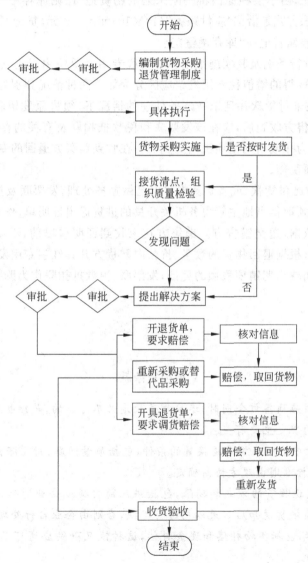

图 8-6 采购退换货流程示意图

（二）采购退货处理方法

在 ERP 软件中发生采购退货时，按采购价格减少"应付账款"，按当前库存的单位成本减去库存物资成本，差额记在"库存调整"科目中。例如，库存中 B 物资的数量为 10 个，单位成本 6 元，再以单价 10 元采购 10 个，则 B 物资的单位成本变为 8 元，总成本为 (20×8)元＝160 元，由于某种原因将刚刚采购的物资退货，则库存中的 B 物资的单位成本仍然为 8 元，记账方式是借记"应付账款"(10×10)元＝100 元，贷记"物资"(8×10)元＝80 元，则 20 元的差额贷记在"库存调整"上。

根据增值税暂行条例及其实施细则和增值税专用发票使用规定，企业购进货物发生退货时，购货方已取得的增值税专用发票应区分为如下两种情况分别处理。

（1）购货方在未付货款并且未做账务处理的情况下，须将原发票联和税款抵扣联主动退还销售方；销售方收到后，应在该发票联和税款抵扣联及有关的存根联、记账联上注明"作废"字样，作为扣减当期销项税额的凭证。在收到购买方退回的专用发票前，销售方不得扣减当期销项税额。

（2）在购货方已付货款，或者货款未付但已做账务处理，发票联及抵扣联无法退还的情况下，购货方必须取得当地主管税务机关开具的进货退出证明单，作为销售方开具红字专用发票的合法依据，送交销售方。销售方在未收到证明单以前，不得开具红字专用发票，收到证明单后，根据退回物资的数量、价款向购货方开具红字专用发票。其存根联、记账联作为销售方扣减当期销项税额的凭证，发票联、税款抵扣联作为购买方扣减进项税额的凭证。

退换货条款

在采购员与供应商签订合同时，退换货条款是必不可少的，是维护双方正当利益的必备条款。这方面的规定主要有：

（1）合同条款中应明确规定退换货的条件，包括质量问题、新品滞销积压或未达到销售目标，至于参考标准则由双方协商确定。

（2）明确规定退换货的方式和期限，包括供应商自提或企业通知，一般规定"供应商在收到企业书面退换货通知后×天以内进行退换，否则由企业自行处理"。

（3）损耗补偿，包括实物补偿和现金补偿，这种情况下供应商可不必进行退换货，而以补偿的形式体现。

与此相对应，企业发生的进货退出业务在会计处理上也可分为两种情况。

(1) 企业进货时还未做账务处理，退货时也自然无须进行账务处理。

(2) 企业进货时已进行账务处理，在办理退货时，应将原账务处理冲回。即发生进货退出时，借记"应付账款"或"应付票据""银行存款"等账户，贷记"应交税费——应交增值税（进项税额）""物资采购""制造费用""管理费用""其他业务成本"等账户。企业购进物资后，由于各种原因，可能会发生全部退货、部分退货与进货折让等事项。对此，应根据不同情况进行不同的账务处理。

企业进货后尚未入账就发生退货或折让的，无论物资是否入库，必须将取得的增值税专用发票的发票联和税款抵扣联退还给销售方注销或重新开具，无须做任何会计处理。

企业进货后已做会计处理，发生退货或索取折让时，若专用发票的发票联和抵扣联无法退还，企业必须找当地主管税务机关开具"进货退出或索取折让证明单"送交销售方，作为销售方开具红字专用发票的合法依据。企业收到销售方开来的红字专用发票时，按发票上注明的增值税额，红字借记"应交税费——应交增值税（进项税额）"科目；按发票上注明的价款，红字借记"物资"等科目；按价税合计数红字贷记"银行存款"等科目。

（三）采购退货管理制度

采购退货管理有其相应的制度，具体如下所述。

1. 目的

制定采购退货管理制度的目的是：明确退货条件、退货手续、货物出库、退款回收等规定，及时收回退货款项。

2. 退货条件

验收人员应该严格按照企业的验收标准进行验收，不符合企业验收标准的物资视为不合格，不合格的物资应办理退货。

(1) 对于数量上的短缺，采购员应及时与供应商联系，要求供应商予以补足，或价款上予以扣减。

(2) 对于质量上的问题，采购员应首先通知使用部门不能使用该批物资，然后与使用部门、质量管理部门、相关管理部门联系，决定是退货还是要求供应商给予适当的折扣。

(3) 经采购部经理的审阅、财务总监审核、总裁审批后与供应商联系退货事宜。

3. 退货手续

检验人员应在检验不合格的物资上贴"不合格"标签，并在"物资验收报告"上注明不合格的原因，经负责人审核后转给采购部门处理，同时通知请购单位。

4. 物资出库

当决定退货时，采购员编制退货通知单，并授权运输部门将货物退回，同时，将物资通知单副本寄给供应商。运输部门应于物资退回后，通知采购部和财务部。

5. 退回款项回收

（1）采购员在物资退回后制借项凭单，其内容包括退货数量、价格、日期、供应商名称以及货款金额等。

（2）采购部经理审批借项凭单后，交财务部相关人员审批，由财务总监或总裁按权限审批。

（3）财务部应根据借项凭单调整应付账款或办理退货货款的回收手续。

6. 折扣事宜

（1）采购员因对购货质量不满意而向供应商提供的折扣，需要同供应商谈判后最终确定。

（2）折扣金额必须由财务部审核、财务总监审核后交总裁批准。

（3）折扣金额经审批后，采购部应编制借项凭单。

（4）财务部门根据借项凭证来调整应付账款。

本章小结

本章主要介绍了采购质量的内涵及重要性、采购商品质量管理的依据和实施途径，重点介绍了采购的流程，并对采购核心业务中的订单管理、进货管理、采购结算、采购退货等做了详细描述，同时给出了相关案例。

基础能力测试

一、填空题

1. 对于耐用产品，特别是现成产品，它们的质量特性可以概括为（　　）、（　　）、（　　）、（　　）和（　　）五个方面。

2. 采购商品质量管理的技术标准是衡量、评定产品质量的（　　），是采购主体和采购人员可以获得的（　　）。

3. 采购订单是商品在采购业务中流动的（　　），是详细记录企业物流的（　　），累积企业管理决策所需要的经营运作信息的（　　）。

4. 采购订单管理包含（　　）、（　　）和（　　）三个连续阶段。

5. 采购结算的主要工具包括（　　）、（　　）、（　　）和（　　）。

二、简答题

1. 简答采购质量管理的重要性。

2. 采购商品质量管理的依据有哪些？

3. 简答提高采购商品质量的途径。
4. 采购实施过程中有哪些注意事项?
5. 简答不同情况下采购退货的处理方法。
6. 简要描述进货验收的一般流程。

三、论述题
1. 举例说明企业采购质量管理对企业生产经营的重要意义。
2. 论述采购核心业务管理四者之间的关系。
3. 结合所学知识,谈谈采购流程管理对企业经营所起到的重要作用。

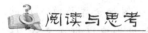
阅读与思考

某卷烟厂采购流程的优化

一、某卷烟厂的采购流程

某卷烟厂的采购流程具体如下。

(1) 签订合同。某公司业务部门根据市场变动情况、结合历史销售业绩和上级公司下达的购销指标,做出一年两次销售预测,在每年的5月和10月和全国主要供应商进行业务洽谈,形成购销意向并与供应商签订合同。

(2) 供应商通知发货并开出发票。省外供应商在发货之前与业务部门协商,确定是否执行合同,一般是按合同执行,但也有不执行、变更合同和推迟执行等情况。确定执行合同后,省外烟厂根据合同安排发货。同时该供应商开出销售发票递交到业务部门。

(3) 验收入库。货物到达仓库以后,仓库保管员根据随货同行联验收入库,填写卷烟入库验收单,一式四联,其中第一联存根、第二联业务部门、第三联财务、第四联统计。第三联送交财务科作账;第二联送交业务部门,以便业务员根据库存情况开展销售业务。同时,仓库保管员在送货回单上签字交给送货人。

(4) 申请付款。业务员收到供应商转来的发票,核实无误后填写付款申请单,经业务主管签字后将发票和付款申请单一并交财务部门。

(5) 财务付款。财务部门收到业务部门转来的付款申请单、采购发票以及库管部门转来的入库验收单,审核无误后付款,或者根据预付款申请单审核付款。付款方式有汇票和托收承付两种。

二、该厂采购流程存在的问题

由于烟草行业是一个半市场半计划的行业,其业务流程不太规范,管理也有待于加强。

(1) 存在代签的情况。有些县级公司没有与某些省外烟草公司签合同的许可权,所以由其上一级分公司代它签合同。

（2）县级公司或分公司向其上级公司购进卷烟。由于市场行情好，县级公司可能出现某种品牌短缺，这时可以向其上级分公司要货，如果分公司同意则成交，但没有正式的采购合同。分公司同样存在向省公司要烟的情况，但也没有正式的采购合同。这给以后的营销资讯系统的录入采购订单造成麻烦。

（3）向省外烟草公司购进卷烟。省公司或分公司可以从省外烟草公司购进卷烟，但必须在国家烟草交易中心签合同，这势必造成公司的开支增大。

（4）目前，在采购的过程中存在一些违规行为，上级公司的规定下面不执行。如从平级公司购进。

（5）单据不统一，这样不利于统计和日后此营销系统的实施。例如仓库验收入库的单据在有些地方称为入库验收单，有些称为商品验收单，这些内部单据建议应在名称、格式和联数上做到统一规范。

（6）缺少明确的采购订单，采购合同严肃性差。

（7）对地方烟厂缺乏管理，对其限区销售执行不严，这样有些公司从不允许购进的地方烟厂购进卷烟。

（8）计划衔接书没有明确品牌和相应的数量，只有总数控制，给采购工作带来很大不确定性。同时也给以后的营销系统的采购订单的录入带来困难。

（9）烟厂调拨站给市县公司开的随货同行联不是发票的随货同行联，这样给财务计账和处理带来麻烦。

三、对采购流程的改进

在该企业现有流程基础之上，结合IT技术的最新发展，提出优化的采购流程。出发点是依托资讯技术，最大程度实现资讯的共享。

（1）供应商管理。收集整理有关当前市场资讯，了解市场上供应商的资讯，如规模、实力、市场份额、产品品种、价格（进价和销售价）、付款条件、供货能力等，从中筛选出候选的供应商以便进一步联系。

（2）询价和交易。有了候选的供应商后，业务员输入必要的资讯，如采购数量、品种、批次等，由系统自动生成询价单。业务员将询价以传真或电子邮件形式发往供应商处以了解其供货意向，进行业务交易。

（3）采购计划管理。将询价结果处理后可以由系统自动生成或手工录入生成采购计划。采购计划通过工作流方式传递到本级公司主管做初步审核，并汇总采购计划报上级公司平衡。然后根据上级公司确定的总量指标调整、确定采购计划。

（4）签订合同。业务员根据批准的采购计划在每年两次的全国订货会或省内衔接会上和供应商签署合同或计划衔接书（为简便起见，本文以后把合同和计划衔接书统称为合同）。

（5）合同管理。对于省外购进业务，签完合同后，业务员将一张或多张合同直接输入系统；对于省内购进业务，需要按供应商分解的计划安排表作为合同输入系统。然后由系统自动汇总所有合同的合计数，判断是否超过采购计划指标。如果超过系统给予提示或禁止进一步处理。

（6）生成采购订单。供应商发货前通知业务员发货计划，业务员如果同意执行，则在系统中根据合同自动生成采购订单。对于有些购进业务可以从手工输入采购订单开始采购流程处理。

（7）订单审核。采购订单审核确认后，自动生成入库通知单和电子发票。其中，入库通知单和电子发票存储在中央资料库中，以便仓库调用入库通知单和财务部门调用电子发票。

（8）匹配发票。业务员收到供应商转来的实物发票后，将该发票的票号补入系统生成的电子发票有关栏位。

（9）仓库验收入库。库管员根据供应商转来的随货同行联的合同号（或订单号）从系统中调入对应的入库通知，审核无误后由系统根据入库通知单自动生成（也可以手工录入）验收入库单。如入库数量有差异，则可以由验收入库单上"差异"栏反映出来，同时按实收数核减合同数量和金额，由供应商下次补发或做其他处理。

（10）财务做相应处理。财务部门可以在系统内根据合同号调出相应的验收入库单、电子发票，结合供应商的实物发票进行财务处理。如根据电子发票票号栏位判断是做正常财务处理（有票号资讯）还是做暂估处理（无票号资讯）。然后经过主管审批后向供应商付款。

资料来源：中国物流与采购联合会企业案例汇编

第九章

供应商管理

知识目标

1. 了解供应商管理的含义、目标和意义,熟悉供应商管理的内容;
2. 理解供应商选择影响因素,掌握供应商选择的途径、方法与程序策略;
3. 熟悉供应商审核考评的方法与指标,掌握供应商关系管理的内容。

技能要求

1. 掌握供应商选择的一般步骤,能在采购实践中进行合理的供应商选择;
2. 熟练掌握供应商审核指标与考评方法,并能在实践中加以运用。

第九章 供应商管理

导航索引

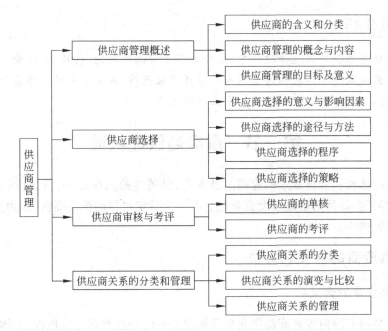

引导案例

西门子公司发展供应商的过程

西门子公司发展供应商的过程具体如下。

(1) 当需要寻找新供应商时,西门子公司会进行市场研究,以找到合适的备选供应商。

(2) 考察潜在供应商的财务能力、历史、技术背景、质量、生产流程、生产能力等。

(3) 合格的供应商将参与研发或加入高级采购工程部门(APE)的设计工作。

(4) 试生产和生产流程审核,证明该供应商能按照西门子公司的流程要求,生产符合西门子公司质量要求的产品。

(5) 进行大规模生产的尝试,确保供应商达到6Q质量标准以及质量和生产流程的稳定性要求。

(6) 如果大规模生产非常顺利,进一步设立衡量系统。如果不能达到关键业绩指标,西门子公司会对供应商进行"再教育"。

(7) 成为正式供应商。

(8) 当西门子公司的采购策略有变化,供应商的总拥有成本分析(TCO)太高或是服务水平低于西门子公司要求的时候,供应商的资格就可能被取消。

资料来源:中国物流与采购联合会案例资料汇编

引例分析

西门子公司在供应商选择过程中,充分体现了审慎的原则,将技术、质量、生产流程与能力、品质、业绩及成本等影响因素纳入供应商考核范畴,并制定科学的退出机制,以此来优化供应商队伍,提高采购质量,提升企业核心能力。

第一节 供应商管理概述

供应商的选择和管理是采购管理中最重要、最关键的工作之一。讨论供应商选择和管理的若干问题,其目的就是帮助企业建立起一个稳定可靠的供应商队伍,为企业生产提供可靠的物资供应。

一、供应商的含义和分类

(一)供应商的含义

供应商是指直接向零售商提供商品及相应服务的企业及其分支机构、个体工商户,包括制造商、经销商和其他中介商,或称为"厂商",即供应商品的个人或法人。

(二)供应商的分类

按照不同的角度,供应商可分为不同的种类。

1. 按供应商的规模和经营品种分类

按供应商的规模和经营品种进行供应商细分,可分为四类,如图9-1所示。

图9-1 按规模和经营品种的供应商分类示意图

(1)"专家级"供应商是指那些生产规模大、经验丰富、技术成熟,但经营品种相对少的供应商。这类供应商的目标是通过竞争来占领广大市场。

(2)"低产小规模"供应商是指那些经营规模小、经营品种少的供应商。这类供应商生产经营比较灵活,但增长潜力有限,其目标仅是定位于本地市场。

(3)"行业领袖"供应商是指那些生产规模大、经营品种也多的供应商。这类供应商财务状况比较好,其目标为立足本地市场,并且积极拓展国际市场。

(4)"量小品种多"供应商虽然生产规模小,但是其经营品种较多。这类供应商的财务状况不是很好,但是其潜力可培养。

2. 按 80/20 规则分类

根据 80/20 规则可以将采购物品分为重点采购品(采购价值占 80%,占采购物品总数量的 20%)和普通采购品(采购价值占 20%,占采购物品总数量的 80%),相应地,可以将供应商依据 80/20 规则进行分类,划分为重点供应商和普通供应商,即占 80%采购金额的供应商为重点供应商,而其余只占 20%采购金额的供应商为普通供应商。

对于重点供应商应投入 80%的时间和精力进行管理与改进。这些供应商提供的物品为企业的战略物品或需集中采购的物品,如汽车厂需要采购的发动机和变速器,电视机厂需要采购的彩色显像管及一些价值高但供应保障不力的物品。而对于普通供应商则只需要投入 20%的时间和精力跟踪其交货。因为这类供应商所提供的物品的运作对企业的成本质量和生产的影响较小,例如办公用品、维修备件、标准件等物品。

按 80/20 规则的供应商分类,如图 9-2 所示。

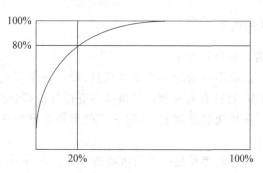

图 9-2 按 80/20 规则的供应商分类示意图

二、供应商管理的概念与内容

(一)供应商管理的概念

所谓供应商管理,就是对供应商的了解、选择、开发、使用和控制等综合性的管理工作的总称。其中,了解是基础,选择、开发、控制是手段,使用是目的。供应商管理的目的,就是要建立起一个稳定可靠的供应商队伍,为企业生产提供可靠的物资供应。

供应商管理的重要性早在20世纪40年代就受到发达国家的重视,在近70年间,随着经济环境的变化,不断出现新的内容。从传统的供应商管理发展到现代供应商管理,企业在供应商管理方面有了很大的创新。在对物流管理越来越重视的今天,优秀的企业将供应商管理提高到战略的高度,并且在实践中不断地寻求更好的方法。两者的比较,如表9-1所示。

表 9-1 传统的供应商管理与现代供应商管理的比较

比 较 内 容	传统的供应商管理	现代供应商管理
供应商数目	多数	少数
供应商关系	短期的买卖关系	长期合作的伙伴关系
企业与供应商的沟通	仅限于采购部与销售部之间	双方多部门沟通
信息交流	仅限于订货、收货信息	共享众多信息
价格谈判	尽可能低的价格	适宜的价格,更多的选择标准
供应商选择	凭采购员经验	完善的程序和战略标准
供应商对企业的支持	基本没有	有
企业对供应商的支持	基本没有	有

(二)供应商管理的内容

供应商管理的主要内容具体如下。

(1)供应商初选。依据供应商的一些基本信息,如市场信誉度、合作的意愿、财务状况、地理位置等基本因素,对已有的和潜在的供应商进行分析并分类,以识别关键供应商。

(2)供应商审核。在初选的基础上,依据一定的审核标准对选定的供应商做进一步的认定审核。

(3)供应商考评。供应商考评是一项很重要的工作。它分布在各个阶段:在供应商的选择过程中需要考评;在供应商的使用阶段也需要考评。不过每个阶段考评的内容和形式并不完全相同。

(4)供应商关系管理。建立起不同层次的供应商网络,通过减少供应商的数量,致力于与关键供应商建立合作伙伴关系。

三、供应商管理的目标及意义

(一)供应商管理的目标

企业通过有效的供应商管理,要达到以下管理目标:

(1) 获得符合企业质量和数量要求的产品或服务;
(2) 以最低的成本获得产品或服务;
(3) 确保供应商提供最优的服务和及时的送货;
(4) 发展和维持良好的供应商关系;
(5) 开发潜在的供应商。

(二) 供应商管理的意义

供应商作为企业的外部环境的组成部分,它必然间接或直接地对企业造成影响。因为任何供应商,不管是不是已经与企业有直接关系,都是资源市场的组成部分。而企业的采购,都只能从这个资源市场中获取物资。所以我们采购物资的质量水平、价格水平都必然受到资源市场每个成员的影响。

对供应商加强管理的重要意义可从以下七个方面来考虑。

(1) 提升企业核心能力。随着企业越来越注重核心能力的培养和核心业务的开拓,从外部获取供应资源,有助于企业集中精力来提升自身的核心竞争能力。

(2) 有利于新产品的开发。据美国采购经理们预测,未来五年,新产品上市时间将缩短 40%～60%,仅仅依靠制造商或核心企业的能力是远远不行的,让供应商早期参与研发可缩短产品开发周期,并有效降低开发成本。

(3) 降低商品采购成本。由于采购成本在企业总成本中占据着相当大的比重,且该比例将随着核心能力的集中和业务外包比例的增加而增加,制造商只有与供应商联合,形成长期稳定的采购关系,才能实现产品采购成本的进一步降低。

(4) 提高产品质量。原材料的质量直接影响到产成品的质量状况。研究表明,30%的产品质量问题是由供应商引起的。因此提高原材料、零配件的质量是改进产品质量的有效手段。

(5) 降低库存水平。有效的供应商管理可以帮助企业建立一支可靠的供应商队伍,为企业生产提供稳定可靠的物资供应保障。从而有助于制造商降低库存水平,减少库存的压力。

(6) 缩短交货期。据统计,80%的产品交货期延长是由供应商引起的,缩短产品交货期应从源头抓起。

(7) 集成制造资源。制造业面临的是全球性的市场、资源、技术和人员的竞争,制造资源市场已成为一个开放型的大市场。制造资源应被集成起来发挥作用早已是人们在制造生产中得到的共识,有效的供应商管理可实现制造企业与供应商(另一类制造商)的有效集成。

第二节 供应商选择

在市场经济条件下,企业采购的外部环境发生了重大变化,主要体现在进货渠道多、价格差异大、质量难以控制、采购风险大等方面,这对企业采购工作提出了新的要求。合理地选择供应商直接影响到采购的品质,是搞好供应商管理的前提和关键环节。

一、供应商选择的意义与影响因素

无论对于公司、企业还是其他机构,如果供应商选择不慎重,将直接影响到产品的品质,进一步威胁到机构的声誉。因而对于采购工作来说,合理选择供应商是首要的、关键的一步,它关系到采购目标能否实现,具有十分重要的意义。

(一)选择供应商的意义

1. 使采购物品数量与质量得以保证

良好的供应商,有较好的信誉、稳定的生产能力和技术水平能供应适当的数量且质量稳定的物品,以满足客户的需要,使企业的生产经营活动能连续稳定地进行,从而保持供应与需求量和结构上的一致性。

2. 实现准时交货

准时交货是指所采购的物品在需要时,供应商应及时交货。太早交货,一方面占用资金,另一方面占用库存;太晚交货,易造成供应脱节,影响经营的连续性。良好的供应商应能与企业较好地配合,使供应与需要在时间上相吻合。另外,还需保证供应的品种规格与企业所需要的品种规格相一致。

3. 有利于提高企业的经济效益

选择合适的供应商,能提高企业的经济效益,因为一方面供应商提供较合理的价格,使企业不会因少数供应商的漫天要价而遭受蒙骗;另一方面与信誉好的供应商合作,可减少一些诸如考查供应商、催货等工作环节,从而减少相关的订购费用。

总之,合理选择供应商,不仅可以有可靠的货源,减少存货,减少流动资金占用,而且可减少一些不必要的麻烦,如退货等,以降低采购风险,使采购工作得到有力的保障。

(二)选择供应商需考虑的因素

在实施供应链合作关系的过程中,市场需求将不断变化,必要时还需要根据实际情况的变化及时修改供应商的选择评价标准,或重新开始供应商的评价选择。因此,选择供应商是一个动态的过程,它不是一成不变的,情况发生了变化,选择的标准亦要随之改变。

从供应链的角度看,对供应商选择机制主要考虑的因素大概有 11 个方面。

1. 价格因素

供应商的产品价格决定了消费品的价格和整条供应链的投入产出比,对生产商和销售商的利润率产生一定程度的影响。供应商应该能够提供有竞争力的价格,这并不意味着必须是最低的价格。这个价格是考虑了要求供应商,按照所需的时间,所需数量、质量和服务后确定的。

2. 质量因素

供应商提供的产品质量直接决定了最终产成品的质量,决定着产品的使用价值,是一个很重要的指标。供应商必须有一个良好的质量控制体系,其提供的产品必须能够持续稳定地达到产品说明书的要求。对供应商提供的产品除了在工厂内做质量检验以外,还要考察实际使用效果,即检查在实际环境中使用的质量情况。

3. 交货提前期因素

对于企业或供应链来说,市场是外在系统,它的变化或波动都会引起企业或供应链的变化或波动,市场的不稳定性会导致供应链各级库存的波动。由于交货提前期的存在,必然造成供应链各级库存变化的滞后性和库存的逐级放大效应。交货提前期越小,库存量的波动越小,企业对市场的反应速度越快,对市场反应的灵敏度越高。由此可见,交货提前期也是重要因素之一。

4. 交货准时性因素

交货准时性是指按照订货方所要求的时间和地点,供应商将订购产品准时送到指定地点。如果供应商的交货准时性较差,就会影响生产商的生产计划和销售商的销售计划和时机,这样一来,就会引起大量的浪费和供应链的解体。

为了降低库存,许多企业都尽量实行准时生产(JIT),在这种形势下,供应商交货的准时性就显得更为重要。因此,交货准时性也是重要的影响供应商选择的因素。

5. 地理位置

供应商的地理位置对库存量有相当大的影响,如果物品单价较高,需求量又大,距离近的供应商有利于管理。购买方总是期望供应商离自己近一些,或至少要求供应商在当地建立库存。地理位置越近,送货时间就越短,意味着紧急缺货时,可以快速送到。

6. 生产供应能力

供应能力即供应商的生产能力,企业需要确定供应商是否具备相当的生产规模与发展潜力,这意味着供应商的制造设备必须能够在数量上达到一定的规模,能够保证供应所需产品的数量。

7. 品种柔性因素

在全球竞争加剧、产品需求日新月异的环境下,消费者的个性化需求越来越明显,许多企业为了适应消费者各种各样的需求,实行个性化的定制生产。只有生产的产品多样化,才能适应消费者需求的个性化,实现占有市场和获取利润的目的。为了提高企业产品的市场竞争力,企业应提高柔性生产能力,而企业的柔性生产能力是以供应商的品种柔性为基础的,供应商的品种柔性决定了消费品的种类。

8. 设计能力因素

集成化供应链是供应链的未来发展方向,产品的更新是企业的市场动力。产品的研发和设计不仅仅是生产商分内之事,集成化供应链要求供应商也应承担部分的研发和设计工作,提高供应的灵活性。因此,供应商的设计能力属于供应商选择机制的考虑范畴。

9. 特殊工艺能力因素

每种产品都具有其独特性,没有独特性的产品的市场生存力较差,产品的独特性要求特殊的生产工艺。所以,供应商的特殊工艺能力也是影响因素之一。

10. 供应商的信誉

守合同、讲信誉的供应商是企业选择时考虑的重要因素。在选择供应商时,应该选择一家有较高声誉、经营稳定,以及财务状况良好的供应商。同时,双方应该相互信任,讲究信誉,并能保持这种良好关系。

11. 其他影响因素

除以上的影响因素之外,有时还有一些其他因素,如供应商的项目管理能力、售后服务水平、库存水平等。

二、供应商选择的途径与方法

(一)供应商选择的途径

选定最适当的供应商,是许多企业与机构采购部门最重要的职责之一。一般而言,供应商的家数越多,选择最适当供应商的机会就越大。因此,如何扩大寻找供应商的来源,是采购人员相当重要的难题。寻找供应商,可由下列各种途径来进行。

1. 利用现有的资料

在管理比较上轨道的公司,多会建立合格厂商的档案或名册,因此采购人员不必舍近求远,应该就现有的厂商去甄选,分析和了解它们是否符合要求,如适当的品质、准时交货、合理的价格及必需的服务等。

2. 公开招标的方式

政府机构一般以公开招标的方式来寻找供应商，使符合资格的厂商均有参与投标的机会，不过企业通常比较少用此种方式，因为这是被动的寻找供应商方式。换句话说，若最适合的供应商不主动来投标，恐怕就不能达到公开招标的目的。

3. 通过同行介绍

所谓"同行是冤家"，一般是指业务人员之间。相反，同行的采购人员之间倒是"亲家"，因为彼此可以联合采购或互通有无。采购人员若能广结善缘，同行一定会乐于提供供应商的参考名单。

4. 阅读专业刊物

采购人员可从各种专业性的杂志或刊物，获得许多产品供应商的信息，也可以从"采购指南""工商名录""黄页"等获得供应商的基本资料。

5. 协会或专业顾问公司

采购人员可以洽询拟购产品的同行公会，提供会员厂商名录，此外也可洽询专业顾问公司，特别是来源稀少或取得不易的物品，例如，精密的零件或管制性的仪器等。

6. 参加产品展示会

采购人员应参加有关行业的产品展示会，亲自收集适合的供应商资料甚至当面洽谈。

最后，值得一提的是，供应厂商的寻找不应局限于本地或本国，也应该利用外地或国外的供应来源。而利用网络或采购专业网站来寻找供应商，也越来越普遍。

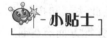 小贴士

马自达选择供应商的五标准

一汽马自达在选择供应商时严格按照马自达企业制定的五项国际标准进行。

第一，考察供应商的产品开发能力。由于设备、工艺都不一样，因此供应商开发能力的强弱就成了零部件质量的关键。

第二，考察供应商的质量保证体系。

第三，考察供应商的成本控制能力，以此降低一汽马自达的采购成本。

第四，考察供应商的生产能力和销售能力，评估其管理理念和销售计划。

第五，考察供应商的售后服务能力，确保其在市场上产品一旦出现质量问题，就能及时提出有效的应对措施，切实保证用户的利益。

（二）供应商选择的方法

1. 直观判断法

直观判断法根据调查了解各供应商情况，通过征询意见、经验判断、综合分析来选择供应商。这种方法较易掌握，但缺乏定量分析，所以一般还应与其他方法一起使用。

2. 综合评分法

综合评分法即合理规定各选择标准的权数，然后根据统计资料，分别计算各准供应商相关因素的得分，选择其中得分最高者。

3. 采购成本比较法

当准供应商的产品质量和交货时间都能满足采购企业的要求时，便可进行采购成本比较，即分析不同的价格和采购中各项费用支出，从中选择采购成本最低的为最佳供应商。

4. 招标法

招标法由采购企业提出采购（招标）条件，各供应商进行竞标，然后采购企业决标，与提出最有利条件的供应商签订购销协议。一般在采购数量大、供应企业多时采用这种方法选择最佳供应商。招标可以是公开的，也可以是指定竞争招标。公开招标对投标者的资格不予限制，指定竞争招标则由采购企业预先选择若干供应商，再进行竞标和决标。招标法竞争性强，采购企业能在更广泛的范围内选择供应商，获得有利的供应条件。

5. 协商选择法

协商选择法由采购企业先选出供应条件较为有利的几个供应商，分别进行协商，再确定合适的供应者。一般在可供单位较多，采购企业一时难以抉择时，采用此法。和招标方法比较，协商选择法因双方能充分协商，在产品质量、交货日期和售后服务等方面有保证，但由于选择范围有限，不一定能得到最便宜、供应条件最有利的供应来源。当采购时间紧迫、投标单位少、竞争劲头小时，协商选择法比招标方法更为合适。

三、供应商选择的程序

大型的公司、企业或其他机构一般都有自己长期合作的供应商群体，在进行新一轮采购时，一般会优先考虑已有的供应商群体。但由于市场需求瞬息万变，不能够完全依赖已有的供应商群体，一旦不能满足新的采购需求，就必须到社会上重新进行选择。

供应商的选择是一项复杂、涉及面较广的工作，要做好这项工作，企业的决策者需因地制宜，对企业所处的内外环境进行详细的分析，根据企业的长期发展战略和核心竞争力，做出对供应商的选择，其实施程序如图9-3所示。

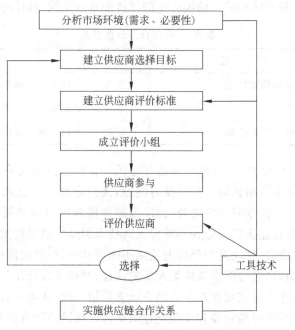

图 9-3 供应商选择程序示意图

1. 分析市场竞争环境以及企业自身规模等客观条件

建立基于信任、合作、开放性交流的供应链长期合作关系，必须首先分析市场竞争环境，必须知道现在的产品需求是什么、产品的类型和特征是什么，找到针对哪些产品市场开发供应链合作关系才有效，以确认用户的需求，确定是否有建立供应链合作关系的必要，从而确认供应商选择的必要性。

企业的自身规模也是需要考虑的一个客观条件，根据企业的现状及规模的不同，来选择不同类型的供应商。

2. 明确选择供应商的目标

企业必须确定供应商的评价程序，必须建立实质性的、实际的目标。其中，降低企业的采购成本是主要目标之一。评价和选择供应商不仅仅是一个简单的评价、选择过程，它本身也是企业自身和企业与企业之间的一次业务流程的重构过程，如果实施好的话，它可以带来显著的经济效益。

企业可以从供应商手中获得并开发创新能力，企业需要重要供应商的大力支持，因为他们拥有至关重要的能力来帮助企业实现其发展战略。

3. 建立对供应商的评价标准

供应商综合评价的指标体系是企业对供应商进行综合评价的依据和标准。不同行业、企业的产品需求和不同环境下的供应商的评价侧重点不同,具体标准如表9-2所示。

表9-2 供应商评价要素表

要素	标准	要素	标准
质量	满足企业的质量体系	服务	以企业的满意度为标准
交货时间	按时供应	柔性	能按企业的要求改变和调整供应
价格	等于或低于采购价格	信誉	以上标准执行的合格情况

表9-2所示的各种要素中,质量仍被看作是第一位的。几乎所有的公司都认为质量是最重要的因素。如果价格低但产品质量有问题,用户会要求退款或不再采购该供应商的产品。除了质量、信誉、准时交货之外,供应商的规模和可持续发展能力也是选择供应商的重要标准。因为这是决定其能否不断提供新技术和降低成本的重要依据。

此外,选择供应商时,要注意和供应商达成明确的共识,与供应商保持良好的关系,让他们理解企业的使命,加强与供应商决策人员的沟通,明确双方合作的目标。积极主动地与供应商进行沟通,这主要表现在双方的经营理念要相一致,认可对方的企业目标。只有如此,合作双方才能把握短期利益和长期利益的平衡区域,达到"双赢"。而当一方有暂时的困难时,作为战略合作伙伴的另一方才能从长期利益出发,给困难一方以支持,双方才能共同前进。

总之,在建立供应商的评价标准时,不外乎涉及供应商的业绩、设备管理、质量控制、人力资源开发、成本控制、技术开发、用户满意度、交货协议等各个方面。这是一个选择供应商问题的核心环节。不同的企业要根据上述确立的选择目标,来构建供应商的评价标准,并按此标准来选择供应商。

4. 建立供应商选择和实施的团队组织

供应商选择是企业发展过程中重要的功能之一。供应商的选择绝不是采购员个人的事,而是一个集体的决策,涉及企业的生产、技术、计划、财务、物流、市场等部门。因此企业特别需要设立跨职能部门的团队组织来控制与实施供应商的选择。

5. 市场调研和数据的采集

尽可能地收集供应商的名单和资料,包括已有的供应商及从各种展销会、媒体、政府有关统计调查报告、网络、招标等渠道收集的新的供应商资料,以便从较大范围内找出较好的供应商。调研和数据采集是供应链选择机制的起始环节,市场调研和数据采集的正确与否是供应商选择的有效和准确实施的关键。

6. 在现有的供应商和潜在的供应商中选择

在现有的供应商和潜在的供应商中选择符合企业要求的供应商,是供应商选择机制的最后环节,根据现有的供应商和潜在的供应商的供应能力,利用所得到的调研数据,按照选择标准,对现有的供应商和潜在的供应商进行排序,从中选择最为有利的供应商。

7. 建立供应链合作关系

建立供应链合作关系也是不可忽视的重要环节。企业的决策者应该根据企业的具体状况和市场竞争态势,选择有效的供应链合作关系。在建立供应链合作关系的过程中,市场需求和市场竞争状态将不断变化,可以根据实际情况改变供应链合作关系或重新开始供应商选择。

四、供应商选择的策略

通过对供应商科学地评价,选择合理的供应商。具体策略如下。

1. 稳定策略

选择综合素质较好的供应商作为合作伙伴,并不断加强两者间的关系,以便长期合作。采用这种策略可使企业货源稳定,产品质量、数量、交货期等得以保证,使企业能稳定地经营。

2. 动态选择策略

企业面临的经营环境总是在不断变化,面对以下两种情况,企业要重新选择开发新的供应商。

(1) 市场的需求多变,为了满足市场的需要,企业的产品组合要不断地调整,导致企业采购的物品结构也要不断地调整,当原来供应商的经营范围与企业的需要不适应时,需调换供应商。

(2) 与供应商建立长期稳定的关系固然重要,但一些长期老关系的供应商的信誉会发生变化。为使企业不上当吃亏,应淘汰一些不合格的供应商,选择开发更好的供应商,与之建立合作关系,也促进老供应商不断调整自己,提高信用。

3. 对应策略

针对不同的产品、不同的市场态势,应分别采取对应的策略。

(1) 科技含量较高的产品,在评价和选择供应商时,质量、服务因素权数大,而价格权数小,对一般大宗商品在质量一定时,价格权数较大。

(2) 市场有三种态势,针对不同态势,在选择供应商时要采取不同的对应策略。

① 供小于求的紧俏产品,因该种产品较紧俏,不及时购买就会买不到,影响企业经营。因此,在选择评价供应商时,质量权数适当放小,否则采购不到会因小失大。

② 供大于求的滞销产品,可选择的余地大,要货比多家,价格的权数适当放大。

③ 供求平衡的平稳产品,质量是主要的,其次才是价格因素。

在供应商选择过程中,一些常见的问题会影响到企业对供应商的正确选择和判断,因此,企业应加强日常采购管理工作,提前做好对策预案,参见表 9-3。

表 9-3 供应商选择过程中常见的问题与对策

问 题 点	对 策
缺乏有系统、有计划的制度	宜先建立一套开发供应商的标准作业办法、流程及计划
缺乏有组织性的开发供应商	宜设立专责人员推动组织,并由主办单位召集相关各方共同协办与参与
选择供应商时间过长	建立或落实开发供应商的时限或家数
"多头马车"或缺乏客观的开发供应标准	指定主办单位并制定供应商的评选标准
缺乏开发供应商的正确观念	宜规划教育训练,进行全员共识建设
开发供应商的人员专业性不足	加强专业的访查技能训练
供应商的情报不足	建立供应商情报收集及管理系统,定期检查及更新
对供应商开发的不适宜产品,需学习说"不"	建立公开、公平、公正的原则和奖惩办法

第三节 供应商审核与考评

供应商的审核与考评是完善企业采购管理、提高采购乃至供应链绩效的关键。通过有效的审核与考评体系,可以帮助企业正确评价供应商的绩效,奖优惩劣,推陈出新,不断优化供应商队伍。

一、供应商的审核

定期审核供应商是供应商管理中的重要一步,也是采购管理之中非常重要的环节,是每一个采购单位都必须做的工作。实践表明供应商经常会在管理方式、质量保证、物料管理、设计程序、过程改进政策、纠正措施与后续措施等方面出现问题。针对这些问题,在进行供应商审核时要有相应的审核措施。

(一)审核分类

在不同的供应商管理阶段,供应商审核相应有供应商论证前必须进行的供应商评审、对现有供应商进行的定期审核以及在现有重要供应商中选择开展的质量体系审核。供应商审核的控制层次既可局限在产品层次、工艺过程层次,也可以深入到质量保证体系层次,甚至供应商的公司整体经营管理体系层次。

1. 产品层次

产品层次的审核主要目的是确认供应商的产品质量，必要时还可要求供应商改进产品质量以符合企业的要求。实施办法包括正式供应前的产品标准件试制检验，以及供货过程中的来料质量检验。

2. 工艺过程层次

一般说来，工艺过程层次的审核主要针对那些质量水平对生产工艺有很强依赖性的产品。采购方往往必须深入到供应商的生产现场了解其工艺过程，确认其工艺水平、质量控制体系以及相应的设备设施能力是否能够满足产品的质量要求。

3. 质量保证体系层次

质量保证体系层次审核是针对供应商整体质量体系和过程而进行的。通常选择ISO 9000标准或其他适合的质量体系标准作为参考标准。

4. 公司层次

公司层次审核是对供应商进行审核的最高层次，它不仅要考察供应商的质量体系，还要审核供应商经营管理水平、财务与成本控制、计划制造系统、信息系统和设计工程能力等企业各主要管理过程。

一般情况下，对于普通型的供应商，采购方只限于审核产品层次和工艺过程层次。但是，如果采购方要挑选合作伙伴，特别是那些管理严格、技术先进的国际大公司，它们通常都会大量采用质量保证体系和公司层次的审核来控制供应链管理体系。

（二）审核方法

供应商审核方法往往分为主观和客观两种。主观法就是采购方根据个人的印象和以往的经验对供应商进行评判，评判的依据较为笼统，都是一些质化指标。而客观法则是依据采购方事先制定的标准或原则对供应商相应的情况进行量化的考核和审定。客观法又可分为调查表法、现场打分评比法、供应商绩效考评法、供应商综合审核以及总体成本法等。

1. 调查表法

调查表法是将事先准备好的标准格式的调查问卷发给不同的供应商填写，而后收回进行比较的方法，常用于招标、询价以及初步了解供应商的情况。但由于有些供应商为了突出自己或获得订单，并不如实回答问卷，从而使获得的信息失真，因此这种方法并不完善。

2. 现场打分评比法

现场打分评比法指预先准备好一些问题并格式化，而后组织有关人员到现场进行核查、确认。同调查问卷相比,这种方法获得的信息更加真实有效。

3. 供应商绩效考评法

供应商绩效考评法指对已经供货的现有供应商供货的及时性、质量、价格等进行跟踪、考核和评比。

4. 供应商综合审核

针对供应商公司层次而组织的全面审核,它通常需要质量、工程、企划、采购等专业人员参与,并将问卷调查与现场打分结合起来进行。

5. 总体成本法

总体成本法耗资巨大但却十分有效。该方法着眼于降低供应商的总体成本从而达到降低采购价格的目的。它需要供应商的通力合作,由采购商组织强有力的综合专家团队对供应商的财务及成本进行全面、细致的分析,找出可以降低采购成本的方法并要求供应商付诸实施与改进,改进后的受益则由双方共享。少数跨国公司曾使用这种方法来降低成本并借此提升供应商的综合管理水平。

文中案例

上海通用的供应商考核

上海通用汽车对供应商的选择、能力开发和质量管理有一整套严密的体系,严格遵循通用全球供应商开发的"16 步"原则,覆盖从新品立项时的潜在供应商评审到整个生产周期中对供应商实施质量管理的全部流程。一家新供应商必须通过上海通用汽车采购部、工程部(泛亚技术中心)、物流部三大部门,Q(质量)、S(服务)、T(技术)、P(价格)四大功能块,近 10 次专业评审,才能进入采购体系。

越来越多的全球车型项目带来了大量全球新供应商,以新君威为例,有 92 家供应商或通过全球供货或在中国建新厂进入上海通用汽车的供应链。一方面,上海通用汽车严把供应商质量关;另一方面,积极帮助新供应商改进工作,供应商质量工程师主动跟踪新供应商的基础建设和生产线建设,帮助他们理解中国市场、协调全球资源、培训管理团队。

稳定的、高品质的供应商团队,能为产品品质带来保障。上海通用汽车的长期合作供应商数量迅速增长,目前与上海通用汽车保持业务往来 3 年以上的供应商已占国内供应商总数的 80% 以上,保持 5 年以上的供应商已占总数的 60% 以上。

二、供应商的考评

供应商的考评是指对现有供应商(签订正式合同之后)的日常表现进行定期监控和考核,这种考核应当比试运作期间更全面。传统对供应商的考评工作,一般只停留在对重要供应商的来货质量进行定期检查,没有一整套的规范和形式。

随着企业供应商管理水平的提升,原有的考评方法已无法适应企业管理需求。下面就供应商考评范围与要求、考评标准以及考评的做法等进行阐述。

(一)供应商考评对象和考评范围

1. 考评对象

供应商考评的对象是已经通过认证的,正为企业提供服务的供应商。目的是了解供应商的表现,促进供应商提升供应水平,并为供应商奖惩提供依据。为了节约企业资源,避免不必要的浪费,考评时,针对不同的供应商,考核的力度也不同。

为了提升供应商绩效,保证企业供应的稳定,我们必须把考评结果通知考评对象,以督促供应商改进。

2. 考评准备

供应商考评是一个十分烦琐的工作,而又必须尽量公正、完备。否则就会引发供应商的不满,结果适得其反。因此必须制定供应商考评的一整套严格完整的工作程序,严格依照文件要求,对供应商的表现进行监测记录,为考评提供量化依据。一般认为供应商考评的准备工作主要有以下五步:

(1)设定考评准则,考评准则应体现跨功能原则;

(2)设定考评指标,考评指标要明确、合理,与公司的大目标保持一致;

(3)确定考评的具体步骤并文件化;

(4)选择要进行考评的供应商,将考评做法、标准及要求与其进行充分沟通;

(5)成立考评小组,小组成员要包括采购员、品质员、企划员、仓管员等。

3. 考评范围

不同的企业生产范围不同,供应商供应的商品也就不同,因此针对供应商表现的考评要求也不相同。一般来讲,最简单的做法就是衡量供应商的交货质量和及时性,只需在每次进货时做好记录即可。

较先进的供应商考评系统则要进一步扩展到供应商的支持与服务、供应商参与本公司产品开发的表现等。大型跨国公司对供应商进行考评时应考虑如下因素:

(1)确定供应商考评范围;

(2)制定考评文件,文件内容应包括考评什么、何时考评、怎样考评、由谁考评等;

(3)根据事先确定的考评指标和收集的数据通过信息系统自动计算考评结果;

(4)组织供应商会议跟进相应的改善行动;

(5)设定明确的改进目标。

（二）供应商考评的指标

一般来说，供应商的考评主要依据以下四个指标。

1. 质量指标

产品质量是用来衡量供应商的最基本的指标。每一采购方在这方面都有自己的标准，要求供应商遵从。产品质量的检查可采用全检或抽检的方式。供应商质量指标主要包括来料批次合格率、来料抽检缺陷率、来料在线报废率、来料免检率等。

来料批次合格率＝（合格来料批次/来料总批次）×100%

来料抽检缺陷率＝（抽检缺陷总数/抽检样品总数）×100%

来料在线报废率＝[来料总报废数（含在线生产时发现的）/来料总数]×100%

来料免检率＝（来料免检的种类数/该供应商供应的产品总种类数）×100%

其中以来料批次合格率最为常用。

此外，也有一些公司将供应商质量体系也纳入考核。例如，如果供应商通过了ISO 9000质量体系认证或供应商的质量体系审核达到某一水平则为其加分，否则不加分。

还有一些公司要求供应商在提供产品的同时也要提供相应的质量文件，如过程质量检验报告、出货质量检验报告、产品成分性能测试报告等，并按照供应商提供信息完整、及时与否给予考评。

2. 供应指标

供应商的供应指标是评价供应商的交货表现及其管理水平的指标，其中最主要的是准时交货率、交货周期、订单变化接受率等。

（1）准时交货率公式为

准时交货率＝（按时按量交货的实际批次/订单确认的交货总批次）×100%

（2）交货周期是指自订单开出之日到收货之时的时间长度，一般以天为单位来计算。

（3）订单变化接受率是衡量供应商对订单变化反应灵敏度的一个指标，是指在双方确认的交货周期中供应商可接受的订单增加或减少的比率。订单变化接受率公式为

订单变化接受率＝（订单增加或减少的交货数量/订单原定的交货数量）×100%

值得注意的是，供应商能够接受的订单增加接受率取决于供应商生产能力的弹性、生产计划安排与反应快慢、库存大小与状态（原材料、半成品或成品）等；而订单减少接受率主要取决于供应商的反应、库存（包括原材料与在制品）大小以及因减少订单带来可能损失的承受力。

此外，有些公司还将本公司必须保持的供应商供应的原材料或零部件的最低库存量、供应商所采用的信息系统，以及供应商是否同意实施"即时供应"等也纳入考核。

3. 经济指标

供应商考核的经济指标主要是考虑采购价格与成本。同质量与供应指标不同的是,经济指标往往都是定性的,难以量化,而前两者则是量化的指标。下面介绍经济指标的具体考核点。

(1) 价格水平。企业可以将自己的采购价格同本企业所掌握的市场行情比较或根据供应商的实际成本进行判断。

(2) 报价行为。主要包括报价是否及时,报价单是否客观、具体、透明。

(3) 降低成本的态度与行动。供应商是否自觉自愿地配合本公司或主动地开展降低成本活动,制订成本改进计划、实施改进行动,是否定期与本公司审查价格等。

(4) 付款。供应商是否积极配合、响应本公司提出的付款条件、付款要求以及付款办法,供应商开出付款发票是否准确、及时,是否符合有关财税要求。有些单位还将供应商的财务管理水平与手段、财务状况以及对整体成本的认识也纳入考核范围。

4. 配合度指标

同经济类指标一样,考核供应商在配合度方面的表现通常也都是定性的考核,一般来说可以每个季度一次,而质量与供应指标往往每月考核一次。配合度指标考核的内容主要有反应与沟通、合作态度、参与本公司的改进与开发项目、售后服务等。

(1) 投诉灵敏度。供应商对订单、交货、质量投诉等反应是否及时、迅速,答复是否完整,对退货、挑选等要求是否及时处理。

(2) 沟通。供应商是否派出合适的人员与本公司定期进行沟通,沟通手段是否符合本公司的要求。

(3) 合作态度。供应商是否将本公司看成是重要客户,供应商高层领导或关键人物是否重视本公司的要求,是否经常走访本公司,供应商内部沟通协作(如市场、生产、计划、工程、质量等部门)是否能整体理解并满足本公司的要求。

(4) 共同改进。供应商是否积极参与或主动提出与本公司相关的质量、供应、成本等改进项目或活动,是否经常采用新的管理做法,是否积极组织参与本公司共同召开的供应商改进会议、配合本公司开展的质量体系审核等。

(5) 售后服务。供应商是否主动征询顾客意见,是否主动走访本公司,是否主动解决或预防问题发生,是否及时安排技术人员对发生的问题进行处理。

(6) 参与开发。供应商是否主动参与本公司的各种相关开发项目,参与本公司的产品或业务开发过程中表现如何。

(7) 其他支持。供应商是否积极接纳本公司提出的有关参观、访问、实地调查等事宜,是否积极提供本公司要求的新产品报价与送样,是否妥善保存与本公司相关的机密文件等以免泄露,是否保证不与影响到本公司切身利益的相关公司或单位进行合作等。

第四节 供应商关系的分类和管理

一、供应商关系的分类

由于企业的资源是有限的,必须将供应商关系分为不同的类别,根据供应商对本公司企业经营影响的大小设定优先次序,因此区别对待,以利于集中精力重点改进、发展对企业最重要的供应商。供应商关系管理的基础是供应商分类,企业与供应商之间的关系大致可以分为五种,即短期目标型、长期目标型、渗透型、联盟型、纵向集成型。

1. 短期目标型

短期目标型的主要特征是双方之间的关系是交易关系,虽然彼此希望能保持比较长期的买卖关系,但双方所做的努力只停留在短期的交易合同上,各自关注的是如何谈判,如何提高谈判技巧,不使自己吃亏,而不是如何改善自己的工作,使双方都获利。供应方能提供标准化的产品或服务,保证每一笔交易的信誉。当买卖完成时,双方关系也终止了。对于双方而言,只有业务人员和采购人员有联系,其他部门人员一般不参与。

2. 长期目标型

长期目标型的特征是建立一种长期合作伙伴关系,双方的工作重点是从长远利益出发,相互配合,不断改进各自的工作,提高产品质量与服务质量,并在此基础上建立起超越买卖关系的合作。例如,由于是长期合作,可以对供应商提出新的技术要求,而如果供应商目前还没有这种能力,采购商的技术创新和发展也会促进企业产品改进,所以这样做有利于企业获得长远利益。

3. 渗透型

渗透型是在长期目标型基础上发展起来的。其管理思想是把对方公司看成自己公司的一部分。有时甚至会通过互相投资、参股等措施,以保证双方派员加入对方的有关业务活动,以便更好地了解对方的情况。

在这种形式下,供应商可以了解自己的产品在对方是怎样起作用的,因而容易发现改进的方向;而采购方也可以知道供应商是如何制造的,对此可以提出相应的改进要求。

4. 联盟型

联盟型是从供应链角度提出的。它的特点是从更长的纵向链条上管理成员之间的关系。在难度提高的前提下,要求也相应提高。另外,由于成员增加,往往需要一个处于供应链上核心地位的企业出面协调成员之间的关系,这个企业常常被称为"盟王"。

5. 纵向集成型

纵向集成型是把供应链上的成员整合起来,像一个企业一样,但各成员是完全独立的企业,决策权属于自己。这种形式被认为是最复杂的关系类型,要求每个企业充分了解供应链的目标、要求,以便在充分掌握信息的条件下,自觉做出有利于供应链整体利益的决策。

为了保证企业的运营,企业需要对原材料、零部件、设备、办公用品以及其他产品或服务进行采购。由于采购内容的不同,供应商也相应地有不同的种类,对不同种类的供应商采取不同的管理策略才能做到有的放矢。因此,供应商分类管理策略具有重要的实践意义。

二、供应商关系的演变与比较

(一) 供应商关系的演变

企业同供应商之间的关系是不断演变的。一般来说,战略伙伴关系(战略联盟关系、双赢关系)的形成都要经过从简单的买卖关系逐步走向共同成长、共同发展的战略合作关系这一过程。

供应商管理的内容远远超出了单纯的质量管理、价格管理等范畴。随着企业越来越专注于自身具有核心竞争力的领域,企业与供应商的联系就越来越密切。优秀供应商是企业的重要资源,在对供应商实施质量控制、价格管理等传统管理的同时,如何与之建立互利共赢的关系是企业能否取得成功的关键。

因此,对供应商的质量控制需要遵循互利共赢的原则来选择优秀供应商,通过契约来确立和维持互利共赢的关系,通过质量验证来保证契约的落实,通过合理的责任分担来保护双方的利益,通过业绩评定和动态管理增强与优秀供应商的互利共赢关系。

1. 买卖关系(竞争关系)

一直以来,供应商关系被大部分企业认为是简单的交易关系,双方的关系自钱货两讫时就基本结束了。由于交易内容简单,在其他条件一定时,交易价格成为双方力争的焦点,各类不同的议价方式(如招标、反向拍卖等)逐渐流行,成为采购手中的降价秘籍;买方为使自身利益最大化,同时向若干供应商购货,在供应商中引入竞争机制,即对供应商实施供应商绩效管理方案,对供应商实行分级管理,通过供应商之间的竞争获得价格好处,同时也保证供应的连续性。

买方通过在供应商之间分配采购数量对供应商加以控制,而供应商则努力摆脱买方的控制。买方与供应商保持的是一种短期合同关系,双方围绕价格不断博弈,是竞争关系,即一方多得利则另一方必少得利,在交易方式上是一手交钱、一手交货。

2. 合作伙伴关系(双赢关系)

随着企业之间竞争的加剧,企业同供应商之间的关系日趋密切,双方合作的最高层次是:合作伙伴关系。合作伙伴关系(双赢关系)是指上下游企业密切协作,基于相互信任、开放、共担风险、共享收益的一种特定的长期合作的企业关系,双赢关系对于采购中供需双方的作用表现如下。

(1) 供应商方面。增加对整个供应链业务活动的共同责任感和利益分享;增加对未来需求的可预见性和可控能力,长期的合同关系使供应计划更加稳定;成功的客户有助于供应商的成功;高质量的产品增强了供应商的竞争力。

(2) 制造商方面。增加对采购业务的控制能力;通过长期的、有信任保证的订货合同,保证满足采购的要求;减少和消除了不必要的对购进产品的检查活动。

建立互惠互利的合同是巩固和发展供需合作关系的根本保证。互惠互利包括了双方的承诺、信任、持久性。信守诺言,是商业活动成功的一个重要原则,没有信任的供应商,或没有信任的采购客户都不可能产生长期的合作关系,即使建立起合作关系也是暂时的。持久性是合作关系的保证,没有长期的合作,双方就没有诚意做出更多的改进和付出。机会主义和短期行为对供需合作关系将产生极大的破坏作用。

(二) 供应商关系的比较

合作伙伴关系是企业与供应商之间达成的最高层次的合作关系,是一种基于相互信任、开放、共担风险、共享收益的特定的企业关系。与传统竞争关系相比较,合作伙伴关系主要具有如下特点:

(1) 发展长期的、相互依赖的合作关系;

(2) 合作伙伴关系由明确或口头的合约确定,双方共同确认,并且在各个层次都有相应的沟通;

(3) 双方有共同的目标,为共同的目标制订有挑战性的改进计划;

(4) 双方互相信任,共担风险、共享信息;

(5) 共同开发创造;

(6) 以严格的尺度来衡量合作表现且不断提高。

合作伙伴关系是供需双方的一种新型关系,与传统竞争关系有很大区别,如表9-4所示。描述了供应商关系不同发展阶段的特征比较。

表 9-4 供应商关系演变的特征比较

比较点	20 世纪 60—70 年代	20 世纪 80 年代	20 世纪 90 年代
关系特征	竞争对手	合作伙伴	探索全球平衡
市场特点	许多货源,大量存货,买卖双方是竞争对手	合作货源,少量存货,买卖双方互为伙伴,实现"双赢"	市场国际化,不断调整双方的伙伴关系,在全球经济中寻找平衡与发展
采购运作	以最低的价格买到所需产品	采购总成本最低、供应商关系管理、整体供应链管理、供应商参与产品开发	供应商策略管理、"上游"控制与管理、共同开发与发展、供应商优化信息、网络化管理、全球"共同采购"

(三) 供应商关系的模式

从供应商关系的演变过程可以看到,随着经济环境的变化,企业在供应商管理方面有了很大的创新。在过去的几十年中,合作联盟、组织网络和供应链管理作为企业取得竞争优势的手段而受到越来越多的关注和重视。

有一个不容忽视的事实是,传统的工业企业将其销售收入的一半以上都用在原材料采购和库存、物流成本上了,且这个比例还将随着产品个性化定制、规模小型化和外源供应趋向的发展而逐渐提高。因此,供应链管理和采购业务绩效就越来越成为提高企业核心竞争力的一个重要砝码。如何管理供应商和提高绩效呢?目前主要有正常交易模式和伙伴模式两种模式。

1. 正常交易模式

供应商管理的正常交易模式是比较传统的,它主张要把对供应商的依赖降低到最低水平,而把企业与供应商的讨价还价能力最大化地提高。这种竞争关系是价格驱动的,其采购策略表现如下:

(1) 买方同时向多处供应商购货,通过供应商之间的价格竞争获得价格好处;

(2) 买方通过在供应商之间分配采购数量对供应商加以控制;

(3) 买方与供应商保持的是一种短期合同关系。

正常交易模式一度被美国企业看成最有效的供应商管理模式,但后来在世界经济舞台上叱咤风云的日本企业并没有采用这一模式,但同样取得了巨大的成功,这就使得企业界对正常交易模式开始进行重新审视和思考。

2. 伙伴模式

日本企业的成功运作在相当大的程度上归功于建立了亲密的供应商关系,即供应商管理的伙伴模式。这是一种与正常交易模式截然相反的模式,它强调与供应商合作,最终实现双赢。这种关系模式的采购策略表现如下:

(1) 制造商协助供应商降低成本、改进质量、加快产品开发进度;

(2) 双方较多的信息交流,以提高效率,降低交易、管理成本;

(3) 长期的信任合作关系取代短期的合同。

3. 模式比较

现实中,客户与供应商的关系是多种多样的。各方面的研究表明:与松散、临时的正常交易模式相比,和供应商建立长期、密切的伙伴关系更能获得最佳的绩效。例如:伙伴关系在采购中能使供需双方达到双赢的效果。其作用具体体现如下:

(1) 通过利益共享,增加双方对整个供应链业务活动的共同责任感;

(2) 通过信息共享、长期的合同关系,增加对未来需求的可预见性和可控能力;

(3) 成功的客户有助于提高供应商的竞争力；

(4) 高质量的产品增加了供应商的竞争力；

(5) 通过长期的、有信任保证的订货合同，增加对采购业务的控制能力；

(6) 减少和消除了不必要的对购进产品的检查活动，加快了进货速度。

可见，通过互惠互利的伙伴关系保证了双方的承诺、信任和持久性。信守诺言，是商业活动成功的一个重要原则，是建立长期合作关系的基础。持久性是保持合作关系的保证，没有长期的合作，双方就没有诚意做出更多改进和付出。机会主义和短期行为对供需合作关系将产生极大的破坏作用。

三、供应商关系的管理

如上所述，和供应商建立长期、密切的伙伴关系更能获得最佳的绩效，关系的密切程度取决于企业的特征和相应的管理理念。建立企业与供应商的战略伙伴关系，是指存在于客户及其供应商之间的、双方合作的、长期的产品交易关系。

这是一种基于相互信任，通过彼此间的信息沟通，实现风险共担和利润共享的企业合作关系，双方通过精诚合作所产生的利润比各自独立运作所产生的利润大，因而，这是一种双赢的企业营运策略。

（一）建立与供应商战略伙伴关系的积极意义

1. 有利于企业提高生产效率

从理论角度出发，一个成功的企业与供应商的战略伙伴关系，对企业产生的影响，与企业间的纵向整合类似。也就是说，通过上、下游企业间的合作或合并使企业在生产、销售、采购、控制等各个领域里，都获得经济效益，或节约成本。显然，两个具有战略供应关系的企业间的合作，使得不同技术的生产作业联合起来，有利于企业提高生产效率。

2. 有利于提高经济效益

战略伙伴关系通过把完全的市场交易行为，转变为两个企业组成的统一体系的内部交易，有助于双方通过内部控制和内部协调，提高企业运营的经济效益。从企业出发，所需的产品在供货的及时性和质量方面具有了一定的保证；从供应商出发，其产品销售也具备了相当的稳定性；从整个供应链的角度，降低了生产过程中的不确定性。

3. 有利于降低交易成本

通过联盟，双方可以分摊收集、分析信息的成本，能够减少双方在销售、定价、谈判以及市场交易等方面的部分成本。此外，稳定的关系，使得双方可以集中精力发展各自的核心技术，提高产品质量，促使企业获得更高的效益。

4. 有利于实现准时化采购

供应商与制造商的伙伴关系对于准时化采购的实施是非常重要的,只有建立良好的供需合作关系,准时化采购策略才能得以彻底贯彻落实,并取得预期的效果。对制造商来说通过实施准时化采购,有助于加强对制造过程与产品质量的控制并有效地降低库存量(甚至实现零库存)。

从供应商的角度来说,实施准时化采购,把制造商的JIT思想扩展到供应商,有助于供应商提高管理水平,准确把握客户需求,提高了供应商对市场的响应能力。

(二) 建立与供应商战略伙伴关系的负面影响

尽管战略伙伴关系有着如上所述的积极作用,但是也有可能会带来一定的负面影响。

1. 关系交易容易产生机会主义行为

关系双方必须通过关系的专用性投资,才可能建立起战略伙伴关系。一般而言,专用性投资都有同样的后果:契约各方现在知道他们将从相互交易中有所得,供方和买方事先都在竞争性的许多备选企业中选择对方,形成事后的双边垄断,使得它们有积极性彼此交易,而不是与其他方交易。

由于战略伙伴关系是个连续博弈的过程,企业进行专用性投资就会面临得不到由此产生的全部成本节约(或者说价值的增值);而另一方则在事后用不交易进行威胁,以得到该企业的成本节约中的部分利润。

2. 关系交易容易产生道德风险

长期的合作关系,使得企业还要面临被敲竹杠、套牢以及道德风险等问题。例如,长期的供应关系中,客户容易认为他们的供应商太无变化,或者是与他们自身的想法相一致,而不再使他们增值等。

企业作为一个追求利润最大化的经济人,在面对是否采用战略伙伴关系的策略时,必然会考虑到合作前后企业效益的差异。显然,只有当双方合作产生的效益大于双方独立运作产生的效益时,两个企业才会有合作的意愿。因此,在考虑是否建立与供应商的战略伙伴关系时,企业必须慎重权衡自身的条件和环境。

(三) 供应商关系管理的内容

我们在上面分析了企业与供应商建立伙伴关系的价值和负面影响,但是在当今的经济活动中,企业与供应商的关系已经远远突破了交易的层面。众多企业把供应商作为企业资源的一部分进行管理,以实现供应链整体的成本最低、收益最大。成功地与供应商进行协作是对企业能力的一种支持,并使二者由于优势互补产生"1+1>2"的效果,从而提高供应链的整体效率。

企业要建立与供应商的关系,这也是关系营销的必然趋势。在与供应商的关系上,企业应做好以下五个方面工作。

1. 在生产上帮助供应商

企业对供应商给予协助和指导,帮助供应商改进生产技术和工艺,降低成本,提高质量,以达到企业的柔性标准。

2. 与供应商保持信息的沟通

在企业与供应商之间经常进行有关成本、作业计划和质量控制信息的交流与沟通,保持信息的一致性和准确性。

3. 让供应商参与产品设计

在产品设计的初级阶段让供应商参与进来,这样供应商可以在原材料和零部件的性能和功能方面提供有关的信息,把用户的价值需求及时转化为对供应商的原材料和零部件的质量与功能的要求。

4. 建立联合的任务小组解决共同关心的问题

在供应商和企业之间应建立一种基于团队的工作小组,双方的有关人员共同解决供应过程以及流通过程中遇到的各种问题。

5. 对供应商实施有效的激励措施

没有有效的激励机制,就不可能维持良好的供应关系。常用的激励措施比如给予供应商价格折扣和赠送股权等,让供应商来分享企业的成功,并且对供应商的业绩进行评估,促使供应商不断改进供应。

在供应链环境下,企业与供应商的关系是一种战略性的合作关系,提倡"双赢"。合作与竞争并存是当今企业关系发展的一个趋势,它将有效地促进企业与供应商的共同发展。在实际过程中,供应商管理的两种模式都有成功的案例,那么对于企业的采购管理者而言便会面临这样的两难选择:本企业究竟采用哪种模式是最为有效的呢?在进行供应商管理工作时,许多企业往往会把这个问题简单化,采用一种"非此即彼"的极端做法,要么只选择正常交易模式,或者只选择伙伴模式。两者只具其一。

实际上,这是有失偏颇的。企业应该学会对供应商管理进行更具战略意义的思考,对每个进入本公司业务视野的供应商作出战略分析,以便确定某个供应商的产品对采购企业的核心能力和竞争优势作出贡献的程度。这样,企业可以兼获正常交易模式和伙伴模式两者的优势,这是供应商管理中未来竞争优势的关键所在。

本章小结

本章主要介绍了供应商管理的概念、目标、意义及内容,供应商选择的意义、影响因素、途径与方法,通过介绍供应商选择的程序步骤,讲述了供应商的审核方法、考评标准以及供应商关系管理等内容,对于正确认识、选择、评估和管理供应商奠定了理论基础。

基础能力测试

一、填空题

1. 供应商是指直接向零售商提供商品及相应服务的企业及其分支机构、个体工商户,即商品供应的(   )或(   )。
2. 供应商管理,就是对供应商的(   )、(   )、(   )、(   )和(   )等综合性的管理工作的总称。
3. 供应商的信誉主要体现在(   )和(   )。
4. 直观判断法是根据调查了解各供应商情况,通过(   )、(   )和(   )来选择供应商。
5. 供应商的选择是一个集体的决策过程,涉及企业的(   )、(   )、(   )、(   )、(   )和(   )等部门。

二、简答题

1. 简答供应商管理的主要内容。
2. 选择供应商需考虑哪些因素?
3. 供应商选择有哪些基本方法?
4. 什么是调查表法?
5. 企业与供应商之间存在哪些基本关系?
6. 简答企业与供应商建立战略伙伴关系的积极意义。

三、论述题

1. 请论述传统供应商与现代供应商的差异。
2. 结合实际案例论述供应商审核与考评的全过程。

阅读与思考

一汽大众与供应商

作为中国盈利最好的汽车合资企业,一汽大众汽车有限公司(简称"一汽大众")自

1987年投产以来,走过了30多年的发展历程。30多年来,其产品一直以"高品质"著称于中国汽车市场,其奥妙何在?通过寻访三家一汽大众最优秀的零部件供应商发现,整车厂与零部件企业共同提升,是确保一汽大众产品"高品质"的源泉。

一、技术共同提升,培育自主研发能力

中国汽车零部件企业如整车企业一样共同面临的一个问题就是自主研发能力薄弱,而德赛西威却较好地破解了这个课题。德赛西威的前身是中德合资的西门子威迪欧汽车电子(惠州)有限公司,1986年成立,1992年就建立了针对国内市场的产品开发部门,形成了自主开发能力。后来,该公司成为德方股东在亚太地区的研发中心之一,可以共享德方股东的资源信息,也可以参与全球产品的研发工作。

通过与一汽大众合作,德赛西威在体系、技术,包括产品方面有了很大的突破。1993年开始,给一汽大众捷达轿车提供配套产品,1996年就与一汽大众联合,自主设计开发第一款属于一汽大众知识产权的磁带机CD机;2005年为一汽大众开发出国内第一个能存储CD的汽车音响;2007年为一汽大众新宝来开发空调控制器,与整车厂共同实现了自主研发战略。

在与一汽大众合作的过程中,经过多年的研发实践及与各大院校、研发机构等的合作开发,公司已自主掌握了包括汽车总线技术、导航引擎及软件、全自动空调控制器算法、组合仪表等多项关键核心技术。

二、管理共同提升,培育体系建设能力

在大陆汽车电子(芜湖)有限公司仪表中心工厂,几乎所有设备都有"中国芜湖制造"的标牌。该公司仪表事业部运营总监楚春光说:"四年之前,公司设备还是从德国购买,而现在所有设备都是自己做,每年要新搭建五六条生产线,设备实现了百分之百国产化。"设备由公司自己设计出图,器件对外委托加工,自己写软件,自己组装测试,这一流程令采访的汽车行业资深记者感到震惊。他们分析说:德方股份占88%的合资企业设备实现百分之百国产化,这表明该企业形成了较强的体系建设能力。

一汽大众对供应商有一套严格的分级管理方法,每年都要进行严格的评审,而且还要进行抽查。大陆汽车电子(芜湖)有限公司成立于1995年8月,主要生产和销售组合仪表、油系、执行器等产品,一直提倡"质量无妥协"的理念,推行"五S"质量管理。此外,他们年初给每个部门制定了质量指标,每月召集质量有问题的供应商经理共同商讨解决。油泵事业部总监姚志忠说:"一汽大众把我们看做长期合作伙伴,而不仅仅是一个供应商,把先进的管理体系带进供应商。"

德赛西威公司从2008年开始实行MES(制造执行系统)管理,对每个工序进行自动扫描存储,可以跟踪到每个元器件的制造过程。上一道测试如果不通过就无法继续生产,这有效地提高了产品质量。2010年供应一汽大众60万套产品现场装车缺陷率为零。

三、人才共同提升,培育本土人才队伍

1994年成立的烟台霍富汽车锁有限公司(简称"烟台霍富")最初为中德合资,虽然后来改为德国霍富独资企业,但没有一名常驻公司的德国籍员工,总经理兰远红、副总经理胡任伟都是中国人。他们介绍说,公司人员本土化做得非常好,高级管理团队都是具有一定德国文化背景的中国人。

随着一汽大众供应商技术和管理水平的共同提升,汽车零部件企业培育了大批本土化人才,而且人才素质日益提升。兰远红说:"一汽大众每上一款新产品,对企业技术的升级都是一次拉动,对人才的拉动作用更大。"他举了一个非常生动的例子。奥迪轿车需要成套锁产品,而德国厂家无法提供。这种产品采用真空镀膜,上面镀铬,下面喷漆,技术难度非常大。烟台霍富在一汽大众的帮助下,靠自己的人才队伍终于在国内首创开发成功,目前已经生产了6年,超过50万套。

大陆汽车电子(芜湖)公司告示板有一则非常新奇的招贤榜,如果员工向公司成功推荐了一名急需的专业技术人员,推荐者可以获得几千元不等的奖励。德赛西威公司中方股东德赛集团回购德方股份后,研发中心工程师离职率不足10%,绝大部分人才都留了下来。正是由于供应商人才素质的提高,形成了与一汽大众的良性互动,才能确保一汽大众不断推出"高品质"的新产品。据了解,新宝来轿车是第一款由合资企业自主研发的产品,在其研发过程中,供应商与整车厂同步开发,供应商的研发队伍起到了重要作用。

资料来源:中国物流与采购联合会企业案例汇编

第十章

采购绩效考核与评价

知识目标

1. 了解采购绩效考评的概念、目的、类型和作用;
2. 掌握采购绩效考评的层次、方式和过程;
3. 熟悉采购绩效考评体系的类型和指标体系内容;
4. 掌握采购绩效评估的方法和流程。

技能要求

1. 熟悉采购绩效考评体系建立的步骤,能根据企业状况参与制定考评指标体系;
2. 掌握采购绩效提升手段和方法,并能在实践中合理运用。

导航索引

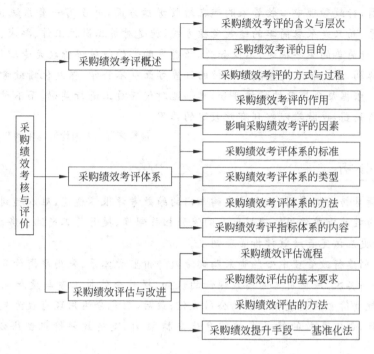

引导案例

采购部门绩效评价

河北某集团有限公司行政管理中心物资采购部，根据部门内部岗位作业职责，主要分成信息管理组和采购业务组。物资采购部部长全面负责采购管理工作，信息管理组主要负责计划审核、供应商数据库管理、合同拟定等，采购业务组负责计划的执行、各项物资的谈判和招标、库房管理等工作。

在成立两年多的时间里，在行政管理中心的直接领导下，物资采购部在绩效评价方面，已初步形成了一套简易的综合考评体系，绩效考核主要分为部门考核和员工考核。其中部门考核和科级人员绩效考核由行政管理中心人力资源科和中心主管领导负责考评，物资采购部执行一般员工层面绩效考核。

一般员工绩效考核主要包括综合能力和岗位业绩考核两个方面的内容。季度、年度考核是岗位业绩考核的主要内容，需要结合不同岗位的具体特点，制定出侧重点不同的考核内容，通常通过现场操作、直接上级评价、考试等方式展开，缺乏一套科学、完整的绩效评价体系，没有科学地对评价指标、评价标准、评价方法、指标权重进行确定，员工主动参与程度也不高,很少与管理者进行有效沟通。关于年度考核指标,通常以各季度的考核指标作参考依据,进行评价。

总体来看,行政管理中心物资采购部在绩效考核方面,并没有一套系统化、完整化的绩效评价体系,而只是采取简单的绩效考核方式,就是对员工岗位工作、要求、目标达成的情况考核,进行简单的文字描述,不仅如此,物资采购部的绩效评价也无专职机构负责,绩效评价理念薄弱,在定性和定量指标考核的设置方面也不科学,信息化绩效考评手段运用得少之又少。依据每个季度的考核评分,单一地对优秀员工进行奖励,而不对考核得分较低的员工进行惩罚,也就难以起到有效激励的作用。

资料来源:中国物流与采购联合会资料汇编

 引例分析

通过案例资料我们看到,该企业采购部门的绩效考评很不规范,难以起到促进采购管理工作提质增效的重要作用。应规范采购流程相关制度,提升员工采购业务水平,强化采购流程监督,更应该完善绩效评价管理制度。

首先,需创建行政管理中心物资采购部绩效评价监管体系,采用平衡计分卡绩效评价并使之制度化;其次,深化员工对绩效评价的认知,提升全体员工参与度和配合度;再次,应创建同绩效评价管理制度相匹配的公司文化;最后,应充分运用现有较为先进的数据统计平台和工具,创建高效的绩效考核信息化支撑架构,使绩效评价机制得以有序、高效运行。

第一节 采购绩效考评概述

一、采购绩效考评的含义与层次

(一)采购绩效考评的含义

评估即评价估量,就其本义而言,是评价估量货物的价格,现在泛指衡量人物、事物的作用和价值。绩效即功绩、功效,也指完成某件事的效益和业绩。采购绩效是指采购产出与相应的投入之间的对比关系,它是对采购效率进行的全面整体的评价。

采购绩效考评是指通过建立科学、合理的评估指标体系,对采购工作进行全面系统的评价、对比,从而判定采购整体水平的做法。可通过自我评估、内审、管理评审等方式进行。

(二)采购绩效考评的层次

采购绩效考评可分为三个层次。

1. 采购部门绩效考评

采购部门绩效考评是对整个企业采购运作状况的一个全面衡量。其主要指标有：物料质量、采购成本、及时供应、售后服务等，辅助指标有：计划准确率、库存周转率、组织效率、付款及时率等。

2. 采购团队绩效考评

采购团队绩效考评主要侧重于物料的质量、成本、库存和交货方面。

3. 采购个人绩效考评

采购个人绩效考评取决于所管理物料的相关采购指标的统计数值，是团队绩效的基本组成要素。一般情况下，通常选择以下五类部门和人员参与考评。

（1）采购部门主管。采购部门主管是对所管辖的采购人员实施绩效考评的第一人，由于采购主管对管辖的采购人员很熟悉，而且采购人员所有工作任务的指派，或工作绩效的考评都在他们的直接监督之下，因此，由采购主管负责的考评，可以注意采购人员的个别表现，并达到监督与训练的效果。但也应考虑主管进行考评可能包含的一些个人感情因素，以免考评结果出现偏差。

（2）会计部门或财务部门。采购金额占公司总支出的比例很高，采购成本的节约，对企业净利润的贡献很大。尤其在经济不景气时，对资金周转的影响也很大。会计部门或财务部门不但掌握公司产销成本数据，而且对资金的取得与付出也进行全盘管制，因此应该参与对采购部门工作绩效的考评。

（3）工程部门或生产管制部门。如果采购项目的质量和数量对企业的最终产出影响重大，这种情况下可以由工程或生产管制人员考评采购部门工作绩效。

（4）供应商。有些企业通过正式或非正式渠道，向供应商咨询他们对于公司采购部门或采购人员的意见，以间接了解采购作业的绩效和采购人员的素质。

（5）外界的专家或管理顾问。为避免公司各部门之间的本位主义或门户之见，企业也可以特别聘请外界的采购专家或管理顾问，针对全盘的采购制度、组织、人员及工作绩效，做出客观的分析和考评。

二、采购绩效考评的目的

许多企业与机构，到现在仍然把采购人员看作"行政人员"，对他们的工作绩效还是以"工作品质""工作能力""工作知识""工作量""合作""勤勉"等一般性的项目考核，使采购人员的专业功能与绩效，未受到应有的尊重与公正的评量。实际上，若能对采购工作做好绩效评估，通常可以达到下列的目的。

1. 确保采购目标之实现

各企业的采购目标互有不同。例如政府采购的采购单位偏重"防弊"，采购作业以"如期""如质""如量"为目标;而民营企业的采购单位则注重"兴利",采购工作除了维持正常的产销活动外,非常注重产销成本的降低。因此,各企业可以针对采购单位所应追求的主要目标加以评估,并督促它的实现。

2. 提供改进绩效的依据

绩效评估制度可以提供客观的标准来衡量采购目标是否达成,也可以确定采购部门目前的工作表现如何。正确的绩效评估有助于指出采购作业的缺失所在,而据以拟订改善措施,收到"检讨过去、策励将来"的效果。

3. 作为个人或部门奖惩之参考

良好的绩效评估方法,能将采购部门的绩效,独立于其他部门而凸显出来,并反映采购人员的个人表现,作为各种人事考核的参考资料。依据客观的绩效评估,达成公正的奖惩,可以激励采购人员不断前进,发挥团队合作精神,使整个部门发挥合作效能。

4. 协助甄选人员与训练

根据绩效评估结果,可针对现有采购人员的工作能力缺陷,拟订改进的计划,例如安排参加专业性的教育训练;若发现整个部门缺乏某种特殊人才,则可另行由公司内部甄选或向外界招募,例如成本分析员或机械制图人员等。

5. 促进部门关系

采购部门的绩效,受其他部门能否配合的影响非常大。故采购部门的职责是否明确,表单、流程是否简单、合理,付款条件及交货方式是否符合公司的管理制度,各部门目标是否一致等,均可透过绩效评估而予以判定,并可以改善部门间的合作关系,增进企业整体的运作效率。

6. 提高人员的士气

有效且公平的绩效评估制度,将使采购人员的努力成果能获得适当回馈与认定。采购人员透过绩效评估,将与业务人员或财务人员同样,对公司的利润贡献有客观的衡量尺度,成为受到肯定的工作伙伴,对其士气之提升大有帮助。

三、采购绩效考评的方式与过程

1. 采购绩效考评的方式

采购绩效考评是对采购工作进行全面系统的评价、对比,从而判定采购所处整体水平的做法。可通过自我考评、内审、管理评审等方式进行。考评审核一般依据事先制定的审核考评标准或表格,对照本公司的实际采购情况逐项检查、打分,依据实际得分对照同行或世界最好水平找出薄弱环节进行相应改进。

2. 采购绩效考评的过程

采购绩效考评通常包括如图 10-1 所示的七个过程。

（1）制定目标。参照公司战略、经营计划、工作目标、上次采购绩效评价或采购绩效目标、关键工作、最新工作描述、职位说明等制定目标。

（2）进行沟通。考评参与各方进行有效的、持续的、正式的和非正式的考评沟通。

（3）保持记录。观察绩效表现，收集绩效数据，将任何表现采购绩效的痕迹、印象、影响、证据、事实完整地记录下来，并做成文档。

（4）评估。通过检查、测评、绩效考核、绩效会议等进行对比、分析、诊断、考评。

（5）识别。识别在各个领域中的缺点和优点，并加以确认。

（6）激励。激励包括正激励、负激励、报酬、教导、训诫、惩罚等手段。

（7）关注辅导。观察、关心考核对象，引导、教导、帮助考核对象，利用组织和员工的优点来开发他们的潜能。

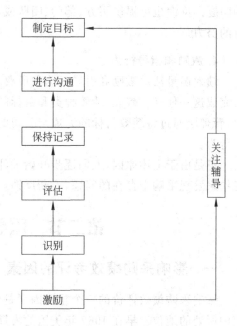

图 10-1 采购绩效考评过程示意图

四、采购绩效考评的作用

绩效考核和考评是企业管理者对企业经营运作情况的一个判断过程。这一过程是管理过程中不可缺少的，只有进行科学、合理的绩效考评工作，才能保证企业的经营运作按既定的要求进行，才能保证企业未来的发展方向。

1. 支持更好的决策制定

绩效衡量活动使得绩效和成果更具可见性，公司能够据此制定出更好的决策。如果不清楚哪些领域的绩效达不到标准，开发绩效改善计划将是十分困难的。衡量标准提供了一定时间内采购绩效的追踪记录并直接支持管理层的决策制定。

2. 支持更好的沟通

绩效衡量活动可使采购成员间更好地进行沟通，包括在采购部门内部、在部门之间、与供应商，以及与行政管理层之间。例如，一个采购员必须与供应商清楚地沟通绩效期望，衡量供应商绩效质量的标准反映了采购员的期望。

3. 提供绩效反馈

绩效衡量活动提供了绩效反馈的机会，可以在绩效衡量过程中防止或改正可能出现的问题。反馈也可提供买方、部门、团队或者是供应商在一定时间内为满足绩效目标所进行的努力。

4. 激励和指导行为

绩效衡量活动激励和引导行为向所要求的结果方向发展。一个衡量体系将以多种方式完成这一任务。首先，绩效种类和目标的选择暗示管理人员哪些活动是公司重视的；其次，管理层通过将绩效目标的完成与公司的奖励（如工资的增长）相联系来激励和影响员工行为。

正是由于上述原因，人们逐步开始关注采购功能活动的绩效评价问题，希望通过这项工作来发现采购中存在的问题，不断反馈，不断改进，努力提高采购的绩效水平。

第二节 采购绩效考评体系

一、影响采购绩效考评的因素

影响采购绩效评价的一个重要因素是管理人员如何看待采购业务的重要性及它在企业中所处的地位。早在1962年美国的海斯（Hayes）和雷纳德（Renard）就提出，管理人员对采购业务的不同期望会对所采用的评价方法和技术产生重要影响。

导致这种状况的直接原因是各公司在管理风格、组织程度、委托采购上分配的职责不同，而不是由企业的具体特征（如工业类型、生产经营类型等）造成的。关于采购业务，目前主要有下面四种管理观点。

1. 业务管理活动

根据这种观点，评价采购业务的绩效主要取决于与现行采购业务有关的一些参数，例如订货量、订货间隔期、积压数量、现行市价等。

2. 商业活动

商业活动观点是指把采购业务看成是一种商业活动，管理人员主要关注采购所能实现的潜在节约额。采购部门的主要目的是降低价格以减少成本的支出。采购时要关注供应商的竞争性报价，以便保持一个满意的价位。采用的主要参数是采购中的总体节约量（通常用每一产品组和每一客户表示）、市价的高低、差异报告、通货膨胀报告等。

3. 综合物流的一部分

管理人员也清楚追求低价格有一定的缺点，它可能导致次优化决策，太关注价格会引诱客户因小失大。降低产品的价格通常会使供应商觉得产品的质量可能会降低，并会降低供应的可信度。因此管理人员要向供应商介绍产品质量改进目标情况,尽量减少到货时间并提高供应商的供货可靠度。

4. 战略性活动

战略性活动观点认为,采购业务对于决定公司的核心业务及提高公司的竞争力将产生积极的作用,因为采购业务积极地参与产品是自制还是购买决策的研究。地区性供应商已卷入国际竞争,在这种情况下,管理人员评价采购绩效主要考虑基本供应量的变化数量(通常是减少量)、新的有联系的(国际)供应商(订有合同的)的数量及依据已实现的节约额对底线的贡献大小等方面。

根据目前比较流行的观点,在企业结构体系中,采购部门所处的地位不同,用于评价采购绩效的方法也有很大的区别。一方面,当把采购看成是一项业务职能时,采购绩效的评价方法主要是从特征上进行定量的管理性分析;另一方面,当采购被看成是一项策略时,会采用更加定性的和评判性的方法。

另外,一些内在因素也会影响管理人员对采购业务所持有的观点,主要的内在因素有公司实行的综合物流程度、引进和应用的现代质量概念的程度、材料管理领域的计算机化程度等。

二、采购绩效考评体系的标准

(一) 历史绩效标准

当采购部门,无论是组织、职责或人员等均没有重大变动的情况下,可选择企业或公司历史绩效作为考评目前绩效的基础。

(二) 标准绩效标准

当历史绩效难以取得或采购业务变化比较大的情况下,可以使用标准绩效作为衡量的基础。标准绩效设定要遵循三个原则。

1. 标准要固定

标准绩效一旦建立,就不能随意变动,要有持续性和连续性。

2. 标准要富有挑战性

标准的实现具有一定的难度,采购部门和人员必须经过努力才能完成。

3. 标准是可实现的

可实现是指在现有内外环境和条件下,经过努力,确实应该可以达到的水平。一般依据当前的绩效加以衡量设定。

(三) 行业平均绩效标准

可以借鉴与本企业采购组织、职责以及人员等方面相似的同行其他企业或公司的绩效标准,也可以应用整个行业绩效的平均水准。

(四) 目标绩效标准

标准绩效是代表在现状下"应该"可以达成的工作绩效;而目标绩效则是在现状下,除非经过一番特别的努力,否则无法完成的较高境界。目标绩效代表企业或公司管理者对工作人员追求最佳绩效的"期望值"。

三、采购绩效考评体系的类型

一般来说,企业有四种绩效考评体系可供选择:效率导向体系、实效导向体系、复合目标体系、自然体系。

(一) 效率导向绩效考评体系

效率导向体系强调成本和采购部门的经营效率,是考评采购绩效的传统方法。采购绩效的考评就是看采购材料的成本是否降低了,经营成本是否减少了,采购时间是否缩短了。采购材料的成本包括材料的价格、材料的库存成本、材料的运输报关等费用。

材料的成本降低,可以直接降低产品和服务的成本,为企业的利润做出贡献。经营成本包括办公费、邮寄费、差旅费、代理费,由于采购计划变更而导致的谈判、重新协商等管理成本;采购时间是指从接到采购要求到安排采购的这段时间。

用效率考评采购绩效的企业,可以制定确切的量化的与效率相关的具体目标。比如,企业可以规定采购部门要在一个月或一年内将某种特定材料的价格降低,或者减少经营费用,或者缩短采购周期,某种材料的采购周期由以前的周改成天等。这种考评方法简单明了,可以直观地看到采购部门的绩效。但是,正是因为量化的指标太绝对,从而忽视了其他一些影响到具体目标的定性指标。

(二) 实效导向绩效考评体系

实效导向考评体系评价采购部门对利润的贡献、与供应商的关系的质量和顾客满意水平。在这一效率体系中,重点是降低采购材料的价格。同时,在这一效率体系中,可以直接或间接地考评采购部门对利润的贡献水平。采购企业的效益可以来自降低经营成本或材料成本,提高其他绩效,如提高材料质量以减少次品数量、使顾客满意等,缩短供货提前期,使消费者认为物超所值而提高销售额。

实效体系认为净利润是公司的整体目标,而不是采购部门的目标。对比目标价格和实际支付价格或目标节约成本和实际节约成本,为评价绩效和提出改进建议或意见提供有用信息。

考评供应商关系需要看关系双方。衡量供应商绩效不仅包括传统的质量、价格、交货提前期和准时性、运输成本等方面,还包括通信和合作等更为本质的东西。在此过程中,由采购部门提供给供应商的服务质量也要通过相应的标准进行考评和测量。

此外,绩效考评的一项重要的标准是顾客满意度,这也是市场营销观念演变的结果。

尽管实效导向绩效考评体系中纳入了这样一条考评标准,但在实际中这项标准却很难操作。如果采购人员做出的决定提高了最终产品质量,就有可能对消费者满意度产生积极影响,促使消费者更多地购买或向其他人推荐本企业的产品或服务,提高企业的销售额。

另外,如果采购人员注重的是降低采购价格,那么最终采购的产品可能质量或可靠性有所降低,而这无疑会伤害消费者的感情,降低消费者的满意度。所以说,采购部门和供应商的这种关系很难量化。

(三) 复合目标绩效考评体系

复合目标绩效考评体系是以上两种考评体系的结合,也就是说,这种考评体系同时考虑了效率和实效的考评。这种多重的考评体系将定量的标准和定性的标准结合起来,有助于给决策层提供客观的依据。但是,这种考评体系也有缺陷,那就是它所结合的两个目标效率和实效常常彼此冲突。

例如,采购人员比较关注以最低的成本获得货物或所需的材料,那么在效率这个目标上,采购成本得到的评价就会很高;但是这种价格采购也许会引起对利润贡献的消极评价,因为价格低就存在产品质量低劣、次品率提高的风险,这样做的结果就是导致消费者满意度降低,而这一目标显然是实效方面的。存在这样的问题,并不代表这种方法不可行。对于企业或者采购部门来说,或者对于具体从事采购绩效考评的部门来说,关键就是认真、全面地构造一个多重目标绩效考评体系,避免效率和实效的冲突。

(四) 自然绩效考评体系

自然绩效考评体系中不提供目标或标准,采购者仅被告知将会对其采购绩效进行评价。现在许多企业由于没有建立一套完整可行的考评标准,就暂时采用这种方式进行经营。如果没有具体的目标,也没有绩效考评和反馈,就不能对工作进行及时的总结,而采购人员也就不可能发挥其最大的潜力。

四、采购绩效考评体系的方法

在采购活动中用适当的绩效评定方式、规范和标准建立一个评价体系有很多不同的方法,其中最常用的有以下四种方法。

1. 管理人员主观评定

管理人员主观评定是指由管理人员确定采购业务的目标和策略,并把这些目标和策略应用于采购活动。

2. 专家评定

专家评定是指采购活动的目标由具有丰富采购经验的专家来确定。

3. 时间序列分析

时间序列分析是指根据过去的行为来推断将来的行为,采购绩效目标的评价以历史数据为基础,并假设过去活动中某种趋势将会在未来几年内持续下去。

4. 同行业不同公司之间的比较(基准)

要讨论同行业不同公司之间的比较(基准)这个问题,必须要有一个特定背景的采购组织为参考,以作为比较的依据。采购基准法使用得越来越广泛,并且已被普遍认可。

企业通常是在一段时间内对特定的方法进行追踪分析,从趋势分析中可以形成标准和规范,如通过对历史数据的推测分析,形成一个系统化的绩效评定系统。

五、采购绩效考评指标体系的内容

采购绩效考核与考评的关键是要制定一套客观的、能够充分展现采购人员绩效的、对考核对象有导向作用的指标体系,同时要制定出相应的、合理的、适度的标准,只有这样才能真正发挥出采购绩效考核和考评的监督、激励、惩罚的作用。

采购人员在其工作职责上,必须达成适质、适量、适时、适价及适地等基本任务,因此,其绩效考评自应以此"5适"(5 Rights)为中心,并以数量化的指标作为衡量绩效的尺度。

(一)质量绩效指标

质量绩效指标主要是指供应商的质量水平以及供应商所提供的产品或服务的质量表现,它包括供应商质量体系、来料质量水平等方面,可通过验收记录及生产记录来判断。

1. 来料质量

来料质量包括批次质量合格率、来料抽检缺陷率、来料在线报废率、来料免检率、来料返工率、退货率、对供应投诉率及处理时间等。

2. 质量体系

质量体系包括通过 ISO 9000 的供应商比例、实行来料质量免检的物料比例、来料免检的供应商比例、来料免检的价值比例、实施 SPC(statistical process control)的供应商比例、SPC 控制的物料数比例、开展专项质量改进(围绕本公司的产品或服务)的供应商数目及比例、参与本公司质量改进小组的供应商人数及供应商比例等。

(二)数量绩效指标

当采购人员为争取数量折扣,以达到降低价格的目的时,可能导致存货过多,甚至发生呆料、废料的情况。

1. 储存费用指标

储存费用指标是指现有存货利息及保管费用与正常存货水准利息及保管费用之差额。

2. 呆料、废料处理损失指标

呆料、废料处理损失指标是指处理呆料、废料的收入与其取得成本的差额。存货积压愈多,利息及保管的费用愈大,呆料、废料处理的损失愈高,显示采购人员的数量绩效愈差。不过此项数量绩效,有时受到公司营业状况、物料管理绩效、生产技术变更或投机采购之影响,故并不一定完全归咎于采购人员。

(三)时间绩效指标

时间绩效指标主要是用以衡量采购人员处理订单的效率,及对于供应商交货时间的控制。延迟交货,固然可能形成缺货现象,但是提早交货,也可能导致买方负担不必要的存货成本或提前付款的利息费用。

1. 紧急采购费用指标

紧急采购费用指标是指紧急运输方式(如空运)的费用与正常运输方式的差额。

2. 停工断料损失指标

停工断料损失指标是指停工期间作业人员薪资损失。事实上,除了前述指标所显示的直接费用或损失外,尚有许多间接的损失。例如经常停工断料,造成顾客订单流失,作业人员离职,以及恢复正常作业机器必须做的各项调整(包括温度、压力等);紧急采购会使得购入的价格偏高,品质欠佳,连带也会产生赶工时间必须支付额外的加班费用。这些费用与损失,通常都未加以估算在此项绩效指标内。

(四)价格绩效指标

价格绩效是企业最重视及最常见的衡量标准。透过价格指标,可以衡量采购人员议价能力以及供需双方势力的消长情形。通常用年采购总额、各采购人员年采购额、年人均采购额、各供应商年采购额、供应商年平均采购额、各采购物品年度采购基价及年平均采购基价等。它们一般是作为计算采购相关指标的基础,同时也是展示采购规模、了解采购人员及供应商负荷的参考数据,是进行采购过程控制的依据和出发点,常提供给公司管理层参考。

1. 年采购额

年采购额包括生产性原材料与零部件采购总额、非生产性采购总额（设备、备件、生产辅料、软件、服务等）、原材料采购总额占产品总成本的比例等。原材料采购总额，还可以按不同的材料进一步细分为包装材料、电子类零部件、塑胶件、五金件等，也可按采购付款的币种分为人民币采购额及其比例、不同外币采购额及其比例。

原材料采购总额按采购成本结构又可划分为基本价值额、运输费用及保险额、税额等。此外年采购额还可分解到各个采购员及供应商，算出每个采购人员的年采购额、年人均采购额、各供应商年采购额、供应商年平均采购额等。

2. 采购价格

采购价格包括各种各类原材料的年度基价、所有原材料的年平均采购基价、各原材料的目标价格、所有原材料的年平均目标价格、各原材料的降价幅度及平均降价幅度、降价总金额、各供应商的降价目标、本地化目标、与伙伴工厂联合采购额及比例、联合采购的降价幅度等。

（五）采购效率指标

品质、数量、时间及价格绩效指标主要是衡量采购人员的工作效果的，而衡量采购人员能力采用采购效率指标。主要包含采购金额、采购金额占销货收入的百分比、订购单的件数、采购人员的人数、采购部门的费用、新厂商开发个数、采购完成率、错误采购次数和订单处理的时间等。

第三节 采购绩效评估与改进

一、采购绩效评估流程

采购绩效评估流程具体如下。

（一）确定需要评估的绩效类型

在采购绩效评估中，第一步就要确定公司所需评估的绩效类型。一个企业要根据自身的实际情况选择不同的绩效类型进行组合，所选择的绩效类型必须与公司及采购部门的目标和任务相结合。选择绩效类型是开发采购绩效评估系统的关键一步。

采购绩效评估通常分为三个方面的评估：采购职能部门绩效评估、采购人员绩效评估和供应商绩效评估。这三个方面的绩效均包括多个绩效类型。例如，采购职能部门的绩效类型包括财务节约、客户服务和采购系统能力，每个绩效类型可以设定不同的指标进行评估。

（二）具体绩效评估指标设定

一旦确定了绩效评估类型，接下来的工作就是确定具体的绩效评估指标。成功的采购绩效评估指标必须清晰、可衡量。所谓的清晰就是员工必须正确理解该指标的含义，并认同该指标，这样才能引导绩效按期望的结果发展。所谓可衡量是指建立的估计指标必须是能够准确测量估计和计算的。

（三）建立绩效评估标准

为每一项指标建立相应的绩效标准也是十分重要的，制定不可能完成的标准会打消积极性，太容易达到的标准又不能发挥潜能，因此，好的绩效评估标准一定要适度。绩效评估标准必须是现实的，能够反映企业内外部的实际情况，这意味着标准是具有挑战性的，并且经过刻苦努力是可以实现的。

（四）选定绩效评估人员与时间

参加采购绩效评估的人员要有代表性，不能只有领导参加，不能只由采购部门的人员来进行评估，还应当有财务、生产、技术等部门的人员，必要时可邀请专家参与。这样，评估结果才能公正、科学，有说服力。

此外，确定绩效评估时间和评估频率，确定绩效评估是每年，还是每半年，抑或是每一个季度评估一次。

（五）实施评估并将结果反馈

评估结束后，评估结果应向被考评员工、采购部门、供应商等反馈，并听他们的反映、说明、申诉。通过上下级之间的沟通，管理者可以及时了解员工的实际工作状况和更深层次的原因，员工也可以了解上级对自己工作的看法、评价及要求，及时采取纠正措施，通过与供应商的沟通，可以加强理解，增强信任，促进供应商改进服务质量和服务水平，共同提高采购绩效。

二、采购绩效评估的基本要求

美国采购专家威尔兹对采购绩效评估的基本要求曾提出下列看法。

（一）采购主管评估的能力

采购主管对商品采购工作负有领导和监督的责任，因此采购主管的业务素质和道德素质对整个采购工作的优劣起到非常重要的作用，有效合理地对采购人员的工作绩效进行评估是一名采购主管所必备的能力。

(二) 采购绩效评估必须遵循的基本原则

采购绩效评估必须遵循以下基本原则。

1. 持续性

评估必须持续进行,要定期地检讨目标达成的程度,当采购人员知道会被评估绩效,自然能够致力于绩效的提升。

2. 整体性

必须以企业整体目标为观点进行绩效评估,这样能确保采购部门同公司整体策略保持一致。

3. 开放性

采购作业的绩效会受到各种外来因素左右。因此,评估时不但要衡量绩效,也要检讨各种外来因素所产生的影响,当外来因素的影响超过一定范围时,应该适时调整采购指标和评估策略。

4. 评估尺度

评估时,可以使用过去的绩效为尺度作为评估的基础,更可以使用与其他企业的采购绩效相比较的方式来进行评估。

三、采购绩效评估的方法

采购绩效评估方法直接影响评估计划的成效和评估结果的正确与否,常用的评估方法有以下八种。

(一) 直接排序法

直接排序法是一种较为简单的岗位价值评估方法,它根据总体上界定的岗位的相对价值或者岗位对于组织成功所做出的贡献来将岗位进行从高到低的排序,主管按照绩效表现从好到坏的顺序依次给员工排序,这种绩效表现既可以是整体绩效,也可以是某项特定工作的绩效。

直接排序法比较适合人数较少的组织或团队,如某个工作小组或项目小组,其优点是比较容易识别好绩效和差绩效的员工,如果按照要素细分进行评估,可以清晰地看到某个员工在某方面的不足,利于绩效面谈和改进。但是如果需要评估的人数较多,超过20人时,此种排序工作就比较烦琐,尤其是要进一步细分要素展开时,而且严格的名次界定会给员工造成不好的印象。最好和最差比较容易确定,但中间名次是比较模糊和难以确定的,不如等级划分那样容易比较。

(二) 两两比较法

两两比较法指在某一绩效标准的基础上将一个员工与其他员工相比较来判断谁更好,记录每一个员工和任何其他员工相比较时认为更好的次数,根据次数的多少给员工排序。由于两种职务的困难性对比不是十分容易,因此在评价时要格外小心。

(三) 等级评定法

1. 等级评定法的含义

等级评定法是最容易操作和普遍应用的一种绩效评估方法。这种评估方法的操作形式是,给出不同等级的定义和描述,然后针对每一个评价要素或绩效指标按照给定的等级进行评估,最后再给出总的评价。

2. 等级评定法的应用

应用等级评定法时,每个评价者需对 N 件事物排出一个等级顺序,最小的等级序数为 1,最大的为 N,若并列等级时,则平分共同应该占据的等级,如平时所说的两个并列第 1 名,它们应该占据 1、2 名,所以它们的等级应是 1.5。又如一个第 1 名,两个并列第 2 名,三个并列第 3 名,则它们对应的等级应该是 1、2.5、2.5、5、5、5,这里 2.5 是 2、3 的平均数,5 是 4、5、6 的平均数。

3. 等级评定法的问题

等级评定的方法简便、易操作,但也容易遇到一些问题。首先,由于操作上的简便,人们容易做表面工作,在进行等级评定时敷衍了事;其次,较多的主管人员习惯于将员工评定为比较高的等级,因此常常出现大量的绩效评定为优秀的员工。另外,有时候对等级评价标准表述得比较抽象和模糊,令人产生歧义,从而导致不同的人在评估时标准可能会不统一。

4. 等级评定法的注意事项

使用等级评定法应注意以下四点。

(1) 等级评定法应在多次观察的基础上进行。

(2) 整体评定和分析评定应结合起来使用。

(3) 最好在两个或两个以上条件相当的评定者之间进行评分。

(4) 要防止评分过高或过低,或都给予平均分的倾向。

为了使等级评定法更好地发挥效果,可注意在让评估者做出等级评定时,请他们对评定的结果做一个简单的评语,用一些事实来说明被评估者的绩效水平等方面。

（四）强制比例法

强制比例法即在绩效考评开始，对不同等级的人数有一定的比例限制。具体是指，根据被考核者的业绩，将被考核者按一定的比例分为几类（最好、较好、中等、较差、最差）进行考核的方法。强制比例法可以有效地避免由于考评人的个人因素而产生的考评误差。

根据正态分布原理，优秀的员工和不合格的员工的比例应该基本相同，大部分员工应该属于工作表现一般的员工，所以，在考评分布中，可以强制规定优秀人员的人数和不合格人员的人数。比如，优秀员工和不合格员工的比例均占20%，其他60%属于普通员工。强制比例法适合相同职务员工较多的情况，或规模较大或相同岗位人数较多的组织企业。

（五）等级换分法

等级换分法就是把具体项目的等级评定换算成分数，然后将各项分数相加，满分是100分。等级换分法的具体做法如下。

（1）首先规定若干大项目的分数，各大项目分数之和为100分。

（2）在各个大项目下，分列具体项目，并规定满分分数。

（3）将各具体项目分为若干个等级进行评定。有些项目可分二等级，如合格、不合格；有的项目可分三等级，如优、中、劣；有的项目可分成四等级，如优、良、中、差。每一等级需确定具体的评价标准。

（4）将各等级折算成分数，如某一项目的满分值为11分，可定为优—11分，良—9分，中—7分，差—5分。

（5）将各项目得分相加，即为评价对象总体的评价分数。

由于评价分数是根据客观的等级标准转换的，因此该法比指标评分法更为精确。

（六）小组评价法

小组评价法是指将小组所有成员的工作看作一个整体来评价。小组评价是个人评价的延伸，在一个小组内是很难将每个人的贡献单独区分开来的，而个人评价所关注的重点可能不是小组的工作重点，所以个人评价可能会造成评价系统的紊乱，小组认同的不是个人的表现，而是整个小组共同的成就。

采用小组评价的目的就是让小组成员学会合作，学会关心，学会以团队的力量去竞争。这样的评价，对于形成小组成员的集体观念、促进团队成员的合作是十分有效的，现在很多企业、组织已经开始采用小组评价的方法，小组评价贯彻了全面质量管理的原则和精神。

全面质量管理的基本原则是只有在将系统看成一个整体的前提下，绩效才能被最好地理解和评估。但传统的绩效评估却只是将重点放在对个人工作的评价上。因此，小组评价提供了一种发挥集体力量的途径。

（七）关键事件法

1. 关键事件法的含义

关键事件法是由美国学者弗拉纳根（Flanagan）和伯恩斯（Baras）在1954年共同创立的，它是由上级主管者记录员工平时工作中的关键事件：一种是做得特别好的；一种是做得不好的。在预定的时间，通常是半年或一年之后，利用积累的记录，由主管者与被测评者讨论相关事件，为测评提供依据。

关键事件法包含了三个重点：第一，观察；第二，书面记录员工所做的事情；第三，有关工作成败的关键性事实。其主要原则是认定员工与职务有关的行为，并选择其中最重要、最关键的部分来评定其结果。它首先从领导、员工或其他熟悉职务的人那里收集一系列职务行为的事件，然后，描述"特别好"或"特别坏"的职务绩效。这种方法考虑了职务的动态特点和静态特点。

使用关键事件法对每一事件的描述内容包括以下四点。

（1）导致事件发生的原因和背景。

（2）员工的特别有效或多余的行为。

（3）关键行为的后果。

（4）员工自己能否支配或控制上述后果。

关键事件法既能获得有关职务的静态信息，也可以了解职务的动态特点。

2. 关键事件法的应用

在职务分析信息的搜集过程中，往往会遇到工作者有时并不十分清楚本工作的职责、所需能力等问题。此时，职务分析人员可以采用关键事件法。

具体的方法是，分析人员可以向工作者询问一些问题，例如，在过去的两年中，您在工作中所遇到的比较重要的事件是怎样的；您认为解决这些事件的最为正确的行为是什么，最不恰当的行为是什么；您认为要解决这些事件应该具备哪些素质等。对于解决关键事件所需的能力、素质，还可以让工作者进行重要性评定。如让工作者给这些素质按重要性排序，按五点量表打分或给定一个总分（如20分）让工作者将其分到各个能力、素质中去。

3. 关键事件法的优点与缺点

关键事件法的主要优点是研究的焦点集中在职务行为上，因为行为是可观察的、可测量的。同时，通过这种职务分析可以确定行为的任何可能的利益和作用，为你向下属人员解释绩效评价结果提供了确切的事实证据。关键事件法还会确保你在对下属人员的绩效进行考查时，所依据的是员工在整个年度（因为这些关键事件肯定是在两年中累积下来）中的表现，而不是员工在最近时间段的表现。关键事件法保存一种动态的关键事件记录，可以使你获得一份关于下属员工是通过何种途径消除不良绩效的具体实例。

关键事件法的缺点是太费时,需要花大量的时间去搜集那些关键事件,并加以概括和分类,而且关键事件的定义是对工作绩效显著有效或无效的事件,这就遗漏了平均绩效水平。而对工作来说,最重要的一点就是要描述"平均"的职务绩效。利用关键事件法,对中等绩效的员工就难以涉及,因而全面的职务分析工作就不能完成。

(八)评语法

评语法是最常见的以一篇简短的书面鉴定来进行考评的方法。评语的内容包括被考评者的工作业绩、工作表现、优缺点和需努力的方向。考评的内容、格式、篇幅、重点等均不受约束,完全由考评者自由掌握,不存在标准规范。被考评人按组织要求递交两份自我鉴定,主考人以此为基础材料对被考评人做出绩效考评。这是一种古老的方法,可以作为其他考评方法的辅助。

考评内容通常会涉及被考评者的优点与缺点、成绩与不足、潜在能力、改进的建议以及培养方法等。所以,运用此法做出的评价语,一方面,缺少特定的维度(即使划分维度,也很粗略);另一方面,评价语很随意,缺乏明确的定义,且行为对照标准几乎全部使用定性式描述,缺乏量化数据,因此难以相互比较和据此做出评估。

四、采购绩效提升手段——基准化法

随着市场竞争的加剧,采购部门在企业中的地位越来越高,所承担的责任越来越重,这就对采购部门和人员提出更高要求,要不断创新,运用科学方法,根据一定的指标体系,提高采购绩效。

(一)采购绩效提升的切入点

采购绩效的改进提升一般可以从三个方面入手。
(1)营造良好的组织氛围,充分发掘潜力。
(2)以业界最佳指标为奋进点,不断寻找差距,优化工作方法。
(3)对采购物料供应绩效进行测评,通过排行榜方式,奖励先进、鞭策落后。

采购工作人员要经常把自己的业绩与同行高水平相比,不要对已经取得的成绩沾沾自喜,采购行业高手很多,特别是有过多年跨国采购经验的高级职员,他们的经验值得借鉴学习。因此,采购组织的管理职能部门,应定期将采购人员的业绩、供应商的业绩进行测量,并进行排名,再配以相应的奖罚制度,以此来提升采购绩效。

(二)采购绩效提升方法——基准化法

基准化的关键在于从外部搜集信息帮助企业提升自己,重点不在于通过绩效标准对公司进行排序,而在于通过比较和理解其他公司实践经验来学习如何提高自己的水平。基准化并不是只针对竞争对手,针对竞争对手只是其中一种被普遍接受的方式,事实上还有其他的公司可供选择。

根据基准化的对象是谁,对什么进行基准化这两个问题,基准化可分为内部基准化、竞争对手基准化、广泛基准化、战略基准化、绩效基准化、过程基准化六种类型。

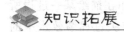

基准化不是任何企业在任何条件下都可以使用的。企业只有具备了一定的结构条件、文化条件、技能条件要求才行。结构条件主要是要求企业必须拥有进行基准化的资源、足够的财务能力;充足的时间;足够的基准化知识,具备竞争能力和发展潜力等。文化条件主要是指主观因素,要有变革的欲望、管理者和员工的参与。技能条件主要是指了解企业的运作过程、不同运作过程对企业竞争优势的影响因素、过程绩效标准等。

现在国外已经开发出各种各样的基准化模型,其基本原理和结构是相似的,都经过如下几个过程:选择要进行基准化的过程并且文件化;识别拥有最佳实践的组织;观察该组织是如何运作的;识别出其获得该绩效的原因;在这些信息的基础上采取措施提升自身过程等阶段。具体步骤如下。

1. 规划阶段

规划阶段是用时最长的,也是最重要的阶段,基准化学习成功与否即取决于这一阶段。在此阶段主要完成以下几方面工作。

1) 组建基准化团队

基准化的整个过程应当由一个团队来完成,团队需要有团队领导、管理代表、过程主管、过程参与者、过程的内部或外部顾客、辅助者的参与。团队的最佳规模是3~6人。如果需要更多人的参与,一个解决办法就是任命他为临时成员。团队组建以后,潜在成员需要满足以下要求:有时间积极参加学习;对基准化企业以及过程都有一定程度的了解;有进行基准化的动机和欲望;能够倾听和交流;在组织中受到尊敬和信任。

2) 进行基准化

理解进行基准化的领域并文件化,这是进行基准化最重要的一项任务。理解自己的过程是学习合作者的过程之后,提高自身过程所必备的先决条件。随着企业对各种管理方式越来越有兴趣,对过程进行记录和描绘的企业与日俱增。

在记录过程方面可用语言描绘过程、绘制流程图,或是单个图表、交叉功能图等。图表形式的选择主要取决于原先组织使用什么样的图表。绘制流程图的时候整个团队都要参与,为了确保流程图的准确,过程涉及的所有部门都要浏览此图。

3) 设立过程的绩效标准

以下3个方面都需要用到绩效标准：公司现在处于何种绩效水平；比较本公司与合作者的绩效水平；考评通过基准化可以获得的提高。选择的这些标准可以被分为两类：结果标准，描绘过程的结果如质量、时间、最后产出成本等；过程标准，描绘过程如何完成，如不同过程步骤的时间、涉及多少人、使用多少设备等。

绩效标准并不一定都是量化的，有的时候也需要用到质化指标，如在描绘某一过程所需要的设备或工具时。当绩效标准建立以后，下一个步骤就是收集有关过程绩效水平的信息。如果计算标准所需的数据在前面已经搜集完整，我们可以很快计算出以前某一时段的绩效。

2. 寻找阶段

前一阶段的工作完成以后，我们就开始寻找基准化的合作者。完成这一阶段的工作以后，基准化团队应当列出一个潜在合作者的清单，挑选出其中优异的合作者，同其中的一些公司进行接触，以便进行学习。这一阶段通常包括以下步骤。

1) 列出基准化合作者应当满足的标准

由于地理位置、规模、组织、结构、产品、技术等原因，使最好的合作者并不一定是最合适的。通过设置这样一份清单我们可以从潜在的合作者中剔除那些不合适的企业。

2) 选择合作伙伴

根据潜在合作者的绩效水平和我们所设定的原则，从清单中挑选合作者。只选择一个合作者是一种比较受欢迎的方式，但是实际选择多个合作伙伴，会提供更多的信息。考虑到时间和成本，三个合作者是一个比较理想的数目。

3) 合作者联系

同选择的合作者进行联系，这一步骤要求合作者参与基准化的学习。联系方式可选择电话或是信件，向合作者展现你自己以及你代表的公司，描绘你基准化的过程，甚至可以考虑包括你想要获得回答的问题。

3. 观察阶段

这阶段的目标是向合作者进行学习，理解其过程，掌握足够的知识来改善自己。为了有效利用信息，我们要从绩效水平、实践、驱动因素三个层面上对合作者的信息进行收集。

1) 绩效水平

了解同我们相比合作者到底如何优秀。他们已经取得了哪些成绩，如某些奖项或是某种利润率等。

2) 实践

合作者为了获得这一绩效水平的过程组建和完成的方式。

3) 驱动因素

过程发挥作用时组织所处的环境,它使实践能获得预期的绩效水平。驱动因素包括:培训、过程、计算机系统、沟通、支持系统。在从合作方收集我们想要的信息时,可采用邮件调查、电话接触和访问合作者等方法。

4. 分析阶段

这一阶段的主要目的是识别本企业与合作者过程绩效之间的区别,以及导致这一差别的最终原因。分析阶段包含以下步骤。

1) 标准化

标准化需要我们根据不同的因素,对每年以及每一位员工的数据进行转化,以便获得有效的比较数据。这些因素主要指:公司内容,如什么是公司的任务、公司有哪些过程等;公司规模,如雇员数目、产量;垂直和水平的融合度,如公司的分销渠道是否融合统一;市场条件,如地理位置、规模、行为、市场期望等;成本结构,取决于权宜价格、政府支持、工资水平等;公司寿命,这一点关系到公司的运作模式、文化以及态度;国际差异,这是由不同的规章制度、贸易法规以及特殊国情等导致的。

2) 识别绩效差距

通过比较本公司和合作者的绩效我们可以找出差距。然而令我们感兴趣的不仅仅是这一时段的差别图表,我们对这一差别的过去和未来发展趋势同样感兴趣。识别差距的最简便的方法莫过于比较公司的绩效矩阵。为了比较未来的发展趋势,也可以绘制上图,但是这是一种比较复杂的方法,在这里不想对这种绘制作过多的描绘,因为那只是一些代数问题。

3) 识别产生差距的原因

在这一阶段有几种不同的工具与技术可以得到应用,简单地比较流程图,找出过程中的差异,使用因果图(鱼刺图)等。如果使用流程图,我们需要寻找:每一过程的步骤;每一过程中的闭环;步骤中不同的任务组;步骤的不同顺序;组织中不同的步态,如水平、螺旋等。

5. 调整阶段

基准化的最终目标是变革和提高,它包括比较、信息共享、分析等。但是,除非这些活动能导致提高,否则基准化的整个潜力就没有得到开发。观察了最佳的实践后,人们往往试图直接在组织中对其进行复制,但是除非本企业与合作者处于完全相同的环境和条件下,否则其结果肯定是失败。

调整阶段的第一步是从最佳实践中挑选出我们想要保留的要素。通常情况下我们没有必要对每一部分都进行调整,因此我们应该选择出能够带来最佳效果的关键因素。以下几个方面可以作为选择的基础：过程对本组织的适应性、投资要求、培训要求、必要的财务资源、项目的时间限制。第二步是根据合作者的绩效水平和本公司的实际情况为即将到来的提高设置目标。目标的设置既要有一定的挑战又要切实可行，同时还要与公司的其他目标相融合。目标设置以后真正的基准化工作已经圆满完成了。剩下的部分与任何提高方法都很类似，如项目规划、实施方案、监控与报告等。

本章小结

本章主要介绍了采购绩效考评的概念、目的、类型、作用以及采购绩效考评的方式和过程，在此基础上进一步介绍了采购绩效考评体系的标准、类型、方法和指标体系内容，重点介绍了采购绩效评估的方法、流程和提升采购绩效的改进措施。

一、填空题

1. 评估即评价估量，就其本义而言，是评论估量（　　　），现在泛指衡量人物、事物的（　　　）。
2. 标准绩效设定要遵循三个原则，为（　　　）、（　　　）和（　　　）。
3. 一般来说，企业有四种绩效考评体系可供选择，分别是（　　　）、（　　　）、（　　　）和（　　　）。
4. 在采购活动中用适当的绩效评定方式、规范和标准建立一个评价体系有很多不同的方法，其中最常用的有（　　　）、（　　　）、（　　　）和（　　　）四种方法。
5. 采购绩效评估通常分为三个方面的评估，即（　　　）、（　　　）和（　　　）。

二、简答题

1. 简答采购绩效考评的目的。
2. 采购绩效考评有哪些作用？
3. 影响采购绩效考评的因素有哪些？
4. 简答采购绩效评估有哪些方法。
5. 什么是基准化法？

三、论述题

1. 举例说明采购绩效考核与评价给企业带来的积极影响。
2. 论述采购绩效评估对企业发展的作用。
3. 试论采购绩效评估与其他方面的绩效评估有何异同。

阅读与思考

围绕落实预算绩效目标 重构政府采购法律体系

我国政府采购制度从1996年开始试点到1998年全面启动，特别是2003年政府采购法实施以来，政府采购制度不断完善，为加强财政资金管理、保障政府公共服务功能、节约政府运行成本、促进政府采购领域预防腐败发挥了重要作用。当前，政府采购法面临的环境与立法之初相比发生了很大变化，一些深层次的问题也逐渐暴露出来。如何构建既适应时代要求，又符合管理与发展实际的新的政府采购制度，是新时代必须面对的重大课题，也是一项系统工程。

党的十九大提出，加快建立现代财政制度。政府采购作为财政支出管理的一项基本制度，是全面实施绩效管理的重要载体。深化政府采购制度改革要以全面实施绩效管理为关键点和突破口，推动政府采购监管从过程控制为主转为绩效管理为主，围绕实现绩效目标重塑政府采购管理体系和执行机制，推动在采购需求、交易机制、合同履约等方面实现全方位、全过程、全覆盖绩效管理，切实提高财政资源配置效率和使用效益。实现绩效目标落实到政府采购，就是确立政府采购"物有所值"制度目标。

第一，在采购需求中体现物有所值目标。采购需求是对采购标的的质量描述，既是采购人确定采购方式、评审规则、履约验收的基础，也是供应商响应、报价的基准，是采购活动的出发点和逻辑起点，直接决定采购效果。目前，政府采购程序规范的要求已经深入人心，但采购人习惯于简单重视程序规范，忽视需求管理和结果绩效，没有发挥采购需求在采购活动中的引领作用。在政府采购法修订中，可考虑增加需求管理的相关条款，通过强化采购需求管理，力争使采购需求明确、完整、量化、规范。建立以需求为统领的采购制度，将采购需求管理与预算经费标准、公共服务绩效标准等相结合，在需求中体现和落实物有所值目标，并将之贯穿在后续的采购活动中。

第二，在交易规则中体现物有所值目标。现行《政府采购法》对保障交易过程公平的市场交易规则缺乏细化规定，造成需求特点与采购方式脱节、采购方式与评审制度脱节、采购程序与采购合同脱节，实际上肢解了公平交易原则，导致采购需求不清、采购方式适用错误、评分方法设定混乱、评审标准不明确等一系列问题。采购交易是以采购需求为起点的，应按照"先提供或获得明确需求、后竞争报价"的要求，实现明确需求条件下的合理报价交易规则，通过修法在交易规则中体现物有所值目标，构建具有中国特色的公平交易核心机制。一方面，应淡化片面以采购预算金额大小确定采购方式的导向，结合项目具体特点和采购需求选择适当的采购方式；另一方面，应结合需求特点精准设计评审规则、科学细化评审指标，保证采购需求和物有所值目标的实现。

第三，在合同签订及履约管理中体现物有所值目标。政府采购制度的中心任务就是要保证政府与供应商签订政府采购合同并得到有效执行，而合同既要体现政企双方平等的主体地位，反映出标的质量与成本严格的"对价关系"，又要适应政府采购合同的行政化特点，进一步细化满足公共利益需要的合同变更、终止及补偿机制。采购合同是风险的杠杆，通过合同类型的选择和条款内容的约定可以界定采购人和供应商的权利义务。在修订法律过程中，可考虑增加合同管理的相关条款，通过鼓励采购人合理选择合同类型、科学约定合同条款、增加履约验收条件等措施，推动在合同签订和履约环节实现物有所值目标。

第四，在政策功能中体现物有所值目标。政府采购政策是提高现代国家治理能力的重要手段。现阶段政府采购政策在购买国货、支持中小企业、创新产品、节能环保产品等方面确定了一些支持目标，但政策实施效果并不理想。可通过修法增加在采购绩效和采购需求中细化和体现政策功能的有关条款，保证政策功能的实现，同时处理好政府采购政策支持的经济社会目标与其他预算绩效目标之间的关系。

第五，应推动政府采购法律制度与国际规则接轨。加入 GPA（government procurement agreement，政府采购协议）符合我国根本利益和长远利益，修订法律过程中应充分借鉴国际惯例和各国先进经验，注重改革的系统性、协同性、完整性和前瞻性，制定包括需求管理、程序管理、合同与履约验收管理、绩效评价等内容完整的具有中国特色、与 GPA 规则接轨的政府采购法，使政府采购真正成为部门支出管理制度和政府重要的公共管理制度。

资料来源：中物联公共采购分会资料汇编

第十一章

采购风险与控制

知识目标

1. 理解采购风险的概念和种类,熟悉采购风险管理的方法和程序;
2. 熟悉降低采购风险的关键节点,掌握采购风险的防范措施;
3. 了解采购控制的基础性工作,熟悉采购控制制度;
4. 掌握物料质量检验的方法和交货过程的控制管理。

技能要求

1. 能运用所学理论知识参与制定企业内部采购控制制度;
2. 能够准确识别采购风险及其成因,并能在采购实践中运用防范措施;
3. 能结合实际案例分析企业如何规避采购风险。

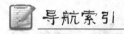

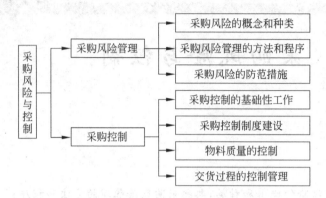

引导案例

采购贿赂

2014年3月,东莞第三市区检察院以涉嫌非国家工作人员受贿罪,批准逮捕了樟木头镇一外资厂采购员徐某,因其收受巨额商业贿赂,并深入挖掘行贿线索,成功监督公安机关立案侦查供货商杨某涉嫌商业行贿的犯罪行为。

犯罪嫌疑人徐某于2012年6月至2013年1月期间未经厂方批准,先后四次联络供货商杨某采购大批二极管,同时暗示对方提供回扣作为报酬。2013年2月,徐某辞职后帮助接替其采购工作的该厂员工晏某,晏某向杨某订购二极管三批。从2013年3月至7月的短短数月间,徐某先后五次通过银行转账或现金支付的方式收受杨某提供的"好处费"达人民币347 000元,而采购的七批货物价值港币150余万元,造成货价严重虚高,大大加重了该厂的生产成本。

案发后,厂方通过订单发注记录系统查询,发现涉案的七批货物并非实际所需,遂调查确认有人在未经厂方负责人审批同意的情况下,冒用他人账户进行"系统入单"填注订单记录,以获得对外采购货物的机会。而徐某抓住此系统漏洞,联络供货商供货,趁机大肆收受商业贿赂。虽然厂方运营已制订了完整的采购货物程序并生成书面材料,但仍存在诸多管理漏洞,如订单申请审批程序落实不到位、"系统入单"监督不足、大宗货物交易无合同管理、仓库收货缺乏实时跟踪、付款确认仅形式化审核等,这些都导致徐某有可乘之机。

公安机关对该案立案后,第三市区检察院立即派员提前介入,从明确业务流程、查实货物去向、核对银行记录三个侦查方向,对侦查机关作了有针对性的取证引导,同时积极与涉案厂方沟通联络并建议查补漏洞。

资料来源:百度文库资料汇编

引例分析

采购贿赂固然与采购人员的个人道德品质相关联,但企业内部的采购控制制度能不能有效避免采购风险呢?答案是肯定的。在本案例中,正是因为该企业存在订单申请审批程序不科学、系统操作监督不当、采购合同管理失效、采购收货缺乏实时跟踪,付款审核不严谨等诸多的严重管理漏洞,才导致采购贿赂的发生。说明该企业风险管理意识淡漠,采购内控制度不健全,风险监控能力严重缺失。

第一节 采购风险管理

一、采购风险的概念和种类

(一)采购风险的概念

所谓风险,即某一行动的结果有多种可能而且不确定。企业风险包含两个层面的内容。首先,风险是指事件在未来发生的可能性及其后果的综合,包括风险因素、风险事故和风险损失等要素。风险因素是引起或增加风险事故发生的机会或扩大损失幅度的条件,是风险事故发生的潜在原因;风险事故是指造成风险损失的直接原因,意味着风险的可能性转化成了现实;风险损失是指风险事故所带来的物质上、行为上、关系上和心理上的实际和潜在的利益丧失。

其次,风险与机遇如硬币的两面,二者在数量及性质上成正比例的辩证统一关系,机遇蕴含于得到有效管理的风险之中。企业风险管理,是指企业在充分认识所面临的风险的基础上,采用适当的手段和方法,予以防范、控制和处理,以最小成本确保企业经营目标实现的管理过程。

采购风险是企业所面临的风险之一,指在采购过程中由于各种意外情况的出现,使采购的实际结果与预期目标相偏离的程度和可能性,包括人为风险、市场风险、经济风险和自然风险。具体来说,如采购预测不准导致物料难以满足生产要求或超出预算,供应商群体产能下降导致供应不及时、货物不符合订单要求,呆滞物料增加,采购人员工作失误,供应商之间存在不诚实甚至违法行为,这些情况都会影响供应预期目标的实现。

(二)采购风险的种类

采购的风险分为两种类型:企业采购的外因型和内因型风险。

1. 外因型风险

企业采购的外因型风险具有如下几种。

1）意外风险

采购过程中由于自然、经济政策、价格变动等因素所造成的意外风险。

2）价格风险

一是由于供应商操纵投标环境，在投标前相互串通，有意抬高价格，使企业采购蒙受损失。二是当企业采购认为价格合理情况下，批量采购该种物资出现跌价而引起采购风险。

3）采购质量风险

一方面由于供应商提供的物资质量不符合要求，而导致加工产品未达到质量标准，或给用户在经济、技术、人身安全、企业声誉等方面造成损害。另一方面因采购的原材料的质量有问题，直接影响到企业产品的整体质量、制造加工与交货期，降低企业信誉和产品竞争力。

4）技术进步风险

一是企业的产品由于社会技术进步引起贬值，甚至被淘汰，原有已采购原材料积压或者因质量不符合要求而造成损失；二是采购物资由于新项目开发周期缩短，如计算机新机型不断出现，更新周期愈来愈短，刚刚购进了大批计算机设备，但因技术更新，所采购的设备已经被淘汰或使用效率低下。

5）合同欺诈风险

（1）是以虚假的合同主体身份与他人订立合同，以伪造、假冒、作废的票据或其他虚假的产权证明作为合同担保；

（2）接受对方当事人给付的货款、预付款，担保财产后逃之夭夭；

（3）签订空头合同，而供货方本身是"皮包公司"，将骗来的合同转手倒卖，从中谋利，而所需的物资则无法保证；

（4）供应商设置的合同陷阱，如供应商无故中止合同，违反合同规定等可能性及造成损失。

2. 内因型风险

企业采购的内因型风险具体有如下几种。

1）计划风险

因市场需求发生变动，影响到采购计划的准确性；采购计划管理技术不适当或不科学，与目标发生较大偏离，导致采购风险。

2）合同风险

一是合同条款模糊不清，盲目签约，违约责任约束简化，口头协议，君子协定，签证、公证合同比例过低等。二是合同行为不正当。卖方为了改变在市场竞争中的不利地位，往往采取一系列不正当手段，如对采购人员行贿，套取企业采购标底；给予虚假优惠，以某些好处为诱饵公开兜售假冒伪劣产品。而有些采购人员则贪求蝇头小利，牺牲企业利益，不能严格按规定签约。三是合同日常管理混乱。

3）验收风险

在数量上缺斤少两；在质量上鱼目混珠，以次充好；在品种规格上货不对路，不符合规定要求。

4）存量风险

一是采购量不能及时供应生产之需要，生产中断造成缺货损失而引发的风险；二是物资过多，造成积压，大量资金沉淀于库存中，失去了资金的机会利润，形成存储损耗风险；三是物资采购时对市场行情估计不准，盲目进货造成价格风险。

5）责任风险

许多风险归根结底是一种人为风险，主要体现为责任风险。例如，合同签约过程中，由于工作人员责任心不强未能把好合同关，造成合同纠纷；或是采购人员假公济私、收受回扣、谋取私利。

二、采购风险管理的方法和程序

（一）采购风险管理的方法

采购风险管理的方法具体如下。

1. 风险转移

利用投保支付保费的方式将风险转嫁给保险公司；也可以通过部分非核心业务外包的方式转移至其他企业。

2. 风险自留

利用一些企业内部资源为损失进行计划，自己承担部分或全部损失。

3. 损失融资

利用金融衍生工具对风险进行对冲，如对冲由于利率、价格、汇率变化带来的损失。

4. 风险控制

通过加强企业内部管理来规避、降低经营风险。

小贴士

在市场经济中，商品生产经营者在生产经营过程中会不可避免地遇到各种各样的风险，如信用风险、经营风险、价格风险等。其中经常面临的风险就是价格波动风险，而商品价格波动的风险如果得不到有效的转移就会影响企业正常的生产和经营，企业利益也得不到保障。为了避免价格波动的风险，最常用手段就是在期货市场进行套期保值。

（二）采购风险管理的程序

采购风险管理可分为四个阶段。

1. 风险识别

风险识别，即对企业或供应链面临的潜在各种风险进行归类分析，从而加以认识和辨别。即确定何种风险可能会对企业产生影响，并以明确的文档描述这些风险及其特性。

2. 风险分析

风险分析，即评估已识别风险可能的后果及影响的过程。风险分析可以选择定性分析或定量分析方法，进一步确定已识别风险对企业的影响，并根据其影响对风险进行排序，确定关键风险项，通过建立风险指数体系指导风险预警。风险指数体系是一个有效的风险分析模型，主要用于表征整个企业的风险程度。该体系根据风险识别和风险分析的结果，运用数学模型计算得到一组量化的风险指数，从而实现对企业风险的量化反映及横向校核，并监控风险管理的绩效。

3. 风险应对

风险应对，即针对企业面临的风险，开发、制定风险应对计划并组织必要的资源着手实施，目的是有效控制风险，避免风险失控演变为危机。风险应对计划包括企业当前及未来面临的主要风险类别，针对各类风险的主要应对措施，每个措施的操作规程，包括所需的资源、完成时间以及进行状态等。风险应对计划形成之后，企业应通过风险管理体系确保计划启动时所必需的人力、物力等资源。

4. 风险监控

风险监控，即在风险管理全过程中，跟踪已识别的风险，监控残余风险及识别新的风险，确保风险应对计划的执行，评估风险应对措施对减低风险的有效性，并形成风险监控报告。风险监控是企业风险管理生命周期中一种持续的过程，在企业经营过程中，风险不断变化，可能会有新风险出现，也可能有预期风险消失。

> **小贴士**
>
> 风险识别是一个反复进行的过程，应尽可能地全面识别企业可能面临的风险。对风险进行分类和归纳是风险识别中常用的方法。

三、采购风险的防范措施

任何事物都有风险，但采购风险也是可以通过一定手段和有效措施加以防范和规避的。

（一）降低采购风险的关键

企业要降低质量、交期、价格、售后服务、财务等方面的采购风险,关键要做好以下五项工作。

1. 供应商的初步考察阶段

在选择供应商时,企业应对供应商的品牌、信誉、规模、销售业绩等进行详细的调查,甚至派人到对方公司进行现场了解,作出整体评估。必要时需成立一个由采购、质管、技术部门组成的供应商评选小组,对供应商的质量水平、交货能力、价格水平、技术能力、服务等进行评选。在初步判断有必要进行开发后,建议将自己公司的情况告知供应商。

2. 产品认证及商务阶段

企业应对所需的产品质量、产量、用户的情况、价格、付款期、售后服务等进行逐一测试或交流。

3. 小批量认证阶段

在这一阶段,企业应对供应商的产品进行小批量的生产、交货期等方面的论证。

4. 大批量采购阶段

在这一阶段,企业可以根据合作情况,逐步加大采购力度。

5. 对供应商进行年度评价阶段

企业应对供应商进行年度评价,对合作很好的供应商,应邀请它们到公司交流明年的工作计划。

小贴士

为了更好地解决控制采购风险方面的问题,提高总体利润率,将风险与损失降至最低,有的公司将采购划分为货源开发(sourcing)小组与采购(buyer)小组。货源开发小组主要负责成本控制、风险防范、产品质量与供货商综合能力的评估,包含供货商的物流状况、售后服务、公司财力、整体管理能力等;采购小组根据货源开发小组提供的信息,结合公司的生产状况与需求量进行购买与跟踪订单。

（二）采购风险防范的主要对策

采购风险防范的主要对策如下。

1. 建立和完善企业内控制度,加强教育,提高素质

应建立与完善内部控制制度与程序,加强对职工尤其是采购业务人员的培训和教育,不断增强法律观念,重视职业道德建设,做到依法办事,培养企业团队精神,增强企业内部的风险防范能力,从根本上防范风险。

2. 加强对物资采购招标与签约的监督

(1)检查物资采购招标是否按照规范的程序进行,是否存在违反规定的行为。采购经办部门和人员是否对供应商进行调查,选择合格供应商。是否每年对供应商进行一次复审评定。

(2)加强签约监督。检查合同条款是否有悖于政策、法律,避免合同因内容违法、当事人主体不合格或超越经营范围而无效;通过资信调查,切实掌握对方的履约能力;对那些不讲效益、舍近求远、进入情货等非正常情况严格审定;审查合同条款是否齐全、当事人权利义务是否明确、有否以单代约、手续是否具备、签章是否齐全。

3. 加强对采购全过程、全方位监督

全过程的监督是指从计划、审批、询价、招标、签约、验收、核算、付款和领用等所有环节的监督。重点是对计划制订、签订合同、质量验收和结账付款四个关键控制点的监督,以保证不弄虚作假。全方位的监督是指内控审计、财务审计、制度考核三管齐下。科学规范的采购机制,不仅可以降低企业的物资采购价格,提高物资采购质量,还可以保护采购人员和避免外部矛盾。

1)加强对物料需求计划、物资采购计划的审计

审查企业采购部门物料需求计划、物资采购计划的编制依据是否科学;调查预测是否存在偏离实际的情况;计划目标与实现目标是否一致;采购数量、采购目标、采购时间、运输计划、使用计划、质量计划是否有保证措施。

2)做好合同鉴证审计

(1)审查签订经济合同当事人是否具有主体资格,是否具有民事权利能力和行为能力。

(2)审查经济合同当事人意思表示是否真实。

(3)审查经济合同主要条款是否符合国家的法律和行政法规的要求。

(4)审查经济合同主要条款是否完备,文字表述是否准确,合同签订是否符合法定程序。通过审计鉴证,可以及时发现和纠正在合同订立过程中出现的不合理、不合法现象;提请当事人对缺少的必备条款予以补充,对显失公平的内容予以修改;对利用经济合同的违法活动予以制止,从而减少和避免经济合同纠纷的发生。

3)做好合同台账、合同汇总及信息反馈的审计

当前,合同纠纷日益增多,如果合同丢失,那么在处理时会失去有利的地位而遭受风险。因此,建立合同台账、做好合同汇总,运用先进管理手段,向相关部门提供及时准确、真实的反馈信息,也是加强合同管理,控制合同风险的一个重要方面。

4) 加强对物资采购合同执行中的审计

(1) 审查合同的内容和交货期执行情况,是否做好物资到货验收工作和原始记录,是否严格按合同规定付款。

(2) 审查物资验收工作执行情况,在物资进货、入库、发放过程中,都要对物资进行验收控制。

(3) 对不合格品控制执行情况进行审计,发现不合格应及时记录,并采取措施。

(4) 重视对合同履行违约纠纷的处理。合同履行过程中违约纠纷客观存在,若不及时处理,不仅企业的合法权益得不到保护,而且有可能使合同风险严重化。

5) 加强对物资采购绩效考核的审计

建立合同执行管理的各个环节的考核制度,并加强检查与考核,把合同规定的采购任务和各项相关工作转化分解指标和责任,明确规定出工作的数量和质量标准,分解、落实到各有关部门和个人,结合经济效益进行考核,以尽量避免合同风险的发生。

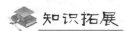

企业防范采购陷阱的常用做法

企业防范采购陷阱的常用做法具体如下。

(1) 了解企业自身需求。企业应提前将生产、仓库、销售、采购和财务等各部门的需求进行整理,这样,与厂商谈判时,就能有重点地看这些需求是否能够得到满足。在了解企业自身需求后,还要确认市场上都有哪些产品能满足企业自身的需求。

(2) 考察供应商资质。考察供应商资质,可以分三步走。首先是确认其各种证书的真伪,可以通过打电话进行识别;而供应商的实力也是需要仔细考察的项目,可以通过走访进行考察。其次是考察供应商在圈内的信誉度。只要在行业里问一问,这家供应商过去的历史就昭然天下了。最后是考察用户,企业可以考察供应商的其他关联客户,看其提供的解决方案是否真实合理,提供的服务是否到位。

(3) 引入竞争机制。企业应找几家供应商一起竞争,多管齐下做采购。如果只选择一家采购,容易被这家公司牵着鼻子走,生产进度容易受控,中途想选择别家时间上可能也来不及了。因此,企业可以选用公开招标和协议供货两种方式,让多家供应商同时供货。

(4) 仔细制定合同细则。签合同除了要心肠硬,还有就是"细",对于非关键条款也不放过,因为它可以作为让步的依据与对方谈判。

4. 选择合适的采购方式

企业在具体的采购活动中,要注意选择合适的采购方式,对那些复杂或高成本的采购项目要进行市场调研等工作。目前,国际上通行的采购方式很多,有招标采购、询价采购、单一来源采购、谈判采购等。每一种采购方式都有其自身的优缺点和适用范围,如果在选择采购方式时不根据采购项目的要求和特点灵活选取,必然会增大采购风险,增加不必要的人力、物力和财力消耗。

5. 针对不同风险采取不同措施

企业最为直接和有效防范风险的方法就是针对不同风险采取不同措施。比如,针对预付款风险,企业可以采取的措施就是对供货方的产品质量、价格、财务状况、偿债能力等进行分类管理,对产品质量好、信誉好、规模大的供货方可以实行预付款,并加强预付款购货的追踪管理,防止欺诈行为;针对存货风险,企业可以采取的措施就是以销定购,适时控制,盘活库存,及时清理和报批;针对合同风险,企业可以采取的措施就是组织业务人员认真学习《合同法》,在采购活动过程中除"即时清结"外,必须签订合同,明确双方的权利、义务及违约责任,定期进行合同追踪调查,加强监控力度。

第二节 采购控制

控制好企业的采购环节是实现企业经营计划目标的重要手段,也可以说,控制好企业采购环节就等于控制住了企业生产的起点和源头。

一、采购控制的基础性工作

采购活动涉及大量资金流动和各方面的利益关系,企业采购活动很容易被利用来假公济私、行贿受贿,以谋求私利。

因此,要搞好采购控制,最重要的是创造一个良好的采购控制基础条件,为采购活动控制创造一个良好环境和条件。这些良好基础条件包括采购人员良好的素质基础、健全的采购管理规章制度、透彻地掌握采购市场行情。具体应做好以下两方面的工作。

(一)加强采购人员的素质管理

采购人员必须具备与工作复杂性相适应的素质和能力,要通过专业化的工作和能力培训达到甚至超过与企业和市场要求相适应的水平。

1. 采购人员的素质要求

企业采购人员应该具备品德、知识、能力三方面的素质要求,具体素质要求见表11-1。

2. 采购人员的岗位要求

企业采购人员应具备的岗位要求见表11-2。

表 11-1　采购人员素质要求一览表

品德方面	知识方面	能力方面
1. 志士不饮盗泉之水 2. 敬业精神 3. 虚心、诚心、耐心	1. 采购管理专业知识 2. 财务管理知识 3. 相关法律知识 4. 掌握特定语言 5. 信息系统 6. 采购物品相关知识	1. 价值分析能力 2. 逻辑思维能力 3. 决策能力 4. 预测能力 5. 信息系统 7. 个人能力 8. 灵活性与敏捷性 9. 团队精神 0. 沟通与交流技巧 10. 市场把控能力 11. 供应商关系处理

表 11-2　企业采购人员岗位要求一览表

职务名称	采　购　员
向谁负责	采购经理与供应经理
职位概述	负责准备和发出商品供应或服务的采购订单;追求最低采购成本,在价值最大化的同时,识别和发展合格的供应商;如果发生供应中断要恰当地加以协调
本职和范围	管理全部产品和服务的采购,与 2～50 个供应商保持联系;处理各种不确定的任务,确保谈判成功
主要职责	执行指定职责,确保实现质量和成本目标,进行有效的谈判,实现有效的合同目标;实行增值性采购活动,实现成本的控制目标;管理、维持供应商关系,减少供应商数量
需要的知识和技能	工商管理专业大专以上学历,三年以上工作经验,良好的沟通技能和分析能力

(二)建立健全采购规章制度和奖惩机制

采购规章制度可以规范企业采购行为并规范采购人员的行为。

企业采购规章制度一般包括以下三方面内容。

1. 制定明确具体的采购作业流程

从接受采购申请单开始,到采购完成进行评估为止,每步都要明确规定具体做法。在制定采购作业流程时,要注意制定每一步作业标准和质量要求,使采购人员都知道每一步工作怎么样做才算做到位。因为只有做到位,才能防止对方钻空子,避免采购风险。

2. 制定岗位责任制，明确各个岗位职责

采购工作涉及多个岗位，哪个岗位懈怠都会耽误采购工作的进行，因此，各个岗位要相互配合。制定岗位责任制可以使每个岗位都能够明白自己的职责，使大家都尽职尽责，协调配合好。

3. 建立奖惩制度

工作流程、岗位责任制建立起来后，就要坚定执行。为了保证这些制度真正贯彻，就要建立有关的奖惩制度。做得好的给予奖励；做得不好，给予惩罚。奖励与惩罚，可以是精神方面，也可以是物质方面。企业还可以将物质利益与业绩挂钩。

二、采购控制制度建设

（一）请购控制制度

提出货物和劳务需要即请购，是采购环节上的第一步。请购控制可为采购提供一套管理方法。例如，明确权限可以减少采购上的混乱指示和过度采购。无论何种需要请购，采购部门在收到请购单后，在最终发出购货订单之前，都必须对应订购多少、向谁发出购货订单、什么时候发出购货订单作出决定。

采购内部控制制度应该为合理地作出这些决定而制定。

1. 请购的类别规定

（1）原材料或零配件的请购一般首先由生产部门根据生产计划或即将签发的生产订单提出请购单。材料保管人员接到请购单后应将材料保管卡上记录库存数同生产部门需要的数量进行比较。当材料保管员认为生产所需的数量超过库存数量时，就应签字同意请购。

（2）临时性物品采购通常需要由使用部门直接提出。由于这种需要很难列入采购计划，因此使用者在请购单上一般要对采购需要作出描述，解释其目的和用途。请购单必须由使用部门主管审批同意，经资金预算负责人同意签字后，采购部门才能办理采购手续。

2. 请购单的开立与呈请

（1）请购经办人员应依照存量管理基准、用料预算，参考库存情况开具请购单，并注明材料的品名、规格、数量、需求日期及注意事项。

（2）经主管审核后，依请购权限呈核并编号（由各部门依事业部类别编订），呈送采购部门。

（3）请购单由请购单位编列号码，并将第二联送财务部或径自办理采购。

（4）采购日期相同且属同一供应厂商供应的统购材料，请购部门应使用请购单附表，以一单多品方式提出请购。

(5) 紧急请购时，由请购部门在"请购单说明栏"中注明原因，并加盖"紧急采购"章，以急件卷宗递送。

(6) 总务用品由物料管理部门按月依耗用状况，并考虑库存情况，填制"请购单"提出请购。

(7) 招待用品(如饮料、香烟，或打字、刻印报表等)可免开请购单，即总务性物品可免开请购单，以"总务用品申请单"委托总务部门办理，但其核决权限另订。

(8) 请购单位对于所请购材料，若需要变更规格或数量时，必须立即函洽或电告采购单位；如已订购，或事后变更者，采购单位须即函复已订情形，并函洽请购单位设法收受，或由请购单位负责会同采购单位与承售商协调解决，但应尽可能避免这种情况。

(9) 采购部门在接到请购单时，应立即办理询价、议价，并将议价结果记录于请购单中，然后将请购单第二联呈准，但必要时得事先送达请购单位签注意见。

(10) 请购单呈核后送回采购单位向供应方办理订购，应与供应方订立买卖合约书一式四份，第一份正本存采购单位；第二份正本存供应方；第三份副本存请购单位；第四份副本及暂付款申请书第二联送财务处供整理定金用，如不需要支付定金时，第四份副本免填。

3. 请购单的核准权限

不同类别(原材料、固定资产、总务性用品)的请购单要由不同的主管核准，不同大小的请购额(用不同区间来表示)要由不同管理层次的主管核准。

4. 权责划分

(1) 采购部：负责运输、办公劳保用品、生产及辅助材料的委托加工等采购。

(2) 采购主管：负责采购计划的编制、订单的审核及复核急需物料的跟催。采购员负责订单的计算、下达和物料的跟催。

(3) 仓储部收料组：负责所有有形物料、设备及办公劳保用品数量验收。

(4) 质量管理部：负责所有生产及辅助材料的质量验收。

(5) 工程部：负责仪器设备的品质验收。

(二) 财务、审计相结合的内控制度

采购是企业支付货币、取得实物的过程。由于采购是实体转移和价值转移的统一过程，因此容易产生作弊问题。控制采购活动要实现的目标：保证采购业务合法有效；保证所购材料价廉物美；保证采购成本核算正确；保证采购记录真实完整。

1. 建立控制关键点

为实现上述控制目标，企业应建立以采购申请经济合同、结算凭证和入库单据为载体的控制系统，并在该系统中设置下列控制点和关键点：审批、签约、登记、承付、验收、审核、记账。其中，承付验收和审批为关键控制点。

2. 实行职务分离

采购业务环节中所需处理的主要业务有：确定需求；寻求能满足要求的供应商和适宜的价格；向供应商发出订单；检验收到的货物；确定是否接受货物；向供应商退回货物；储存或使用货物；会计记录；核准付款等。在这些业务中，需要职务分离的有：

（1）生产和销售的原料物品和商品必须由生产或销售部门提出，采购部门采购。

（2）付款审批人和付款执行人不能同时办理寻求供应商和索价业务。

（3）货物的采购人不能同时担任货物的验收工作。

（4）接受各种劳务的部门或主管这些业务人应适当地同账务记录人分离。

（5）审核付款人应同付款人的职务分离。

（6）记录应付账款人不能同时承担付款业务。

（三）实物、信息同步入库制度

采购管理控制要处理包括商品实际入库、根据入库商品内容做库存管理、根据需求商品向供货厂商下订单等一系列作业，其工作内容包括：入库作业管理、库存控制、采购管理系统、应付账款系统及信息流程。在整个作业过程中，实物与信息是同步的，实物就是所采购的原材料或设备等，信息就是有关账款、动态的库存量等数据。采购内控的关键是信息控制。

完善的采购管理控制系统要能够为采购人员提供一套快速而准确的信息，以对供货厂商适时、适量地开具采购单，使商品能在出货前准时入库并无库存不足及积压货太多等情况发生。此系统包括四个子系统：采购预警系统、供应厂商管理系统、采购单据打印系统、采购跟催系统。

知识拓展

某企业采购入库管理系统流程

某企业采购入库管理系统流程如图 11-1 所示。

三、物料质量的控制

物料质量控制是指确定物料质量方针目标和职责，并在物料质量体系中通过诸如质量策划质量控制、质量保证和质量改进使其实施的全部控制管理职能的活动。

（一）物料质量检验的方法

物料质量检验的方法很多，一般有感官检验、理化检验和实用性检验三种方法。这些检验方法在实际工作中，常常按照商品的不同质量特性进行选择并相互配合使用。

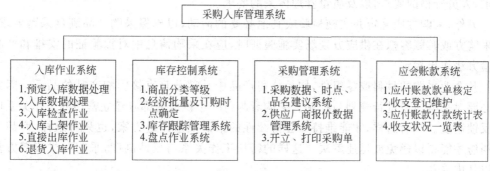

图 11-1 采购入库管理系统流程

1. 感官检验法

感官检验是在一定的条件下，运用人的感觉器官对商品的感官质量特性作出判断的评价和检验方法。它简便易行、快速灵活、成本低。特别适用于目前还不能用其他检验方法检验的商品、某些质量指标和不具备组织其他检验方法的情况。其涉及的商品很多，如食品、药品、纺织品、化妆品、家用电器和化工商品等。但也存在不足，它受检验人员的生理、健康状况、技能、工作经验及客观环境等因素影响，检验效果带有一定的主观性，难以用确切数据表示其结果。

2. 理化检验法

理化检验法是在一定的环境条件下，利用各种仪器设备和化学试剂来测定和分析商品质量的方法。它主要用于商品内在质量分析，如商品成分、结构、物理性质、化学性质、安全性、生物学性质、微生物检验、机械性能、卫生性以及对环境污染和破坏性等。它比感官检验客观、准确，技术性强，能用具体数据定量说明商品的检验结果。但对检验设备和条件要求严格，对检验人员素质要求较高。

3. 实用性检验法

实用性检验法是通过模拟实际使用或消费者实际使用等手段来检验商品质量的方法。

（二）商品采购的质量要求

根据 ISO 质量体系，采购管理应该确保采购产品符合采购要求，对供应方及采购产品控制的类型和程度应取决于采购产品对随后产品实现或对最终产品的影响。采购方应根据供应方提供产品的能力评价选择供应方，并应制订选择、评价和重新评价的准则，关于评价结果及评价所引起的任何必要措施应予以记录保存。

采购方采购信息应表述拟采购的产品，一般应包括：产品、程序、流程和设备标准的要求,人员资格的要求,以及质量管理体系的要求。

另外,采购方应确定并实施检验或其他必要的活动,以确保采购产品满足采购要求。当采购方或其顾客拟在供应方现场实施验证时,应在采购信息中对拟验证的安排和产品检验方法作出规定。

凡企业采购的材料或零组件,均是公司产品中某部分且直接影响产品的品质。因此有必要对采购质量进行规划与控制。采购者与每一个供应商都应建立密切的工作关系以及反馈制度。只有这样,才能维持一套持续性的采购质量改进方案,也只有这样,商品质量纠纷才能得以避免或迅速解决。这样的密切工作关系与反馈制度,采购与供应双方都可以从中受益。

企业采购商品质量管理方案至少应包含以下内容:

(1) 规格、图样与采购订单的要求;
(2) 合格供应商的选择;
(3) 商品质量保证的协定;
(4) 验证方法的协定;
(5) 解决商品质量纠纷的条款;
(6) 商品接收的检验计划与管制;
(7) 接收商品质量的记录。

四、交货过程的控制管理

交货为采购作业中最重要的一环。商品采购的目的在于所采购货物的获取,而交货则是完成采购契约的一个关键作业环节。交货一般是指货物所有权的转移,一旦转移成立就表示已经完成了交货。

对商品交货过程的控制管理应包括以下环节。

(一) 确保交货期

交货期(即交货日期)是商品交货中最重要的因素。只有确保交货期,才能算是一次成功的采购。确保交货期的目的是要将生产活动所需货品,在"必要的时候"获得及时供应,以保证企业以最低成本完成生产。

所谓"必要的时候",是指为了以最低的成本进行生产活动,而按采购计划预先制订的进货时间。迟于这个时间,固然不好,但是早于这个时间对企业也不合适。

1. 延迟交货

货期延迟会阻碍企业生产活动顺利进行,给生产以及相关部门将带来有形和无形的不良影响,其主要表现如下:

(1) 由于货品进货的延误,使企业生产出现空等或耽误而导致企业生产效率下降;

(2) 为了恢复正常生产,企业员工需加班或额外出勤,导致人工费用增加;
(3) 产品交货延迟,企业会失去顾客信用,造成订单数减少;
(4) 采用替代品或低品质原料,容易造成产品质量问题;
(5) 影响员工的工作士气。

2. 提早交货

提早交货会被认为对企业无太大影响,而事实上,提早交货也会增加企业成本,主要表现如下:

(1) 容许提早交货就会发生低价格货品交货的延迟。因为供应厂商为了资金调度的方便,会优先生产高价格的货品以提早交货,所以假如容许供应商提早交货,就会造成低价格货品的延迟交货。

(2) 还没到使用时间的货品提早交货,必定会增加企业库存数量,从而导致企业资金运用效率降低。

(二) 适当交货期的确定

如果企业完全按照使用部门或是采购部门所希望交货日期向供应厂商办理相关订货手续,那么企业就不可能在要求交货期得到所采购的商品,而供应商也不可能按期交货。所以为了能在必要的时候将所采购的材料或零件确实拿到手,企业就必须设定一个适当的交货期。

例如,对于制造品的采购,倘若无视制造者生产状况,而一再进行交货日期很短的订货,那么企业势必无法期待以"适当的价格"取得"良好的货品"。

因此,企业采购人员需要经常和材料使用部门取得联系,并结合生产需要,对于勉强交货期给予充分协调,以设定一个适当的交货期。

所谓适当的交货期是指:充分考虑供应商制订生产计划时间、材料调配时间、制造时间,以及货物运送时间,此外,加上采购人员选定适当的交易对象,以及行使对企业有利的采购谈判所必要时间。在此基础上确定交货期可以算是"适当的交货期"。

适当的交货期设定如图 11-2 所示。

图 11-2 交货期设定示意图

(三) 采购方确保供应商如期交货的方式

采购方可通过以下方式,来确保供应商能如期交货。

1. 制定合理的购运时间

制定合理的购运时间,即将请购、采购、卖方准备、运输、检验等各个作业环节所需时间,予以合理规划,避免造成供应商被动应付,无法如期交货。

2. 加强销售、生产及采购单位联系

由于市场的状况变化生产计划作必要调整时,首先应该征询企业采购部门的意见,以便采购部门对停止或减少送货数量、应追加或新订的数量作出正确判断,并尽快通知供应商,使供应商减少可能的损失,以营造相互配合的友好合作环境。

3. 采购过程跟踪督促,进驻供应厂商进行货品查验

通过供应商提供生产计划或工作日程表,便于采购方在交货之前核查生产及交货进度,若有阻碍交货的情况出现,采购方可以督促其及时改善;若发现供应商缺乏交货能力,即停止与其交易,采购方另寻供货来源。因此采购过程跟踪督促的目的在于"亡羊补牢"。此外,为了避免供应商交货品质不良,影响采购可用数量,对于重要物料,采购方应派专门人员驻厂查验,以避免将来退货的麻烦。

4. 准备替代来源

供应商不能如期交货的原因很多,且有些是属于不可抗力。因此,采购方应做到未雨绸缪,多方联系其他供应来源,同时企业工程设计人员亦应多寻求原材料的替代品,以备不时之需。

5. 加重违约责任

在与供应商签订买卖合约时,采购方应有意识地加重违约罚款或解约责任,使供应商不敢心存侥幸。但是,如果采购方需求很急时,可以考虑对如期交货或提早交货的供应商给予一定奖金或比较优厚的付款条件。

(四)货物验收

货物验收是指货物到达采购地点时进行清点检验和接收工作。在供应商交货时,验收工作一般包括:

(1)点收货物数量,即通过点数或借助一定的度量衡器具,以查明到货数量。

(2)检验货物品质,即凭验收人员的触感或借助简单仪器,以鉴定或测度货物的外表及质量;或凭借物理试验及化学分析,以鉴定或测度货物的性质和成分。

鉴于以上要求,采购方要做好货物的验收工作,必须严格执行以下九项工作:

1. 确认供应商

确认货物来自何处,有无错误或混乱。尤其是向两家以上供应商采购的货物,应做到分别计算验收。

2. 确定送到日期与验收日期

前者用以确定供应商是否如期交货,以作为延迟罚款依据。后者用以督促验收货物时效,避免有关人员借故推脱,并作为企业将来付款期限依据。

3. 确定货物的名称与质量

确定货物的名称与质量是否与合约或订单要求相符,防止供应商偷工减料、鱼目混珠,验收人员必要时可以借助一些器具或仪器加以检验。

4. 清点数量

确定实际交货数量是否与运送凭单或订单所记录数字相符,如货物数量太大时,可采用抽查方式来清点。

5. 核查验收结果

材料使用部门以此数据资料安排生产进度,采购部门以此数据资料与供应商结束供应合同,会计部门以此数据信息登账付款或扣款、罚款。

6. 处理短损

根据验收结果,若发生短损,应立即向供应商要求赔偿,向运输单位索赔或是办理内部报损手续等。

7. 退还不合格物品

退还不合格物品即表示拒收,或等修补后再进行验收,通常供应商对不合格的物品都延迟处置,仓储人员应配合采购部门催促供应商前来收回。

8. 处理包装材料

将包装材料加以利用或积存至一定数量后对外出售。对于无法再用或出售者,最好能由供应商收回。

9. 标识

对已验收存储的货物必须加以标识,以便查明验收经过及时间,并与未验收同类货物加以区别。

某公司的货物验收作业流程

某公司的货物验收作业流程如图11-3所示。

案例思考:

(1)用文字对上述货物验收作业流程图分步骤加以描述。

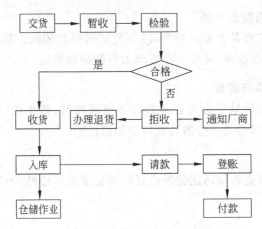

图 11-3 货物验收作业流程示意图

(2) 如果你是采购主管,该货物验收作业流程还有哪些需要优化的地方?

 本章小结

本章主要介绍了采购风险的概念、种类、风险管理的方法、程序和对策,进一步介绍了企业采购控制的基础性工作,以及企业采购内控制度建设方面的问题,重点介绍了企业采购物料质量控制和采购交货过程控制管理。

基础能力测试

一、填空题

1. 企业风险包含两个层面的内容。首先,风险是事件在未来发生的可能性及其后果的综合,包括（　）、（　）和（　）等要素。
2. 采购的风险分为（　）和（　）两种类型。
3. 采购风险管理可分为（　）、（　）、（　）和（　）四个阶段。
4. 控制采购活动要实现（　）、（　）、（　）和（　）等目标。
5. 物料质量控制是指确定物料质量方针、目标和职责,并在物料质量体系中通过诸如（　）、（　）和（　）使其实施的全部控制管理职能的所有活动。

二、简答题

1. 简答采购风险防范的主要对策。
2. 采购控制的基础工作一般包括哪些具体内容?

3. 采购控制的制度建设包含哪些方面？
4. 简答物料质量检验的主要方法。
5. 采购商品交货过程的控制管理应包括哪些环节？

三、论述题
1. 试分析采购风险管理对企业带来的积极影响。
2. 论述采购风险的防范对企业未来的发展所带来的益处。
3. 结合所学知识，你认为企业可以从哪些方面去规避采购风险？

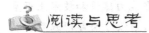

政府采购执行存在四大风险

政府采购制度改革涉及社会的各个领域，面临的风险也贯穿于政府采购领域的全过程。就执行风险来说是采购过程中因制度设计、操作程序和运行规程处理失当，对各方当事人进行约束和监督管理缺陷以及外部事件冲击等不确定性因素导致采购失败而造成直接损失或间接损失的可能。

一般而言，政府采购风险具有隐蔽性、突发性和连锁性等特点，是经济体制转型时期的产物，是市场经济不成熟的必然现象。按照政府采购风险的形成机理不同，政府采购风险可分为内生性风险和外生性风险。内生性风险是指政府采购在实施执行过程中由于意外情况出现，发生违背制度基本原则导致采购结果与预期目标相偏离而引发的风险。外生性风险是指政府采购外部市场环境变化和经济波动等因素造成的风险。

目前，我国对预防政府采购风险的研究还不够，尤其是对制度执行风险的研究在理论和实践中还有很多问题亟待解决。政府采购操作执行处于采购行为的终端，作为财政预算计划的重要执行者之一，按照市场经济的规则，具体执行采购项目并使用财政资金，常常成为问题和矛盾的汇集点及风险易产生的高发区。

1. 制度设计风险

所谓制度设计风险是指由于法律制度体系不完善造成监督和约束缺陷而产生的后果及影响。现行法律制度体系主要由政府采购法和部门规章组成，缺乏配套的实施条例，缺少承上启下的法规性文件，没有形成完整的制度体系。

比如协议供货、供应商诚信、专家权责规定在制度方面存在空白，监督处罚规定比较宽泛，执行层面缺乏可操作的制度规范依据，在执行中仅有组织采购程序的责任，缺乏法定职能对当事人进行监督和约束。有的法律制度规定不够明确具体，如关于本国产品、中小企业认定等在制度中没有清晰表述，导致在执行中各方当事人按自己的理解去实施，难以形成统一认识，执行部门作用发挥受到限制，进而增加了风险发生的概率。

2. 技术风险

采购活动中信息技术应用风险主要由采购人需求、操作执行、市场交易和风险控制等综合因素构成。对于政府采购信息化应用和建设问题，我国有关部门也进行了一系列的探讨，中央机关及地方有关省市也做了一些有益的实践，但各地区之间的信息化水平差距较大，如西藏、新疆，以及其他中西部省市电子化建设水平比较落后，给全国统一的资源信息共享带来了阻碍。在制度层面上，没有为电子采购提供充足的法律保障。

在技术层面上，资金支付手段和安全保障措施研究滞后，导致实施电子采购产生纠纷和利益损失的风险增大。在人员素质、管理技术、商品属性等综合知识方面也存在差距，集采机构现有的从业人员多来自财政部门，不熟悉市场交易规则，在能力建设和技术上开展理论研讨和业务培训甚少，包括评审专家也缺乏经常性的专业培训，省级厅局部门采购人员多是兼职，技术全面的更少。因此，在操作执行中，不仅存在信息化技术应用风险，而且也面临着对产品技术需求、参数描述、评分标准设置及操作技能等业务水平方面的采购风险。

3. 信息不对称风险

所谓信息不对称风险是指在共享信息的过程中，由于信息不充分或不对称，导致的风险损失及影响。信息不对称是经济生活中存在的普遍现象，防止信息误差导致的市场风险是制度设计完善市场需要规避的问题。

信息公平是企业有序竞争、机会均等的基础，竞争性市场条件下企业和采购人都要求有充分的信息，企业要知道采购人需要什么，需要多少，以及需求的瞬间变化，采购人也要知道企业的产品品种、性能和质量，企业之间也需要相互了解，执行部门是企业与采购人之间进行采购交易平台的连接者，更需要灵敏地掌握生产和消费的信息。因此信息的获取是否及时、准确、全面将直接影响决策结果。尤其是在现代信息社会的条件下，由于通信设施、技术手段和专业条件的地域差异及行业限制，政府采购各方掌握的信息总是不够全面，甚至在信息获取上存在差异。

如果获取的信息不对称，企业所投产品有可能与采购技术需求有差别，不能实现供应与需求的最佳对接，将影响投标企业之间有效公平地竞争，其执行结果也会导致产品质量、价格、性能和售后服务质量降低的采购风险，采购人的需求也难以得到最大化的满足。

4. 道德风险

道德风险是指从事经济活动的人在最大限度地增加自身效用的同时作出不利于他人的行为。目前我国从事政府采购活动的各方当事人的职业道德素质有待提高，从易发生道德风险的环节和范围看主要包括采购人、监管部门、供应商、评标专家、集采机构以及相关人员。比如采购人将核心的竞争信息提供给特定的供应商，为其不正当获取政府采购形成的商业订单提供机会；供应商在与采购人签订采购合同后，由于采购方不能全程观测和约束供应商的行为，供应商就有可能不按合同规定的条款履约，进而设法最大化追求企业利益而损害公共利益等，这种风险是客观存在并难以防范的。

资料来源：百度文库资料汇编

参考文献

1. 温卫娟. 采购管理. 北京：清华大学出版社，2012.
2. 郑秀恋，赵秀艳. 采购管理. 北京：电子工业出版社，2012.
3. 刘华. 物流采购管理. 北京：清华大学出版社，2012.
4. 王槐林，刘昌华. 采购管理与库存控制. 北京：中国财富出版社，2013.
5. 王征宇. 物流采购管理. 北京：中国传媒大学出版社，2013.
6. 陆佳平. 包装标准化和质量法规. 北京：印刷工业出版社，2013.
7. 曾益坤. 采购管理. 北京：中国人民大学出版社，2014.
8. 张文发. 采购管理实务. 北京：电子工业出版社，2014.
9. 彭鸿广. 激励创新的采购机制设计. 杭州：浙江大学出版社，2015.
10. 周琪，陈玲. 采购与供应管理实务. 北京：清华大学出版社，2016.
11. 刘宝红. 采购与供应链管理. 北京：机械工业出版社，2015.
12. 高文华，李为民. 采购管理实务. 北京：中国人民大学出版社，2015.
13. 彭宏勤，杨淑娟. 综合交通发展与多式联运组织. 北京：人民交通出版社，2016.
14. 李洁，翟树芹. 进出口报关实务. 广州：华南理工大学出版社，2016.
15. 李晓晖. 应急物流规划与调度研究. 北京：经济科学出版社，2016.
16. 贾平. 现代物流管理. 北京：清华大学出版社，2017.
17. 金凤. 现代企业生产物流与采购管理研究. 长春：东北师范大学出版社，2017.
18. 王欣兰. 现代物流管理概论. 北京：北京交通大学出版社，2018.
19. 吴守荣. 项目采购管理. 北京：机械工业出版社，2018.
20. 王皓. 采购管理. 武汉：华中科技大学出版社，2019.
21. 张良卫. 国际物流学. 北京：机械工业出版社，2019.
22. 文丹枫. 智慧供应链. 北京：电子工业出版社，2019.
23. 廖小平，李俚. 现代物流采购与库存管理. 北京：科学出版社，2019.
24. 李方峻，曹爱萍. 采购管理实务. 北京：北京大学出版社，2019.

推荐网站：
1. 中国物流与采购联合会 http://www.chinawuliu.com.cn/.
2. 中华人民共和国交通运输部 http://www.mot.gov.cn/.
3. 中国国家铁路集团有限公司 http://www.china-railway.com.cn/.
4. 中华人民共和国商务部 http://www.mofcom.gov.cn/.
5. 中华人民共和国海关总署 http://www.customs.gov.cn/.
6. 中国包装联合会 http://www.cpf.org.cn/.
7. 中国冷链物流网 http://www.cclcn.com/.
8. 中国物流学会 http://www.csl.chinawuliu.com.cn/e/zlzx.html/.
9. 中国仓储与配送协会 http://www.cawd.org.cn/.

10. 创威企管网 http://www.china-qg.com/.
11. 商务部网站 http://www.mofcom.gov.cn/.
12. 中国海关网 http://www.customs.gov.cn/.
13. 中国应急物流网 http://www.cnel.cn/.
14. 第三方物流网 http://www.56net.com.cn/.
15. 物流中国 http://www.56zg.com/.
16. 中国企管网 http://www.china-qg.com/.

教师服务

感谢您选用清华大学出版社的教材！为了更好地服务教学，我们为授课教师提供本书的教学辅助资源，以及本学科重点教材信息。请您扫码获取。

≫ 教辅获取

本书教辅资源，授课教师扫码获取

≫ 样书赠送

物流与供应链管理类重点教材，教师扫码获取样书

 清华大学出版社

E-mail: tupfuwu@163.com
电话：010-83470332 / 83470142
地址：北京市海淀区双清路学研大厦 B 座 509

网址：http://www.tup.com.cn/
传真：8610-83470107
邮编：100084